MUT zum TRÄUMEN

Dieses Projekt wurde gefördert

vom **AMS-Österreich**

der **Bundesarbeitskammer**

und dem **Bundesministerium für Arbeit, Gesundheit und Soziales.**

Wir bedanken uns für diese Unterstützung.

MUT zum TRÄUMEN

Bestandsaufnahme und Perspektiven des Wohlfahrtsstaates

Herausgegeben von Hans Sallmutter

Redaktion:

Dr. Tom Schmid

Wien, im März 2000

Eigenverlag

Dieses Buch ist dem Gedenken des vor 10 Jahren tragisch ums Leben gekommenen Sozialminister und GPA-Vorsitzenden Alfred Dallinger gewidmet.

Herausgeber und Medieninhaber
Hans Sallmutter
c/o Gewerkschaft der Privatangestellten
A-1013 Wien, Deutschmeisterplatz 2
Wien, 2000

Eigenverlag
Redaktion: Dr. Tom Schmid
Layout und Endredaktion: HannaH Friedl

ISBN: 3-9501169-0-7

Druck:
LIPP DRUCK
A-8074 Graz/Raaba, Dr. Renner Str. 28

„Wer nicht den Mut zum Träumen hat, hat auch nicht die Kraft zu kämpfen"

Alfred Dallinger, 7. 11. 1926 – 23. 2. 1989

INHALT

„Mut zum Träumen"! Einleitung

Hans Sallmutter

Alfred Dallinger, dessen Tod sich in diesem Jahr zum zehnten Mal jährt, hat uns einen Satz mitgegeben, der für mich zum Motto und Auftrag gewerkschaftlicher Sozialpolitik geworden ist:

„Wer nicht den Mut zum Träumen hat, der hat auch die Kraft zum Kämpfen verloren."

Solange es unterschiedliche Interessen gibt – und die wird es geben, solange Menschen leben und Wirtschaft betreiben – wird es deren Widerstreit geben. Ohne diesen gäbe es keinen technischen, wirtschaftlichen und gesellschaftlichen Fortschritt, der Preis für die Widerspruchsfreiheit ist Stagnation. So hat ja auch die kommunistische Diktatur mit ihrer Unterdrückung alles Widersprüchlichen jene gesellschaftliche und politische Stagnation erzeugt, an der sie vor zehn Jahren implodiert ist.

Wenn wir uns zur Widersprüchlichkeit dieser Gesellschaft bekennen, wenn wir Widersprüche als notwendige Triebkraft unserer gesellschaftlichen Entwicklung erkennen, dann erfordert dieses Leben in einer widersprüchlichen Welt, entweder zu den eigenen Interessen zu stehen und sie in Auseinandersetzung mit anderen Interessen aktiv zu vertreten (also zu „kämpfen" um im Wort von Alfred Dallinger zu bleiben), oder sich die Interessen Anderer aufzwingen zu lassen. Die österreichische politische Kultur (und ich meine, es ist eine gute Kultur) ist die des Interessenkampfes auf der Suche nach dem Kompromiss – zu einem Ausgleich der Interessen, der zu einem Ergebnis führt, zu dem sich alle Beteiligten bekennen können, weil sie gegeneinander, aber gemeinsam um dieses Ergebnis „gekämpft" haben. Daher ist der Kampf um die eigenen Interessen und um den guten Kompromiss das tragende Element der österreichischen Sozialpartnerschaft. Wahrscheinlich täte es uns gut, uns in den gegenwärtigen innenpolitischen Auseinandersetzungen wieder öfter an diesen Grundsatz zu erinnern.

Das Ringen um einen tragfähigen Kompromiss, um eine taugliche Politik zur Gestaltung der Zukunft unseres Landes erfordert aber jene Phantasie, die notwendig ist, um sich diese Zukunft (und die möglichen Wege, sie zu erreichen) überhaupt vorstellen zu können. Daher ist der eingangs zitierte Grund-Satz von Alfred Dallinger geeignet, den Überlegungen für die Perspektiven unseres Wohlfahrtsstaates als Motto voranzustehen.

Wir haben diesen Mut zu träumen und haben daher DenkerInnen aus verschiedenen Institutionen, aus Interessenvertretungen und verschiedenen politischen „Lagern" eingeladen, mit uns gemeinsam zu „träumen", um gemeinsam eine Bestandsaufnahme des österreichischen Wohlfahrtsstaates durchzuführen, auf dessen Basis über Grundzüge möglicher Entwicklungen visionär nachgedacht werden kann. Für mich ist dies eine würdige und aktive Form, die „Zeitwende" am Beginn eines neuen Milleniums zu begehen.

Alfred Dallinger hat uns 1982 auf einer Sitzung des Zentralvorstandes der GPA eine Botschaft mitgegeben, die vielleicht wie keine andere das Motto seines Denkens und Handelns deutlich macht:

> *„Die Bewältigung der Zukunft ist nicht mit den Methoden der Vergangenheit möglich. Sosehr diese dazu beigetragen haben, dass es den Menschen in Österreich heute gut geht, ebenso sehr werden wir jetzt neue Methoden brauchen. Wir müssen den Mut haben, die Zukunft vorwegzunehmen, wir müssen den Mut zu Visionen haben."*

Wir geraten immer mehr in Gefahr, in eine Gesellschaft hineinzutrudeln, in der Träume und Visionen durch medienwirksame „schnelle Sager" abgelöst werden, in der das Widersprüchliche im Denken *und* der Mut zur Auseinandersetzung und zum Streit – beides nötig, um veränderte Wirklichkeit zu erkennen und handlungsfähig bearbeiten zu können – abgelöst wird durch eine Politik der glatten, populären Sager. Aber wir werden uns den Mut zum widersprüchlichen Denken, den Mut zur Vision nicht nehmen lassen. Das ist notwendig, ja unverzichtbar, um auch im kommenden Jahrhundert noch fähig zu sein, Politik im Interesse der Menschen in unserem Land zu machen.

Und das ist in meinen Augen immer noch vor allem Politik für die kleinen Leute. Politik für jene, die im Alltag, in der Arbeitswelt oder als Arbeitslose, in der Pension oder pflegebedürftig nicht gerade auf die Butterseite des Lebens gefallen sind. Diese Menschen können es sich auch heute nicht selbst „richten". Gerade sie sind auf die Hilfe und Unterstützung der Solidargemeinschaft angewiesen. Für diese Menschen ist der österreichische Sozialstaat unverzichtbar. Aber wir müssen auch bedenken, wenn wir den Sozialstaat rein auf die Bedürfnisse der Armutsbekämpfung redimensionieren und alle „Bessergestellten" anhalten, für ihre gegenwärtige und zukünftige Sicherheit selbst auf dem Markt der vielfältigen Angebote vorzusorgen, zerstören wir jene gesellschaftliche Solidarität, die notwendig ist, um den Wohlfahrtsstaat am Leben zu erhalten und weiterzuentwickeln. Denn wieso sollten jene, auf deren Beiträge die Solidargemeinschaft unverzichtbar angewiesen ist, noch Steuern und Sozialversicherungsbeiträge zahlen, wenn wir ihre eigenen Ansprüche nicht mehr erfüllen wollen und sie auf den „freien Markt" verweisen?

Die Solidarität der Gesellschaft, diese Grundlage unseres Wohlfahrtsstaates wie der auf Interessenausgleich bedachten Sozialpartnerschaft, ist daher das vereinende Band der Autorinnen und Autoren in diesem Buch. Wir haben uns bewusst bemüht, eine vielfältige Bandbreite unterschiedlicher Positionen und Standpunkte zu erfassen. Gerade dieser Meinungsstreit ist die Grundlage, auf der neue Ideen und neue Positionen entstehen können, um den neuen Anforderungen der Zukunft gerecht zu werden.

Der erste Abschnitt behandelt die grundlegenden Überlegungen für einen **Sozialstaat in einer sich verändernden Welt,** und zwar aus der Sicht des Sozialministeriums (Lore Hostasch), der Gewerkschaft der Privatangestellten (Hans Sallmutter), aus der Sicht der Wissenschaft (Emmerich Tálos und Tom Schmid), des Liberalismus (Volker Kier), der Wirtschaft (Günter Stummvoll), der gesetzlichen Sozialversicherung (Walter Geppert) und aus der Sicht von „unten", sowohl der von Ausgrenzung betroffenen und bedrohten Menschen wie jener, die mit diesen Menschen arbeiten (Franz Küberl).

Der zweite Abschnitt behandelt zwei Aspekte aus dem Bereich von **Beschäftigung und Arbeitsmarkt**, nämlich die These, durch Lohnverzicht sei keine neue Arbeit zu schaffen (David Mum) und die Auswirkungen flexibilisierter Arbeitsverhältnisse auf Arbeitsmarkt und Arbeitsbeziehungen (Tom Schmid).

Der dritte Abschnitt beschäftigt sich mit der Frage, wie **Einkommen zu sichern und/oder Armut zu verhindern** ist und diskutiert die heute vielfach behaupteten Möglichkeiten, soziale Wohlfahrt durch „Kapital in ArbeitnehmerInnenhand" zu schaffen (Ingrid Reischl und Christoph Sykora), das gesetzliche Pensionssystem (Erik Türk, Karl Wörister, Gabriele Schmid und Helmut Ivansits), neue Strategien gegen die Armut (Agnes Streissler) das Beispiel der Sozialhilfe der Länder (Nikolaus Dimmel) und die Bedeutung der Pflegesicherung für „selbstbestimmtes Leben" (Heinrich Schmid).

Der vierte Abschnitt diskutiert die **Methoden der Sozialpolitik** im Widerstreit zwischen „Experiment" und „Regelinstrument" am Beispiel aktiver Arbeitsmarktpolitik (Karl Fakler, Gabriele Müller-Grohotolsky).

Der fünfte Abschnitt schließlich will **Interessen formulieren** und stellt die zukünftigen Aufgaben der Gewerkschaften (Hans Sallmutter), der Arbeiterkammern (Herbert Tumpel) und der Selbstverwaltung in der gesetzlichen Sozialversicherung aus der Sicht der Dienstgeber (Franz Schrank) zur Diskussion.

Ich bin mir bewusst, dass in diesem Buch angesichts der Breite des Themas und der Größe der anzusprechenden Probleme nur ein kleiner Ausschnitt dessen, was notwendig wäre zu besprechen, abgehandelt werden kann. Ich hoffe dennoch, Ihnen ein spannendes Buch vorlegen zu können, das zum Nachdenken, also zum „Träumen" *und* zur gemeinsamen Diskussion, animiert und bedanke mich bei all jenen, durch deren Einsatz und Engagement dieses Buch zustande gekommen ist.

Hans Sallmutter
Wien, im März 2000

Nachsatz

Dieses Buch ist im November 1999 redaktionell abgeschlossen worden. Daher spiegeln sich jene Veränderungen, die Österreich im Zuge der Regierungsneubildung vom 4. Februar 2000 erleben mußte, in den Beiträgen naturgemäß noch nicht wider. Doch eines steht für mich auch heute in aller Klarheit fest: Wenn wir uns die notwendige Zeit nehmen, die Veränderungen und die neuen Anforderungen in der Gesellschaft grundlegend, tabufrei und kontroversiell zu diskutieren, um daraus unsere Vorstellungen und Visionen für das kommende Jahrhundert zu entwickeln, dann werden wir auch in der Lage sein, eine wirksame Gegenmacht gegen jene Kräfte zu entfalten, die das Rad der sozialen Errungenschaften zurückdrehen wollen, deren Parole die Umverteilung von Arm und Reich ist.

I. Sozialstaat in einer sich verändernden Welt

Der Staat im 21. Jahrhundert und seine soziale Verantwortung

Eleonore Hostasch

Staaten nehmen und nahmen ihre soziale Verantwortung seit jeher in den verschiedensten Formen wahr. Insbesondere in Österreich haben wir in der zweiten Hälfte dieses Jahrhunderts den Sozialstaat in sehr qualitativer Form ausgebaut.
Der Staat wird auch im 21. Jahrhundert seiner sozialen Verantwortung gleichermaßen nachkommen müssen, auch wenn selbstverständlich immer wieder Anpassungen und Veränderungen notwendig sind. Trotz des Wandels der sozialen Verantwortung haben politische Grundsätze zu gelten. Diese haben auch im 21. Jahrhundert Gültigkeit. Diese Grundsätze einer sozial verantwortlichen Politik sollen an Hand einiger Thesen verdeutlicht werden:

These 1: Das österreichische Sozialbudget mit einem Anteil von etwa 30 % am Bruttoinlandsprodukt (BIP) leistet einen wesentlichen Beitrag zur sozialen Absicherung verschiedener Risken, zur Bekämpfung der Armut und zur gerechteren Einkommensverteilung in der Bevölkerung. Wir werden und müssen auch im 21. Jahrhundert einen entsprechenden Anteil der Staatsausgaben für die Sozialpolitik sichern, um den Zusammenhalt der Gesellschaft zu gewährleisten.
Von allen Sozialleistungen, die an Haushalte im Erwerbstätigenalter fließen, entfallen 75 % auf die untere Einkommenshälfte der Haushalte und 25 % auf die obere. Der Umfang der Sozialausgaben in Österreich – das sei noch angemerkt – entspricht jenem in anderen europäischen Staaten mit ähnlicher Sozial- und Wirtschaftsstruktur und Kultur.
Die derzeitigen sozialstaatlichen Einrichtungen und Leistungen – dazu gehört natürlich auch die Familienförderung – kommen also gerade den einkommensschwächeren Gruppen unserer Bevölkerung zugute. Dadurch wird Massenarmut wesentlich besser bekämpft als in den meisten anderen Staaten, was durch nationale und internationale Studien auch belegt ist.

These 2: Der Mensch in seiner Betroffenheit als Individuum und als Mitglied von Gemeinschaften muss im Mittelpunkt jeder Überlegung stehen. In diesem Sinn hat die Sozialpolitik bedarfsgerecht zu sein.
Selbstverständlich hat der österreichische Sozialstaat seinen wesentlichen Gehalt darin, dass niemand seinem Schicksal überlassen werden darf. Es gibt aber verschiedene Zugänge für diese soziale Sicherung, die danach ausgerichtet sind, wo die Ursachen sozialer Bedürftigkeit liegen und welche Bedarfslage im Einzelfall besteht. Diese

Bedarfsorientierung ist eines der wesentlichen Prinzipien, auf denen der Sozialstaat auch in Zukunft seine Aufgabenerfüllung aufbauen wird müssen. Einem „Gießkannenprinzip" – wie die Verfechter von Basis- oder Grundversorgung es propagieren – ist eine klare Absage zu erteilen. Allzu oft wird bei diesen Modellen verschwiegen, dass mit einer Grundsicherung eine massive Umverteilung zu Bevölkerungsgruppen verbunden wäre, die sozial nicht bedürftig sind. Verschwiegen wird hier außerdem, dass es zB in Altersversorgungssystemen mit Grundsicherung und ergänzender individueller Vorsorge zu wesentlich größeren Ungleichheiten kommt als bei einem ausgebauten öffentlichen Alterssicherungssystem nach dem Versicherungsprinzip.

These 3: Ein differenziertes System der sozialen Sicherung ist besser in der Lage, dieser Bedarfsorientierung zu entsprechen als eine Reduzierung der Sozialpolitik auf eine notdürftige Basisversorgung.
Der Sozialstaat darf weder als Reparaturanstalt gesehen werden noch als Mittel zur Ruhigstellung einer unterprivilegierten Bevölkerungsgruppe, damit Einkommensstärkere ohne die Gefahr von sozialen Konflikten ihre Macht ausspielen können. Sozialpolitik muss als wesentlichsten Bestandteil ein hohes Ausmaß an Chancengleichheit und Gleichberechtigung der Arbeitswelt beinhalten. Sie muss ermöglichen, dass nicht nur Unternehmen, sondern auch Arbeitnehmer in ihrem Einkommen, ihren Aufstiegsmöglichkeiten, ihrer sozialen Absicherung und in ihrem gesellschaftlichen Umfeld gefördert werden.
Es ist heute oft populär, davon zu reden, dass ein Basiseinkommen für alle die Lösung sozialer Probleme wäre. Dabei wird aber nicht bedacht oder bewusst verschwiegen, dass mit einem Grundeinkommen, zB in der Höhe des Existenzminimums, eine wesentliche Erhöhung des Finanzierungsbedarfes eintreten würde.
Wer bisherige Sozialtransfers durch eine Grundsicherung ersetzen will, muss auch darstellen, welche Leistungs- und Beitragsströme im Einzelfall damit verbunden sind. Es kann ja realistischerweise nicht erwartet werden, dass jemand von seinem Erwerbseinkommen Arbeitslosenversicherung bezahlt, wenn ohnehin jeder – ohne jegliche Voraussetzung – eine Grundsicherung erhält. Diese Leistungen müssten also samt und sonders steuerfinanziert werden. Ein Vergleich von Beitragsleistungen derzeit und fiktiven Steuerleistungen später sowie die Zuordnung solcher Steuerleistungen wäre unbedingt notwendig, um diesen gedanklichen Ansatz näher diskutieren zu können. Es ist eine Illusion zu glauben, dass durch scheinbar egalitäre Maßnahmen im Sozialleistungssektor die Chancengleichheit oder gar die Gleichberechtigung in der Gesellschaft verbessert werden könnte.

These 4: Die Erwerbsarbeit ist Grundlage des gesellschaftlichen Reichtums. Sie bedarf auch der besonderen Absicherung vor den Angriffen jener, die auf Erwerbsarbeit nicht angewiesen sind.
Unser Sozialsystem wird zum überwiegenden Teil aus den Beiträgen und Steuern vom Einkommen unselbständig Erwerbstätiger finanziert. Damit wird das Funktionieren des Sozialstaates überhaupt erst ermöglicht. Gleichzeitig bestehen aber auch inner-

halb der Sozialversicherungssysteme, und erst recht in den anderen sozialen Sicherungssystemen, eine Fülle von Leistungs- und Ausgleichsansprüchen für Nicht-Erwerbstätige. Die Mitversicherung in der sozialen Krankenversicherung, die Ausgleichszulage, die Notstandshilfe für Arbeitslose oder die Sondernotstandshilfe für Elternteile, die keinen Kinderbetreuungsplatz finden, seien hier nur beispielhaft angeführt. Diese massive Umverteilung stellt einen Eckpfeiler unseres Sozialsystems dar. Sie wird von den Kritikern der Erwerbszentriertheit unseres Sozialsystems völlig außer Acht gelassen. Erwerbsarbeit wird auch im nächsten Jahrhundert die finanzielle Basis für unsere sozialen Sicherheitssysteme darstellen. Je größer jedoch die Solidargemeinschaft, je breiter die Basis von Solidarbeiträgen und Solidarleistungen ist, desto krisensicherer ist ein System. Ein großer Schritt diesbezüglich ist uns mit der Einbeziehung aller Erwerbseinkommen in die Sozialversicherung im Zusammenhang mit dem Pensionskonzept 2000 (ASRÄG 1997) gelungen.
Daher muss auch das ganze Augenmerk der Politik darin liegen, möglichst vielen Menschen eine Beschäftigung bzw. Teilhabe am Arbeitsleben zu ermöglichen. Mit dem Nationalen Aktionsplan für Beschäftigung (NAP) hat die österreichische Bundesregierung dieses Anliegen auch in konkrete und messbare Zielformulierungen gefasst und damit die Bedeutung, die der Schaffung von Arbeitsplätzen sowie der Reduktion von Arbeitslosigkeit zukommt, unterstrichen.
Auch die arbeitsmarktpolitischen und arbeitsrechtlichen Begleitmaßnahmen zum Pensionskonzept 2000 spiegeln die Bereitschaft wider, neue Wege der Umverteilung von Arbeit zu beschreiten: Bildungskarenz, Solidaritätsprämienmodell, Herabsetzung der Normalarbeitszeit etc. sind die ersten Schritte in Richtung eines solidarischen und flexiblen Umganges mit vorhandener Arbeit und Arbeitszeit. Denn längst halten Produktivitätsfortschritt und Nachfrage kein Gleichgewicht mehr. Wir brauchen Wachstumsraten von zumindest 2 bis 2,5 %, um Beschäftigung zu schaffen.
Dazu kommt, dass der Anteil der Dienstleistungen an der Gesamtbeschäftigung kontinuierlich wächst. Dieser tertiäre Bereich ist aber sehr heterogen. Dienstleistung reicht von der Haushaltshilfe bis zur Unternehmensberatung, ebenso breit ist die Einkommenskluft. Tatsache ist, dass wir eine fortschreitende Erosion der Normalarbeitsverhältnisse erleben, die Flexibilisierung vor allem von den Arbeitnehmern fordert.
Eine Flexibilisierung, an der Arbeitgeber- und Arbeitnehmerseite mitwirken, ist zu begrüßen. Einer Flexibilisierung der Entlohnung außerhalb kollektivvertraglicher oder anderer Mindestnormen muss aber auch in Zukunft entschieden entgegengetreten werden, denn dies wäre eine klare Deregulierung nach unten und würde die Kluft von Arm und Reich vergrößern. Vom Prinzip der Solidarität mit den Schwächeren in unserer Gesellschaft darf niemals abgegangen werden. Im Gegenteil, gerade da müssen wir mit neuen gedanklichen Ansätzen auch in experimentellen Bereichen operieren. Hier sei nur auf die Stichworte „nicht-marktfähige Arbeit", gemeinnützige Arbeit und auf die Notwendigkeit, Arbeitslose stärker in aktive Arbeitsmarktprogramme einzubeziehen, verwiesen. Wer dabei allerdings nur an Niedrigqualifikationsbereiche denkt, denkt für das 21. Jahrhundert zu kurz.

Grundsätze künftiger Gesundheitspolitik

Auch die Gesundheitspolitik hat sich an neuen Gegebenheiten zu orientieren und neue Herausforderungen aktiv und gestaltend anzunehmen. Folgende Zielbestimmungen müssen allerdings auch im 21. Jahrhundert die zentralen Leitmotive von Gesundheitspolitik in Österreich sein:

- Die gesundheitliche Versorgung ist keine Privatsache, sondern ein öffentliches Anliegen und die Politik hat für eine solidarische Mittelaufbringung für unser Gesundheitssystem zu sorgen.
- Der chancengleiche Zugang zu allen Leistungen des Gesundheitssystems muss für alle Bürger gewahrt bleiben.
- Die Menschen haben selbstverständlich Anspruch auf ein bedarfsgerechtes, qualitativ hoch stehendes Leistungsangebot, egal wo sie wohnen.

Diese Grundvoraussetzungen können nur dann längerfristig gesichert werden, wenn wir uns – wie in der Sozialpolitik – zum System der Pflichtversicherung bekennen. Das immer wieder geforderte Modell der Versicherungspflicht kann diese Voraussetzungen nicht erfüllen. Eine bloße Versicherungspflicht birgt den Keim einer „Zwei-Klassen-Medizin" in sich. Eine solche Unterscheidung in Medizin für „Arme und Reiche" kann jedoch nicht das Ziel sein. Daher muss ein klares und unmissverständliches Bekenntnis zur bestehenden Pflichtversicherung abgelegt werden. Nicht zuletzt ist es dieses System, das die langfristige Finanzierbarkeit des hohen Gesundheitsniveaus in Österreich sicherstellt.

Umfassende Gesundheitspolitik ist zugleich auch Sozialpolitik und umgekehrt. In beiden Politikbereichen geht es darum, für die Menschen Lebens- und Arbeitsbedingungen zu schaffen, die Krankheiten, Unfälle und gesundheitliche Risiken so gut wie möglich verhindern. Daher ist es nicht zuletzt Aufgabe einer verantwortungsvollen Gesundheitspolitik, für Lebens- und Arbeitsbedingungen zu sorgen, die die Gesundheit der Menschen bewahrt. Der Förderung einer gesundheitsbewussten Lebensweise muss in Zukunft noch verstärktes Augenmerk geschenkt werden.

Resümee

Trotz der großen Herausforderungen, die auf die Industriestaaten mit den Veränderungen des Altersaufbaues der Bevölkerung zukommen, wird es möglich sein, bei einer entsprechenden Verteilungspolitik den Sozialstaat, im Besonderen die Altersversorgung, in Zukunft sicherzustellen. Die Kernpunkte unseres Systems des solidarischen Riskenausgleichs und des umlagefinanzierten Pensionssystems haben sich in der Vergangenheit bestens bewährt.

An den zentralen Eckpunkten, wie

- der allgemeinen Pflichtversicherung und nicht Versicherungspflicht,

- dem Umlageverfahren,
- der Erwerbszentriertheit,
- am Prinzip der Lebensstandardsicherung und
- an der Selbstverwaltung als basisdemokratischem Faktor

ist festzuhalten.

Mit sozial ausgewogenen Anpassungen und weiteren Harmonisierungsschritten unterschiedlicher Systeme kann die Altersversorgung auf gutem Niveau abgesichert und damit das Vertrauen in den „Generationenvertrag" gestärkt werden. Das System ist auch in Zukunft finanzierbar. Der Sozialstaat gründet auf der Erkenntnis, dass soziale Solidarität den inneren Frieden, verlässliche wirtschaftliche Rahmenbedingungen, politische Stabilität und die Zukunft der Demokratie gewährleistet.

Der österreichische Weg, wie auch andere Modelle europäischer Sozialstaaten, wird sich nicht als Schwachstelle, sondern ganz im Gegenteil als Vorteil Europas im globalen Wettbewerb erweisen. Die Fähigkeit zur Integration und zum inneren Frieden einer Gesellschaft wird in einer unübersichtlich und immer komplexer werdenden Welt zu einer wertgeschätzten Standorteigenschaft werden.

Die vergleichsweise hohe politische und gesellschaftliche Stabilität unserer Republik Österreich ist nicht einfach ein Glücksfall, sondern vielmehr Ausdruck und Folge des wirtschaftlichen Erfolges und des Wohlstandes, der sozialen Sicherheit und der Tugend der demokratischen Beteiligung aller an öffentlichen Angelegenheiten.

Dieses soziale Fundament ist notwendig, um gesellschaftlicher Spaltung, Ausgrenzung, Arbeitslosigkeit, sozialer Ungerechtigkeit, Gewaltbereitschaft und Fremdenfeindlichkeit den Nährboden zu nehmen.

Sozialpolitik auf dem Weg in ein neues Jahrtausend[1]

Hans Sallmutter

Sozialpolitik hat in der Gewerkschaftsbewegung eine lange Tradition, begründet von Persönlichkeiten wie Hillegeist, Häuser oder Dallinger, dessen 10. Todestag wir im Frühjahr 1999 gedachten. Die Überwindung der Arbeitslosigkeit ist eine wesentliche Grundlage erfolgreicher Sozialpolitik. Sie war eines der größten Anliegen Dallingers. Schon am 9. Gewerkschaftstag 1978 betonte er:

> *„Besonders aber sind wir der Auffassung, dass es ein wirtschaftlicher Widersinn ist, beträchtliche finanzielle Mittel aufzuwenden, um Arbeitslosenunterstützung zu zahlen und gleichzeitig den Substanzverlust nicht ausgenützter Wirtschaftskapazitäten hinzunehmen, statt die gleichen Mittel für die Erhaltung der Arbeitsplätze aufzuwenden und den dadurch Beschäftigten in ihrem Leben wieder Sinn und Inhalt zu geben. Wir lehnen es ab, zur Kenntnis zu nehmen, dass mit den Methoden der Vergangenheit die wirtschaftlichen Schwierigkeiten der Gegenwart gelöst werden sollen."*

Die zentralen Probleme moderner Sozialpolitik

Die Denkanstöße und Reformen Dallingers haben auch heute noch einen guten Klang und hohe Aktualität. Zu nennen sind vor allem:

- Arbeitszeit verkürzen, um die vorhandene Arbeit auf all jene aufzuteilen, die Arbeit suchen.
- Ausbau der experimentellen und aktiven Arbeitsmarktpolitik, um arbeitslosen (vor allem langzeitarbeitslosen) Menschen eine reale Chance zum Wiedereinstieg in das Erwerbssystem zu verschaffen.
- Wertschöpfungsabgabe, um die Finanzierung der sozialen Sicherheit auch dann zu gewährleisten, wenn durch steigende Produktivität immer weniger Beschäftigte zur Erwirtschaftung eines wachsenden gesellschaftlichen Reichtums nötig sind.
- Mitbestimmung, um die Rechte der arbeitenden Menschen und ihrer gewählten Vertreter zu stärken und an die veränderten gesellschaftlichen Bedingungen anzupassen.
- Chancengleichheit und Integration von Ausgegrenzten in dieser Gesellschaft.

Alfred Dallinger hat die Probleme seiner Zeit beim Namen genannt und hat Lösungsvorschläge angeboten, Ideen umrissen, Visionen entwickelt. Damit hat er polarisiert. Nicht aus der Lust zum Zwist um des Zwistes willen, sondern aus der klaren Erkenntnis heraus: Schwierige Probleme sind nur dann lösbar, wenn ihre Konturen klar sind

---

[1] Überarbeitete Fassung eines Referats vom 23. 2. 99 anlässlich des 10. Todestages von Alfred Dallinger.

und wenn die verschiedenen Interessenlagen herausgearbeitet werden können. Polarisierung in der Themenstellung kann helfen, die Aufgaben klarer zu formulieren. Aber eine klare Sprache und eine scharfe Problemsicht sind kein Selbstzweck, sondern das Fundament für tragfähige Kompromisse und gemeinsame Lösungen.

Wir leben heute in einer globalen Umbruchperiode. Mit dem Zusammenbruch des kommunistischen Machtbereiches und dem Wegfall der Teilung der Welt in zwei Blöcke und zwei gegensätzliche Denklager ist die Geschwindigkeit der Veränderungen deutlich gestiegen. Die Umbrüche der letzten Jahre sind zahlreich, tief greifend und betreffen alle Lebensbereiche. Das gilt insbesondere für ein in bisher unvorstellbarer Weise mobiles Kapital, dessen unüberschaubare internationale Transaktionen nur mehr in geringem Ausmaß durch die reale Bewegung materieller Werte „gedeckt" sind.

Das Interesse der Kapitaleigner, der so genannten „Shareholder" entwickelt eine Eigendynamik: Wenn es höhere Renditen an den Börsen verspricht, werden auch prosperierende Betriebe geschlossen oder in einen anderen Weltteil verlagert. Die Auswirkungen dieser irrealen Welt der Börse auf die Menschen und ihre Lebensbedingungen sind jedoch zutiefst konkret. Sie machen einige Menschen unheimlich reich und viele andere tatsächlich arm, arbeitslos und perspektivlos.

Diese unkontrollierte Wanderung des Kapitals und die Drohung, Arbeitsplätze in Länder zu verlegen, wo die Arbeitskosten niedriger und die Umweltschutzauflagen geringer sind, führen zunehmend zu einem internationalen Dumping aller Standards. Der Wettbewerb um die billigsten Lohnkosten und die niedrigsten Umweltstandards verspricht kurzfristige Vorteile, geht aber dauerhaft an die Substanz der Betriebe und der Beschäftigten. Das radikale Shareholder-Prinzip schädigt langfristig die wirtschaftliche Leistungsfähigkeit jedes Landes.

Wir brauchen daher tragfähige internationale Regeln, um diesen verhängnisvollen Wettbewerb um schlechtere Bedingungen zu stoppen. Hier ist die internationale Staatengemeinschaft gefordert, aber vor allem die Europäische Union. Die bevorstehende und prinzipiell sinnvolle Erweiterung der EU erfordert klare Regulierungen, um weiteres Dumping zu verhindern. Die internationale Gewerkschaftsbewegung weiß, dass sie sich in diesen Fragen nur bedingt auf die Nationalstaaten und die internationalen Gremien verlassen kann. Deswegen ist unsere eigene Durchsetzungskraft gefordert. Nur starke und international solidarische Gewerkschaften werden die negativen Auswirkungen der Globalisierung verhindern können.

Die Aufgaben der Sozialpolitik

Globalisierung, steigende Arbeitslosigkeit und die neokonservative Politik der Deregulierung haben grundlegende Auswirkungen auf die Systeme der sozialen Sicherheit. Denn das österreichische Sozialsystem ist auf einer Solidargemeinschaft aufgebaut. Es lebt von der Umverteilung der Beiträge von aktiv Berufstätigen zu pensionierten, kranken, behinderten oder arbeitslosen Menschen. Um die hohe Qualität des österreichischen Sozialsystems auch in Zukunft aufrechterhalten zu können, muss diese Solidargemeinschaft erhalten bleiben. Auch in Zukunft müssen die Beitragszahler

die Sicherheit haben, dass ihre heutigen Beiträge in einer akzeptablen Relation zu jenen Leistungen stehen, die sie später einmal selbst in Anspruch nehmen können.
Wir sollten uns daher hüten, zum Beispiel im Pensionsrecht jenes Gefüge, das auf ein Gleichgewicht von Einkommensersatz und bedarfsbezogener Grundsicherung durch Ausgleichszulagen aufbaut, zu gefährden und die Pensionen etwa auf eine bloße Grundversorgung für „Bedürftige" reduzieren. Erstens ist es immer unklar und jeder politischen Willkür anheim gestellt, zu definieren, wer bedürftig ist. Zweitens zeigen uns genügend Beispiele aus anderen Ländern: Wenn wir die solidarische Relation von Beiträgen und Leistungen ernsthaft gefährden, werden vor allem die Gesünderen und Besserverdienenden (aus Versicherungssicht gesprochen: Die „besseren Risken") relativ rasch versuchen, dieses System zu verlassen und sich selbst um private Versicherungen umzusehen. Dadurch wäre aber das Gesamtsystem gefährdet, die Solidargemeinschaft würde die besseren BeitragszahlerInnen verlieren. Der Weg zu einer Zwei-Klassen-Gesellschaft mit einem unattraktiven Sozialsystem für sozial Schwächere und einem zweiten, gehobenen System für jene, die es sich richten können, wäre eröffnet.
Wer heute vor hat, solidarische Leistungen zu reduzieren und nur mehr für die „Bedürftigen" vorzusehen, egal ob man das unter dem Titel „einkommensabhängige Deckelung", „Kampf dem Überbezug" oder „Grundeinkommen für Alle" verkauft, muss sich klar sein: Damit wird die Zerschlagung der Solidargemeinschaft eingeleitet. Der Blick über unsere Grenzen zeigt, dass dieser Weg nicht zu mehr Gerechtigkeit führen würde.
Weil wir mit gutem Grund auf unseren Sozialstaat stolz sein können, müssen wir unser Augenmerk darauf legen, dass er den großen Herausforderungen der Gegenwart und Zukunft gerecht werden kann:

- Die Finanzierbarkeit und die Leistungsqualität unseres Sozialsystems ist heute vor allem auf geschlossene Erwerbsbiographien in einer prosperierenden, auf Vollbeschäftigung ausgerichteten Wirtschaft aufgebaut. Wenn aber das Wirtschaftswachstum zunehmend von einer immer kleineren Zahl von Beschäftigten erzielt wird, stößt eine hauptsächlich auf die Beiträge der Beschäftigten orientierte Finanzierung der Sozialversicherung logisch an ihre Grenzen. Deswegen treten wir bereits seit Jahren für wertschöpfungsbezogene Finanzierungsformen ein.

- Mit den Veränderungen am Arbeitsmarkt werden zukünftig viele Menschen bei Pensionsantritt auf keine geschlossene Erwerbsbiographie zurückblicken und daher keine allzu hohen Ersatzraten erwarten können. Deswegen müssen wir über zusätzliche Sicherungselemente in der Pension nachdenken. Das trifft heute vor allem Frauenpensionen. Wenn die Arbeitslosigkeit aber weiter hoch bleibt und wenn öftere Unterbrechungen des Berufslebens beispielsweise als "Bildungspause" üblich werden, wird das Problem in Zukunft für Männer wie Frauen aktuell werden.

- Mit zunehmender ökonomischer Unabhängigkeit der einzelnen Familienmitglieder, insbesondere der Frauen, vom Einkommen, das der Mann nach Hause bringt, werden wir darüber nachdenken müssen, ob eine Bemessung (oder genauer gesagt: Beschränkung) vieler Sozialleistungen auf Grundlage des Haushaltseinkommens noch gerechtfertigt ist. Wir werden deswegen schrittweise zu einer *personen*bezogenen Bemessung von Sozialleistungen kommen müssen.

- Wir müssen unsere Familienpolitik überdenken, wenn wir tatsächlich familienfreundlich sein wollen. Wir müssen in erster Linie dafür Sorge tragen, dass den Familien ausreichende Versorgungseinrichtungen und soziale Dienste zur Verfügung stehen, denn nur wenn die Pflege älterer Menschen abgesichert ist und genügend Einrichtungen für Kinder vorhanden sind, können Männer und Frauen ein selbstbestimmtes Leben auch am Arbeitsmarkt führen. Wir sollten deswegen zuerst für einen bedarfsgerechten Ausbau der familienunterstützenden Einrichtungen sorgen, bevor wir über neu zu verteilende und zu gestaltende Geldleistungen für Familien reden.
- Schließlich sollten wir nicht vergessen, dass heute immer mehr Menschen zweifeln, ob es zeitgemäß ist, dass die verschiedenen Pensionsversicherungen in Österreich zwar ein vergleichbares Leistungsniveau, aber unterschiedliche Beitragssätze haben. Insbesondere wenn die Zahl „Neuer Selbständiger" zunimmt, muss der niedrigere Beitragssatz für Selbständige langfristig angeglichen werden. Nur nach dem Prinzip „gleiche Leistungen für gleichen Beitrag" kann das Sozialversicherungssystem dauerhaft stabil gehalten werden.

Unser Sozialsystem verdient es nicht, krank geredet zu werden. Es hat sich bewährt, es steht auf guten Grundlagen und hat gerade durch zahlreiche neue Gesetze, Veränderungen und Novellen die Anpassungsfähigkeit an sich verändernde Bedingungen bewiesen. Es liegt mir daher fern, jene zu unterstützen, die eine umfassenden Reform unseres Sozialversicherungssystems einleiten wollen. Aber wir müssen bereits heute darüber nachdenken, wohin sich unser System in zwanzig oder dreißig Jahren entwikkeln soll.
Dabei müssen wir den Mut finden, die zukünftigen Anforderungen des Systems nicht immer nur aus dem Blickwinkel zu diskutieren: Was werden sich unsere Kinder im Jahr 2030 noch leisten können? Wir müssen auch fragen, welche Leistungen der Kranken-, Pensions- und Unfallversicherung werden jene Menschen brauchen, die im Jahr 2030 arbeiten, krank oder in Pension sind? Was könnte aus der Sicht des Bedarfes der Zukunft überholt sein, was sollte weiterentwickelt werden? Wenn wir beginnen, die Sozialpolitik der Zukunft einmal unter dem Gesichtspunkt der zukünftigen Bedürfnisse zu diskutieren, werden uns die Menschen wahrscheinlich viel besser verstehen.

Integration statt Ausgrenzung

Die Betroffenheit von der Globalisierung und der Entwicklungen am Arbeitsmarkt wirkt sich unterschiedlich aus. Wir unterscheiden zumindest drei Gruppen:

- Erstens die „Gewinner", die in Branchen arbeiten, die sich positiv entwickeln. Hier sind die Arbeitsplätze zumindest mittelfristig sicher, die Verdienste gut und die Zukunftsaussichten positiv. Als Beispiel kann die Telekommunikationsindustrie genannt werden, wo gute Gehälter gezahlt werden und die Nachfrage nach Beschäftigten größer ist als das Angebot.

- Zweitens die „Verlierer", die von Arbeitslosigkeit bedroht oder betroffen sind, beziehungsweise in so genannten „neuen" Arbeitsverhältnissen, etwa in freien Dienstverträgen, arbeiten oder nur geringfügig beschäftigt werden. Hier wird stark flexibilisiert und rationalisiert, hier werden die Lohnkosten und damit die Verdienste gesenkt. Als Beispiel kann der Einzelhandel genannt werden, wo es kaum mehr Vollzeitarbeitsplätze gibt, wo überwiegend Teilzeitarbeit oder geringfügige Beschäftigung vorliegt und wo viele Arbeitsplätze befristet und unsicher sind.

- Drittens die „Dulder", die zwar auch in gefährdeten Branchen tätig sind und keine wirkliche berufliche Zukunft haben, aber aufgrund gesetzlicher, kollektivvertraglicher oder betrieblicher Sozialmaßnahmen (Sonderunterstützung, Sozialplan, Sonderabfertigung,...) persönlich abgesichert sind. Das betrifft zB ältere Beschäftigte in der Grundstoffindustrie, im Bankenbereich und etc.

Wir machen oft den Fehler, zumindest über die Gruppe der „Dulder" zu denken: „Hier gibt es ohnehin eine gute Absicherung, die Betroffenen müssen ja zufrieden sein". Dabei würden wir vergessen, dass materielle Sicherheit allein noch nicht alles ist, wenn diese Menschen gleichzeitig erleben müssen, dass ihr Betrieb, in dem sie dreißig oder mehr Jahre ihres Lebens gearbeitet haben, geschlossen oder radikal verkleinert wird. Wer erlebt, dass mit dem Absterben seines alten Betriebes auch seine Region, sein Ort verödet, entwickelt Zorn und Bitterkeit, auch wenn er materiell abgesichert ist.

Arbeit steht im Zentrum

Im Zentrum unseres Denkens steht die Arbeit, weil sie das Zentrum unseres Lebens bildet. Die Arbeit ist die Grundlage unserer Existenzsicherung, sie schafft jene materiellen Werte, auf die unsere Gesellschaft aufgebaut ist. Aber Arbeit ist darüber hinaus auch die wesentlichste Quelle von Anerkennung und Selbstverwirklichung.
Arbeit ist mehr als Erwerbsarbeit, aber die Erwerbsarbeit ist in unserer Gesellschaft das zentrale Medium, das den Zusammenhalt herstellt. In dem Ausmaß, in dem Erwerbsarbeit verschwindet, wird der Zusammenhalt der Gesellschaft und ihrer Wirtschaft gefährdet.
Erwerbsarbeit ist eine der wesentlichsten Bestimmungsgrößen in unserem Leben,

- als Quelle von Einkommen und materieller Sicherheit,
- als Bestimmungsfaktor für die eigene Stellung in der Gesellschaft,
- als Bemessungsgrundlage für Leistungen bei Krankheit, bei Arbeitslosigkeit, im Alter und
- als Grundlage für Anerkennung und sozialen Status.

Vollbeschäftigung hat nach wie vor einen hohen Stellenwert. Dabei müssen die Veränderungen des Arbeitsmarktes klar analysiert werden. Denn wir haben es gleichzeitig

mit einem Wachstum von Beschäftigung *und* Arbeitslosigkeit zu tun. Das bedeutet nicht, dass uns „die Arbeit ausgeht". Vielmehr wächst die Zahl jener, die Arbeit wollen, deutlich schneller als die Zahl der Arbeitsplätze zunimmt. Überdies muss wieder einmal festgehalten werden: Es gäbe noch viel Arbeit, wenn es bloß die Bereitschaft gäbe, dafür zu zahlen. Das Problem ist, diese Arbeiten sind zwar notwendig, aber nicht marktfähig oder nicht gewinnträchtig genug. Um diese notwendigen Arbeiten zum Beispiel im Pflegebereich oder im Umweltschutz dennoch zu erbringen, ist der Ausbau eines zweiten Arbeitsmarktes notwendig.
Um Arbeitsplätze zu schaffen und zu sichern müssen jene wirtschaftlichen Rahmenbedingungen angesprochen werden, die die Aufnahmefähigkeit des Arbeitsmarktes beschränken. Das erfordert eine auf Beschäftigung orientierte Wirtschafts-, Budget- und Geldpolitik.
Notwendig ist, die vorhandene Arbeit auf mehr Personen aufzuteilen. In der Arbeitszeitverkürzung liegt eine der zentralen Aufgaben der Gewerkschaften. Wir tragen aber den veränderten Rahmenbedingungen Rechnung, indem wir nicht allein die wöchentliche Arbeitszeit ins Zentrum stellen. Mir scheint deswegen die arbeitszeitpolitische Orientierung des Europäischen Gewerkschaftsinstitutes auf die Verkürzung der Lebensarbeitszeit durch eine Reduktion von 70.000 auf 50.000 Lebensarbeitsstunden ein sinnvoller Weg zu sein.
Daher sperren wir uns auch nicht prinzipiell gegen Flexibilisierungen, insbesondere dort nicht, wo sie auch von den Beschäftigten gewünscht werden. Aber eines steht für mich fest: Eine weitere Flexibilisierung der Arbeitszeiten kann es nur im Gegenzug zu einer Arbeitszeitverkürzung geben. Denn jede Flexibilisierung der Arbeitszeit bewirkt eine „Verdichtung der Poren des Arbeitstages" und führt dazu, dass weniger Beschäftigte den selben (oder einen größeren) Arbeitsaufwand erbringen, weil unproduktive Zeiten von der Arbeitszeit in die unbezahlte Freizeit verlegt werden.
Wir dürfen aber auch eine notwendige Reduktion von regelmäßigen Überstunden nicht tabuisieren. Arbeitszeitverkürzung verliert dort ihre Beschäftigungswirkung, wo sie durch Überstunden abgefedert wird, statt durch zusätzliche Beschäftigung. Überstundenreduktion, die beim Dienstgeber anzusetzen hat, ist gelebte Solidarität mit Arbeitslosen.

Vollbeschäftigung und Einkommenssicherung

Wir stehen heute in einem Spannungsverhältnis, dessen ganze Tragweite wir wahrscheinlich selbst noch nicht erfasst haben: Dem Spannungsverhältnis zwischen einer konsequenten Politik für Vollbeschäftigung und der Politik einer materiellen Absicherung jener, die nicht oder nicht mehr in den Arbeitsmarkt integriert werden können. Denn die offensive Forderung nach einer umfassenden Mindestsicherung bedeutet immer auch das Zugeständnis, dass Vollbeschäftigung in naher Zukunft als nicht sehr realistisch angesehen wird. Ein ausschließlicher Schwerpunkt auf Vollbeschäftigung übersieht hingegen sehr leicht, wie viele Menschen heute bereits mit Leistungen weit unter dem Existenzminimum auskommen müssen.
Wir können uns nicht leisten, Vollbeschäftigung und Mindestsicherung gegeneinan-

der auszuspielen, wir müssen *Brücken* zwischen diesen beiden Polen finden. Daher setzen wir uns konstruktiv mit der Frage auseinander, wie viel Geld, wie viel materielle Absicherung ein Mensch mindestens braucht, um aktiv am Leben dieser Gesellschaft teilhaben zu können, um nicht ausgegrenzt zu werden, um sich Wohnung, Nahrung und Kleidung leisten zu können. Heute müssen bereits mehr als 400.000 Menschen in unserem Land mit weniger als dem Ausgleichszulagenrichtsatz auskommen und gelten daher als arm. Wir haben keine Zeit, um auf Vollbeschäftigung zu warten.

Gerechte Verteilung des Reichtums

Soziale Sicherheit erfordert gerechte Verteilung. Das ist unbestritten. Aber wir verlassen rasch den Pfad der Harmonie, wenn wir sagen: Verteilungsfragen sind nicht nur, ja nicht einmal hauptsächlich Fragen der Verteilung zwischen ArbeitsplatzbesitzerInnen und Arbeitslosen, zwischen Beschäftigten mit höheren und mit niedrigeren Einkommen, zwischen kinderreichen und kinderlosen Familien. Denn primär geht es heute wie vor hundert Jahren um die Frage der Verteilung der gesellschaftlichen Verfügungsgewalt über die Produktionsmittel. Es geht darum, wie viel jenen zufließt, die nach dem Tagesbörsenkurs über Entlassung und Aufnahme, also über Not oder Hoffnung entscheiden und jenen, die zunehmend zum Gegenstand dieser Entscheidungen werden.
Wir werden daher auch zukünftig die Verteilungsfragen zum Thema machen und zB fragen, wem es tatsächlich hilft, dass Österreich zu „der" Steueroase Europas geworden ist. Solange Österreich für unproduktiv auf anonymen Konten geparktes Vermögen für die großen Kapitalbesitzer sehr viel attraktiver ist als für arbeitsschaffende Investitionen, stimmt etwas nicht mit den Verteilungsrelationen.

Rahmenbedingungen für Arbeit

Absicherung der Rahmenbedingungen, unter denen gearbeitet werden kann, erfordert vor allem:

- Beschäftigung, denn die Grundvoraussetzung für die Teilhabe an der menschlichen Gesellschaft ist es, einen Arbeitsplatz zu haben.
- Sicherheit, denn eine weitere wichtige Voraussetzung für volle Teilhabe sind sichere Arbeitsplätze und ein ausgebautes soziales Netz. Nur wer sich nicht beständig vor der Kündigung fürchten muss, wird sich voll in seine Arbeit einbringen können. Nur wer die Sicherheit hat, dass ihm die Solidargemeinschaft auch im Alter, bei Krankheit und bei Arbeitslosigkeit beisteht, hat den Kopf frei, über anderes als eine eigene ungesicherte Zukunft nachdenken zu müssen.
- Mitbestimmung, denn nur wenn die Demokratie nicht vor den Betriebstoren Halt macht, wenn Beschäftigte auch am Arbeitsplatz als Menschen und Mitglieder dieser Gesellschaft ernst genommen werden, wird sich ein positives Arbeitsklima entwickeln. Wer seinen Betrieb nach dem Motto „Wer zahlt, schafft an" führt, wird sich nicht wundern dürfen, wenn seine Belegschaft nicht sonderlich motiviert und innovativ ist.

- Arbeitsschutz, denn nur ein ausgebauter Arbeitsschutz sichert langfristig gesunde Beschäftigte. Effektiver Arbeitsschutz betrifft alle Bereiche der Arbeit. Auch Arbeitszeitgesetze sind Arbeitsschutzgesetze. Wer olympiareife Belegschaften fordert, die ständig unter Druck ausgepowert werden, darf sich nicht wundern, wenn die Menschen schon mit 50 krank und nicht mehr arbeitsfähig sind.
- Integration, denn nur wenn wir jenes offene Klima schaffen, in dem auch ausgegrenzte Personen einen gleichberechtigten Platz finden, kann Solidarität entstehen, die Grundlage unserer gesellschaftlichen Errungenschaften. Wem das Ausgrenzen von Minderheiten leicht von der Hand geht, sollte bedenken, dass man nur den „falschen" Pass haben muss, das „falsche" Alter, die „falsche" Behinderung oder oft auch nur das „falsche" Geschlecht, und man gehört selbst zu einer ausgegrenzten Minderheit.

Verbindung von Vision und Realismus

Die Gestaltung der Sozialpolitik für das kommende Jahrhundert erfordert Phantasie und Visionen. Aber sie erfordert genauso die Bereitschaft und die Kraft, als richtig Erkanntes konsequent weiter zu verfolgen und umzusetzen. In diesem Sinne gilt es, Visionen und Realismus zu verbinden, klare Positionen zu entwickeln und sie mit dem Willen und der Bereitschaft zu guten Kompromissen zu kombinieren. Das verlangt jenes Selbstbewusstsein, das auf scharfer Problemsicht und der Grundlage starker, solidarischer Organisationen beruht – und die großen bestehenden und kommenden Probleme werden zu bewältigen sein. Kontrovers zu diskutieren, aber nachvollziehbar und konkret zu handeln erfordert daher ein klares Bekenntnis zu starken Gewerkschaften, zu einer durchsetzungsfähigen ArbeitnehmerInnenbewegung und einer stabilen, auf den vernünftigen Kompromiss orientierten Sozialpartnerschaft.

Anforderungen an die österreichische Sozialpolitik vor dem Hintergrund der Veränderungen am Arbeitsmarkt

Emmerich Tálos

Der österreichische Sozialstaat hat in der zweiten Hälfte des 20. Jahrhunderts vergleichbar anderen westeuropäischen Ländern eine beträchtliche Ausweitung und Vertiefung erfahren. Das gilt für alle wesentlichen sozialpolitischen Bereiche. Die Leistungssysteme der Sozialversicherung wurden immer mehr Menschen – Erwerbstätigen, zum Teil Nichterwerbstätigen und Familienangehörigen – zugänglich gemacht, das Niveau der Leistungen angehoben und das Leistungsspektrum erweitert. Arbeitsschutzbestimmungen wurden ausgebaut und die sozialen Bedingungen der Arbeiter und Angestellten (beispielsweise durch die Reduktion der Jahres- und Wochenarbeitszeit) verbessert. Die Einführung einer aktiven Arbeitsmarktpolitik mit ihren verschiedenen Fördermöglichkeiten flankiert die allgemeine Beschäftigungspolitik. Familienrelevante Leistungen erfuhren einen beträchtlichen Ausbau sowohl hinsichtlich des Leistungsspektrums wie auch des Leistungsniveaus. Insgesamt kann festgehalten werden, dass die österreichische Sozialpolitik in der Zweiten Republik einen wesentlichen Beitrag zur Gestaltung und Verbesserung der Arbeits- und Lebensbedingungen geleistet hat.

Ungeachtet dieses Faktums ist der Sozialstaat Österreich – ebenso wie anderer EU-Mitgliedsländer – mit Anforderungen konfrontiert, die Veränderungen erforderlich machen, vor allem dann, wenn davon ausgegangen wird, dass es Aufgabe des Sozialstaates auch unter veränderten Bedingungen des Arbeitsmarktes nach wie vor ist, zur Sicherung von materiellen und sozialen Teilhabechancen in der Gesellschaft beizutragen.

Im Folgenden wird in einem ersten Punkt auf die Veränderungen am Arbeitsmarkt und damit auf einen der Gründe des Handlungsbedarfes eingegangen. Im zweiten Punkt wird der Blick auf die Gestaltungsprinzipien und Strukturen des bestehenden, traditionell gewachsenen Systems der sozialen Sicherung gerichtet, die vor dem Hintergrund der in Punkt 1 angeführten Veränderungen unter Veränderungsdruck stehen. Abschließend wird skizziert, mittels welcher Reformschritte den aktuellen und absehbaren Anforderungen begegnet werden könnte.

1. Veränderungen am Arbeitsmarkt

Im Vergleich mit den Nachkriegsjahrzehnten lassen sich seit den Siebzigerjahren international weit einschneidende Veränderungen am Arbeitsmarkt konstatieren. Deren wesentlichste Facetten sind die Verbreitung von Erwerbslosigkeit zum einen, die Ausbreitung atypischer Beschäftigungsformen zum anderen. Diese Veränderungen finden sich bisher in Österreich in einem vergleichsweise moderaten Ausmaß (siehe Tálos 1999a). Nichtsdestotrotz bringen sie substantielle Anforderungen an das tradierte sozialstaatliche System mit sich. Seit Beginn der Achtzigerjahre prägt das Phänomen der Erwerbslosigkeit auch die Arbeitsmarktsituation in Österreich. Der Trend ist seit damals bis zum Jahr 1998 durchgängig ansteigend. Die Arbeitslosenrate ist in der jüngsten Zeit dreimal so hoch wie 1980/81 (1980: 1,9 %; 1981: 2,4 %; 1998: 7,2 % nach der österreichischen Berechnungsweise). Auch die Anzahl der einmal von Arbeitslosigkeit betroffenen Personen hat sich in diesem Zeitraum verdreifacht. Während des Jahres 1980 waren insgesamt ca. 240.000 Menschen einmal von Arbeitslosigkeit betroffen, in den letzten Jahren aber über 700.000. Nach wie vor liegt die Arbeitslosigkeit von Frauen über der der Männer (1998: 6,9 % der Männer; 7,5 % der Frauen).

Die Entwicklung im Jahr 1999 war gekennzeichnet durch eine Ausweitung des Beschäftigtenstandes und eine Senkung der Arbeitslosenrate. Ungeachtet dessen ist unübersehbar: Nicht nur das Risiko, arbeitslos zu werden, ist beträchtlich angestiegen, sondern für einen wachsenden Teil auch jenes, langfristig arbeitslos zu bleiben. 1998 waren 30,5 % (1997: 30,4 %) aller gemeldeten Arbeitslosen länger als 6 Monate vorgemerkt. Auch hier ist die Problematik bei Frauen quantitativ größer (1998: 31,7 %) als bei Männern (1998: 29,4 %).

Nicht weniger von Relevanz, vor allem aufgrund der langfristigen Wirkungen, ist die zweite Facette aktueller Arbeitsmarktveränderungen: Die Verbreitung so genannter atypischer Beschäftigungsformen. Gemeint sind damit jene Beschäftigungsformen, die in mehrfacher Hinsicht von standardisierten, vollzeitigen, kontinuierlichen, arbeits- und sozialrechtlich abgesicherten Arbeitsverhältnissen abweichen (siehe auch Angerler/Kral-Bast 1998). Dazu werden gezählt: Teilzeitarbeit, geringfügige Beschäftigung, befristete Beschäftigung, Leiharbeit, Arbeit auf Abruf, Telearbeit und so genannte scheinselbständige Beschäftigung. Wir können festhalten,

- dass international atypische Beschäftigungsformen im Vormarsch sind,
- dass es sich dabei nicht nur um einen kurz- oder mittelfristigen, sondern um einen dauernden Trend handelt,
- der Männer und Frauen in unterschiedlicher Weise betrifft.

Einige der genannten Beschäftigungsformen sind in sehr hohem Ausmaß bzw. überwiegend „weiblich" (siehe Tálos 1999c).

Diese Entwicklung verläuft zurzeit in Österreich vergleichsweise noch moderat (siehe Tálos 1999b). Grundsätzlich treffen allerdings die angeführten Trendkennzeichen auch für dieses Land zu. Die größte Verbreitung hat bisher die Teilzeitbeschäftigung. Je nach Definition beträgt der Anteil der Teilzeitbeschäftigten 12 % (im Jahr 1997, nach dem so genannten Lebensunterhaltskonzept[1]) bzw. 13,9 % (im Jahr 1997 nach dem Labour-force-Konzept[2]). Die geschlechtsspezifischen Unterschiede sind bei dieser

[1] Damit werden im Wesentlichen nur jene Personen als erwerbstätig erfasst, die bei Erhebungen eine Normalarbeitszeit von mindestens 12 Stunden in der Woche angeben.

[2] Damit werden im Wesentlichen alle jene Personen erfasst, deren Normalarbeitszeit in der Referenzwoche mindestens eine Stunde betragen hat.

Beschäftigungsform am stärksten ausgeprägt: Der Anteil der Frauen an den Teilzeitbeschäftigten lag 1997 bei 85 %, was dem internationalen Trend entspricht.
Die Zahl der LeiharbeiterInnen wächst seit der erstmaligen gesetzlichen Regelung 1988 kontinuierlich an, ihr Anteil an den Beschäftigten ist zurzeit noch sehr gering (1997: 0,4 %). Abweichend von der Teilzeitbeschäftigung sind hier mehr Männer als Frauen betroffen. Ein ansteigender Trend ist auch für die befristete Beschäftigung zu verzeichnen, deren Anteil jedoch beträchtlich höher als der der Leiharbeiter ist: Annähernd 8 % der unselbständig Beschäftigten üben ihre Tätigkeit befristet aus.
Bis 1994 war das Phänomen der so genannten geringfügigen Beschäftigten quantitativ nicht erfassbar. Gemeint sind damit Beschäftigungsverhältnisse, die unter einer bestimmten Einkommensgrenze liegen (1999: ATS 3.899,- bzw. 283,35 €). Seit der Meldeverpflichtung der Betriebe lässt sich ein stetiger Anstieg verzeichnen. Das Jahr 1999 ist durch jeweilige monatliche neue Rekorde gekennzeichnet. So gab es im Juni 1999 ca. 194.000 geringfügig Beschäftigte (plus 10 % gegenüber 1998) – mit einem hohen Frauenanteil.
Über andere atypische Formen der Beschäftigung gibt es – wenn überhaupt – nur spärliche Informationen. So wird die Anzahl der TelearbeiterInnen in einer Auswertung des Mikrozensus 1997 je nach Definition von Telearbeit auf 41.800 bzw. 51.600 Personen geschätzt (siehe dazu auch Metzger 1999). Keine zuverlässigen quantitativen Angaben gibt es zu Job-Sharing und zur kapazitätsorientierten variablen Arbeitszeit. Die Informationslage über arbeitnehmerähnliche Scheinselbständigkeit hat sich aufgrund der gesetzlichen Regelungen betreffend freien Dienstvertrag und „neue Selbständige" ansatzweise verbessert. Laut aktuellen Informationen (siehe Wörister 1999) stieg die Zahl der freien Dienstverträge von 9.600 im Jänner 1998 auf 19.500 im Juni 1999. Im Frühjahr 1999 waren 32.000 „neue Selbständige" bei der Sozialversicherung des Gewerbes gemeldet. Davon wurden 8.300 von der Pensionsversicherung und 6.500 von der Krankenversicherung erfasst.
Insgesamt betrachtet trifft zwar unstrittig zu, dass in Österreich nach wie vor „Normalarbeitsverhältnisse" den weitaus überwiegenden Teil der Beschäftigungsverhältnisse ausmachen. Daran wird sich auch in absehbarer Zeit wenig ändern. Unübersehbar allerdings ist, dass davon in Hinblick auf Kontinuität, Vollzeitigkeit, ausreichende materielle Sicherung abweichende Beschäftigungsformen stetig zunehmen. Zugleich wird damit die traditionelle geschlechtsspezifische Segmentierung am Arbeitsmarkt (zum Beispiel zwischen männer- und frauendominierten Branchen mit entsprechenden Konsequenzen für die Einkommenssituation) um eine Facette „bereichert": Atypische Beschäftigungsformen sind vielfach „weiblich". Wir können analog belegbaren internationalen Trends (siehe Tálos 1999a) auch für Österreich davon ausgehen, dass der Arbeitsmarkt des nächsten Jahrhunderts noch stärker von „Atypisierung" geprägt sein wird, mit beträchtlichen Herausforderungen für die sozialstaatlichen Systeme.

2. Gestaltungsprinzipien und institutionelle Struktur der sozialen Sicherungssysteme in Österreich – mit ihren Konsequenzen für atypisch Beschäftigte

Für Österreich gilt ebenso wie für andere westeuropäische Sozialstaaten: In den Nachkriegsjahrzehnten hat eine beträchtliche Expansion stattgefunden (siehe Schmidt 1998; Schmid 1996; Tálos 1998). Ungeachtet dessen bestehen nach wie vor Unterschiede. Diese beziehen sich auf die zugrundeliegenden Zielsetzungen (zB Erhaltung/Sicherung des Lebensstandards oder Sicherung vor Not), auf die Zugangsbedingungen (Erwerbsarbeit oder universelle Rechte), auf Finanzierung (Versicherten-, Unternehmens- und/oder Staatsbeitrag), nicht zuletzt auf das Ausmaß der Leistungen (Mindeststandards oder nach Einkommen und Beitragsleistung äquivalente Leistungen).

In sozialwissenschaftlichen Typologien zählt Österreich (mit Deutschland, Frankreich oder Slowenien) zu jenen Ländern, in denen soziale Sicherung im Wesentlichen zwei Zugänge kennt: Erwerbsarbeit und (abgeleitet) Ehe. Eines der prägenden Gestaltungsprinzipien der sozialen Sicherung ist die Anbindung dieser an Erwerbsarbeit. Im Blickpunkt dabei steht das so genannte Normalarbeitsverhältnis: Eine vollzeitige und kontinuierliche Beschäftigung. Exemplarisch ist dies daraus ersichtlich, dass bei der Verabschiedung des Allgemeinen Sozialversicherungsgesetzes (ASVG), das Sozialversicherungsgrundgesetz der Zweiten Republik, im Jahr 1955 davon ausgegangen wurde, dass der Lebensstandard im Alter bei 45 Versicherungsjahren gesichert werde.

Dieses Prinzip der Anbindung an Erwerbsarbeit ist in Österreich ebenso wie in der Bundesrepublik Deutschland (siehe zB Schmidt 1998) mit geringfügigen Modifikationen aufrecht erhalten worden. Die Aufbringung der finanziellen Mittel steht mit der Erwerbsarbeitsorientierung in engem Zusammenhang: Beiträge der Versicherten und ihrer Arbeitgeber (als Teil der Lohnkosten) bilden den Hauptbestandteil. Weitere Einnahmequellen stellen Beiträge aus öffentlichen Mitteln (in erster Linie im Bereich der Pensionsversicherung) und Kostenbeteiligungen der Versicherten (in der Krankenversicherung) dar.

Nicht weniger von Bedeutung ist die Äquivalenzrelation zwischen Beitragsleistung und Höhe der finanziellen Sozialversicherungsleistungen. Mit der Erwerbsarbeitsorientierung korreliert die Annahme, dass der Höhe und Dauer der Beitragsleistung der Erwerbstätigen auch die Höhe der Geldleistungen entsprechen sollte. Anders ausgedrückt: Das System finanzieller Leistungen (nicht das der Sachleistungen) der Sozialversicherung reproduziert die Einkommensungleichheiten und die unterschiedliche Dauer der Erwerbsarbeitsbiographien. Ein zentrales Ziel der Sozialversicherungsleistungen ist die Kompensation des Entfalls von Erwerbseinkommen – im Fall von Krankheit, Unfall, Erwerbslosigkeit und Alter. Das Äquivalenzprinzip kommt im Sachleistungsbereich der Krankenversicherung nicht zum Tragen.

Im Unterschied zu diesen beiden die Sozialversicherung kennzeichnenden Prinzipien gilt für die Sozialhilfe das Prinzip der Subsidiarität staatlicher Hilfe. Staatliche Hilfeleistungen im Fall individueller Notlage, die im Rahmen der Sozialhilfe der Länder und Gemeinden organisiert sind, sollten nur dann in Anspruch genommen werden können, wenn für die Hilfe Suchenden andere Möglichkeiten der Sicherung des Unterhalts wie der Einsatz der eigenen Arbeitskraft, eigene oder familiäre materielle Ressourcen nicht bzw. nicht mehr zur Verfügung stehen. Die Nachrangigkeit gilt auch für Leistungen wie Notstandshilfe (in der Arbeitslosenversicherung) und Ausgleichszulage (in der Pensionsversicherung).

Neben Erwerbsarbeit und sozialen Notlagen kennt der österreichische Sozialstaat noch einen weiteren „Zugangskanal" zu Leistungen: Die spezifische Partnerschaftsform Ehe. Dieser Zugangskanal spiegelt die traditionelle Teilung der Arbeit zwischen den Geschlechtern wider: Die außerhäusliche Erwerbsarbeit wird durch Männer, die innerfamiliäre Betreuungs- bzw. Reproduktionsarbeit durch Frauen realisiert. Die Honorierung dieser spezifischen Partnerschaftsform zeigt sich exemplarisch an der Witwenpension. Die Einbeziehung in den Sachleistungsbereich des Gesundheitssystems ist ein weiteres Beispiel. Die Ehe wurde damit für einen großen Teil von Frauen zum „Zugangskanal" zum System materieller Sicherung im Alter. Es handelt sich dabei zwar um einen abgeleiteten Anspruch, der aber eine enorm wichtige Basis zumindest für jene Frauen darstellt bzw. darstellte, die keinen eigenständigen Anspruch über Erwerbsarbeit erworben haben bzw. erwerben konnten.

Vor dem Hintergrund der Ausweitung der Beschäftigung, der Verbesserung der Einkommensbedingungen und einer relativen Stabilität von Partnerschaften wurde die Entwicklung des Sozialstaates in den Nachkriegsjahrzehnten zu einer gesellschaftspolitischen Erfolgsstory. Die mit den angeführten Gestaltungsprinzipien strukturell angelegten Problemlagen spielten vorerst in den gesellschaftspolitischen Auseinandersetzungen keine Rolle – auch wenn diese Problemlagen nicht gegenstandslos geworden sind, was vor allem an der durchwegs schlechteren Versorgung von Frauen evident war.

Die Probleme im Sozialstaat sind seit einiger Zeit offenkundiger geworden: Das aufgrund des Ausbaus in den Nachkriegsjahrzehnten dicht geknüpfte Netz der Sozialversicherung erwies sich unter den Bedingungen steigender Erwerbslosigkeit und zunehmender Verbreitung atypischer Beschäftigungsformen sowie auch im Kontext eines merkbaren Wandels der Partnerschaftsbeziehungen als durchaus weitmaschig. Dies ist unter anderem daran ablesbar, dass seit Beginn der Achtzigerjahre ein Teil der gemeldeten Erwerbslosen (zurzeit etwa 10 %) aufgrund der Nichterfüllung der Anspruchsvoraussetzungen vom Bezug von Arbeitslosengeld und Notstandshilfe ausgeschlossen blieb und bleibt. Im Kontext andauernder Arbeitsmarktprobleme, des Anstiegs der Langzeitarbeitslosigkeit und der Verbreitung von atypischen Beschäftigungsformen zeigt sich zudem, dass sozialstaatlich geregelte Leistungen das Verarmungsrisiko keineswegs ausschließen. Die verfügbaren Daten über BezieherInnen von Arbeitslosengeld und Notstandshilfe belegen, dass bei einem beträchtlichen Teil der Betroffenen – und zwar bei einem großen Teil der Frauen, in geringem Ausmaß bei Männern – die Leistungen niedrig sind. Als Kriterium wird hier vielfach der Ausgleichszulagenrichtsatz für Alleinstehende (in der Pensionsversicherung) herangezogen. 1998 hatte etwas mehr als die Hälfte der Arbeitslosen eine Geldleistung unter dem Niveau der Ausgleichszulage (1998: ATS 7.992,- bzw. 580,80 €/14 Mal). 50 %

der Frauen erhalten weniger als ATS 7.343,- (533,64 €) Arbeitslosengeld und weniger als ATS 6.395,- (464,74 €) als Notstandshilfe (siehe Wörister 1999). Die Arbeitslosenversicherung ist traditionell stärker an einer Absicherung für einen Übergangszeitraum als für langfristige Ausgrenzung aus dem Arbeitsmarkt ausgerichtet. In der Begründung zum „Stammgesetz" aus 1920 heißt es: Die Arbeitslosenunterstützung „erheischt eine Begrenzung, soll nicht jeder Antrieb zur selbsttätigen Arbeitsuche erstickt und ein bedenkliches Staatsrentnertum gezüchtet werden" [3]. Verschiedene Maßnahmen in den letzten Jahren machen deutlich, dass die selbsttätige Arbeitsuche seitens der zuständigen Behörden durchaus mehr „befördert" und einem Leistungsmissbrauch offensiv gegengesteuert wird (siehe dazu Tálos/Wörister 1998, S. 271ff.).
Das gut ausgebaute Sicherungssystem der Pensionsversicherung schließt keineswegs sehr niedrige Leistungen aus. 1998 lag jede dritte Neupension von Frauen unter dem Richtsatz der Ausgleichszulage. Die Versorgung von Frauen durch das Pensionsversicherungssystem ist merkbar schlechter als die von Männern (siehe Wörister 1999). Lagen 1997/98 50 % der neuen Eigenpensionen bei Männern über/unter ATS 17.684,- (1.285,15 €), so bei Frauen über/unter ATS 9.348,- (679,35 €). Die mittlere Invaliditätspension bei Arbeiterinnen betrug (inkl. Ausgleichszulage) ATS 6.884,- (500,28 €). Damit lag diese ebenso wie die neuen Alterspensionen bei Arbeiterinnen (ATS 7.584,- bzw. 551,15 €) unter dem Ausgleichszulagenrichtsatz.
Bei einem Teil der Betroffenen wird die mit niedrigen Sozialversicherungsleistungen einhergehende individuell unzureichende materielle Versorgung erst im Rahmen der Familie, das heißt durch Einkommen insbesondere des Ehepartners/Lebensgefährten aufgefangen. Diese ökonomische Abhängigkeit kann allerdings zu einem Problem werden, wenn es zur Trennung kommt. So haben laut Schätzungen der Studie „Eigenständige Alterssicherung von Frauen" (1996, S. 58f) ca. 60 % der geschiedenen Frauen über 60 Jahre eine Direktpension, die unter dem Ausgleichszulagenrichtsatz liegt bzw. diesen erreicht.
Die Ausweitung atypischer Beschäftigungsformen spitzt bereits bestehende, strukturell in erwerbsbezogenen sozialen Sicherungssystemen angelegte Probleme der Ausgrenzung und der unzureichenden Versorgung noch zu. Von Vollzeitarbeit abweichende Arbeitszeiten gehen mit niedrigeren Einkommen einher. Die negativen Konsequenzen des Äquivalenzprinzips werden damit noch verstärkt. Modellhaft lassen sich für eine Teilzeitbeschäftigung folgende Versorgungsleistungen ausrechnen. Bei einem Monatseinkommen von ATS 8.000,- (581,38 €) brutto, das einem Nettoeinkommen von ca. ATS 6.600,- (479,64 €) entspricht, würden die Sozialleistungen netto (als Jahresvierzehntel) betragen

- für das Krankengeld ATS 4.800,- (348,83 €),
- für das Arbeitslosengeld ATS 3.850,- (279,79 €),
- für die Notstandshilfe ATS 3.650,- (265,26 €),
- für die Pension (nach 35 Versicherungsjahren) ATS 4.300,- (312,49 €).

---

[3] So in 680 der Beilagen zu den Sten Prot. der konstitutierenden Nationalversammlung, S. 18 aus 1920.

Daraus wird ersichtlich, dass Einkommen aus Teilzeitbeschäftigungen zu Sozialleistungen führen können, die nicht existenzsichernd sind und daher die Abhängigkeit vom Partner zur Folge haben. Noch gravierender als beispielsweise bei einer kontinuierlichen Teilzeitarbeit können die Konsequenzen im Fall wiederholter oder längerer Diskontinuität (bei befristeter oder Leiharbeit), im Falle sehr niedrigen Einkommens (bei so genannter geringfügiger Beschäftigung) oder im Fall von Beschäftigung à la scheinselbständiger Tätigkeit sein. Das bestehende, in den letzten Jahren einschlägig erweiterte System schließt zunehmend mehr atypisch Beschäftigte mit ein, allerdings dabei schlechte und unzureichende Versorgung nicht aus. Auch gibt es insbesondere bei der letztgenannten Gruppe nach wie vor spezifische Ausgrenzungen, generell im Fall der Erwerbslosigkeit, selektiv im Fall der Krankheit: Beschränkung auf Sachleistungen. Sofern nicht überhaupt aus dem Geltungsbereich sozialstaatlicher Leistungen ausgeschlossen, spiegeln sich Niedrigeinkommen oder diskontinuierliche Einkommen analog dem Äquivalenzprinzip oft in nicht existenzsichernden Leistungen. Österreich stellt hier keinen Einzelfall dar. Diese Konsequenzen sind international vor allem für dominant erwerbsarbeitsorientierte Sicherungssysteme konstatierbar (siehe Tálos 1999a, S. 436).

3. Mögliche Reformschritte

Der Punkt ist nicht, dass es in der österreichischen Sozialpolitik an Anknüpfungspunkten in der sozialen Sicherung für atypische Beschäftigungsformen insgesamt fehlt. Österreich kennt ebenso wie andere Länder mit einer ausgeprägten Tradition sozialpolitischer, arbeits- und sozialrechtlicher Regelungen (Deutschland, Frankreich, Italien, Niederlande, Slowenien) einschlägige Regelungen – wenn auch mit einer größeren Dichte im Bereich des Arbeits- als des Sozialrechtes (siehe Tálos 1999a). Keine spezifischen sozialrechtlichen Regelungen gibt es in Österreich für Teilzeit, befristete Beschäftigung und Job-Sharing. Hierfür gelten die einschlägigen Bestimmungen des Allgemeinen Sozialversicherungsgesetzes – mit Voll- bzw. Pflichtversicherung und mit aliquoten Leistungen. Um der „Flucht aus dem Sozialrecht" und der Verschärfung der Finanzierungsprobleme gegenzusteuern, hat in den letzten Jahren das Sozialversicherungsrecht einschlägige Veränderungen erfahren: Die Pensionsreform aus 1997 schuf die Möglichkeit der Integration von DienstnehmerInnen in die Kranken- und Pensionsversicherung, deren Entgelt die Geringfügigkeitsgrenze (1999: ATS 3.899,- bzw. 283,35 €) nicht übersteigt. Es besteht keine Pflichtversicherung, sondern die Möglichkeit des „opting-in" im Fall des Wohnsitzes im Inland. Im Juni 1999 waren so 20.400 geringfügig Beschäftigte selbst versichert. Sofern die Entgelte aus mehreren Erwerbstätigkeiten die Geringfügigkeitsgrenze übersteigen, besteht hingegen auch für derartige Beschäftigungen die Vollversicherung.
Einen ersten Ansatz zur Einbeziehung so genannter scheinselbständiger Beschäftigung beinhaltet die 1996 per Gesetz geregelte Einbeziehung freier Dienstverträge und arbeitnehmerähnlicher Werkverträge. Die diesbezüglichen Bestimmungen sahen vor, dass Personen mit freien Dienstverträgen in der Kranken-, Unfall- und Pensionsversicherung, dienstnehmerähnliche Personen (mit Werkverträgen) hingegen in der

Kranken- und Pensionsversicherung pflichtversichert sind. Die Regelungen waren politisch nicht unumstritten. Es kam zu verschiedenen Novellierungen (siehe Tálos 1999b), nicht zuletzt erfolgte eine einschneidende Veränderung der Regelungen betreffend die Werkverträge: Ein Drittel der Abgeordneten hatte die gegenständlichen Regelungen vor dem Verfassungsgerichtshof angefochten. Dieser trug dem zwar nicht insgesamt Rechnung, hob aber wichtige Teile der bestehenden Regelung auf (siehe ausführlich dazu: Zorn 1997). Betroffen davon war in erster Linie die Bestimmung über die dienstnehmerähnlichen Werkverträge. Zugleich mit der Aufhebung der Sozialversicherungspflicht bei diesen Werkverträgen wurde auch die Abzugssteuer aufgehoben – und zwar in diesem Fall für beide Gruppen. Die Aufhebung erfolgte mit sofortiger Wirkung und war ab 24. April 1997 wirksam.

Die Ausweitung der Sozialversicherungspflicht war danach erneut Gegenstand von Vorstößen zur Novellierung der Sozialversicherung: Über das bereits angeführte Vorhaben der Einbeziehung geringfügiger Beschäftigter hinaus sollten, wie Überlegungen in der Regierungskoalition belegen, alle Erwerbseinkommen in die Sozialversicherung einbezogen werden (siehe zB Pöltner 1998, S. 317f; Tomandl 1998, S. 11). Die damit verfolgten Ziele lauteten: Verhinderung von Umgehungsmöglichkeiten („Flucht aus dem Sozialrecht") sowie eine breite und faire Einbeziehung aller Erwerbseinkommen (siehe Regierungsvorlage 886 dB zu den Sten. Prot. des NR, XX. Gesetzgebungsperiode). Die diesbezüglichen gesetzlichen Bestimmungen (55. ASVG Novelle bzw. ASRÄG 1997), die mit 1. 1. 1998 in Kraft traten, beinhalteten eine Reihe wichtiger Aspekte (siehe dazu Mosler/Glück 1998, S. 78f; Tomandl 1998, S. 12): So wurde der Dienstnehmerbegriff (§ 4, Abs. 2 ASVG) dahingehend geändert, dass die Sozialversicherungspflicht für Arbeitnehmer in Hinkunft weitgehend an die Lohnsteuerpflicht gebunden ist. Der Begriff der „freien Dienstverträge" wurde neu gefasst. Neben der Streichung von Ausnahmeregelungen von der Sozialversicherungspflicht ist weiters vor allem auf Bestimmungen betreffend die „neuen Selbständigen" zu verweisen, die in die gewerbliche Sozialversicherung einbezogen werden (23. Novelle zum GSVG). Gemeint damit sind Personen, die Einkünfte aus selbständiger oder gewerblicher Tätigkeit beziehen, ohne über einen Gewerbeschein zu verfügen (siehe zB Rudda 1998, S. 21f): Deren Versicherungsgrenze liegt bei ATS 88.000,- (6.395,21 €) pro Jahr; zugleich besteht auch die Möglichkeit des opting-in im Bereich der Krankenversicherung für jene, deren Jahreseinkommen diese Grenze nicht erreicht.

Wie bei geringfügiger Beschäftigung halten sich die realen Auswirkungen auf die soziale Absicherung derart Beschäftigter derzeit noch in Grenzen: So waren im Juni 1999 19.500 Personen als freie DienstnehmerInnen bei der Sozialversicherung gemeldet. Von den 32.000 gemeldeten neuen Selbständigen wurden 8.300 von der Pensionsversicherung und 6.500 von der Krankenversicherung erfasst.

Angesichts der absehbaren Entwicklung in Richtung Zunahme der „Atypisierung" von Beschäftigungsverhältnissen sind meines Erachtens über den derzeitigen sozialrechtlichen Status quo hinausgehende Reformschritte vorstellbar. Systematisch betrachtet gibt es vier Anknüpfungspunkte für eine Politik der Gestaltung atypischer

Beschäftigung, innerhalb derer Reformen der sozialen Sicherungssysteme eine wichtige Rolle spielen:

a) Anknüpfungspunkt prinzipielle Gleichstellung

Zur Aufwertung atypischer Beschäftigungsformen ist die Normierung ihrer prinzipiellen und systematischen Gleichstellung – auf Ebene des Gesetzes, des Kollektivvertrages und der Betriebsvereinbarungen – unumgänglich, wenn auch allein nicht ausreichend. Bisher sind derartige Gleichstellungen für den Bereich des Arbeitsrechtes/Arbeitsschutzes per Gesetz verankert: So erfolgte die explizite Gleichstellung von Teilzeitarbeit und geringfügiger Beschäftigung im Rahmen des arbeitsrechtlichen Begleitgesetzes aus 1992. Gleichstellung in sozialrechtlicher Hinsicht könnte bedeuten, dass alle Beschäftigungsformen und damit auch alle Formen atypischer Beschäftigung in das System der sozialen Sicherung einbezogen werden. Der in Österreich bereits eingeschlagene Pfad fände somit eine konsequente Fortführung.

b) Anknüpfungspunkt Einkommensergänzung

Der Ausgangspunkt dafür ist das auch international verbreitete Phänomen der negativen Auswirkungen von niedrigen und diskontinuierlichen Einkommen auf die materiellen Teilhabechancen der Betroffenen. Beispiele für Einkommensergänzungen gibt es in einigen Ländern: So besteht in Belgien der Anspruch auf Einkommensgarantiegeld im Fall, dass unfreiwillig eine Teilzeitbeschäftigung angenommen wird (siehe Neuhold 1999a). Mit dieser Leistung soll ein Einkommen garantiert werden, das das Vollarbeitslosengeld übersteigt. Schweden (siehe Vidmar 1999) kennt das Teilarbeitslosengeld ebenso für unfreiwillig Teilzeitbeschäftigte (mit einer einmaligen Bezugsperiode). Für Finnland ist eine Einkommensergänzung durch die Arbeitslosenhilfe konstatierbar (siehe Fink 1998). Derartige Einkommensergänzungen sind vor allem auch nahe liegend im Zusammenhang mit Einkommensverlust aufgrund der Reduktion der Arbeitszeit zum Zweck familiärer Arbeit.
Es gibt auch Beispiele für Einkommensergänzungen im Fall diskontinuierlicher Arbeit: Für Frankreich ist sowohl eine Abfindung bei Leiharbeit als auch eine Prekaritätsentschädigung bei befristeter Beschäftigung vorgesehen (siehe Neuhold 1999b). Ähnlich ist in Portugal eine Entschädigung bei Auslaufen eines befristeten Vertrages (siehe Fink 1999), in Spanien eine Abfertigung bei Auslaufen von Leiharbeitsverträgen geregelt (siehe Fassler-Ristic 1999). Worum es bei derartigen Leistungen geht, ist grundsätzlich ein Nachteilsausgleich. Einen Schritt in diese Richtung stellt auch die in einigen Ländern bestehende Überstunden- bzw. Mehrarbeitsregelung bei Teilzeitbeschäftigung dar – im Fall des Übersteigens der durchschnittlichen Arbeitszeit (so in Belgien und Schweden).

c) Anknüpfungspunkt Verbesserung der Arbeits- und Beschäftigungsbedingungen

Eine mögliche Konkretisierung stellt die Verankerung von Rechten wie dem Recht auf Teilzeitarbeit dar. Auch diesbezüglich ist österreichische Sozialpolitik „unterwegs" – wenn auch vorerst noch auf ältere Menschen beschränkt. Ein wichtiger Schritt in Richtung Verbesserung der Beschäftigungsbedingungen bestünde in der Aufwertung der Teilzeitarbeit. Zentrale Schlüssel dafür sind weniger gesetzliche Normierungen (beispielsweise durch Gleichstellungen) als vielmehr kollektivvertragliche und betriebliche Vereinbarungen.

d) Anknüpfungspunkt soziale Absicherung

Für eine Reihe von Ländern ist konstatierbar, dass die bestehenden universell ausgerichteten Leistungen im Bereich sozialer Sicherung (so in den Niederlanden, Schweden, Dänemark) die Problematik von Lücken im Erwerbsleben und eines nicht existenzsichernden Ausmaßes von Transferleistungen abmildern bzw. abschwächen. Von daher ergeben sich als ein Kernpunkt für Strategien einer besseren Absicherung die Lokkerung des in Ländern wie Österreich bestehenden engen Zusammenhanges zwischen individueller Arbeitsmarkt- bzw. Beschäftigungsposition und sozialer Sicherung (siehe so auch Delsen 1995, S. 150).

Eine derartige Lockerung könnte auf mehreren Wegen umgesetzt werden:

- Durch Einführung einer materiellen Grundsicherung, die bestehende Institutionen des Sozialversicherungssystems durch einen bedarfsbegründeten Sockel bzw. durch Mindeststandards ergänzt, eine steuerfinanzierte Leistung innerhalb des bestehenden Systems darstellt und der Zielsetzung Verhinderung von Armut im Fall von Erwerbslosigkeit, Erwerbsunfähigkeit, Alter und des AlleinerzieherInnen-Status dient; einige Modifikationen dieses Modells stellt die bedarfsorientierte Mindestsicherung dar, die bundeseinheitlich geregelt wird und eine Vereinheitlichung bestehender bedarfsorientierter Leistungen bedenken würde (Streissler 1999).
- Durch Einführung einer (von Beitragsleistung und Familienstand unabhängigen) Grundpension für alle, die die an Erwerbsarbeit gebundene Pension ergänzt, oder durch eine materielle Absicherung im Alter, die zum einen auf einer Mindestbeitragspflicht (mit verschiedenen Modulen, siehe zB eigenständige Alterssicherung 1997), zum anderen auch aus Erwerbsarbeit abgeleiteten Ansprüchen basiert.

Diese Anknüpfungspunkte machen ein Zweifaches deutlich: Eine Politik der sozialpolitischen Gestaltung atypischer Beschäftigung, mit der insbesondere den, mit derartigen Beschäftigungsformen vor allem für Frauen einhergehenden, negativen Konsequenzen gegengesteuert werden soll und kann, wird nur eine Politik des policy-mix sein können. Dieser policy-mix wird alle wesentlichen Ebenen tangieren: Erwerbseinkommen, Arbeits- und Beschäftigungsbedingungen sowie soziale Absicherung. Bei einer derartigen Politik geht es meines Erachtens nicht darum, bestehende sozialstaatliche Regelungen und Leistungen überhaupt abzuschaffen oder durch ein allgemeines, staatlich garantiertes Grundeinkommen sowie durch individuelle Vorkehrungen zu ersetzen. Worum es geht ist, diese Systeme dort zu ergänzen, wo es angesichts veränderter gesellschaftlicher – insbesondere veränderter Arbeitsmarkt- und Beschäftigungsbedingungen – notwendig geworden ist.

Literatur

Angerler, E./C. Kral-Bast (1998): Typische Atypische. Flexible Arbeit – Teil II. Gewerkschaft der Privatangestellten, Wien.

Delsen, L. W. M. (1995): Atypical Employment: An International Perspective, Groningen.

Eigenständige Alterssicherung von Frauen. Ausgangslage und Reformmodelle (1996). Studie verfasst von Chr. Prinz und andere, Wien (Manuskript).

Fassler-Ristic, M. (1999): Atypische Beschäftigung in Spanien, in: E. Tálos (Hrsg.): Atypische Beschäftigung. Internationale Trends und sozialstaatliche Regelungen, Wien, S. 359 bis 390.

Fink, M. (1998a): Länderbericht Irland, in: Atypische Beschäftigungsformen und politische Maßnahmen unter besonderer Berücksichtigung von Naueninteressen, Forschungsbericht (Projektleitung: E. Tálos), Wien.

Fink, M. (1999): Atypische Beschäftigung in Portugal. in: E. Tálos (Hrsg.): Atypische Beschäftigung. Internationale Trends und sozialstaatliche Regelungen, Wien, S. 285 bis 313.

Klein, M. (1996): Die Aufnahme freier Dienstverträge und dienstnehmerähnlich beschäftigter Personen in das ASVG, in: Recht der Wirtschaft 1996, S. 230 bis 241.

Metzger, S. (1999): Telearbeit. Eine neue Arbeitsform im Rahmen von Dezentralisierung und Flexibilisierung, Diplomarbeit, Wien.

Mosler, R./J. Glück (1998): Einbeziehung aller Erwerbseinkommen in die Sozialversicherung, in: Recht der Wirtschaft 1998, S. 78 bis 86.

Neuhold, Chr. (1999a): Atypische Beschäftigung in Belgien, in: E. Tálos (Hrsg.): Atypische Beschäftigung. Internationale Trends und sozialstaatliche Regelungen, Wien, S. 13 bis 35.

Neuhold, Chr. (1999b): Atypische Beschäftigung in Frankreich, in: E. Tálos (Hrsg.): Atypische Beschäftigung. Internationale Trends und sozialstaatliche Regelungen, Wien, S. 137 bis 160.

Pöltner, W. (1998): Die Einbeziehung aller Erwerbseinkommen in die Sozialversicherung, in: Das Recht der Arbeit (1998), S. 316 bis 325.

Rudda, J. (1998): Neuerungen in der Sozialversicherung der Selbständigen, in: Soziale Sicherheit 1/1998, S. 20 bis 29.

Schmid, J. (1996): Wohlfahrtsstaaten im Vergleich. Opladen.

Schmidt, M. G. (1998): Sozialpolitik in Deutschland. Historische Entwicklung und internationaler Vergleich, Opladen.

Streissler, A. (1999): Grundsicherung im erwerbsfähigen Alter, Wien

Tálos, E. (Hrsg.) (1998): Soziale Sicherung im Wandel. Österreich und seine Nachbarstaaten. Ein Vergleich, Wien.

Tálos, E. (1999a): Verbreitung – Konsequenzen – sozialpolitische Regelungen. Ein vergleichendes Resümee, in: E. Tálos (Hrsg.): Atypische Beschäftigung. Internationale Trends und sozialstaatliche Regelungen, Wien, S. 417 bis 468.

Tálos, E. (unter Mitarbeit von Ulrike Mühlberger) (1999b): Atypische Beschäftigung in Österreich, in: E. Tálos (Hrsg.): Atypische Beschäftigung. Internationale Trends und sozialstaatliche Regelungen, Wien, S. 252 bis 284.

Tálos, E. (1999c): Einleitung, in: E. Tálos (Hrsg.), Atypische Beschäftigung, Internationale Trends und sozialstaatliche Regelungen, Wien, S. 7 bis 9.

Tálos, E./K. Wörister (1998): Soziale Sicherung im Vergleich, in: E. Tálos (Hrsg.), Soziale Sicherung im Wandel, Wien, S. 515 bis 589.

Tomandl, Th. (1998): Rechtsprobleme einer umfassenden Sozialversicherung, in: ZAS 1998, S. 9 bis 17.

Vidmar, S. (1999): Atypische Beschäftigung in Schweden. in: E. Tálos (Hrsg.): Atypische Beschäftigung. Internationale Trends und sozialstaatliche Regelungen, Wien, S. 314 bis 335.

Wörister, K. (1999): Statistische Informationen AK Wien, Mai und Juli 1999, Wien.

Zorn, N. (1997): Entscheidung des Verfassungsgerichtshofs zur Werkvertragsregelung im ASVG und EstG, in: Recht und Wirtschaft 1997, S. 245 bis 256.

Zwischen Einkommensersatz und Armutsvermeidung – die doppelte Aufgabe gesellschaftlicher Sozialpolitik

Tom Schmid

Was ist sozial?

In der abendländisch-christlichen Denktradition wird„sozial" gerne im Bild des Heiligen Martin beschrieben, der in uneigennütziger Sorge seinen Mantel mit einem frierenden Bettler teilt. Uneigennützige Menschen, die sich für das Leben von Bedürftigen verantwortlich fühlen, haben Kinderdörfer, Zufluchtsstätten und Heime geschaffen, haben bei Feuersbrünsten und Erdbebenkatastrophen genauso geholfen wie den „Nachbarn in Not". Ohne diese Menschen, ohne diesen Einsatz wäre vieles an Hilfe und Unterstützung nicht möglich und nicht vorstellbar. Und das ist – zumindest auf den ersten Blick – auch gut so, denn nicht alles, was Hilfe und Unterstützung bringt, ist dem Staat zu überantworten. Zuwendung, Verantwortlichkeit, das Engagement im eigenen Gemeinwesen ist nicht „verstaatlichbar", kann nicht zur Gänze „nach oben" delegiert, den Menschen abgenommen werden.

Doch gerade die Fabel vom Heiligen Martin macht die großen Schwächen und Gefahren dieses Bildes vom *„sozial sein"* deutlich, wie uns Holl[1] zeigt. Es ist das Flüchtige, das Unpersönliche in dieser scheinbar so persönlichen Hilfebeziehung, die uns frappiert. Wortlos zerschneidet der Soldat Martin seinen Mantel, er beseitigt die Ungleichheit, die zwischen dem Bekleideten und dem Bloßen besteht, in einer sachlichen und technischen Handlung und zieht weiter, ohne sich mit den Gründen für die Armut des Anderen auseinander zu setzen. Holl kommentiert diese Sequenz der Hilfe folgendermaßen: „Martins Hemmung, sich mit leibhaftigen Menschen näher einzulassen, in Freundschaft und Liebe, hat ihn zum Mitleidspatron disponiert. Im entscheidenden Traumgesicht in der Nacht nach der Mantelspende ist der wirkliche Bettler bereits verschwunden, er hat sich in eine allgemeine Bedeutung verwandelt, die des göttlichen Menschen. Dessen verklärter Leib, den Martin beglückt betrachtet, ist lautere Hilfsbedürftigkeit in der Aura des Gottes" [2]. Diese Abstraktheit, eigentlich Beziehungslosigkeit, der Hilfe entsteht durch die Unfähigkeit oder Ohnmacht, sich wirksam mit den Ursachen dessen auseinander zu setzen, was jenen Zustand schafft, der dann Hilfe nötig macht.

Und noch etwas fällt auf, wenn man die Legende von Martin und dem Bettler kritisch liest: Die funktionelle Untauglichkeit dieses Instrumentes der Hilfe. Denn ein halber Mantel ist kein Kleidungsstück mehr. Martin teilt sein Obergewand mit dem Effekt, dass er nunmehr keinen funktionsfähigen Mantel mehr hat, der Bettler seinerseits aber

---

[1] Holl 1985, S. 8.

[2] Ebenda.

auch über keinen Mantel verfügt, den er auch tragen kann. Denn ein halber Mantel kleidet nicht und wärmt nicht wirklich. Die tatsächliche Hilfe findet im Kopf statt, bei Martin in seinem Traum, den er in der Nacht danach hatte.
Diese Art der Zuwendung lebt durch ihre Symbolik. Sie ist nicht wirkungslos, denn der halbe Mantel ist zwar kein Mantel, aber er kann den dennoch wärmen, der sonst nichts Warmes hat. Sie verändert die Gründe nicht, die den Bettler zum Bettler macht, aber sie verhindert sein Erfrieren und sie macht – für Martins Begleitung wie für die Nachwelt – deutlich: Hier ist jemand in Not, hier benötigt jemand Hilfe. Ob es diese Hilfe dann auch gegeben hat, ob schließlich die Ursachen beseitigt worden sind, die den Bettler zum Bettler gemacht haben, darüber schweigt die Legende. Diesem Mitleid geht es um Gefühlsgrundsätze, nicht um moralisches Gestalten einer Welt ohne Armut.
Was also ist „sozial"? Ist „sozial" jene gefühlsbetonte Hilfe im Einzelfall, die dem Geholfenen genauso viel gibt wie dem Helfenden? Oder bezieht sich „sozial" auf die (letztendlich interessen- und moralgeleitete) Gestaltung von Gesellschaftszuständen, in denen Hilfe (und somit auch Dankbarkeit als notwendiges reziprokes Gefühl) nicht mehr konstituierend für das Zusammenleben gleichberechtigter Menschen mit unterschiedlichen Lebensvoraussetzungen ist? Mit anderen Worten: Ist Sozialpolitik die gefühlsbetonte Hilfe der „Reichen" für die „Armen" oder ist Sozialpolitik ein gefühlsfreies, aber durchaus interessen- und moralbezogenes Gestaltungsprinzip der Gesellschaft? Um diese Frage dreht sich die sozialpolitische Diskussion, seit wir in der Neuzeit leben.

Solidarität im Sozialstaat

Die bisher tragfähigste Antwort, die sich die tätige und selbstorganisierende Gesellschaft der Neuzeit auf die Frage nach der Sorge für andere und für uns selbst gegeben hat, ist die Herausbildung von Strukturen gesellschaftlicher Solidarität.
Gesellschaftliche Solidarität[3] entstammt der modernen Industriegesellschaft. Sie ist immer situativ bestimmt und auf bestimmte Personen bzw. Gruppen begrenzt. Man ist nicht „mit allen zugleich" solidarisch, sondern mit jenen Menschen, mit denen man sich in einer ähnlichen Lebenslage, einer ähnlichen sozialen Situation befindet. Solidarität beruht daher auf einer als gleich empfundenen Interessenlage bzw. Zielsetzung.
Diese gesellschaftliche Solidarität kann definiert werden als „wechselseitige Verbundenheit von mehreren bzw. vielen Menschen, und zwar so, dass sie aufeinander angewiesen sind und ihre Ziele nur im Zusammenwirken erreichen können" [4]. Diese gleich empfundenen Interessen lassen jedoch nicht auf vollständige Gleichheit oder Homogenität der jeweils solidarischen Gruppe schließen, sondern sie schließen vielmehr auch Ungleichheiten oder Differenzen ein, sodass man sagen kann: „Solidarität ist Verbundenheit, trotz Differenzen, trotz Ungleichheit (und setzt insofern soziale Diffe-

[3] Siehe dazu auch Schmid 1998b,1999.
[4] Rauscher, zitiert bei Hondrich/Koch-Arzberger, 1992, S. 13.

renzierung voraus). Zugleich ist sie aber auch Verbundenheit wegen Differenz, nämlich wegen ungleicher Beeinträchtigung der als gleich empfundenen Interessen" [5]. Solidarität wird jenen gegenüber geleistet, die bei ansonsten gleicher Interessenlage im Augenblick Hilfebedarf haben und von jenen gegeben, die gegenwärtig, in vergleichbarer Situation, helfen (unterstützen) können. Diese Hilfe ist aber in der Regel unpersönlich und setzt nicht voraus, dass sich Hilfsbedürftige und Helfende kennen. Solidarität als private Unterstützung unter Familienangehörigen oder Freunden hingegen ist so alt wie menschliches Gemeinwesen überhaupt. Sie ist nur eine andere Begrifflichkeit für „Nähe" oder „Zuneigung", für soziale Bindung. Diese wirkt aber bereits in familiären Gemeinschaften und Nachbarschaften, wie Elias und Scotson[6] zeigen, konfigurativ, das heißt: Gemeinschaften und Nachbarschaften dauern als solidaritätsstiftende Strukturen auch dann fort, wenn die einzelnen Individuen wechseln, „kommen und gehen". Die „private Solidarität" bleibt auch dann als Struktur bestehen, wenn sich die räumliche Mobilität als eine normale Eigenschaft der Industriegesellschaft herausgebildet hat. Aber hier entsteht, wie Rosenmayr[7] dies genannt hat, „Intimität auf Abstand". Heute gelebte Nähe unterscheidet sich von früherer Bindungskultur gerade durch diese Möglichkeit und dieses Verlangen, Nähe und Distanz zu einer neuen, jeweils individuell bestimmten Beziehungswirklichkeit zu formen.

Die Erscheinungsformen der „Solidarität unter nahe stehenden Personen", die es gibt, solange Menschen miteinander leben und arbeiten, verändern sich mit den Formen des Zusammenlebens. Daher besteht heute auch kein Anlass, abnehmende Solidarität oder Bindung unter nahe stehenden Menschen zu konstatieren, viele empirische und soziologische Untersuchungen können das erhärten. Aber diese Solidarität muss vor dem Hintergrund vielfältig erfolgender Individualisierungsprozesse ständig neu gewonnen werden. So lässt sich eine klare Konsequenz ziehen: „Von *Individualisierung* zu sprechen ist sinnvoll möglich nur unter den Bedingungen des existierenden und funktionierenden Rechts- und Sozialstaates. Die Vergötzung des Marktes, der immer aggressivere Neoliberalismus dagegen erzeugt *Atomisierung*"[8]. Atomisierung der Gesellschaft in vereinzelte, nicht mehr gemeinsam handlungsfähige Individuen – wofür sich heute noch keine empirisch nachweisbaren Anzeichen finden lassen können – würde nicht nur zu einem Ende von Solidarität, sondern von Gemeinschaft überhaupt führen.

Die Frage nach der „Solidarität in der Gesellschaft", der umverteilenden Gerechtigkeit im großen Maßstab, ist hingegen eine relativ neue, sie wird erst mit dem Herausbilden industrieller Strukturen und Kulturen gestellt und beantwortet. Bereits Emile Durkheim[9] analysierte mit wachsender Spezialisierung und Differenzierung der Gesellschaft im 19. Jahrhundert keine abnehmende, sondern zunehmende Solidarität und behauptet: „Mit der Arbeitsteilung wächst die Solidarität." Denn der Formenwandel

---

[5] Hondrich/Koch-Arzberger 1992, S. 13.
[6] Elias/Scotson, 1992 insbesondere S. 166ff.
[7] Rosenmayr 1990, S. 166.
[8] Beck 1997, S. 395, Hervorhebung durch uns, Anm. T. S.
[9] Siehe Durkheim 1996.

von der einfachen, „mechanischen" Gruppensolidarität zur komplexen, organischen Solidarität zwischen sozialen Gruppen und gesellschaftlichen Funktionsbereichen, den spezialisierten „Organen" der Gesellschaft, bewirkt, dass das Individuum, obgleich es immer autonomer wird, immer mehr von der Gesellschaft abhängt – „Freiheitsgewinn durch stärkere Bindung an die Gesellschaft" ist die These.

Das relativ Neue oder die spezielle Ausdrucksform der Solidarität in entwickelten Industriegesellschaften mit ihrem „Fortschritt im Bewusstsein der Freiheit" (Hegel) ist eine Verallgemeinerung von Solidarität und damit die Umstellung von *„Solidarität unter Freunden"* zur *„Solidarität unter Fremden"*[10].

Das Problem der Solidarität in komplexen Gesellschaften ist jedoch durch die bloße Expansion von Nachbarschaft und die bloße Erweiterung der „Binnenmoral" zu einer umfassenden Moral alleine nicht zu lösen. Sätze wie „Alle Menschen werden Brüder", „Liebe deinen Nächsten wie dich selbst" oder gar „Liebe deine Feinde" sind Formeln der Fernstenliebe, die gewiss eine praktische Wahrheit enthalten. Doch diese Fernstenliebe „besteht, wie Mead gezeigt hat, in der normativen Horizonterweiterung spontaner Individualität, in der Verallgemeinerung unserer Interessen und der Stärken unserer moralischen Impulse. Aber die praktische Wahrheit der ‚Fernstenliebe' ist viel zu schwach, um universelle und abstrakte Solidaritäten nicht nur kurzfristig zu mobilisieren, sondern auch dauerhaft und stabil zu organisieren"[11].

Mit wachsender Komplexität der Gesellschaft sinkt die Kraft der in Arbeits- und Lebensgemeinschaften organisierten Menschen, die allgemeinen Gemeinschaftsbande durch Freundschaftsbeziehungen zu kräftigen. Je komplexer die Gesellschaft ist, desto geringer ist das Integrationspotential der „wahren Bürgerfreundschaft". Moderne Gesellschaften zeichnen sich gerade durch ihre Komplexität, durch einen größeren Reichtum an Alternativen aus. In ihnen sind die Alternativen zwischen vormodernen und modernen Handlungsmustern vielfältig institutionalisiert. Durch diese Komplexität wird eine systematische Unterscheidung zwischen den beiden Formen, „Solidarität unter Freunden" und „Solidarität unter Fremden", erst möglich.

Talcott Parsons zeigt[12], dass die Systembildung in der modernen arbeitsteiligen Gesellschaft durch funktionelle Differenzierung sich nicht in der Schaffung riesiger technischer Apparate und Systeme sowie von instrumenteller Vernunft erschöpft, sondern dass gerade in dieser Entwicklung auch neue Formen von Autonomie und Solidarität freigesetzt werden. „Solidarität unter Fremden" kann gerade durch diese funktionelle Differenzierung als Ergebnis des aktiven Tuns der Mitglieder dieser Gesellschaft und ihrer Organisationen stabil und dauerhaft institutionalisiert werden.

Diese „Solidarität unter Fremden" wurde möglich durch eine Rollendefinition, die (mit der einen Ausnahme der normativ entscheidenden „Kollektivitätsorientierung") dem Muster des strategischen Verhaltens in komplexen Organisationen entspricht. „Dadurch wird eine, Kants kategorischem Imperativ durchaus vergleichbare oder ana-

---

[10] Brunkhorst 1997, S. 8.

[11] Brunkhorst 1997, S. 72.

[12] Siehe Parsons 1972.

loge Verallgemeinerungs- bzw. Universalisierungsleistung in die Rollenstruktur komplexer Organisationen eingebaut und zugleich von der Motivationsstruktur moralischem Handelns abgelöst. (...) Von der Solidarität des Nahbereiches bleibt nur die Orientierung am gemeinsamen Interesse übrig. (...) Durch die Isolierung von allen konkreten Gemeinschaftsbindungen wird das gemeinschaftliche Interesse an gegenseitiger Hilfe in Notfällen (ähnlich wie bei Rousseau das politische ‚Gemeinwohl') faktisch institutionalisiert und im funktional differenzierten Sozialsystem als verallgemeinerte Solidarität unter Fremden wirksam"[13].

Solidarität unter Fremden ist Ausdruck gesellschaftlicher Vernunft, nicht gesellschaftlicher Moral, denn sie ist gefühlsneutral, aber kollektivitätsbezogen. Solidarität definiert sich aus einer *Reziprozitätserwartung.* Nicht die„Liebe zu den Nächsten" ist notwendig, um Solidaritätssysteme zu konstituieren und zu erhalten, sondern die Stabilität der Erwartung der Solidarität Leistenden, dass sie in jenen Fällen, in denen sie selbst der Solidarität bedürfen, mit dieser rechnen können. Nur wenn Beitrag und Leistung in einem für die Beitragsleistenden wie die Leistungsempfänger in einem nachvollziehbaren und akzeptierten Verhältnis stehen, ist Solidarität aufrechtzuerhalten. Sie ist daher weitgehend *moralresistent,* aber sehr *vertrauenssensibel.*

Was ist die Grundlage dieser Reziprozität? Ein allgemein akzeptiertes Empfinden von Gerechtigkeit bildet die Grundlage dieses Beziehungsgleichgewichtes. Daher ist es nötig, ein gemeinsames Verständnis von Gerechtigkeit zu entwickeln.

Gerechtigkeit und Gerechtigkeitsverständnis

Gerechtigkeit lässt sich nicht eindeutig definieren. Der Sozialpolitik in entwickelten Wohlfahrtsgesellschaften liegen zwei Konzepte von Gerechtigkeit zugrunde, die widersprüchlich sind, aber gleichzeitig wirken, die *Beitragsgerechtigkeit* und die *Verteilungsgerechtigkeit.* Diese Unterscheidung in zwei Typen von Gerechtigkeit ist alt; sie findet sich in ihren Grundzügen bereits bei Aristoteles (ca. 350 v. Chr.)[14]. Dennoch ist diese Spannung zwischen Beitragsgerechtigkeit und Verteilungsgerechtigkeit bis heute eine wesentliche Basis für Konflikte über sozialpolitische Entscheidungen.

Beitragsgerechtigkeit: Die geleisteten Beiträge entsprechen den beanspruchten (erhaltenen) Leistungen. Am engsten wird die Beitragsgerechtigkeit von einem versicherungsmathematischen System getroffen; aber auch andere beitragsfinanzierte Leistungssysteme, die Ansprüche von Versicherungszeiten ableiten, finden hier ihre Gerechtigkeitsbasis.

Verteilungsgerechtigkeit: Die sozialpolitische Leistung erfolgt unabhängig von erworbenen Ansprüchen, um eine (gleichwertige) Teilhabe am gesellschaftlichen Reichtum zu ermöglichen. Armutspolitik und Grundsicherung rechtfertigen sich über Verteilungsgerechtigkeit.

Konflikte zwischen diesen beiden Gerechtigkeitsansätzen entstehen in der sozialpolitischen Diskussion wie im sozialpolitischen Alltagsverständnis von „Solidarität unter Fremden" vor allem um die Frage: „Grundsicherung oder Einkommensersatz?"

---

[13] Brunkhorst 1997, S. 79f.

[14] Siehe Aristoteles 1983.

- Wer das ganze Leben gearbeitet und dafür Beiträge entrichtet hat, wird eine Leistung, die mit diesen Beiträgen in einem nachvollziehbaren Verhältnis steht, als „gerecht" empfinden. Möglicherweise wird er/sie eine Grundversorgung ohne Beiträge als „ungerecht" empfinden.
- Wer – aus welchen Gründen auch immer – arm ist, wird eine Mindestleistung, die ihm/ihr eine normale Teilhabe am gesellschaftlichen Leben ermöglicht, als „gerecht" empfinden. Möglicherweise wird er/sie aber dann als „ungerecht" empfinden, wenn andere hohe Pensionen kriegen, selbst wenn sie dafür früher hohe Beiträge gezahlt haben.

Gesellschaftliche Sozialpolitik muss beide Gerechtigkeitsansprüche erfüllen können, muss aber den Widerspruch zwischen ihnen akzeptieren. Dabei gilt festzuhalten: „Solidarität unter Fremden" bleibt in ausdifferenzierten oder „postmodernen" Gesellschaften nach wie vor ein stabiles, tragendes Bindungselement der Gesellschaft und des Sozialstaates. Aber Solidarität verändert sich. Diese tatsächliche Veränderung erfordert eine begriffliche Weiterentwicklung von „Solidarität", und zwar sowohl von „Solidarität unter Freunden" wie von „Solidarität unter Fremden", denn beide werden gleichermaßen von einer neuen Schnelllebigkeit betroffen.
Diese „neue Schnelllebigkeit" steht daher am Anfang einer Neubestimmung von „Solidarität". In einem analogen Blick auf die Ehe als Solidaritäts-Konfiguration kann man feststellen[15], dass sich in traditionellen Beziehungen die Beziehungsökonomie um die Norm der potentiellen Reziprozität ausbalancierte. Die Ehe funktionierte als Versicherungsfonds, in den man, ohne zu rechnen, einzahlte, um ohne Reserve daraus zu schöpfen, wenn es eines Tages nötig sein sollte. Paare setzen heute hingegen – angesichts des Ausmaßes und der Wahrscheinlichkeit von Trennungen – den Akzent eher auf die unmittelbare Reziprozität. Versuche, die Gleichheitsidee anzuwenden, führen tatsächlich zur Erfahrung einer Punkt-für-Punkt-Reziprozität, welche im Allgemeinen auf kurze Zeitabschnitte angelegt ist.
Dies lässt sich für alle Solidaritätsbeziehungen verallgemeinern. Der tief greifende Strukturwandel der Gesellschaft, insbesondere die Entwicklung zu einer Lebensform frei gewählter oder aus wirtschaftlichen, sozialen beziehungsweise persönlichen Gründen kurzlebiger Bindungen, die am Ehesten als *„Ende der Lebenslänglichkeiten"* bezeichnet werden kann, hat direkte Rückwirkungen auf das Leben von Solidarität.
Das durch „lebenslängliche" Arbeits- und Sozialbeziehungen gekennzeichnete Solidaritätsmodell der Industriegesellschaft kann daher als *„potentielle Solidarität"* bezeichnet werden: Solidarische Leistungen (in Familie, Arbeit, Gesellschaft) sind nicht mit einer konkreten gleichzeitigen Gegenerwartung verbunden, da man mit gutem Vertrauen auf die Lebenslänglichkeit des Solidargefüges bauen darf („Wenn ich einmal selbst Unterstützung brauche, werde ich sie schon erhalten."). In diesem Modell "potentieller Solidarität" ist die Reziprozität aufgrund von Erfahrungen und Erwartungen auf eine lange Dauer, in der Regel auf das ganze Leben bezogen ausbalanciert.

---

[15] Zitiert bei Beck 1997, S. 248.

Nach dem Wegbrechen lebenslanger Strukturen in Familie und Beruf, in der Erwerbstätigkeit und in der regionalen Bindung verliert diese lebenslänglich angelegte Reziprozität von Solidarleistungen an Bedeutung. Wenn die eigene Verweildauer in den betreffenden Solidarstrukturen (Betrieb, Wohnort, Familie) immer kürzer wird, wird zwangsweise die Frist, innerhalb derer die Reziprozität von Solidarität erwartet wird, damit sich die eigenen Beiträge in das jeweilige Solidarsystem auch „lohnen", immer kürzer. Ich möchte diesen hier neu entstehenden Typus von Solidarität daher als *„kinetische Solidarität"* bezeichnen: Solidarische Beiträge erwarten ihre Gegenleistung gleich oder in kurzer, absehbarer Zeit – Geld, Unterstützung, aber auch Anerkennung, Status, Kompetenzzugewinn werden als Gegenleistung für den eigenen Beitrag in das jeweilige Solidarsystem jedenfalls innerhalb jener Frist erwartet, in der man sich selbst noch innerhalb des jeweiligen Solidarsystems befindet.
Zu beachten ist jedoch: In einer „durchmischten" Gesellschaft, in der sowohl industriell geprägte Sozialstrukturen wie auch „neue", nachindustrielle Strukturen nebeneinander (und vielfach durchmischt) existieren, bestehen auch beiden Typen von Solidarität nebeneinander, die „potentielle" wie die „kinetische". Urteile über Solidarität müssen sich daher Rechenschaft ablegen, *welcher* der beiden Typen jeweils konkret gemeint sein könnte.
Kann also ein Politikansatz „sozial" sein, ohne ständig Mitleid zu entwickeln? Diese Möglichkeit besteht und die Entwicklung unseres Sozialstaates als dem Erfolgsmodell gesellschaftlichen Zusammenlebens in diesem Jahrhundert hat das ja hinlänglich bewiesen. Es gilt aber, zwei große Sackgassen zu vermeiden, die gesellschaftliches Leben gefährden, da sie die Reziprozität von Solidarität in Frage stellen. Diese Gefahren drohen vom *Utilitarismus* und vom *Kommunitarismus.*

Utilitaristisches Gerechtigkeitsdenken

Utilitaristisches Denken, wie wir es in den Begründungen der großen Wohlfahrtsideologien des 19. Jahrhunderts finden, geht von der Überlegung aus, gerecht ist, was den größten Nutzen für die größtmögliche Zahl von Menschen bringt. Technisch gesprochen handelt es sich hier um eine Maximierung der Summe (des Durchschnittswertes) von Nutzen. Der Nutzen der Folgen des (sozialstaatlichen) Handelns bemisst sich nach dem Quantum von Glück, das eine Handlung bewirkt. Die Handlungsmaxime lautet: Das Gleichbehandlungsgebot erzwingt die Wahrung der Rechte aller unter Beachtung der größten Nützlichkeit für alle. Utilitaristische Gerechtigkeitsphilosophie basiert auf den Theorien von David Hume, Adam Smith, aber auch von Karl Marx.
Utilitarismus erhebt die *Nützlichkeit* zum Prinzip des Lebens und der Lebensführung, die sittliche Qualität menschlicher Handlungen hängt nur von ihrer Nützlichkeit oder ihrer Schädlichkeit ab und somit von den jeweiligen Folgen dieser Handlungen. Motive und Gesinnungen bleiben bei der Bewertung unberücksichtigt. Der Nutzen einer Maßnahme oder Handlung bemisst sich nach dem Quantum an Glück, das eine Handlung bewirkt (Nutzen-Kalkül). Die Gleichbehandlung und damit die Rechte aller zu wahren versucht der Utilitarismus, in dem er das Prinzip der Nützlichkeit auf die

Befolgung sittlicher Regeln anwendet. Handlungs-Regeln, die ein Maximum an Glück zur Folge haben, sind hier sittlich geboten.
Dies ist für gesellschaftliche Sozialpolitik lange Zeit handlungsleitend und handlungsrelevant gewesen. Als Beispiel soll hier nicht die Theorie und Praxis der ehemals sozialistischen Staaten angeführt werden, sondern – dem Diskurs der gegenwärtigen Sozialpolitik näher stehend – zwei Beispiele aus der gesundheitspolitischen Rationierungsdiskussion:

- Der so genannte Oregon-Case[16] ist ein bekanntes Beispiel aus der Gesundheitsökonomie und stellt einen utilitaristischen Weg dar, dem Ziel „gerechter Einsatz knapper Ressourcen" durch staatliche Entscheidungen über die Vergabe knapper Mittel gerecht zu werden: Medicaid (das US-Gesundheitsprogramm für SozialhilfeempfängerInnen) setzte 1987 im US-Bundesstaat Oregon durch, die Finanzierung von Organtransplantationen für Kinder von Sozialhilfe-Berechtigten zu streichen und dadurch Mittel frei zu bekommen, um für 1.500 bedürftige Kinder und schwangere Frauen Vorsorge-Untersuchungen einzuführen. Die Diskussion um diesen Ansatz wurde durch einen tragischen Fall öffentlich: Dem 7-jährigen leukämiekranken Coby Howard wurde eine Knochenmarkstransplantation (Kosten: 100.000,- $) verweigert, obwohl die Eltern über eine Spendenkampagne bereits 80.000,- $ zusammengesammelt hatten. Begründung: Der Staat müsse seine knappen Ressourcen für andere, kosteneffektivere Behandlungen verwenden. Der Diskussionsfocus in der Öffentlichkeit, der sich daraus ergab – und der den utilitaristischen Ansatz letztlich in Frage stellt – lautet: „Teure Transplantationen für wenige oder billige Vorsorgeuntersuchungen für viele?" Der Kern dieser Rationierungsdebatte lautet: Darf es eine ökonomisch begründete Verweigerung einer Behandlung, die medizinisch als effektiv angesehen wird, geben?

- Die „Singer-Diskussion", die in den Achtzigerjahren auch bei uns vehement geführt wurde, stellt die Frage, welchen Stellenwert erkennbar schwer behindertes Leben in der pränatalen oder postnatalen Gesundheitsprävention hat. Der australische Moral-Philosoph Peter Singer tritt unter bestimmten Umständen für die Abtreibung von Föten ein, wenn schwere Behinderungen drohen, aber auch für die Tötung geborener Säuglinge mit schwersten Behinderungen:

  „Soferne der Tod eines geschädigten Säuglings zur Geburt eines anderen Kindes mit besseren Aussichten auf ein glücklicheres Leben führt, dann ist die Gesamtsumme des Glücks größer, wenn der behinderte Säugling getötet wird" [17].

Hintergrund auch dieses utilitaristischen Ansatzes von Singer ist die Frage, wieweit ist die Maximierung des größtmöglichen Glücks für die größte Zahl zulässig, auch wenn es auf Kosten eines noch so kleinen Stücks von Glück für einen (oder wenige) Menschen geht?

---

[16] Kühn 1991, S. 6ff.
[17] Singer 1984; zitiert nach Archiv der ÖAR.

Gerechtigkeit als Fairness

Eine relevante Antwort auf die utilitaristische Gerechtigkeitstheorie wurde in den Siebziger und Achtzigerjahren von John Rawls unter dem Titel „Gerechtigkeit als Fairness" entwickelt. Seine grundlegende These lautet: Fundamentale Freiheiten und Rechte der Individuen können nicht durch Gesamtnutzenerwägungen eingeschränkt werden. Denn moralische Normen können nicht eins ohne das andere schützen: die gleichen Rechte und Freiheiten des Individuums nicht ohne das Wohl des Nächsten und der Gemeinschaft, der sie angehören.

Grundsätze der Gerechtigkeit sind bei Rawls daher:

1. *„Jedermann soll gleiches Recht auf das umfangreichste System gleicher Grundfreiheiten haben, das mit dem gleichen System für alle anderen verträglich ist.*

2. *Soziale und wirtschaftliche Ungleichheiten sind so zu gestalten, dass (a) vernünftigerweise zu erwarten ist, dass sie zu jedermanns Vorteil dienen und (b) sie mit Positionen und Ämtern verbunden sind, die jedem offen stehen"* [18].

Diese beiden Grundsätze gelten lexikalisch, das heißt, der erste muss erfüllt sein, bevor der zweite in Kraft treten kann.
Diese Grundlegung wurde für die Sozialpolitik weiterentwickelt als „Gerechtigkeitsgrundsätze für Institutionen". Die Grundsätze lauten:

> *"Erster Grundsatz: Jedermann hat gleiches Recht auf das umfangreichste Gesamtsystem gleicher Grundfreiheiten, das für alle möglich ist.*
> *Zweiter Grundsatz: Soziale und wirtschaftliche Ungleichheiten müssen folgendermaßen beschaffen sein: (a) sie müssen unter Einschränkung des gerechten Spargrundsatzes den am wenigsten Begünstigten den größtmöglichen Vorteil bringen und (b) sie müssen mit Ämtern und Positionen verbunden sein, die allen gemäß fairer Chancengleichheit offen stehen.*
> *Erste Vorrangregel (Vorrang der Freiheit):*
> *Die Gerechtigkeitsgrundsätze stehen in lexikalischer Ordnung; demgemäss können die Grundfreiheiten nur um der Freiheit willen eingeschränkt werden, und zwar in folgenden Fällen: (a) eine weniger umfangreiche Freiheit muss das Gesamtsystem der Freiheiten für alle stärken; (b) eine geringere als gleiche Freiheit muss für die davon Betroffenen annehmbar sein.*
> *Zweite Vorrangregel (Vorrang der Gerechtigkeit vor Leistungsfreiheit und Lebensstandard):*
> *Der zweite Gerechtigkeitsgrundsatz ist dem Grundsatz der Leistungsfähigkeit und Nutzenmaximierung lexikalisch vorgeordnet; die faire Chancengleichheit ist dem Unterschiedsprinzip vorgeordnet, und zwar in folgenden Fällen: (a) eine Chancen-Ungleichheit muss die Chancen der Benachteiligten verbessern; (b) eine besonders hohe Sparrate muss insgesamt die Last der von ihr Betroffenen mildern"* [19].

Es ist hier nicht der Platz, die Gerechtigkeitstheorie von Rawls näher zu diskutieren, es sollte bloß auf dieses Verbindungsglied zwischen utilitaristischem undletzlich kommunitaristischem Ansatz verwiesen werden.

---

[18] Rawls 1979, S. 81.
[19] Rawls, 1979, S. 336f.

Kommunitaristischer Gerechtigkeitsansatz

Kommunitaristisches Denken knüpft an Rawls an und versteht sich als angewandte Kritik des Utilitarismus. Man muss den Kommunitarismus allerdings auf der Grundlage der US-amerikanischen Gesellschaft mit einer wenig ausgeprägten „Solidarität unter Fremden" und einem defacto nicht vorhandenen Wohlfahrtsstaat verstehen. Deswegen ist dem kommunitaristischen Denken in seiner liberalen Denktradititon auch die Solidarität der *Gesellschaft* fremd, er entwickelt das Denken um eine Solidarität der *Gemeinschaft.*

Die Kommunitaristen um Amitai Etzioni gehen von einem Verfall der Solidargemeinschaften aus, der durch ein Wegbrechen der Moral (als „Werteverfall") und ein Zerbrechen der alten sozialen Strukturen – in der vorhin gewählten Begrifflichkeit: der „Lebenslänglichkeiten" – bedingt sei. Dies bilde die Grundlage, auf der sich in entwickelten Gesellschaften liberale und marktkonservative Strömungen entwickeln können. Daher seien die entwickelten Gesellschaften heute am besten Wege, auch die europäischen staatlich garantierten Solidargemeinschaften – wo es sie noch gibt – unter Zerschlagung aller außerwirtschaftlichen Solidargefüge in Gesellschaften vereinzelter Individuen umzuformen, die durch den wirtschaftlichen, sozialen und vielerorts auch persönlichen Kampf „jeder gegen jeden" geprägt wäre.

Gegen die liberale These vom unbedingten Vorrang des Rechtes gleicher Freiheiten setzt die kommunitaristische Antwort als Zentralbegriff die Stärkung der Gemeinschaft. Die Kommunitaristen suchen den Weg von der Gesellschaft wie vom Marktegoismus zur Gemeinschaft.

Der Kommunitarismus antwortet auf bestehende wie vermutete gesellschaftliche Krisen mit einem Appell an gesellschaftliche Moral. Solidarität ist jedoch, wie weiter oben entwickelt wurde, gegenüber moralischen Kategorien und mithin auch gegen Appelle an eine (neue) Moral resistent. Der kommunitaristische Begriff der Gemeinschaft „ist grundsätzlich zweideutig; er hat sowohl eine republikanische wie eine romantische Verwendung. In beiden Verwendungen fungiert „Gemeinschaft" als Gegenangriff zu dem der öffentlichen Gerechtigkeit, um deren unbedingten Vorrang zu bestreiten; in beiden Verwendungen von „Gemeinschaft" geschieht dies jedoch in ganz verschiedener Weise. Die republikanische Form der tragischen Diagnose beschreibt den unauflösbaren Konflikt der Moderne politisch als Konflikt zwischen inkommensurablen Prinzipien der öffentlichen Ordnung; die mit Gerechtigkeit konfligierende Gemeinschaft ist darin eine Bestimmung der politischen Freiheit. (...) Die romantische Version der tragischen Diagnose dagegen beschreibt den unauflösbaren Konflikt der Moderne ethisch, als Konflikt zwischen inkommensurablen Orientierungen der privaten Lebensführung"[20].

Der Kommunitarismus entwickelt auf die Frage, welchen normativen Charakter soziale Gemeinschaften unter den Bedingungen moderner Gesellschaften haben sollen, die Bedingungen einer postkonventionellen Solidarität. Denn man müsse „Gemeinschaften ständig dazu bringen, ein ausgewogenes Verhältnis zwischen Individualrech-

---

[20] Zahlmann, 1994 S. 31f.

ten und sozialen Pflichten herzustellen."[21] Dabei gehe es um eine Verbesserung der moralischen, sozialen und politischen Umwelt. Denn Kommunitaristen „wollen mit unseren Mitbürgern den Wandel in den Werten, Sitten und politischen Strategien herbeiführen, der uns im gesellschaftlichen Bereich das zu tun erlaubt, was die ökologische Bewegung im Bereich der Natur anstrebt: unsere Zukunft zu sichern und zu stärken"[22].

Doch gerade „Solidarität unter Fremden" ist gefühlsneutral, kollektivitätsbezogen, universalistisch leistungsbezogen und auf Reziprozität ausgerichtet und verschließt sich daher weitgehend moralischen Appellen. Insbesondere „direkte Solidaritätsappelle (...) sind überflüssig – weil Solidaritätspotentiale vorhanden sind – und wirkungslos – weil die Menschen nicht aufgrund von Appellen, sondern aufgrund von Einsicht, Vorbildern und Incentives ihr Handeln ändern"[23].

Es spricht also vieles dafür, dass eine dauerhafte Einbindung in Solidarnetze „nicht zu erzielen ist, wenn es nicht gelingt, darin so etwas wie ein Austauschprinzip im Sinne einer latenten Reziprozität (...) zu institutionalisieren"[24]. Diese Solidarität ist aber nicht über moralische Appelle, sondern über konkreten Politikbezug zu gestalten und (wieder) zu gewinnen.

Ein möglicher Ausweg: Entwicklung der Zivilgesellschaft

An Gerechtigkeit und Solidarität orientiertes Denken, das weder in die Falle des Utilitarismus noch in die des Kommunitarismus geraten möchte, hat sich an einer Entwicklung zivilgesellschaftlicher Strukturen[25] anzulehnen, die die freie Entfaltung der umfassenden gesellschaftlichen Lebensformen der Menschen meint. Diese gehen über die Lebensformen hinaus, die durch Staatsfunktionen geregelt, also private sind. Bei dieser Zivilgesellschaft handelt es sich jedoch im Gegensatz zu den von den Kommunitaristen proklamierte Gemeinschaft der BürgerInnen immer um eine Kombination von Einflüssen der zivilen und politischen Gesellschaft, wobei die Anforderungen an die politische Gesellschaft und damit an den Staat als organisierten Ausdruck dieser regelmentierenden und sichernden politischen Gesellschaft, mit anderen Worten: des Trägers und Organisators der „Solidarität unter Fremden", so klar sind, wie sie traditionell scheinen. Darauf verweist uns auch Showstack-Sassoon:

> *„... Dies ist der Kontext für eine weitere Neudefinition von Staatsbürgerschaft, von sozialen Rechten, eingeschlossen die Rechte des Alltagslebens und ausgeweitet auf das Recht der Zeit für Reproduktionsarbeit, für Männer wie für Frauen. Selbst wenn wir zu den fortgeschrittensten Wohlfahrtsstaaten, den skandinavischen Ländern blicken, können wir uns nicht vorstellen, dass aller Bedarf an sozialen Diensten vom Staat, vom Markt oder von Freiwilligen-Organisationen der Zivilgesellschaft übernommen wird. Wir brauchen garantierte Zeit für Reproduktionsarbeit und Flexibilität in*

[21] Etzioni, 1995 S. X.
[22] Etzioni, 1995 S. 3.
[23] Hondrich/Koch-Arzberger, 1992 S. 49.
[24] Hondrich/Koch-Arzberger, 1992 S. 57.
[25] Siehe etwa v. Beyme, Hirschfeld/Rügemer 1990, Kebir 1991.

unserem Arbeitsleben, in der Organisation von Arbeit und in sozialen Organisationen, um Zeitpolitik zu reflektieren. Was in diesem Zusammenhang vom Staat zu verlangen ist, ist ziemlich traditionell: gesetzliche Regulierung. Aber ihr Gegenstand ist neu und verweist auf ein neues Verhältnis zwischen Staat und Gesellschaft, zwischen Staat und Individuum: die Ermöglichung und Förderung unserer individuellen und sozialen Kreativität ..." [26].

Verrechtlichung des Sozialen

Diese regulierende und sichernde Rolle des Staates als Organisator (nicht unbedingt Träger) der „Solidarität unter Fremden" macht es notwendig, den Sozialstaat als „Verrechtlichung des Sozialen", als verrechtlichte Struktur der sozialen und solidarischen Beziehungen in der Gesellschaft zu verstehen. Ein Begriff von Sozialpolitik und ihren Aufgaben als Sicherungs- und Regulierungsinstrument mit demokratischer Legitimation, der diesen komplexen Beziehungen gerecht wird, muss dementsprechend breit angelegt sein.

Die Aufgabe von Sozialpolitik besteht in diesem Verständnis in einer kollektiven Absicherung von *möglichen* (Krankheit, Arbeitslosigkeit, Armut,..) oder *sicheren* (Alter, Ausbildung,..) Risken in einem von der Gesellschaft politisch und ökonomisch festgelegten Ausmaß. Diese Absicherung erfolgt entweder durch die gesamte Gesellschaft (in der Regel über Steuern) oder durch eine eingegrenzte Riskengemeinschaft (in der Regel über Beiträge). Sozialpolitik sichert in ihrer Gesamtheit die Generalisierung des Anspruches auf Teilhabe an den Lebensmöglichkeiten einer Gesellschaft und wird bestimmt durch[27]:

Politische Determiniertheit: Das Niveau eines Sozialstaates ist jeweils historisch und kulturell geprägt und wird durch politische Entscheidungen weiterentwickelt. Sozialpolitische Entscheidungen folgen keinen Naturgesetzen, sondern sind Ergebnis politischen Handelns.

Ökonomische Determiniertheit: Die jeweilige wirtschaftliche Situation und ihre Eckdaten bilden einen wesentlichen Rahmen für sozialpolitische Entscheidungen. Es kann nur verteilt werden, was in Vergangenheit, Gegenwart oder Zukunft erwirtschaftet wurde bzw. wird.

Umfassender Anspruch: Die Anforderungen an Sozialpolitik sind in einer komplexen Gesellschaft nicht auf einige Probleme (zum Beispiel Alterssicherung, Armutsversorgung) beschränkt, sondern umfassen alle Bereiche der Gesellschaft.

Begrenztheit: Sozialpolitik kann jedoch nicht alle Probleme einer entwickelten Gesellschaft lösen. Sozialpolitische Instrumente können nur in ihrem Aufgabengebiet erfolgreich sein und müssen daher mit anderen Instrumenten (zB Wirtschaftspolitik, Steuerpolitik) abgestimmt werden.

Sozialpolitik ist ein komplexes Handlungsfeld und darf aus den bisher entwickelten Gründen daher nicht auf eine einzige Dimension (zB die Sicherung „Bedürftiger")

---

[26] Showstack-Sassoon 1991, S. 34f.

[27] Siehe Schmid 1998.a.

reduziert werden. Sie besteht aus zahlreichen Handlungsfeldern (Bildungspolitik, Gesundheitspolitik, Alterssicherung, Arbeitsmarktpolitik, Armutspolitik und Sozialhilfe, Behindertenpolitik, Arbeitsschutz, Strukturpolitik etc.). Sozialversicherung ist ein Bestandteil von Sozialpolitik. Ihre Aufgabe besteht nicht vorrangig darin, vielfältige Notlagen Einzelner zu lindern, sondern abstrakte Bedarfe (zB Einkommensersatz auf Grundlage gesetzmäßiger Ansprüche) zu befriedigen. Daher wirkt sie über abstrakte Normen (Gesetze und Satzungen) und wird hauptsächlich über Beiträge der Versicherten finanziert. Steuerfinanzierte Bestandteile (zB der Bundesbeitrag im Pensionsrecht) dienen im Wesentlichen der Abgeltung politisch gewünschter Leistungen, die keine (ausreichende) Deckung durch Beiträge aus dem aktiven Erwerbsleben der Versicherten haben, aber im politischen Auftrag der Allgemeinheit abstrakt abzusichern sind (zB Ersatzzeiten).

Im Gegensatz zu liberalen oder kommunitaristischen Ansätzen geht es einer Sozialpolitik, die den gesellschaftlichen Rahmen für die möglichst tiefgestaffelte Entfaltung der „Solidarität unter Fremden" als Grundlage für ein funktionierendes Gemeinwesen in Zentrum ihrer Orientierung stellt, um eine verrechtlichte Struktur des Sozialstaats. Dabei geht es nicht um eine bestimmte Regulierungsdichte oder um die Frage, ob der Staat „alles" abdecken soll bzw. „was" er abdecken soll, sondern um die Fundierung einer rechtsstaatlichen, Sicherheit und Vertrauen verheißenden Sozialstaatsstruktur. Denn „Solidarität unter Fremden" ist wie gesagt moralresistent, aber vertrauenssensibel. Die konkrete Ausformung der sozialstaatlichen Strukturen treten demgegenüber in den Hintergrund, wiewohl sie von zentraler Wichtigkeit sind. Die verschiedene Formen der konkreten Sozialstaatsregimes haben ihre jeweilige, nur in ihrem historischen, ökonomischen und politischen Zusammenhang zu verstehende, Bedeutung und können nicht nach Belieben oder politischer Opportunität in eine bestimmte andere Gesellschaft importiert werden.

Gesellschaftliche Sozialpolitik wird daher in einem weiten Sinn zu verstehen sein, der sich an die Definition von Leibfried/Pierson[28] anlehnt: „Sozialleistungen gestalten den Markt, um den Güteraustausch zu erleichtern, Marktversagen zu korrigieren und zielen auf Umverteilung zwischen Regionen, Klassen und Generationen. Dies wird durch eine Vielfalt von Politiken erreicht, die neben der traditionellen Politik sozialer Sicherung den Arbeitsmarkt, die Ausbildung und Berufsausbildung sowie die Familie einschließt." Zentral bei der Analyse sozialstaatlicher Wirkungen wird daher sein, wie die jeweils konkreten Verteilungswirkungen angelegt sind und ob bzw. wie sie die jeweils formulierten Ansprüche der Erfüllung der Gerechtigkeitspostulate befriedigen, um damit die „Solidarität unter Fremden" zu stärken oder zu stabilisieren.

Zentrales Merkmal eines Wohlfahrtsstaates ist somit (nach Esping-Anderson[29]) seine Fähigkeit, in einer auf Märkte bezogenen Gesellschaft alternative, nicht-marktförmige Mittel zur Verfügung zu stellen, um das Wohlergehen der Menschen auch in jenen Situationen zu sichern, in denen sie nicht in der Lage sind, ihre Arbeitsfähigkeit und

[28] Leibfried/Pierson, 1998, S. 58.

[29] Siehe Esping-Anderson, 1998, insbesondere S. 36ff.

Arbeitskraft am Markt zu verkaufen. Er definiert dies als "De-Kommodifizierung" der Arbeitskraft und stellt fest:

> *„In der Praxis sind de-kommodifizierte Wohlfahrtsstaaten erst jüngeren Datums. Eine minimalistische Definition derselben müsste beinhalten, dass ihre Bürger ungehindert und ohne drohenden Verlust des Arbeitsplatzes, ihres Einkommens oder überhaupt ihres Wohlergehens ihr Arbeitsverhältnis verlassen können, wann immer sie selbst dies aus gesundheitlichen, familiären oder altersbedingten Gründen oder auch solchen der eigenen Weiterbildung für notwendig erachten, sprich: wenn sie dies für geboten halten, um in angemessener Weise an der sozialen Gemeinschaft teilzuhaben. Mit dieser Definition im Hinterkopf würden wir zum Beispiel von einer Krankenversicherung verlangen, dass den Betroffenen ihrem sonstigen Einkommen entsprechende Leistungen gewährt werden oder dass sie ohne größere ärztliche Kontrollen und für den Zeitraum, den sie selbst für notwendig halten, von ihrem Arbeitsplatz fernbleiben können. Es sind dies Ansprüche – und das gilt es an dieser Stelle zu betonen – in deren Genuss üblicherweise Universitätsangehörige, Beamte und höhere Angestellte kommen. Ähnliche Gütekriterien wären auch an Renten, Mutterschaftsurlaub, Erziehungsurlaub, Bildungsurlaub und Arbeitslosenversicherung anzulegen"* [30].

Die einzelnen Sozialstaats-Regimes der verschiedenen Staaten sind, so Esping-Anderson, daran zu messen, wieweit die De-Kommodifizierung in ihrem System bzw. in ihren einzelnen Sicherungssystemen entwickelt sind. Eine als positiv zu wertende Entwicklung eines Sozialstaates bestünde demnach darin, die De-Kommodifizierung in den einzelnen Systemen auszubauen und das Sicherheitsniveau zur Bewältigung solcher Lebensphasen, in denen eine Teilhabe am Erwerbsleben nicht möglich oder aus den dargestellten Gründen nicht wünschenswert ist, zu erweitern.

Divergente Sozialstaatsregimes

Idealtypisch gibt es auf der Grundlage sozialstaatlicher Vermittlung der „Solidarität unter Fremden" zwei Systeme sozialer Sicherheit: (a) Ein *kategorielles* System: Es folgt dem Versicherungsprinzip, dem Prinzip des Einkommensersatzes und dem kausalen Prinzip. (b) Ein *universelles* System: Es folgt dem Prinzip der staatlichen (Steuer)Finanzierung, dem Prinzip der Mindestsicherung und dem Finalprinzip.
Im Einzelnen kann man folgende Unterscheidungsmerkmale ausmachen:

a) *Versicherungsprinzip versus Prinzip der staatlichen (Steuer)Finanzierung:* Im Versicherungsprinzip bilden die Beiträge die Grundlage von Leistungen, die Beitragshöhe ist eine wesentliche (oft aber nicht die einzige) Bedingung für die Leistungen; Beiträge können von gesetzlichen Sozialversicherungen oder von freiwilligen (privaten) Versicherungen eingehoben werden. Nach dem Prinzip der Steuerfinanzierung von Sozialleistungen hingegen werden die Leistungen über das allgemeine Steueraufkommen (in Ausnahmefällen durch zweckgebundene Steuern) finanziert; der Leistungsbezug ist in der Regel unabhängig vom Beitragsaufkommen.

[30] Esping-Anderson, 1998,S. 38.

b) *Einkommensersatz versus Prinzip der Mindestsicherung:* Bei Systemen des Einkommensersatzes hängt der Leistungsbezug vom (letzten oder lebensdurchschnittlichen) Einkommen ab (Beispiel: Krankengeld, Arbeitslosengeld, Pension). Bei Systemen der Mindestsicherung orientiert sich die Leistung an einem extern definierten Lebensbedarf und entspricht diesem entweder oder liegt darüber (Sozialhilfe, Schweizer AHV-Pension).

c) *Kausales Prinzip versus Finalprinzip:* Nach dem kausalen Prinzip hängt die jeweilige Leistung von Ursachen ab, die zum Bedarfszustand geführt haben (zB Unfallversicherung, Opfergesetze, etc.). Nach dem finalen Prinzip hängen die Leistungen vom Bedarf ab, egal auf welchen Tatbestand sich der Leistungsanspruch begründet (zB Pflegesicherung).

Das österreichische Sozial(versicherungs)system orientiert in seinen Grundzügen auf das Versicherungsprinzip, das Prinzip des Einkommensersatzes und das kausale Prinzip. Soziale Leistungen können als Geld- oder als Sachleistungen erfolgen. Prinzipiell sieht das österreichische System Geldleistungen für Systeme des Einkommensersatzes (Pension, Arbeitslosengeld, Krankengeld, Karenz, etc.) vor, Sachleistungen hingegen dort, wo einkommensunabhängige Bedarfe gedeckt werden (Spital, [zahn]ärztliche Versorgung, Heilbehelfe/Hilfsmittel, Betriebshilfe etc.). Hier erfolgen Geldleistungen nur in Einzelfällen als Sachkostenrückersatz; Selbstbehalte sind möglich.

In Österreich werden überall dort, wo Menschen besondere, nicht mit einem aus verschiedenen Gründen ausfallenden Einkommen zusammenhängende, Bedürfnisse haben, prinzipiell Sachleistungen erbracht. Diesem Prinzip folgen private Versicherungen nicht immer. Weiters geht das österreichische Sozialsystem prinzipiell davon aus, dass Leistungen der – im weitesten Sinne – sozialen Hilfe, die in der Tradition der „Fürsorge" stehen, dem Subsidiaritätsprinzip folgen. Dieses bedeutet: Diese Leistungen erfolgen nur und nur in dem Ausmaß, in dem niemand anderer leistet, Leistungen erfolgen nur in dem Ausmaß, in dem kleine Eigenleistungen zumutbar sind und es besteht Regresspflicht, das heißt Mitwirkungs- und Rückzahlungspflicht (durch LeistungsbezieherInnen und Angehörige). Diese subsidiären Leistungen orientieren sich in der Regel an Einkommen und Lebensbedingungen

Im internationalen Vergleich kann man kategorielle und universelle Systeme unterscheiden. Zur besseren Veranschaulichung haben sich im europäischen Sozialregimevergleich (abweichend von der Kategorisierung durch Esping-Anderson[31]) die Kategorisierung nach Systemen des „*Bismarck-Typs*" und des „*Beveridge-Typs*" herausgebildet.[32]

Beveridge-System: Universelles nationales System auf der Grundlage der Staatsbürgerschaft oder des Wohnsitzes im betreffenden Land; steuer- oder beitragsfinanziert. Das Hauptziel dieses Systems besteht darin, über die staatlichen Sicherungssysteme ein Grundeinkommen (einen Pauschalbetrag) zu erreichen; das Ziel des Einkommensersatzes wird durch zusätzliche Sicherungssysteme (obligatorisch oder freiwillig) erreicht.

---

[31] Siehe Esping-Anderson 1989.

[32] Siehe Bosco/Hutsebaut 1998.

Bismarck-System: Kategorielles System, die Sicherung erfolgt erwerbsorientiert, das heißt auf Grundlage der Beschäftigungszeiten und des Beschäftigungsstatus (zB Sondersysteme im Öffentlichen Dienst), in der Regel ist es beitragsfinanziert, teilweise ist Steuerfinanzierung möglich (zB über Staatszuschüsse), meist zur Abdeckung versicherungsfremder Leistungen. Ziel dieses Systems ist die Absicherung (Erhaltung) des Lebensstandards während der Zeiten, in denen eine Erwerbsbeteiligung nicht möglich ist. Armutsvermeidung wird durch zusätzliche, in der Regel steuerfinanzierte Leistungen (etwa durch die Ausgleichszulage) erreicht.

Beide Systeme sind in Europa in einer „hohen" (hohe Leistung bzw. hohe Einkommensersatzrate) und in einer „niedrigen" (niedrige Leistung bzw. niedrige Einkommensersatzrate) Form ausgeprägt, abhängig von ihrem jeweiligen De-Kommodifizierungsgrad. Als „Beveridgestaaten auf hohem Niveau" können etwa die skandinavischen Staaten gelten, als „Beveridgestaaten auf niedrigem Niveau" sind etwa Großbritannien und Irland zu bezeichnen. „Bismarckstaaten auf hohem Niveau" sind etwa Österreich, Deutschland, Frankreich, Italien, als „Bismarckstaaten auf niedrigem Niveau" gelten etwa Spanien, Portugal, Griechenland oder die meisten mittel- und osteuropäischen Staaten (MOEL).

Die Finanzierung der europäischen Sozialstaatsregimes erfolgt in einer breiten Variation durch Beiträge oder Steuern. Extreme in der Finanzierung des Sozialstaates können beispielhaft an der Pensionsfinanzierung ausgemacht werden: Die Bandbreite erstreckt sich einerseits von Dänemark – 12 Prozent werden über lohnbezogene Beiträge, 79 Prozent aus indirekten Steuern (vor allem MWSt) und 9 Prozent aus anderen Mitteln aufgebracht – andererseits bis zB nach Deutschland – 71 Prozent werden über lohnbezogene Beiträge, 26 Prozent aus indirekten Steuern (vor allem aus den Länderhaushalten) und 3 Prozent aus anderen Mitteln finanziert[33].

Besondere Probleme werden von den „vier Freiheiten" der EU geschaffen: Die Koordinierung zwischen den Sozialpolitiken der einzelnen EU-Staaten „funktioniert am besten bei individualisierten, erworbenen Ansprüchen von ArbeitnehmerInnen und am schlechtesten bei universellen oder kollektiven Lösungen für alle Bürger. Die jeweiligen nationalen Entscheidungsträger sind also gehalten, eher (koordinierungskonform) Bismarckschen Vorstellungen von Sozialprogrammen (Leistung gemäß Beitrag) als denen von Beveridge (einheitliche Leistungen an alle Einwohner) zu folgen"[34], denn an Beveridge orientierte Versorgungssysteme stehen in der EU nicht nur vor dem Problem der Zuwanderung, sondern auch vor jenem, der Versorgung abwandernder BürgerInnen (nationalstaatliche Sozialleistungen müssen EU-weit exportierbar sein). Beitragsfinanzierte Leistungen sind (politisch) leichter zu exportieren als steuerfinanzierte.

Auch der Druck der Konvergenzkriterien von Maastricht wirkt sich in den Neunzigerjahren negativ auf alle Sozialstaatsregimes in der EU aus und führt dazu, dass sozialstaatliche Politik EU-weit „Konvergenz" als konvergenten Abbau zu verstehen scheint

---

[33] Nach Leibfried/Pierson, 1998, S. 85, Werte für 1990.

[34] Siehe Leibfried/Pierson, 1998, S. 70f.

– und dabei eine wesentliche Erodierung der auf Vertauen begründete Stabilität der „Solidarität unter Fremden" herbeiführt. Dieser Vertrauensschwund aufgrund des erlebten oder befürchteten Sozialabbaues führt zu jener Erosion von gesellschaftlicher Solidarität, die wiederum als „Erosion der gesellschaftlichen Kohäsion" verstanden und als „neu entstehender Egoismus" interpretiert wird, mit fatalen Folgen. Denn diese Berufung auf den „Individualismus" wird als Rechtfertigung und Aufforderung zu weiterer Zerschlagung solidargesellschaftlicher Strukturen verstanden. Die Unsicherheit steigt, die Solidarität erodiert weiter. Diese EU-weit zu beobachtenden Muster sind daher als typisches Beispiel *selbstrefferenzieller Sozialpolitik* zu verstehen – jedoch zu Lasten jener, die auf die Solidarität der Gesellschaft am meisten angewiesen sind. Müssen sie wiederum auf den heiligen Martin warten?

Perspektiven des österreichischen Sozialstaates

Das österreichische Sozialstaatssystem ist wie bereits oben ausgeführt ein kausales System mit finalen Einsprengseln (insbesondere die Pflegesicherung). Einkommensersatz und bedarfsbezogene Mindestsicherung (etwa durch die Ausgleichszulage oder die Anrechenbarkeit von Kindererziehungszeiten in der Pension) stehen im Zentrum; allerdings handelt es sich um ein stark erwerbsorientiertes System. Elemente der bedarfsbezogenen Mindestsicherung finden sich außerhalb des Pensionsrechtes nur mittelbar, durch die Bestimmungen der Landessozialhilfegesetze, geregelt.

Unser System zielt vor allem auf die Sicherung typischer durchschnittlicher ArbeitnehmerInnen-Risikolagen[35] (Invalidität, Arbeitsunfall, Krankheit, Arbeitslosigkeit, Einkommensausfall im Alter) ab; es zielt als erwerbszentriertes System seinem Wesen nach vor allem auf die Einverdienerfamilie ab, Angehörige (Ehefrauen und Kinder) erhalten abgeleiteten Schutz, sie sind mitversichert. Für individuelle, „atypische" Notfälle ist das „zweite Netz" der Sozialhilfe zuständig. Das „erste Netz" hingegen erfordert standardisierte Lebensläufe/Erwerbsverläufe (das „Normalarbeitsverhältnis") sowie eine zumindest stabile Lohnquote.

Daraus lassen sich die großen Stärken wie die Probleme unseres Systems erkennen. Fragen, die in diesem Zusammenhang an unseren Sozialstaat zu stellen wären, lauteten etwa: Institutionalisiert der bestehende Sozialstaat den Einverdienerfamilientyp, also den männlichen erwerbszentrierten und den weiblichen höchstens auf Dazuverdienen ausgerichteten Lebenslauf?

Wenn es stimmt, und alle Anzeichen deuten darauf hin, dass es so ist, dass die Alleinverdienerehe mit (bestenfalls) weiblichem Zuverdienst als typische Form des gesellschaftlichen Zusammenlebens abgelöst wird durch eine breite Auffächerung unterschiedlicher Formen der Lebensgestaltung; wenn es stimmt, das sich weibliche und männliche Erwerbskarrieren tendenziell anpassen, so erfordert diese Entwicklung grundlegende Diskussionen auch über Ausgestaltung und Leistungsmächtigkeit der sozialen Sicherungssysteme. Je früher und je grundsätzlicher diese Diskussionen geführt werden, desto größer ist die Wahrscheinlichkeit, das unser Sicherungssystem an die

---

[35] Siehe Ostner, 1995, S. 100ff.

veränderten gesellschaftlichen Bedürfnisse wie Finanzierungsmöglichkeiten angepasst werden kann. Wird diese Diskussion hingegen – aus welchen Gründen auch immer – nicht oder nicht mit dem ausreichenden Tiefgang geführt, besteht die Gefahr, dass unser Sicherungssystem insgesamt durch ein System anderen Typs abgelöst werden könnte, mit garantiert unsicherem Ausgang freilich.

Das Grundproblem, vor dem die Sozialpolitik der kommenden Jahre steht, ist so traditionell wie aktuell: Die Verteilungsfragen (Arbeitsverteilung, Einkommensverteilung) sind zuerst im Erwerbssystem zu lösen, anstatt ihre Lösung dem Transfersystem zu überantworten. Denn dies hat darauf keine geeigneten Antworten, ohne die dem Solidaritätssystem zugrundeliegenden nachempfindbare Gleichgewichtigkeit zwischen geleisteten Beiträgen und empfangenen Leistungen (Leistungserwartungen) nachhaltig zu stören.

Dabei sollte die Diskussion um die zukünftige Ausgestaltung der Systeme sozialer Sicherheit (das bedeutet: Erhalt und Ausbau ihrer De-Kommodifizierungsmächtigkeit) einmal längs der Bedürfnisse, die an dieses Systeme gestellt werden und der zukünftigen Entwicklung dieser Bedürfnisse (Erwartungen) diskutiert werden und nicht immer nur ausschließlich aus der Sicht der zukünftigen Finanzierbarkeit. Wenn die Grundlage des Solidarsystems, nämlich das Vertrauen der Beitragsleistenden, dann selbst in den Genuss von Leistungen zu kommen, wann sie ihrer bedürfen, aufrechterhalten werden kann, kann auch die Finanzierung aufrecht erhalten werden.

Vergessen wir nicht, wir sind eine der reichsten Gesellschaften auf der Erde sowie in der Geschichte dieser Region, in der wir leben – und wir werden – gemessen etwa am langfristigen Wachstum des Bruttoinlandsproduktes – immer reicher. Daher sollte die Finanzierbarkeit keine prinzipielle Frage sein, der Drehpunkt ist die Frage der Verteilung von Chancen und Sicherheiten, von Arbeit und Einkommen.

Anforderungen, die gelöst werden müssen, um die De-Kommodifizierungswirkungen (in der erwähnten Begrifflichkeit von Esping-Anderson) unseres Systems zu erhalten und zu verbessern, sind vor allem:

- Klärung des Problems einer bedarfsorientierten Mindestsicherung unter Beibehalt des die Beitragssolidarität tragenden Prinzips des Einkommensersatzes.
- Lösung der Anforderungen an eine langfristige Pensionssicherung, sowohl materiell als auch im Vertrauen der Menschen (was aus heutiger Sicht wohl die größere Herausforderung für die kommenden Jahre sein wird).
- Klärung einer sinnvollen Beteiligung der Wertschöpfungszuwächse an der Finanzierung der solidarischen Sicherungssysteme (Wertschöpfungsabgabe, Bit-Steuer, etc.).
- Gleiche Leistungen der verschiedenen Sicherungssysteme können langfristig nur bei gleichen Beiträgen (Beitragssätzen) aufrechterhalten werden, unter diesem Gesichtspunkt müssten die Systeme (ASVG, GSVG, BSVG und Öffentlicher Dienst) angepasst werden.
- Eine Anpassung der Leistungssysteme an die veränderten Bedürfnisse und Anfor-

derungen (unter diesem Gesichtspunkt könnte eine langfristige Ersetzung der Hinterbliebenenversorgung durch eine bedarfsorientierte Mindestsicherung erwogen werden).

- Zentrale Frage ist schließlich eine Vollbeschäftigungspolitik, die eine tatsächliche Einbeziehung aller Arbeitssuchenden in das Erwerbssystem zum Ziel hat, wobei die Lösung des Problems nicht in einer formellen Erwerbstätigkeit besteht, sondern in einer Erwerbsarbeit mit ausreichendem Einkommen.
- Schließlich würde die Rückbesinnung auf eine nach Verteilungsgesichtspunkten orientierte Steuerpolitik sowohl Antworten auf Fragen der Verteilungsgerechtigkeit wie der besseren langfristigen Finanzierbarkeit des Sozialstaates bieten.

In Anbetracht der Tatsache, dass die österreichische Wirtschaft immer stärker im Wirtschaftsraum eines einheitlichen europäischen Marktes der EU aufgeht, ist klar, dass diese Grundsätze nur im europäischen Gleichklang umgesetzt werden können. Hier sind österreichische Aktivitäten in der EU gefordert. Darüber hinaus gilt es bereits jetzt zu überprüfen, welche Maßnahmen schon heute gesetzt werden können, ohne die tatsächliche Wettbewerbssituation Österreichs zu verschlechtern. Auch sozialer und innerer Friede, ausgedrückt im Grad der durch das Sozialsystem erreichten De-Kommodifizierung, ist ein tragender Wettbewerbsfaktor.

Literatur

Aristoteles, Nikomachische Ethik, Stuttgart, 1983.

Ulrich Beck, Kinder der Freiheit, Frankfurt/Main 1997.

Ute Behning, Zum Wandel der Geschlechterrepräsentation in der Sozialpolitik, Opladen 1999.

Klaus v. Beyme, Systemwechsel in Osteuropa, Frankfurt/Main 1994.

Andrea Bosco/Martin Hutsebaut (Hrsg.) Sozialer Schutz in Europa – Veränderungen und Herausforderungen, Marburg/Lahn 1998.

Hauke Brunkhorst, Solidarität unter Fremden, Frankfurt/Main 1997.

Emile Durkheim, Über soziale Arbeitsteilung, Frankfurt/Main 1996.

Norbert Elias/John L. Scotson, Etablierte und Außenseiter, Frankfurt/Main 1990.

Gøsta Esping-Anderson, Die drei Welten des Wohlfahrtskapitalismus. Zur politischen Ökonomie des Wohlfahrtsstaates; in: Stephan Lessenich/Ilona Ostner, Welten des Wohlfahrtskapitalismus. Der Sozialstaat in vergleichender Perspektive, Frankfurt/Main – New York 1998.

Amitai Etzioni, Die Entdeckung des Gemeinwesens – Ansprüche, Verantwortlichkeiten und das Programm des Kommunitarismus, Stuttgart 1995.

Günter Frankenberg (Hrsg.), Auf der Suche nach einer gerechten Gesellschaft, Frankfurt/Main 1994.

Uwe Hirschfeld/Werner Rügemer, Utopie und Zivilgesellschaft – Rekonstruktionen, Thesen und Informationen zu Antonio Gramsci, Berlin 1990.

Adolf Holl, Mitleid im Winter, Reinbek 1985.

Karl Otto Hondrich/Claudia Koch-Arzberger, Solidarität in der modernen Gesellschaft, Frankfurt/Main 1992.

Franz-Xaver Kaufmann, Herausforderungen des Sozialstaates, Frankfurt/Main 1997.

Sabine Kebir, Gramscis Zivilgesellschaft, Hamburg 1991.

Hagen Kühn, Rationierung im Gesundheitswesen – Politische Ökonomie einer internationalen Ethikdebatte, Berlin 1991 (WZP-paper).

Stephan Leibfried/Paul Pierson (Hrsg.), Standort Europa – Europäische Sozialpolitik, Frankfurt/Main 1998.

C. Wolfgang Müller, Wie Helfen zum Beruf wurde. Eine Methodengeschichte der Sozialarbeit (2 Bände), Weinheim und Basel 1991.

Ilona Ostner, Wandel der Familienformen und soziale Sicherung der Frau oder: Von der Status- zur Passagensicherung; in: Diether Döring/Richard Hauser, Soziale Sicherheit in Gefahr, Frakfurt/ Main 1995.

Talcott Parsons, Das System der modernen Gesellschaft. München, 1972.

John Rawls, Eine Theorie der Gerechtigkeit, Frankfurt/Main, 1979.

Barbara Riedmüller/Thomas Olk (Hrsg.), Grenzen des Sozialversicherungsstaates, Opladen 1994.

Tom Schmid, Pensionsreform – eine (un)endliche Geschichte; in: Soziale Sicherheit 1, Wien 1998a.

Tom Schmid, Solidarität aus sozialwissenschaftlicher Sicht; in: Soziale Sicherheit 4, Wien 1998b.

Tom Schmid, Solidarität und Gerechtigkeit, in: Peter Pantucek/Monika Vyslouzil (Hrsg.), Die moralische Passion – Menschenrechte und Ethik in der Sozialarbeit, St. Pölten 1999.

Anne Showstack-Sassoon, Gleichheit und Unterschied – Das Entstehen eines neuen Konzeptes von Staatsbürgerschaft; in: Argument 185, Berlin 1991.

Christel Zahlmann (Hrsg.), Kommunitarismus in der Diskussion – eine streitbare Einführung, Berlin 1994.

Das liberale Sozialstaatsmodell – Widerspruch oder Zukunftsorientierung?

Volker Kier

Um im Rahmen eines österreichischen Diskurses liberale Positionen zur Sozialpolitik einbringen zu können, sind definitorische Klarstellungen und eine Kurzanalyse des aktuellen situativen und operativen Befundes unumgänglich. Andernfalls läuft man Gefahr, durch fremdbestimmte Auffassungen über Wesen und Sinn liberaler Positionen missinterpretiert zu werden.

Liberale Zugänge zur Sozialpolitik

Für ein friedliches Zusammenleben in einer offenen pluralistischen Gesellschaft sind aus liberaler Sicht drei Elemente gleichrangig und unverzichtbar: Sozialer Zusammenhalt, wirtschaftliche Wettbewerbsfähigkeit sowie verbriefte und unveräußerliche Grundrechte. Die Verwirklichung persönlicher Lebensentwürfe in Freiheit ist nicht gewährleistet, wenn eine der drei genannten Voraussetzungen ins Hintertreffen gerät. Werden die Grundrechte zur tagesopportunen Disposition gestellt, drohen Polizeistaat und Diktatur; schwindet die wirtschaftliche Wettbewerbsfähigkeit einer Gesellschaft, verliert sie die Kraft zur Sicherung des Gemeinwohls und zur Aufrechterhaltung der demokratischen und rechtsstaatlichen Ordnung; wird der soziale Zusammenhalt vernachlässigt, zerbricht über kurz oder lang der gesellschaftliche Konsens – Radikalisierung und Gewaltbereitschaft treten an die Stelle von demokratischer Konfliktaustragung.

In diesem Verständnis ist die Sicherheit der materiellen Existenz eine Voraussetzung persönlicher Freiheit. Daraus leitet sich die soziale Dimension liberaler Politik ab. In einer an den Prinzipien der Gerechtigkeit und Solidarität orientierten Gesellschaft bedeutet soziale Verantwortung daher auch mehr als nur existenzsichernde Unterstützung in Notfällen. Die Politik hat dafür Sorge zu tragen, dass der ungleichen Verteilung von Lebenschancen und ihren negativen sozialen Auswirkungen gegengesteuert wird. Dabei soll niemand der Eigenverantwortung enthoben, aber auch niemand im Stich gelassen werden; liberale Politik bekennt sich daher zu einer sozialen Verantwortung, die über eine bloße Existenzsicherung hinaus eine angemessene Lebensqualität ermöglicht.

Alle sozial- und wirtschaftspolitischen Initiativen der Liberalen im österreichischen Nationalrat in den Jahren 1993 bis 1999 waren von diesen Anliegen getragen – sei es die (durchgesetzte) Forderung nach dynamischen Zuverdienstmöglichkeiten in der Arbeitslosigkeit oder die bundesweite Harmonisierung der Sozialhilfegesetze der Länder durch ein Bundesgrundsatzgesetz; sei es der Kampf um den Grundsatz, wer in Österreich rechtens leben darf, muss hier auch rechtens arbeiten können; sei es die Forderung nach Umsetzung einer echten sozialen Versicherungspflicht bei Wiedereinführung voller Mitspracherechte der (Sozial)Versicherten durch die Möglichkeit, den Sozialversicherungsträger selbst bestimmen zu können; sei es durch unser Eintreten für eine nachhaltige Pensionsreform; sei es schlussendlich durch unseren Vorstoß, eine allen dauernd in Österreich lebenden Menschen rechtsansprüchlich zustehende Grundsicherung einzuführen und damit die in den Fünfzigerjahren geschaffenen sozialen (Mindest)Sicherungssysteme abzulösen, die nahezu ausschließlich an einer zuvor ausgeübten (unselbständigen) Erwerbstätigkeit anknüpfen. Nur durch einen solchen Paradigmenwechsel können unterbrochene Erwerbskarrieren, Teilzeitarbeit und/oder flexible Arbeitszeitmodelle gelebt werden.

Kritische Würdigung der gegenwärtigen Sozialpolitik

Vor dem Hintergrund liberaler Ansprüche ist der situative und operative Befund der österreichischen Sozialpolitik wie folgt zu charakterisieren:
Die österreichische Diskussion über mögliche künftige sozialpolitische Perspektiven, die den Herausforderungen der vor uns liegenden Jahrzehnte bestmöglich entsprechen, leidet an einer konsequenten Verkürzung der Analyse ihrer eigenen Voraussetzungen. Ein schmerzlicher Mangel besteht insbesondere darin, dass eine offene Diskussion über sozialpolitische Ziele konsequent vermieden oder bestenfalls innerhalb bestehender Regulierungsmechanismen geführt wird. Eine kritische Auseinandersetzung mit dem Ist-Zustand wird als Sakrileg betrachtet und mit dem Vorwurf, man sei gegen „wohlerworbene" Rechte oder gar gegen die „Sozialpartnerschaft", brüsk zurückgewiesen. Dieser Befund ist eine Ableitung des pragmatischen Ansatzes, der für gewöhnlich nur solche Diskutanten zulässt, welche von den bestehenden institutionellen Trägern der „österreichischen Sozialpartnerschaft" zertifiziert sind. Diese Faktenlage steht im Gegensatz zur Erkenntnis, dass das Verständnis der Welt und der in ihr ablaufenden Prozesse inzwischen für jeden Einzelnen mit der täglichen Herausforderung einhergeht, in jeder einzelnen Frage auch selbst Position zu beziehen.
Im Allgemeinen wird daher in der österreichischen sozialpolitischen Diskussion vorrangig auf historische Verdienste (ihrer institutionellen Träger) rekurriert und gleichzeitig der Anspruch erhoben, es möge doch wieder so werden wie es schon einmal war. Unausgesprochen und unhinterfragt werden auf diese Weise in der Vergangenheit gefundene Lösungen als vorbildlich auch für morgen hingestellt. Dies führt zu einer Dominanz strukturkonservierender Elemente sowohl in sachlicher wie auch in personeller Hinsicht. Statt sich in erster Linie um Lösungen für morgen zu bemühen, werden die Kräfte ohne Rücksicht auf veränderte Ausgangslagen auf Besitzstandswahrung konzentriert.

Nun ist es an und für sich eine Binsenweisheit, dass die Bewältigung von Problemen seriöserweise eine zeitnahe Zustandsanalyse und selbstverständlich auch einen breiten Konsens über die zu erreichenden Ziele und Lösungswege voraussetzt. In diesem Sinne sei – pars pro toto – Emmerich Tálos zitiert, der in der Einleitung zu dem von ihm herausgegebenen Buch „Atypische Beschäftigung – Internationale Trends und Sozialstaatliche Regelungen" (Tálos, 1999, S. 7) ausführt:

> *„Seit mehr als zwei Jahrzehnten sind international einschneidende Veränderungen am Arbeitsmarkt und im Beschäftigungssystem zu konstatieren. Erwerbslosigkeit ist zu einem dauerhaften Problem geworden, von dem – bei* allen *merkbaren Unterschieden*

zwischen den verschiedenen EU- und OECD-Staaten – immer mehr Menschen, zum Teil immer länger, betroffen waren und sind. Österreich zählt mit Luxemburg, den Niederlanden und USA zu jenen wenigen Ländern, die ein vergleichsweise niedriges Niveau aufweisen.

Nicht weniger von Bedeutung ist die seit den Siebzigerjahren konstatierbare Ausbreitung von Beschäftigungsformen, die vom so genannten Normalarbeitsverhältnis abweichen. Unter ‚Normalarbeitsverhältnis' wird jener Typus von Beschäftigungsverhältnissen verstanden, der durch abhängige, vollzeitige und dauerhafte Beschäftigung mit geregelter Normalarbeitszeit, mit kontinuierlichem Entgelt und Bestandsschutzgarantien gekennzeichnet ist und im Wesentlichen auf männliche Erwerbsbiographien zutraf und (noch immer) zutrifft. Dieses bildet nicht nur die Basis für die Sicherung der materiellen Teilhabechancen der derart Beschäftigten (und vielfach ihrer Familien), sondern (...) stellte und stellt für die sozialstaatlichen Regelungen in vielen Ländern den dominanten Bezugspunkt dar: die wesentlichen sozialstaatlichen Schutznormen und Leistungen sind in erster Linie daran orientiert.

Die diesbezüglichen Veränderungen bestehen darin, dass wir seit mehr als zwei Jahrzehnten merkbare Abweichungen von diesem Normalarbeitsverhältnis wahrnehmen können. (...) Es handelt sich dabei um eine breite Palette von Beschäftigungsformen: reichend von Teilzeitarbeit, geringfügiger Beschäftigung, befristeter Beschäftigung, Leiharbeit, Arbeit auf Abruf, Telearbeit bis zu so genannter scheinselbständiger Erwerbstätigkeit."

Ich habe diesen Ausführungen von Emmerich Tálos nicht deswegen relativ breiten Raum gegeben, weil sie Überraschungsmomente enthalten, sondern weil sie genau jenen Befund beleuchten, der unter Fachleuten seit Jahren unbestritten ist und daher eigentlich – ebenfalls seit Jahren – zur Folge hätte haben müssen, sich mit den auch in der internationalen Entwicklung erkennbaren Trends rechtzeitig und innovativ auseinander zu setzen.

Nun wurden diese Entwicklungen in Österreich durchaus zur Kenntnis genommen. Regierung und Sozialpartner sind aber leider dem Trugschluss erlegen, es handle sich um internationale Phänomene, deren Auswirkungen vor unserer Republik – in Abwandlung des Papst-Wortes von der Insel der Seeligen – ferngehalten werden können. Diese für ein in den Welthandel intensiv verflochtenes, exportorientiertes Land tollkühne Hypothese führte zu einer verfremdeten Auseinandersetzung. Zweifellos negative Auswirkungen neokonservativer wirtschafts- und sozialpolitischer Prototypen, wie etwa des Thatcherism in Großbritannien und der Reaganomics in den USA, wurden als vordergründige Argumente dafür eingesetzt, um an traditionellen Lösungen festzuhalten. So wurde sträflich vernachlässigt, dass eines der tragenden Elemente des als Globalisierung bezeichneten Zusammenwachsens der internationalen Märkte die internationale Arbeitsteiligkeit darstellt. Diese – in Verbindung mit den internationalen Kapitalmärkten – ist aber eine Einflussgröße, der sich keine Volkswirtschaft auf Dauer entziehen kann, wenn sie sowohl wettbewerbsfähig bleiben als auch den sozialen Zusammenhalt nachhaltig sichern will.

Bis in die Mitte der Neunzigerjahre wurden die „Erfolge" der österreichischen Sozialpolitik daher ausschließlich daran gemessen, in welchem Ausmaß die in anderen Ländern beobachteten negativen Auswirkungen hierzulande gebremst werden konnten. Alle Kraft wurde auf die Symptome konzentriert, die strukturellen Ursachen blieben unbeachtet. Dieses Festhalten an überkommenen Mustern wurde verschleiert, indem Umstrukturierungen und Teilprivatisierungen – erzwungen durch den Zusammenbruch der verstaatlichten Industrie – mit echten Strukturreformen verwechselt wurden. Nun war es tatsächlich ein relativer Fortschritt, den Abschied von den Verstaatlichungsgesetzen der Jahre 1946 und 1947 einzuleiten. Gleichzeitig wurde aber 1987 eine Verfassungsbestimmung geschaffen, durch welche das öffentliche Mehrheitseigentum an den führenden Unternehmen der österreichischen Elektrizitätswirtschaft festgeschrieben wurde. Eine als Reform bezeichenbare Neuordnung der Berufszugänge des Gewerberechtes oder gar eine tief greifende Erneuerung der dualen (Lehrlings)Ausbildung ist bis heute unterblieben.
Sowohl in wirtschafts- wie auch in sozialpolitischer Hinsicht wurde in diesem Setting verabsäumt, die sich ändernden Randbedingungen frühzeitig zu antizipieren und durch zieladäquate Reformen einen wettbewerbsfähigen und zeitgemäßen Sozialstaat zu entwickeln. Erst der vollzogene Beitritt zur Europäischen Union und die Teilnahme an der Währungsunion erzeugten jenen Transparenzdruck, welcher die wahre Lage der österreichischen Volkswirtschaft offen legte. Eine Budgetsanierung und eine nachhaltige Restrukturierung der sozialen Sicherungssysteme wurde auf die Tagesordnung gesetzt. Unglückseligerweise war zu diesem Zeitpunkt die Budgetsanierung bereits so dringlich, dass sozialpolitische „Nebenwirkungen" in geradezu beliebigem Ausmaß von Regierung und Sozialpartnern in Kauf genommen wurden – eine echte Sozialreform unterblieb.
Ein klassisches Beispiel dafür ist die in den vergangenen Jahren umgesetzte Einbeziehung aller Erwerbseinkommen in die Sozialversicherungspflichtigkeit. Um Missverständnissen vorzubeugen: Die liberale Position dazu ist durch die Forderung charakterisiert, dass grundsätzlich jeder in der Erwerbswelt verdiente Schilling im selben Umfang zur Finanzierung sozialer Leistungen beizutragen hat; bestenfalls in der Zone der geringfügigen Einkünfte können Ausnahmen sinnvoll und notwendig sein. In der österreichischen Wirklichkeit wurde dieser Denkansatz entweder ignoriert oder auf einen ungewissen Zeitpunkt in der Zukunft vertagt. Eine offene Diskussion über Ziele, Nutzen und soziale Nebenwirkungen der Budgetsanierung wurde mit dem Hinweis auf die bereits vorliegende Zustimmung der sozialpartnerschaftlichen Institutionen unterbunden. Sehenden Auges wurde in Kauf genommen, dass durch die so genannte Werkvertragsregelung fatale Folgen in der Arbeitswelt dadurch ausgelöst wurden, dass jedwede Anpassung des Arbeitsrechtes an die neuen Regelungen unterblieb. Nun sei ohne weiteres eingeräumt, dass sich zuletzt der Trend verstärkt hatte, unselbständige Erwerbsverhältnisse als „Werkverträge" zu verkleiden, um Zahlungen an die Sozialversicherungsträger zu vermeiden und der einen oder anderen Bestimmung des Arbeitrechts auszuweichen. Statt diesen Befund als Aufforderung zu erleben, beide Problemfelder – also das Sozialversicherungsrecht und das Arbeitsrecht – synergetisch

weiterzuentwickeln, wurde ein ausschließlich auf die Erzielung kurzfristiger Einnahmen abgestelltes (Spar)Paket geschnürt.
Konnte man Werkverträge und gelegentlich auch freie Dienstverträge bisher sowohl aufgrund ihrer mangelnden Stimmigkeit für das zugrunde liegende tatsächliche Rechts- und Vertragsverhältnis als auch wegen der offenkundigen Absicht, Sozialversicherungspflichten auszuweichen, kritisieren, so wird nunmehr das Argument schlagend, dass auch für diese „atypischen Beschäftigungsverhältnisse" ohnedies alle Sozialversicherungsbeiträge entrichtet werden. Weder Arbeiterkammer noch Gewerkschaften waren durch das liberale Argument zu beeindrucken, dass die so genannte Werkvertragsregelung aufgrund der ihr innewohnenden Lenkungswirkungen geradezu zwangsläufig zu einer dramatischen Verschlechterung der arbeitsrechtlichen Situation unselbständig Erwerbstätiger führt. Werkvertragsnehmer und freie Dienstnehmer sind nämlich von nahezu allen Schutznormen ausgeschlossen, wie diese in der sonstigen Arbeitswelt gelten. Da überdies manches im geltenden Arbeitsrecht reformbedürftig erscheint, ist die Verlockung groß, Verträge abzuschließen, die so gut wie alle „Freiheitsgrade" des 19. Jahrhunderts beinhalten.
Dass diese nachhaltige Schädigung der Arbeitsrechtsordnung und die daraus resultierende Spaltung der Arbeitswelt mit allen ihren giftigen sozial- und demokratiepolitischen Folgen den verantwortlichen Akteuren voll bewusst gewesen sein muss, ist daran zu erkennen, dass einerseits für Zeitungsverkäufer in der Straßenkolportage – also eindeutig unselbständig erwerbstätige Menschen – aus tagesopportunen Gründen eine Ausnahme konstruiert wurde und dass man andererseits für den ORF – immerhin die öffentlich rechtliche Rundfunkanstalt der Republik Österreich – die Rechtsfigur der so genannten ständigen freien Mitarbeiter geschaffen hat, sodass aus Angestellten über Nacht „atypische Beschäftigte" ohne regulären Arbeitnehmerstatus wurden.

Liberale Lösungsansätze

Eine Annährung an liberale Lösungsansätze sozialpolitischer Fragen bedarf einer Skizzierung der zugrunde liegenden Auffassung der Funktionalität des Staates.
Der Staat ist aus liberaler Sicht kein Selbstzweck, sondern ein dem Menschen und der Gesellschaft dienendes Instrument. Staat und Gesellschaft stehen in einem Spannungsverhältnis: Sie bedingen und gefährden einander. Der Staat garantiert Stabilität und Einhaltung von Rahmenbedingungen sowie den Schutz des Einzelnen und von Minderheiten vor dem Zugriff privater und institutioneller Macht. Er schafft Institutionen und bürokratische Strukturen, die zur Freiheit des Einzelnen und zu Prinzipien der offenen Gesellschaft tendenziell in Widerspruch treten können.
Dieses Spannungsfeld zwischen Staat und offener Gesellschaft mündet in der Herausforderung, eine Balance zwischen individuellen und gesellschaftlichen Autonomiebedürfnissen und staatlichem Regelungsbedarf aufrecht zu erhalten; eine Balance, die nie perfekt oder auf Dauer hergestellt werden kann. Ein den Menschenrechten verpflichteter, durch die Mitbestimmung seiner BürgerInnen legitimierter Rechts- und Verfassungsstaat bietet aber beste Voraussetzung, durch demokratische Willensbildung immer wieder den erforderlichen Ausgleich zu finden.

Es gibt daher kein von diesen Voraussetzungen losgelöstes Modell eines „liberalen Sozialstaates". Sehr wohl aber kann Sozialpolitik an liberalen Grundsätzen gemessen werden. Auch Sozialpolitik muss den Mindestansprüchen einer ganzheitlichen, demokratischen Ordnung genügen: Wie schon eingangs dieser Ausführungen definiert, sind unveräußerliche Grundrechte, wirtschaftliche Wettbewerbsfähigkeit und ein gesicherter sozialer Zusammenhalt gleichrangige und unverzichtbare Voraussetzungen jeder Gesellschaft. Diese Haltung wurde in einem Positionspapier des Liberalen Forums verdichtet, das nach meiner Überzeugung deutlich macht, dass staatliche liberale Sozialpolitik in einer sich dynamisch wandelnden Welt problemorientiert und zukunftsweisend ist.

Liberale Leitlinien für eine bedarfsgerechte Grundsicherung

Das bestimmende Konzept der zurückliegenden – sozialdemokratisch dominierten – Jahrzehnte, den Sozialstaat zu einem Wohlfahrtsstaat auszubauen, ist trotz gewisser Teilerfolge brüchig geworden. Aufgrund unzähliger Kompromiss- und Anlassgesetze im Sozial- und Steuerrecht sowie einem Ausufern sozialpartnerschaftlicher Teilinteressen verdeckt ein Dickicht in unverständlicher Sprache formulierter kasuistischer Regelungen die eigentlichen Probleme. Der Rechtsstaat bleibt auf der Strecke, die Bürgerinnen und Bürger finden sich in einem Gesetzesdschungel wieder, der außerdem fatale demokratiepolitische Folgen nach sich zieht.
Die Folge des mit einem falschen Gleichheitsverständnis begründeten Prinzips der undifferenzierten Unterstützung kollektiver Fallgruppen im Sozialbereich (Gießkannenprinzip) sind hohe Kosten – mitverursacht durch unerwünschte Windschatteneffekte in Form von Mehrfach- oder Fehlzuwendungen einerseits sowie Nichtinanspruchnahmen wegen Rechtsunkenntnis der Betroffenen andererseits. Unübersichtlichkeit und Transfer-Wirrwarr unter den verschiedenen sozialen Einrichtungen und Leistungen hat zu einer verantwortungslosen Überdehnung einer Sozialbürokratie geführt, welche die Beitragsleistungen der Erwerbstätigen einzieht, verbraucht und zuteilt, was übrig bleibt. Verschärft wird dieser Befund noch dadurch, dass zur Aufrechterhaltung des wohlfahrtsstaatlichen Anspruchs eine wachsende Staatsschuld in Kauf genommen wurde, mit anderen Worten soziale Leistungen zunehmend zulasten kommender Generationen finanziert worden sind.
An die Stelle dieses verirrten Wohlfahrtsstaates muss ein von grund- und freiheitsrechtlichen Prinzipien geleiteter Sozialstaat treten. Dies bedeutet zuerst, sich von der Fiktion zu verabschieden, dass die sozialen Sicherungssysteme mehr zu leisten imstande wären, als die wirtschaftliche Leistungsfähigkeit der Gesellschaft insgesamt vermag. Es bedeutet aber auch, dass die an der Erwerbsarbeit Beteiligten bereit sind, ihre Leistungen auch für jene zu erbringen, die am direkten Erwerbsprozess (vorübergehend) nicht oder kaum teilnehmen.
Andererseits ist Flexibilität in der Arbeitswelt eine wesentliche Voraussetzung für eine dynamische Wirtschaft. Damit Wirtschaften innerhalb gesicherter sozialer Rahmen die notwendigen Freiheitsgrade erhält, um sich zu entfalten und dynamisch zu verändern, muss sie von der Verpflichtung befreit werden, die sozialstaatlichen Erfor-

dernisse in ihrer materiellen Dimension direkt und ausschließlich über Lohn- und Arbeitskosten einzulösen. Eine wirklich radikale und umfassende Steuerreform muss dazu die Grundlage bilden. In diesem Zusammenhang sind all jene Steuern kontraproduktiv und überdies umverteilungsuntauglich, die bereits vor Ermittlung des wirtschaftlichen Ergebnisses wirksam werden sollen, wie Wertschöpfungsabgaben oder eine Maschinensteuer. Neben der Verwirklichung einer ökologischen Steuerreform wird erst eine umfassende (EU-weit akkordierte) Harmonisierung der Steuern für alle Einkommensarten, insbesondere von Sachkapital- und Finanzkapitalerträgen, wirtschaftliche und soziale Ausgewogenheit herstellen können.

Österreich steht mehr den je in einem harten Wettbewerb mit (zum Teil angrenzenden) Niedriglohnländern, der sich zunehmend auch in der Verlegung von Betrieben an Standorte außerhalb Österreichs auswirkt. Als oftmals einzige Chance im globalen Wettbewerb wird in einem Industriestaat wie Österreich (mit hoher Wertschöpfung, aber auch hohen Arbeitskosten) zumeist die Rationalisierung der Arbeitsorganisation angesehen. Die Anzahl der eingesetzten MitarbeiterInnen wird auf diesem Weg zugunsten neuer Technologien und maschineller Arbeitsmethoden reduziert. In dieser Situation erhalten Teilzeitbeschäftigung sowie flexible und individuelle Arbeitsverhältnisse für immer mehr Menschen Bedeutung – eine Entwicklung, auf die Sozial- und Wirtschaftspolitik positiv zu reagieren haben.

Mit Recht beklagte Erscheinungen wie „Schwarzarbeit" oder der so genannte graue Arbeitsmarkt sind in den meisten Fällen durch das aktuelle, erwerbsarbeitszentrierte System der sozialen Sicherungen geradezu verursacht. Der Unrechtsgehalt solcher Beschäftigungen wird zwar erkannt, die Verletzung der Rechtsordnung aber von den Betroffenen vielfach als eine Art „Notwehr" erlebt. Ein vergleichbares Problem besteht im Bereich der Steuermoral, welche sowohl durch als unverhältnismäßig erlebte Belastungen als auch durch einen Verlust der Nachvollziehbarkeit und damit des Vertrauens in die Sinnhaftigkeit staatlichen Handelns mitverursacht ist. Diese fundamentalen Fehlentwicklungen müssen beendet werden, wozu ihre eigentlichen Ursachen zu beseitigen sind.

Die Einsicht in die positiven Auswirkungen des sozialen Friedens für alle Menschen und die Bereitschaft zu solidarischem Verhalten ist umso größer, je transparenter Widmungsgerechtigkeit und Zweckmäßigkeit staatlicher Sozialpolitik und damit die von ihr geleistete Umverteilung sind. Das Prinzip, Wohlfahrtspolitik nahezu ausschließlich durch staatliche Umverteilung zu bewerkstelligen, hat sich als Fehler erwiesen, da es rasch an seine Leistungs- und Akzeptanzgrenzen stößt und dazu führt, dass sich in den Nischen staatlich geschützter Bereiche Privilegien angehäuft haben, wie etwa die Sonderpensionsrechte der Beschäftigten in den Pensionsversicherungsanstalten, den Kammern oder der Nationalbank deutlich beweisen.

„Die vielfach erhobene Forderung, das ‚Recht auf Arbeit' in der Verfassung zu verankern, zielt letztlich auf eine bloße Staatszielbestimmung ohne direkte rechtliche oder praktische Konsequenzen. Nach liberaler Überzeugung ist hingegen die Absicherung des Grundrechtes der ‚Erwerbsfreiheit' – also des Rechtes zur Arbeit – in ihrer sozialen Dimension geboten und als (einklagbares) Recht auf existentielle Absicherung in

Gestalt der allgemeinen Grundsicherung verwirklichbar. In diesem Verständnis ist eine bedarfsgerechte Grundsicherung so notwendig wie die übrigen Bürgerrechte, also die Gleichheit vor dem Gesetz oder das allgemeine, gleiche Wahlrecht." (Ralf Dahrendorf)

A) Motivation und Ziele

Menschenwürdiges Leben in einer solidarischen BürgerInnengesellschaft setzt einen Rechtsanspruch auf Mindeststandards voraus. Ein solcher Grundsicherungsanspruch bedeutet die Notwendigkeit einer Mindestdifferenzierung nach drei für die menschliche Existenz unverzichtbaren Elementen, und zwar:

1. LEBEN – in der Form eines finanziellen Mindestanspruchs der Einzelperson: zur Deckung der Mindestansprüche für Ernährung, Bekleidung und dergleichen. Der für die Lebensfristung einzusetzende Betrag ersetzt alle bisherigen Sozialtransfers (wie zB Arbeitslosengeld, Notstandshilfe, Sondernotstandshilfe, Karenzgeld, Sozialhilfe, Studienbeihilfen und dergleichen), nicht jedoch Leistungen, die keinen sozialpolitischen Charakter im engeren Sinn haben und zur Herstellung von Chancengleichheit (etwa Pflegegeld) oder anderen Zielvorgaben dienen, wie etwa Begabtenförderung oder Sonderausbildungsprogramme.

2. GESUNDHEIT – als einkommensunabhängige Absicherung gegen das Krankheitsrisiko: Dieser Anspruch ist durch eine generelle Versicherungspflicht zu verwirklichen und unterstellt eine tief greifende Reform der gesetzliche Krankenkassen. Derzeit beträgt unter anderem aufgrund des Prinzips der Mitversicherung von Familienangehörigen der Deckungsgrad annähernd 99 %, sodass eine aufkommensneutrale Umschichtung innerhalb der gegenwärtigen Zahlungsströme zur Zielerreichung möglich ist.

3. WOHNEN – Instrumente gegen die Obdachlosigkeit: Das Wohnungswesen ist seit über 80 Jahren durch eine Überreglementierung gekennzeichnet. Es bedarf daher in erster Linie der Herstellung eines funktionierenden Wohnungsmarktes. Abgesehen davon wird auch in Zukunft die soziale Dimension des Wohnens nur durch regional und wohnungsmarktspezifisch ausgerichtete Instrumente abgefedert werden können, wie sie zB derzeit durch Mietzinsbeihilfen gegeben sind.

Jede soziale Ordnung muss dem Grundsatz der Subsidiarität verpflichtet sein. Zunächst stehen jede/r Einzelne in der Verantwortung für Gestaltung und materielle Vorsorge ihres/seines eigenen Lebens. Die Bereitschaft, darüber hinausgehend Leistungen auch für andere zu erbringen, ist notwendige Voraussetzung menschlichen Zusammenlebens. Wo jedoch Eigenverantwortung und Selbsthilfe zur Lösung existentieller Probleme nicht ausreichen, bedarf es der Ergänzung durch gesamtgesellschaftliches Handeln.
Dies bedeutet einen Abschied von den traditionellen Bildern einer Arbeits- und Lebenswelt, in welcher Vollerwerbstätigkeit in Kombination mit Vollbeschäftigung der Regelfall und der einzige Schlüssel zur Erlangung sozialer Sicherungsansprüche ist. Angelpunkt eines neuen gesellschaftlichen Sozialvertrags kann daher nur die Entkoppelung

der existentiellen Absicherung von einer so begriffenen Form der Erwerbsarbeit sein. Dies bedingt ein Abgehen von einer de facto ausschließlich lohn(neben)kostenabhängigen Finanzierung der sozialen Sicherungssysteme hin zu einer – alle Einkommensarten erfassenden – steuerseitigen Finanzierung. Dies ermöglicht, flexible, atypische oder unbezahlte, selbständige oder unselbständige Arbeitsverhältnisse einzugehen, ohne damit die (volle) sozialrechtliche Absicherung zu verlieren.

Durch einen solchen Umbau in ein System einer Grundsicherung würden Arbeitsverhältnisse ermöglicht, die für sich allein bisher weder sozialen Schutz noch existenzsicherndes Einkommen bieten konnten: Eine solche Erwerbstätigkeit müsste weder gegenüber der Arbeitgeberseite unter den Anspruch der vollen Existenzsicherung gestellt werden, noch wären die Arbeitnehmenden ausschließlich von einem derartigen Arbeitsverhältnis materiell abhängig. Grundsicherung bedeutet also auch die Chance auf eine wesentliche Verbesserung der Verteilung von Arbeit auf mehr Menschen, die auf Basis einer gesicherten Existenz im Spiel der Kräfte des Arbeitsmarktes eigenständig agieren können.

Die Entkoppelung des Anspruchs auf existentielle soziale Absicherung von deren nahezu ausschließlichen Verknüpfung mit entgeltlicher Erwerbsarbeit ist geboten. Direkt wirksame, individuelle Sozialtransfers müssen gegenüber der anachronistischen Unterstützung kollektiver Fallgruppen ohne Differenzierung nach der sozialen Lage des einzelnen Menschen Vorrang erhalten.

Das Prinzip einer existentiellen Grundsicherung eröffnet die Chance, Transfer-Wirrwarr und eine völlig überdehnte Sozialbürokratie durch ein wesentlich einfacheres, übersichtlicheres und wirksameres System abzulösen (neue Sozialarchitektur).

B) Operative Konsequenzen

Direkte oder verdeckte Transfers, die mit der Zugehörigkeit zu einem bestimmten Berufs- bzw. Familienstand oder sonstigen spezifischen Merkmalen verknüpft sind, wurzeln zum Teil in einem überholten Gesellschaftsverständnis und erhöhen jedenfalls Kosten und Intransparenz aufgrund einer Vielzahl von parallel und unkoordiniert agierenden Sozialbehörden. Eine vom Grundsatz her voraussetzungslose existentielle Absicherung, welche allerdings alle den Anspruchsberechtigten zufließenden Einkünfte und deren Vermögen berücksichtigt, verringert den Verwaltungsaufwand drastisch und vermeidet vor allem falsches Moralisieren im Kontext von sozialer Bedürftigkeit und Armut. Aus diesem Grund kann und muss eine Grundsicherung niedrig angesetzt sein.

Um Missverständnissen vorzubeugen wird festgestellt, dass der zeitliche Realisierungsrahmen einer derart umfassenden Reform – insbesondere wegen des gleichzeitig zu leistenden, rechtstaatskonformen Umbaues des Generationenvertrages – einen dreissigjährigen Horizont erforderlich macht.

So sind jedenfalls nachstehende Rechtsbereiche betroffen und in eine derartige Reform mit einzubeziehen:

1. Familien- und Unterhaltsrecht,
2. Sozialhilfewesen (Bund, Länder und Gemeinden – einschließlich Finanzausgleich),

3. kollektives Arbeitsrecht,

4. Sozialversicherungswesen mit den Bereichen Altersversorgung, Gesundheitswesen, Arbeitslosenversicherung (samt Nebenmaterien),

5. sonstiges Beihilfenwesen (Wohn-, Studienbeihilfe und dergleichen),

6. Förderungswesen (Wohnbau, landwirtschaftliche und gewerbliche Förderung),

7. Mietrecht (einschließlich genossenschaftlicher und kommunaler Wohnbau sowie der Bereich des Wohnungseigentums),

8. Steuerrecht (in nationaler Dimension und hinsichtlich internationaler Finanzerfordernisse).

Daneben gilt es die (dynamischen) Lenkungseffekte genau zu analysieren, die durch Einführung einer umfassenden Grundsicherung ausgelöst werden. Hier sind makroökonomisch insbesondere die Rückwirkungen auf den Arbeitsmarkt, die Reaktionen der Finanz- und Kapitalmärkte sowie eventuelle Migrationsbewegungen in Betracht zu ziehen. Auf der Mikroebene werden hingegen die Auswirkungen auf die Bevölkerung und das Individuum aufgrund veränderter Arbeitsmöglichkeiten, Qualifikationschancen sowie neuer Formen der persönlichen Lebensgestaltung zu untersuchen sein, wobei endgültige Gewissheit über Summe und Gewicht aller Lenkungswirkungen insgesamt wohl erst in der realen Anwendung zu erlangt werden wird. Diese definitiv noch nicht abschätzbaren Effekte legen daher eine schrittweise Annäherung an die oben formulierten Ziele mittels der Einführung einer Grundsicherung in Teilbereichen nahe. Vorab ist hier an eine Umstellung der Altersvorsorge durch eine Grundpension und die einkommensabhängige Gestaltung der bisherigen Familienbeihilfen gedacht. Als ein Schritt für die Durchsetzung eines Grundsicherungsanspruchs für Personen im erwerbsfähigen Alter könnten in unmittelbarer Zukunft befristete Ausstiegsmöglichkeiten aus dem Erwerbsleben – zB als existentielle Grundlage für Phasen der Fort- und Weiterbildung im Sinne des lebensbegleitenden Lernens – rechtsanspruchlich angeboten werden.

Parameter für ein Grundsicherungs-Modell

Die nachstehenden Parameter beziehen sich durchgängig auf jenes Teilelement einer existentiellen Grundsicherung, welches zur Mindestabsicherung der Lebensfristung direkt ausgezahlt werden soll. Die Bereiche „Gesundheit" und „Wohnen" sind davon nicht erfasst; diese bedürfen einer grundsätzlich andersartigen Ordnung.
Die Höhe des von einer parlamentarisch-demokratischen Mehrheit festzulegenden Existenzminimums muss an der gesamtwirtschaftlichen Leistungsfähigkeit orientiert sein („Sozialdividende"), wobei die Variabilität der Höhe der Grundsicherung nach unten hin jedenfalls zu begrenzen ist. Mit einer zu schmalen Grundsicherung würde die Idee ihrer Sinnhaftigkeit beraubt. In den derzeitigen Ausgleichszulagenrichtsätzen der Pensionsversicherung sieht das Liberale Forum vernünftige und akzeptable Richtgrößen.

1. Anspruchsberechtigte Personen: Da das liberale Grundsicherungsmodell als Zusammenschau sozial- und steuerrechtlicher Gesichtspunkte verstanden wird, kommt als Anspruchsmerkmal nur der legale Wohnsitz im Inland in Verbindung mit der unbeschränkten Steuerpflicht in Frage (also auch ohne Differenzierung nach dem Geschlecht).
Aufgrund der in Österreich bestehenden Niederlassungsfreiheit für EU-Bürger sind Maßnahmen vorzusehen, die einen „Grundsicherungs-Wohnsitzwechsel" hintan halten (Reziprozität bzw. dem Anspruch vorlaufende Fristen).

2. Differenzierung nach dem Lebensalter: Hier ist zwischen unterhaltsberechtigten Minderjährigen und Großjährigen zu unterscheiden, wobei für PensionistInnen ab dem 65. Lebensjahr die Grundsicherung als Mindestpension in Kombination mit erwerbsabhängigen und/oder anderen privat gestalteten Elementen zu betrachten sein wird.

3. Unterhaltsberechtigte Minderjährige: Der Grundsicherungsanspruch Minderjähriger ist unter Berücksichtigung der Leistungsfähigkeit ihrer (unterhaltspflichtigen) Eltern subsidiär zu gestalten. Dazu sind dem Lebensalter entsprechende sozial zu garantierende Anspruchsbeträge (Existenzminima) zu definieren. Diese müssen sich in einer Bandbreite von etwa ATS 4.500,- (327,03 €) bis ATS 6.500,- (472,37 €) bewegen und zwar mit dem Alter steigend; auf die Anzahl nebeneinander unterhaltsberechtigter Minderjähriger ist Bedacht zu nehmen. Reicht die Leistungsfähigkeit der Unterhaltspflichtigen in Summe nicht aus, die Existenzminima aufzubringen, besteht ein Anspruch auf die grundsichernde Transferzahlung in Höhe der Differenz. Diese Grundsicherung für Minderjährige ist sinnvollerweise in eine grundlegende Reform des Familienrechts, insbesondere auch des Unterhaltsrechts, einzubetten, welche auch aus anderen, emanzipatorischen Gründen jedenfalls notwendig ist.

4. Wegfall aller sozial indizierten Transfers; nicht daher solcher, die keinen sozialpolitischen Charakter im engeren Sinn haben und zur Herstellung von Chancengleichheit (etwa Pflegegeld) oder anderen Zielvorgaben dienen, wie etwa Begabtenförderung oder Sonderausbildungsprogramme. Landwirtschaftliche Förderungen (in ihrer sozialen Dimension) hingegen werden durch die Grundsicherung substituiert.

5. Das als finanzielle Zuwendung ausgebildete Element einer existentiellen Grundsicherung hat die Qualität einer Sozialdividende nach der Mechanik einer negativen Einkommenssteuer. In Anlehnung an die derzeit (1999) gültigen Ausgleichszulagenrichtsätze der gesetzlichen Pensionsversicherungen ATS 8.112,- (589,52 €) für eine Person, ATS 11.574,- (841,12 €) für zwei Personen bietet sich eine Bandbreite von ATS 6.000,- (436,04 €) bis ATS 8.000,- (581,38 €, pro Person und Monat) als Diskussionsbasis an.

6. Die Grundsicherung ist als Teil eines neugestalteten Steuertarifs zu gestalten, wobei alle unbeschränkt Steuerpflichtigen einen grundsätzlichen Rechtsanspruch auf

Leistung haben. Dieser Rechtsanspruch ist als Staatszielbestimmung im Bundes-Verfassungsgesetz abzusichern.

7. Ein Steuerfreibetrag (Modellannahme zwischen S 2.000,- [145,35 €] und S 4.000,- [290,69 €] pro Person und Monat) dient als Anreiz zur Aufnahme von Erwerbsarbeit. Dadurch blieben Einkommen zwischen S 24.000,- (1.744,15 €) und S 48.000,- (3.488,33 €) pro Jahr steuerfrei.

8. Durch einen linearen, einheitlichen Steuertarif zwischen 40 % und 45 %, welcher in Kombination mit der Negativsteuer und dem Steuerfreibetrag im Ergebnis progressionsersetzend wirkt, wird der Grundsicherungsbetrag gleitend durch die Steuern konsumiert.

9. Dabei ist die Verpflichtung zur allgemeinen Selbstveranlagung und zur Erfassung aller Einkommensarten unerlässlich. Bemessungsgrundlage bildet ausschließlich das gesamte Jahreseinkommen (aus allen Einkunftsarten).

10. Die Steuerbasis ist durch Eliminierung aller Ausnahmen angemessen zu verbreitern.

11. Ertragsloses Vermögen muss in einem festzulegenden Prozentsatz seines Wertes die jährliche Steuerbemessungsgrundlage erhöhen und damit den tatsächlichen Grundsicherungsanspruch reduzieren. In analoger Weise müssen auch endbesteuerte Einkünfte (zB Einkünfte aus Kapital) den tatsächlichen Grundsicherungsanspruch schmälern.

12. Am Grundsatz der Individualbesteuerung wird festgehalten.

Schlussbemerkung

Das Konzept einer rechtsansprüchlichen Grundsicherung widerlegt den vermuteten Widerspruch zwischen den Freiheitsansprüchen des Liberalismus mit seinem Bekenntnis zu Marktwirtschaft und Vertragsfreiheit und den Problemen von Menschen, die sich aus eigener Kraft in einer nur durch solche Parameter determinierten Welt nicht behaupten könnten oder wollen. Dieses Konzept zeigt vielmehr den wahrscheinlich tragfähigsten, zukunftsorientierten Weg auf, die Sozialpolitik aus ihren gestrigen Fesseln zu befreien. Es sollte der Mühe wert sein, einen breiten gesellschaftlichen Konsens zu suchen, um endlich ein altes Vorurteil zu überwinden: „Wer nicht arbeitet, soll auch nicht essen".

Literatur

Tálos, E. (Hrsg.): Atypische Beschäftigung – internationale Trends und sozialstaatliche Regelungen, Wien 1999.

E. Jerusalem (Hrsg.), „Wettbewerbsfähigkeit - Arbeitslosigkeit - Grundsicherung" in „Zukunft der Arbeit", W. Russ. Liberales Bildungsforum, 1997. ISBN 3-901640-08-08.

J. Mitschke, „Flexibler Arbeitsmarkt bei stabiler sozialer Sicherheit: die Grundsicherung" in „Dynamische Arbeitswelten und soziale Sicherheit - ‚Neue Solidarität' in einer globalisierten Wirtschaft" aus der Reihe Liberaler Dialog, Liberales Buchforum, 1998, ISBN 3-901640-13-4.

J. Strohmayer/A. Schratt, „Liberale Europapolitik". Liberales Bildungsforum, 1999.

Liberale Akzente 1/1997 (Arbeit und Beschäftigung), hrsg. vom Liberalen Bildungsforum 1997.

Sozialpolitik zwischen sozialer Verantwortung und betrieblicher Kostenbelastung

Günter Stummvoll

An der Schwelle zum nächsten Jahrtausend ist es angesichts der rasanten technologischen Entwicklungen, angesichts der zunehmenden Internationalisierung der Wirtschaft und angesichts des politischen Zusammenwachsens Europas mehr als lohnend, einen Blick zurück auf die Entwicklung des Sozialstaates zu werfen.

Die Vergangenheit des sozialen Schutzes

Schon in sehr früher Zeit haben sich soziale Schutzmechanismen entwickelt. In der Zeit vor dem 19. Jahrhundert waren es vor allem die Familien, die Kirche, aber auch viele verschiedene Abhängigkeitsverhältnisse, die sozialen Schutz boten. Schon im Mittelalter nahmen auch die „Dienstgeber" die soziale Verantwortung in verschiedenen Ausprägungen wahr. So finden sich die frühesten Absicherungsmodelle in den mittelalterlichen Zünften und Gilden der Handwerksmeister, die für die aufgenommenen Gesellen einen gewissen sozialen Schutz anboten.

Durch die Industrialisierung kam es zum gewaltigen gesellschaftlichen Umbruch und zu einer weiträumigen Auflösung der bisherigen familiären und berufsständischen Bindungen. Auch in dieser Zeit gibt es aber bereits einzelne, größere Unternehmer, die außerordentliches soziales Engagement bewiesen und wirtschaftlichen Erfolg mit der Förderung von Mitarbeitern verbanden. Zu nennen ist hier beispielsweise der Unternehmer Krupp, der am Standort Berndorf den Arbeitern nicht nur moderne Wohnungen zur Verfügung stellte und eine Vorzeigeschule finanzierte, sondern auch eine eigene Absicherung der Mitarbeiter für die Risikofälle des Alters und der Krankheit bereitstellte. Da aber viele Arbeitnehmer von derartigen sozialen Errungenschaften noch nicht profitieren konnten, wurden bereits mit der Gewerbeordnung von 1859 Betriebe ab einer bestimmten Größenordnung zur Errichtung von Unterstützungskassen verpflichtet, die den Arbeitern einen Schutz bei den Risiken Unfall und Krankheit boten.

Die eigentliche Sozialreform in Österreich begann aber erst in den Achtzigerjahren des 19. Jahrhunderts, als die ersten staatlichen Sozialversicherungsgesetze erlassen wurden. Seit damals wurde der individuelle Arbeitsvertrag immer stärker durch kollektivvertragliche Vereinbarungen abgelöst und es kam zu einer starken „Verstaatlichung" der Sozialpolitik, die allerdings immer durch eine betriebliche Sozialpolitik begleitet wurde.

Im 20. Jahrhundert setzte dann der Sozialstaat zu einer beispiellosen Entwicklung an. Nach und nach kamen immer mehr Erwerbstätige in den Schutz gegen Risken im Falle von Krankheit, Erwerbsunfähigkeit, Alter und Arbeitslosigkeit. Parallel dazu entwickelte sich das gesamte Arbeitsrecht von den Arbeitnehmerschutzgesetzen, der Arbeitsvertrags- und Arbeitsverfassungsgesetzgebung bis zum Angestelltengesetz im Jahr 1921, mit dem das moderne Arbeitsrecht in seiner Grundstruktur bereits ausgeformt war. Seit damals, vor allem dann seit dem 2. Weltkrieg, hat die Sozialpolitik laufend für Verbesserungen und Ausweitungen im gesamten Arbeits- und Sozialrecht gesorgt.

Bemerkenswert ist allerdings der Umstand, dass in den Jahrzehnten der Entwicklung vom Sozialstaat zum Wohlfahrtsstaat immer nur ein Ausbau der arbeits- und sozialrechtlichen Regelungen stattfand, kaum jedoch ein „Innehalten" in dem Sinn, dass bestimmte Ansprüche in Frage gestellt oder Überversorgungen im Konsens abgebaut werden konnten.

Allerdings war es immer wieder die Arbeitgeberseite, die im Wege der sozialpolitischen Gestaltung innerhalb der Sozialpartnerschaft, aber auch im Rahmen ihrer Partizipation an der Selbstverwaltung der Sozialversicherung, den hemmungslosen Ausbau verhindert und ökonomische Aspekte in sehr verantwortlicher Weise mit der sozialpolitischen Entwicklung verknüpft hatte. Erst seit einigen Jahren kann der Bevölkerung, nicht zuletzt durch die Diskussionsbeiträge der Wirtschaft, bewusst gemacht werden, dass der Wohlfahrtsstaat selbst „Opfer seines Erfolges" (Willke) zu werden droht.

„Der Wohlfahrtsstaat schützt mittlerweile nicht mehr nur gegen nahezu alle existentiellen Risken, er ist selbst zum Risiko geworden, in dem er die zu Schützenden nicht nur im wachsenden Maße mit Steuern und Abgaben belastet, er steht auch aufgrund der demographischen Entwicklungen, der individuellen Erwartungen, Einstellungen und Verhaltensweisen auf tönernen Füßen" (Spieker).

Die Schere zwischen Einnahmen und Ausgaben im Sozialsystem öffnet sich immer weiter und inzwischen stimmen auch Vertreter der Arbeitnehmerseite den Warnungen der Wirtschaft zu, dass der Anstieg der Sozialausgaben für den Staat, für Dienstgeber und Dienstnehmer nicht grenzenlos möglich ist.

In den vergangenen Jahren ist der Wohlfahrtsstaat jedenfalls in Legitimations- und Orientierungsprobleme gekommen. Immer mehr Abgaben- und Beitragspflichtige stellen Ziele wie etwa das einer höchstmöglichen Sicherheit und Gleichheit für alle in Frage. Nicht zuletzt schwindet auch das Verständnis für die aufwendige Administration des Sozialsystems. Die Vielfältigkeit und der Umfang der Absicherung bedroht letztlich auch im zunehmenden Maße den Leistungswillen vieler Empfänger von Sozialleistungen.

Durch den verschärften internationalen Wettbewerb macht in den vergangenen Jahren den heimischen Betrieben in erster Linie die Kostenbelastung durch die arbeits- und sozialrechtlichen Ansprüche zu schaffen, was die Firmen wiederum zu intensiven Rationalisierungsüberlegungen führt und damit Arbeitsplätze bedroht. Dennoch wäre es ein gefährlicher Irrtum, zu glauben, die österreichischen Betriebe würden im Zusammenhang mit der Sozialpolitik nur die Kostenbelastung wahrnehmen. Gerade weil Unternehmer wirtschaftlich und verantwortlich denken müssen, sind sie an der Gestaltung der Sozialpolitik vorrangig interessiert und sind sich auch der Bedeutung von gesunden, zufriedenen, leistungsfähigen Mitarbeitern bewusst.

Der Beitrag der Wirtschaft zur sozialen Absicherung in Österreich

Ein Blick auf die Finanzierungsstruktur der Sozialausgaben zeigt, in welch hohem Ausmaß nach der rasanten Entwicklung des Sozialstaates die österreichischen Unternehmen heute die finanziellen Träger des Sozialsystems sind und damit auch Verantwortung für das hohe Niveau der Absicherung übernehmen:
Der größte Anteil der Sozialausgaben wird nämlich aus den Arbeitgeberbeiträgen mit insgesamt 37 % (32 % von Privatunternehmen und 5 % von öffentlichen Arbeitgebern) finanziert, während die Arbeitnehmerbeiträge nur bei 22 % liegen[1] .
Beachtlich ist auch, dass sich allein im Zeitraum von 1990 bis 1995 der Anteil der gesamten Sozialausgaben am österreichischen Bruttoinlandsprodukt von 26,7 % auf 29,7 % erhöht hat, womit Österreich auch innerhalb der Europäischen Union doch deutlich über dem Durchschnitt von 28,4 % liegt. Erst durch die von der Interessenvertretung der Wirtschaft nicht unwesentlich beeinflusste restriktive Budgetpolitik zur Erfüllung der EU-Konvergenzkriterien konnte in der zweiten Hälfte der Neunzigerjahre eine gewisse Stabilisierung der Sozialquote herbeigeführt werden.
Vergleicht man sozial- und arbeitsrechtliche Ansprüche international, so verwundert weder der hohe Anteil der Arbeitgeberbeiträge an den Sozialausgaben, noch die überdurchschnittliche Sozialquote Österreichs:

- Die Arbeitskosten (Löhne + Lohnnebenkosten für Industriearbeiter) haben sich im Zeitraum von 1980 bis 1997 um 138 % erhöht, das ist der zweithöchste Wert innerhalb der Europäischen Union nach Finnland.

- Die Erwerbsquote im Alter ist in Österreich extrem niedrig: Von den 55 bis 64-jährigen Männern stehen in Österreich nur mehr 42,6 %, in der Schweiz jedoch beispielsweise 82,3 % im Erwerbsleben. In der Altersgruppe der 60 bis 64-Jährigen ist Österreich mit einer Erwerbsquote von nur 8,8 % europaweit gesehen überhaupt einsames Schlusslicht.

- Mit einer Jahressollarbeitszeit für Industriearbeiter von 1.713 Stunden (1997) liegt Österreich innerhalb der Europäischen Union an viertletzter Stelle. Die meisten anderen europäischen Staaten haben eine höhere Jahressollarbeitszeit. Hingegen gibt es in Österreich für Industriearbeiter mehr Urlaub und Feiertage als in allen anderen EU-Ländern mit Ausnahme von Deutschland. Mit 13 Feiertagen liegt Österreich an der Spitze der Europäischen Union.

- Während in 7 Ländern der Europäischen Union überhaupt kein Anspruch auf einen bezahlten Erziehungsurlaub besteht, liegt Österreich mit einem bezahlten Karenzurlaub von eineinhalb Jahren im europäischen Vergleich ebenfalls voran.

- Nur in Österreich, Belgien und Dänemark wird ab dem 1. Krankenstandstag der Lohn in voller Höhe weiter bezahlt. In allen anderen europäischen Ländern be-

[1] Quelle: Sozialministerium, Bericht über die soziale Lage 1996.

ginnt der Lohnfortzahlungsanspruch entweder erst am 2. oder erst am 4. Tag bzw. reduziert sich der Lohnfortzahlungsanspruch auf 65 % bis 90 % des Lohnes.

- Österreich gehört zu den wenigen Ländern der Europäischen Union, in denen eine Abfertigung grundsätzlich bei jeder Art der Auflösung des Arbeitsverhältnisses mit Ausnahme der Entlassung und Selbstkündigung durch den Arbeitnehmer vorgesehen ist. In vielen bedeutenden Ländern der Europäischen Union existiert keine Abfertigungsregelung.

Diese wenigen Daten belegen das gewaltige Ausmaß der arbeits- und sozialrechtlichen Absicherung, welches aber in seiner Dimension und seiner Zweckmäßigkeit vor allem für die Zukunft durchaus kritisch zu hinterfragen ist.

Markt, Wettbewerb und die Sozialpolitik

In Zusammenhang mit dem Stichwort „Globalisierung" taucht in den letzten Jahren immer öfter die These auf, Markt und Wettbewerb als solche seien unsittlich, egoistisch und unsolidarisch. Daraus ergibt sich die gefährliche Folgerung, dass jede Stärkung der Marktkräfte von vornherein als unsolidarisch und sozial ungerecht gilt. Im Gegensatz zu diesen Verunglimpfungen vertritt der deutsche Wirtschaftsethiker Karl Homann daher die Meinung, dass Markt und Wettbewerb schon deshalb eine sittliche Qualität haben, weil sie für breite Bevölkerungskreise einen in der Geschichte noch nie da gewesenen Reichtum geschaffen haben. In der sozialen Marktwirtschaft sieht Homann eine „regelgeleitete Veranstaltung zur Förderung aller". Er vertritt die These, dass der Sozialstaat bzw. die Sozialpolitik systematisch als Versicherung aufzufassen sei und daher konsequent als Versicherung ausgestaltet werden sollte.

Weder von den österreichischen Unternehmen noch von der Interessenvertretung der Arbeitgeber wird heute die Sinnhaftigkeit und Notwendigkeit staatlicher Sozialpolitik ernsthaft in Frage gestellt. Es wird auch durchaus erkannt, dass die im Zuge des Beitrittes zur Europäischen Union erfolgte Deregulierung und Marktöffnung nicht nur „Gewinner", sondern vereinzelt auch „Verlierer" hervorgebracht hat, allerdings nicht nur auf Seiten der Arbeitnehmer, sondern auch auf Seiten der Betriebe.

Die österreichischen Betriebe haben erkannt, dass ein tragfähiges Sozialsystem nicht nur moralische Qualitäten besitzt, sondern auch für die Funktionsfähigkeit der Betriebe bzw. der gesamten Wirtschaft von großer Bedeutung ist. Umso mehr sind sie daran interessiert, dass dieses System in seiner Grundstruktur finanzierbar bleibt und auf Dauer erhalten werden kann.

In welchem riesigen Ausmaß die österreichischen Unternehmen bereit sind, soziale Verantwortung zu übernehmen und Beschäftigung zu sichern, soll folgendes kleine Rechenbeispiel zeigen: Um einer Hausangestellten einen – im Übrigen wegen seiner geringen Höhe steuerfreien – Nettobezug von ATS 8.000,- (581,38 €) ausbezahlen zu können, muss jeder private Dienstgeber zumindest ATS 17.504,80 (1.272,05 €) aufwenden.

Nettobezug monatlich	**ATS**	**8.000,-**	**581,38 €**
+ Dienstnehmerbeitrag zur Sozialversicherung (17,65 % von ATS 9.715,- bzw. 706,02 €)	ATS	1.715,-	24,63 €
Brutto	ATS	9.715,-	706,02 €
+ Arbeitergeberbeitrag zur SV (21,55 %)	ATS	2093,60	152,15 €
+ Sonderzahlungsanteil (1/6)	ATS	1619,20	117,67 €
+ SV für Sonderzahlungen	ATS	340,80	24,77 €
Vorläufige Summe	**ATS**	**13.768,60**	**1.000,60 €**
+ Dienstgeberbeitrag zum Familienfonds (FLAF)	ATS	510,-	37,06 €
+ Kommunalabgabe	ATS	340,-	24,71 €
+ U-Bahnsteuer (Wien)	ATS	43,30	3,15 €
+ Nichtleistungszeitentgelt (Urlaub/Feiertage etc.)	ATS	2034,10	147,82 €
+ Abfertigung	ATS	807,80	58,71 €
Summe	ATS	17.503,80	1.272,05 €
Freiwillige Sozialleistungen (Fahrkarten etc.)	ATS	661,80	48,10 €
Summe	**ATS**	**18.165,60**	**1.320,15 €**

Wenn man sieht, dass jeder private Dienstgeber für seine Haushaltshilfe mehr als doppelt so viel aufzuwenden hat als diese netto ausbezahlt bekommt, dann wundert es nicht, dass neben Hausbau und Kfz-Reparaturen die Haushaltsdienstleistungen den größten Pfuscheranteil aufweisen. Würden sich die Betriebe angesichts der exorbitant hohen Lohnnebenkosten und Abgaben ähnlich verhalten wie viele private Auftraggeber, wären die jüngst erreichten Beschäftigungsrekorde sicherlich nicht möglich gewesen. Allerdings wird für viele Firmen das Halten des Beschäftigungsniveaus infolge der hohen Kostenbelastung immer schwieriger.
Daher gilt für die Zukunft eine Kernüberlegung: Statt um eine weitere Ausweitung des Katalogs sozialer Leistungen geht es nun vielmehr um die Effizienzsteigerung und Optimierung sozialer Instrumente.

Solidarität und Subsidiarität im Sozialstaat

Laut Manfred Spieker ist der Sozialstaat ein Staat, der nicht nur soziale Sicherheit, sondern auch soziale Gerechtigkeit, gesellschaftliche Integration und Ermöglichung personaler Entfaltung anstrebt. Von der ausbalancierten Annäherung an diese Ziele hänge die Legitimität des Sozialstaats ab. Es sei nicht Aufgabe des Sozialstaats, die Verwirklichung dieser Ziele gänzlich in die eigene Regie zu übernehmen. Gewährleistet sein müsse auch, dass die Gesellschaft in die Lage versetzt wird, diese Ziele anzustreben. Zu beachten sei daher das Solidaritäts- und das Subsidiaritätsprinzip.

Das *Solidaritätsprinzip* wird oft in die Richtung missverstanden, als gehe es bei der Solidarität mit Bedürftigen und Benachteiligten nur um eine ständige Ausweitung des sozialstaatlichen Leistungssystems. Von großer Bedeutung ist jedoch auch die Solidarität mit den Beitragszahlern und mit den Familien, die unter materiellem Verzicht mit ihren Kindern bereit sind, etwa den Generationenvertrag zu sichern.

Solidarität darf auch nicht bloß auf die Gegenwart reduziert werden, weshalb Solidarität mit den künftigen Generationen eine der wesentlichsten Voraussetzungen für die weitere Stabilität des Sozialsystems darstellt. Wir dürfen heute nicht die Zukunft unserer Kinder verkonsumieren. Eine Sozialpolitik, die soziale Gerechtigkeit erst bei den Ausgaben und nicht schon bei der Aufbringung ihrer Mittel festmacht, untergräbt Leistungsbereitschaft und Solidarität.

Das *Subsidiaritätsprinzip* ist für Spieker der Schlüssel, um den Sozialstaat vor dem Abgleiten in einen unsozialen Versorgungsstaat und damit vor der Selbstzerstörung zu bewahren. In Zukunft sollte daher stärker darauf geachtet werden, dass der Staat nur jene Aufgaben an sich zieht, die die einzelnen Bürger bzw. die kleineren Gemeinschaften nicht selbständig lösen können. Die Leistungen des Sozialstaates sollten daher eher Hilfe zur Selbsthilfe sein und nicht eine Vollkaskoleistung, die jede Eigeninitiative im Keim erstickt. Die Sozialpolitik der Vergangenheit ist jedoch immer wieder der Versuchung erlegen, gerade dieses Prinzip zu missachten.

Der heutige Ausbau des Sozialstaates lässt vor allem die gewaltig gestiegene Leistungsfähigkeit der Bevölkerung völlig außer Acht. Obwohl es offenbar viele noch immer nicht wahrhaben wollen, ist Österreich innerhalb weniger Jahrzehnte durch die äußerst beachtliche Leistung der Aufbaugenerationen und der Wirtschaft aus den Trümmern der Nachkriegszeit zum siebentreichsten Land der Welt aufgestiegen. Natürlich kann sich ein wohlhabendes Land wie Österreich zumindest eine gewisse Zeit lang auch einen sehr teuren und üppigen Sozialstaat leisten. Doch die weitere günstige Entwicklung des Landes ist gefährdet, wenn es nicht gelingt, mit Reformen das am Sozialstaat zu sichern, was ihn auch für die Zukunft wertvoll macht. Denn die Arbeitsplätze der Zukunft – als Fundament jedes Sozialstaats – wird nicht das Land mit dem teuersten Sozialsystem, sondern das Land mit der besten Wettbewerbsfähigkeit haben!

Soziale Verantwortung gemeinsam wahrnehmen

Wie bereits dargestellt, hat die österreichische Wirtschaft in jeder Phase der Entwicklung des Sozialstaates und natürlich auch schon davor in großem Ausmaß soziale Verantwortung übernommen. Es ist heute völlig klar, dass sozialpolitische Reformen unabdingbar sind, wenn das Sozialsystem auch in Zukunft Sicherheit bieten und Bestand haben soll. Jeder, der diese Reformschritte behindert oder ablehnt, gefährdet in Wirklichkeit das über Jahrzehnte aufgebaute und für die österreichische Bevölkerung, aber auch für die österreichische Wirtschaft so bedeutende System.

Es geht daher nicht an, dass immer nur die Dienstgebervertretung soziale Verantwortung in dem Sinn zeigt, dass sie als Mahner und Mäßiger auftritt und maßvolle Reformen einfordert – was ihr dann auch noch regelmäßig den polemischen Vorwurf des „Sozialabbaus" einbringt. In Zukunft muss es daher Angelegenheit aller gesellschaftlich relevanten Gruppierungen, aller Sozialpartner und Parteien sein, Verantwortlichkeit zu zeigen und mitzutragen.

Zukünftige Ausrichtung der sozialpolitischen Gestaltung

Im Arbeits- und Sozialrecht muss vor allem die Besinnung auf die ursprünglichen Aufgaben und Ziele der Regelungen erfolgen. Vielfach hat sich der ursprünglich völlig zu Recht erkannte Schutzzweck von Normen zum Selbstzweck entwickelt. Ein anschauliches Beispiel dafür ist die immer wieder diskutierte Aliquotierung von Urlaubsansprüchen: Niemand wird heute die Notwendigkeit und den Schutzzweck von Urlaubsansprüchen grundsätzlich in Frage stellen. Völlig unverständlich ist es aber, dass für die Dauer eines Arbeitsverhältnisses von nur einem Tag im Jahr ein gesamter Jahresurlaub bezahlt werden muss, wenn zum Beispiel unmittelbar nach dem Ablauf von 52 Arbeitswochen ein Arbeitsplatzwechsel stattfindet. Mit dieser Urlaubsregelung hat sich ein ursprünglich sozialpolitischer Fortschritt in eine die Betriebe belastende und damit zahlreiche Arbeitsplätze gefährdende Überversorgung pervertiert.

Insgesamt geht es daher darum, das gesamte Arbeits- und Sozialrecht beschäftigungs- und wettbewerbsverträglicher zu machen, ohne damit den ursprünglichen Sinn und Zweck arbeits- und sozialrechtlicher Regelungen zu gefährden. Dabei muss es auch zu einer Überprüfung der gegenseitigen Rechte und Pflichten aus dem Arbeitsvertrag kommen und wieder der Austauschcharakter des Arbeitsverhältnisses stärker betont werden.

Großer Bedarf besteht vor allem im Arbeits- und Sozialrecht an der Erleichterung von betriebsspezifischen Lösungen. Die moderne Arbeitswelt eignet sich kaum mehr dafür, alle Arbeitnehmer und Betriebe – überall und selbst in den kleinsten Bereichen – mit gesetzlichen Normierungen gleichzuschalten und über einen Kamm zu scheren. Es muss daher den Betriebsvereinbarungen, allenfalls auch der Kollektivvertragsebene wesentlich mehr Raum gegeben werden, um betriebs- bzw. branchenspezifische Ausgestaltungen zu ermöglichen. Ganz wesentlich ist dabei, dass sich der Staat in Zukunft nicht allein die sozialpolitische Gestaltung anmaßt, sondern von der Gesetzgebung mehr Vertrauen in die tüchtigen Betriebsräte und die kreativen Arbeitgeber dieses Landes gesetzt wird.

Das Prinzip der Subsidiarität sollte natürlich auch auf europäischer Ebene gewahrt werden. Es sollte eher ein Modellvergleich der Länder im Vordergrund stehen als mit Harmonisierungsbestrebungen die vollkommen unterschiedlichen Sozialsysteme der

einzelnen Mitgliedsstaaten zu gefährden. Eine weitgehende Koordinierung der Systeme, um bei Maßnahmen der Freizügigkeit in Europa keine Nachteile hinnehmen zu müssen, ist bereits jetzt schon verwirklicht.
Zu stärken ist jedenfalls die Bereitschaft zur Eigenverantwortung der Bürger auf allen Ebenen. Dabei spielt auch folgender Aspekt eine Rolle: Eine Bevölkerung, die sich trotz ständig steigendem Wohlstand entschieden hat, im Vergleich zu den vergangenen Jahrzehnten um ein Drittel weniger Kinder in die Welt zu setzen und dementsprechend weniger materiellen Verzicht zu üben, muss bereit sein, einen größeren Anteil zur sozialen Absicherung aus eigenen Mitteln zu erbringen. In diesem Sinn kann es daher keine „wohlerworbenen Rechte" geben. Werden diese Zusammenhänge ignoriert, so bedeutet dies eine äußerst unfaire Haltung gegenüber der jüngsten Generation, die später mit der Erhaltung des sozialstaatlichen Systems über Gebühr belastet sein wird. Damit wären auch soziale und gesellschaftliche Spannungen vorprogrammiert.
Aus Sicht der Wirtschaftskammer sind es in den nächsten Jahren vor allem folgende Schwerpunkte, die eine Herausforderung für die Sozialpolitik darstellen:

Lohnneben- bzw. Arbeitszusatzkosten

Die Arbeitskosten und vor allem die Arbeits*zusatz*kosten haben ein bereits für die Beschäftigungssicherung bedrohliches Ausmaß erreicht. Ziel muss es daher sein, jede Chance zur Senkung der Lohnnebenkosten wahrzunehmen und vor allem durch rechtzeitige Senkung von Beiträgen Überschüsse zu vermeiden, die lediglich die Begehrlichkeit für neue Sozialleistungen wecken.

Beschäftigung fördern

Ein hohes Beschäftigungsniveau ist untrennbar mit einer gesunden Wirtschaft, mit wettbewerbsfähigen und innovativen Betrieben verbunden. So ambitioniert auch staatliche Beschäftigungsprogramme und sozialpolitische Bemühungen des Gesetzgebers auf diesem Gebiet sein mögen, bewegen sie doch oft bestenfalls nur die Oberfläche des Problems. Lohnend ist daher eine Analyse der Gründe, worin die tatsächlichen Hindernisse für Beschäftigung in den Betrieben liegen, um dann mit grundsätzlichen Reformen anzusetzen. Vielfach wird es auch ein zu bürokratisches oder ein zu überzogenes Arbeits- und Sozialrecht sein, das beschäftigungshemmenden Charakter hat.
In der Arbeitsmarktpolitik wäre durch geeignete Maßnahmen vor allem die Langzeitarbeitslosigkeit zu bekämpfen. Besonders problematische Situationen ergeben sich immer dann, wenn Menschen für zu lange Zeit aus dem Arbeitsprozess ausgeschieden sind. Hier fehlen deutliche Anreize zur Wiedereingliederung in den Erwerbsprozess bzw. stärkere Maßnahmen als bisher, um den Verbleib in der Arbeitslosigkeit unattraktiv zu machen.

Reform der Altersvorsorge

Alle eingeholten Gutachten und Prognosen belegen hier trotz eingeleiteter Reformen noch immer einen erheblichen Änderungsbedarf, so dass zukünftige Regierungen hier besondere Verantwortung wahrnehmen müssen. Es liegen mittlerweile alle Entwicklungsszenarien detailliert auf dem Tisch, so dass auch allen Verantwortlichen bewusst sein muss, was passiert, wenn nichts geschieht. Die Wahl besteht zwischen deutlich höheren Beiträgen oder Staatszuschüssen, einem stark angehobenen Pensionsalter oder einem niedrigeren Pensionsniveau.

In erster Linie wird man wohl kurzfristig um die Erhöhung des *faktischen* Pensionsanfallsalters, mittelfristig auch um eine Erhöhung des *gesetzlichen* Pensionsanfallsalters nicht herumkommen, weil sich die Pensionsbezugsdauer durch die regelmäßig gestiegene Lebenserwartung in den letzten Jahrzehnten enorm verlängert hat. Eine Neuordnung der Pensionen wegen Arbeitsunfähigkeit, wesentlich deutlichere Abschläge bei früherem Pensionsantritt, der Einbau eines Lebenserwartungsfaktors in die Pensionsanpassung und eine Verlängerung des Durchrechnungszeitraumes für die Pensionsberechnung müssen weitere Schwerpunkte sein. Der heute bereits weiten Kreisen der Bevölkerung durchaus zumutbaren Eigenvorsorge für das Alter sollte ein höherer Stellenwert zugemessen werden. Ein erster Schritt in die richtige Richtung ist mit der Steuerreform 2000 bereits geschehen, weitere werden notwendig sein.

Reform des Gesundheitswesens

Wie das Pensionssystem wird auch das Gesundheitssystem allein durch die demographische Entwicklung an umfassenden Reformen nicht vorbeikommen. Ständig weiterentwickeln wird sich der medizinisch-technische Fortschritt, der immer bessere aber auch aufwendigere Behandlungen ermöglicht. Dadurch werden die Menschen in Zukunft mit einer weiter wachsenden Lebenserwartung rechnen können, allerdings auch damit, dass sie ihre Krankheiten über längere Zeiträume erleben. Es wird daher darum gehen, Gesundheitsleistungen auf der aus medizinischer und ökonomischer Sicht jeweils optimalen Versorgungsebene zu erbringen, unnötige Mehrfachuntersuchungen und -befundungen zu vermeiden und sich vor allem um die Absicherung größerer Risken zu bemühen.

Eine erhebliche bürokratische Erleichterung und faszinierende neue Möglichkeiten wird sicherlich das durch die Wirtschaftskammer vorangetriebene und 1999 endgültig beschlossene Projekt der Chipkarte für das gesamte Gesundheitswesen herbeiführen. Ziel sollte es sein, dem Versicherten mit der Chipkarte nicht nur einen Versicherungsnachweis in die Hand zu geben, sondern auch das Gefühl zu vermitteln, verstärkt Eigenverantwortung für die Gesundheit wahrzunehmen. Das sollte sich nicht nur in einer durchaus zumutbaren Kostenbeteiligung, sondern auch in neuen Möglichkeiten manifestieren, innerhalb des Sozialversicherungssystems zu kommunizieren und zu gestalten. Um die soziale Krankenversicherung für das nächste Jahrhundert attraktiv zu machen, sollte man den Versicherten auch kein einheitliches starres Leistungspaket, sondern unter Beibehaltung des Grundsatzes der Pflichtversicherung attraktive Wahlmöglichkeiten anbieten.

Arbeitszeit

Nach den wichtigen Flexibilisierungsschritten der letzten Jahre sind diese Bemühungen auch in Zukunft fortzusetzen und vor allem betriebsbezogene Lösungen zu fördern. Der trotz aller Konzentrations- und Rationalisierungsmaßnahmen nach wie vor sehr hohe Stand der Beschäftigung (noch nie gab es in Österreich so viele Erwerbstätige!) ist ein deutlicher Hinweis dafür, dass auch in Zukunft die Arbeit nicht ausgehen wird und daher alle Überlegungen einer staatlichen Um- bzw. Neuverteilung von Arbeit – wie etwa eine generelle Arbeitszeitverkürzung – überhaupt keine Thema sein sollten.

Reform der Abfertigung

Die Neuregelung der Abfertigung stellt eine der großen sozialpolitischen Herausforderungen der nächsten Jahre dar. Die Wirtschaftskammer bekennt sich zu dieser Neuordnung, weil die Abfertigung manche ihrer ursprünglich zugedachten Funktionen verloren hat, wenngleich ein neues Modell die Wirtschaft sicherlich nicht zusätzlich belasten darf.

Bürokratische Entlastung

Die Wettbewerbsfähigkeit der österreichischen Wirtschaft wird keineswegs nur durch die hohen Sozialkosten beeinträchtigt, sondern in immer größerem Ausmaß durch Bürokratiekosten. Die sozialpolitische Entwicklung der letzten Jahrzehnte hat zu einer gewaltigen Überreglementierung und enormen Kompliziertheit der Regelungen geführt. Betrachtet man die „Produktion" des Gesetzgebers allein auf dem Gebiet des Arbeits- und Sozialrechtes in den vergangen Jahren, so liegt die Befürchtung nahe, dass hier viele Adressaten der Regelungen gar nicht mehr erreicht werden können. Die Warnung der Wissenschaft, dass die Überproduktion der Sozialgesetzgebung zur Ablehnung bzw. zu stiller Ignoranz bei den Normadressaten führen kann, ist durchaus ernst zu nehmen. Es sind daher alle Bemühungen zu unterstützen, gesetzliche Regelungen überhaupt nur dann, wenn unbedingt nötig zu treffen und ansonsten auf die Verständlichkeit und Übersichtlichkeit von Gesetzestexten mehr Rücksicht zu nehmen. Gleichzeitig sollte aber auch jede Gelegenheit wahrgenommen werden, unsere Betriebe, die für Beschäftigung und Wohlstand sorgen, von nicht unbedingt notwendigem bürokratischen Aufwand zu entlasten.

Neue Arbeitsformen – neue Arbeitswelt

Sozialpolitische Herausforderungen bringt auch der bereits voll eingesetzte Wandel in der gesamten Arbeitswelt mit sich. Der häufige Arbeitsplatzwechsel wird daher in Zukunft nicht die Ausnahme, sondern eher die Regel darstellen; ebenso projektbezogene Arbeit. Die persönliche Abhängigkeit von Arbeitnehmern wird vielfach in den Hintergrund treten, zudem werden alle elektronischen Möglichkeiten zur Unterstützung von Arbeitsprozessen genützt werden. Die weitere Akzeptanz des Sozialsystems wird vor allem dann sichergestellt werden können, wenn mehr Beweglichkeit innerhalb des sozialen Schutzsystems ermöglicht wird. Auch wird dem Trend in Richtung

Selbständigkeit, der von der Wirtschaftskammer massiv unterstützt wird, Rechnung zu tragen sein. Die sozialpolitische Gestaltung sollte daher den Erwerbstätigen mehr Raum für Eigenverantwortung einräumen und eine Stärkung der Leistungsbereitschaft ermöglichen.

Die Rolle der Sozialpartnerschaft in der künftigen Sozialpolitik

Die in der Nachkriegszeit aufgebaute, vielfach bewährte Institution der österreichischen Sozialpartnerschaft ist auch an der Wende zu einem neuen Jahrtausend durchaus nicht überholt und hat sogar im internationalen Vergleich Modellcharakter. Auch der Ausbau des Sozialen Dialogs auf europäischer Ebene folgt diesem Erfolgsrezept. Als besonders hoch entwickelte Form der politischen Auseinandersetzung und Diskussion stellt die Sozialpartnerschaft einen beständigen und verlässlichen Faktor in einer Welt des Wandels und des Umbruchs, aber auch der neuen Chancen dar. Die Sozialpartnerschaft wird ihre überragende Rolle in der Ausformung und Weiterentwicklung der Sozialpolitik aber nur dann beibehalten können, wenn dieses Konfliktlösungsmodell nicht zur ideologischen Einengung und zur Unbeweglichkeit führt, sondern die Bereitschaft zu ständigen verantwortungsvollen Reformen und einer Neuausrichtung des Sozialstaates besteht.

Literatur

Helmut Willke, Ironie des Staates, Grundlinien einer Staatstheorie polyzentrischer Gesellschaft, Frankfurt/Main 1992, S. 23.

Manfred Spieker, Der ruinöse Sozialstaat, Probleme des sozialstaatlichen Leistungssystems und Grundsätze für seine Neuordnung, Bund katholischer Unternehmer e. V. 50935 Köln, ausgewählte Vorträge Nr. 25/März 1994.

Karl Homann, Sozialpolitik nicht gegen den Markt, FAZ vom 13. 2. 1999.

Werner Tegtmeier, Stimmen die Leitbilder unser sozialen Ordnungspolitik?, in: Die Neue Ordnung, 48. Jahrgang 1994, Heft 2, S. 82.

Veröffentlichung der Weltbank, BIP/Einwohner.

Vor der Jahrtausendwende: Soziale Sicherheit und Sozialversicherung

Walter Geppert

Überall in der Welt, in den entwickelten und weniger entwickelten Ländern, wird über die Systeme der sozialen Sicherheit diskutiert und nachgedacht. Ausgangspunkt dafür ist die vermeintliche Unfinanzierbarkeit des Sozialschutzes. Meistens werden die sozio-ökonomischen Veränderungen während der letzten Jahre, vor allem die Entwicklungen auf dem Arbeitsmarkt und der Altersaufbau in der Bevölkerung, vorgebracht. Das, was darüber hinaus noch Sorge bereitet, ist die Tatsache, dass in letzter Zeit die Zahl jener Stimmen zunahm, die an der Schwelle des 21. Jahrhunderts die Legitimität der Systeme der sozialen Sicherheit überhaupt in Frage stellen. Verbunden wird das oft mit der Wiederbelebung von nicht nur wirtschaftspolitisch in Diskussion stehenden Konzeptionen, zB dem Gedankengut des Neoliberalismus. Die Menschen wollen daher wissen, ob das System der sozialen Sicherheit hält, Schutz heute wie auch morgen, insbesondere auch für die junge Generation, vor allem im Bereich der Alterssicherung bietet.

Der Begriff „*Soziale Sicherheit*" ist ein Ausdruck der Sozialpolitik. Entstanden ist er in den USA und zwar 1935 im Zusammenhang mit einem von Präsident Franklin D. Rosevelt, dem „Erfinder" des New Deals, veranlassten Gesetz über die soziale Sicherheit vom 14. August 1935. Keine Einigkeit besteht aber über seine inhaltliche Bestimmung. Wird von der Präambel der UNO-Menschenrechtserklärung 1948 mit ihrem Art. 22 über die Soziale Sicherheit als ein Menschenrecht ausgegangen, so kann man darunter die Gesamtheit aller jener (sozial)politischen Maßnahmen verstehen, die auf den Schutz des Einzelnen in Lebenslagen oder –umständen abzielen, in denen sein Lebensunterhalt bedroht ist (Overbye, SF/IVSS 1995). Das sind vor allem Krankheit, Unfall, Alter, Invalidität, Arbeitslosigkeit und Pflegebedürftigkeit.

Das Sozialmodell von heute ist ein anderes als das von gestern. Das ist Ergebnis der (jeweiligen nationalen) Sozialpolitik. Sozialpolitik kostet Geld. Der Staat muss das Geld, das er dafür braucht, dem Sozialprodukt entnehmen. Die Sozialpolitik fragt danach, was das System der sozialen Sicherheit leisten muss. Die Ökonomie ist und wird aufgerufen zu prüfen, ob das, was sozialpolitisch notwendig ist, auch wirtschaftlich von der Gesellschaft verkraftet wird. Der dabei mitbestimmende Gedanke ist der von der Solidarität. Sozial- und Wirtschaftspolitik sind demnach kein Gegensatz, sondern miteinander durchaus vereinbar (Geppert, Soziale Sicherheit 2000, S. 43).

Sozialstaat und Marktwirtschaft

Unsere Gesellschaft beruht auf einem Bündnis von Demokratie, Sozialstaat und Marktwirtschaft. Mit dem Sozialstaat wird korrigierend in den Marktmechanismus eingegriffen. Vor allem aus diesem Grunde musste der Sozialstaat politisch – oft gegen den Willen der Kapitaleigner – erst durchgesetzt werden. Die Erweiterung der Staatsaufgaben um die Sozialpolitik erfolgte bereits im 19. Jahrhundert. Begonnen wurde mit der „Arbeiterschutzpolitik". Im Vordergrund stand zunächst nur der Erhalt der Arbeitskraft. Im 20. Jahrhundert kam es dann zu einer die große Mehrheit der Bevölkerung (Staatsbürger) umfassenden materiellen Daseinsvorsorge. Anfänglich bemühte man sich um die Verbesserung der Lohn- und Arbeitsverhältnisse sowie um die Veränderungen des Wirtschaftsprozesses zugunsten der Arbeitnehmer. Später kamen systemgestaltende Mitwirkungsansprüche der abhängigen Beschäftigten (Stichwort: Mitbestimmung) dazu.

Realgeschichtlich ist die sozialpolitische Entwicklung der Vergangenheit und Gegenwart ohne die sie begleitende ideologische Entwicklung kaum verstehbar. Nach der Großen Depression der Dreißigerjahre und dem Ende des 2. Weltkrieges kam es – in Westeuropa – zu einem wirtschaftsgeschichtlich beispiellosen Nachkriegswachstum und einem raschen Anstieg des Massenwohlstandes, was zum Teil auch eine Folge des Marshall-Planes 1948 war. Schon in den Sechzigerjahren des vorigen Jahrhunderts hatte der aus Österreich stammende Finanzwissenschaftler und Kathedersozialist Adolph Wagner (1835 bis 1917), der als Erster (1872) auch von der Sozialfunktion der Steuerpolitik sprach, das nach ihm benannte „Gesetz" über die langfristige Tendenz zur Ausweitung der Staatstätigkeit aufgestellt. Geht man von der im 20. Jahrhundert eingetretenen Entwicklung mit ihrem langfristig feststellbaren Anstieg der Sozialquoten (Anteil der Sozialausgaben am BIP) aus, kann darin (mit Zinn, Sozialstaat, S. 33) eine Bestätigung des Wagnerischen Gesetzes – jedenfalls in seiner wohlfahrtsstaatlichen Komponente – erblickt werden. Wagner erkannte also bereits zu seiner Zeit die geschichtsbildende Grundströmung, die schließlich zum modernen Sozialstaat führte, von dem Sir Carl Popper meint, er wäre die größte Erfindung des 20. Jahrhunderts.

Die soziale Sicherheit im internationalen Kontext

Die Systeme der sozialen Sicherheit gehören zweifelsohne zu den wichtigsten Einrichtungen, die sich in den letzten 100 Jahren herausgebildet haben. Mit den Pariser Vorortenverträgen der Jahre 1919/20 (von Versailles, St. Germain, Neuilly, Trianon und Sévres) wurde zB die IAO (ILO) geschaffen. Über sie sollte das im Art. 23a Völkerbundstatut (VBS) aufgestellte Sozialprogramm verwirklicht werden. Der Art. 23a VBS verpflichtete alle Mitglieder zu angemessenen und menschlichen Arbeitsbedingungen für Männer und Frauen. Ursprünglich war daher die Mitgliedschaft im Völkerbund mit der in der ILO eng verkoppelt gewesen. In der Erklärung von Philadelphia (Philadelphia Deklaration) aus dem Jahr 1944 ist dann das Bekenntnis zu den leitenden Prinzipien der IAO erneuert worden. Darin wird zB mit zum Ausdruck gebracht, dass ein dauerhafter Friede nur auf Grundlage sozialer Gerechtigkeit erhofft werden könne.

Die ILO-Grundziele sind die von der Vollbeschäftigung, der Hebung des Lebensstandards, der Beschäftigung der arbeitenden Menschen entsprechend ihrer Fähigkeiten sowie die gerechte Regelung von Löhnen, Einkommen- und Arbeitsbedingungen. Ihnen sollte auch die Wirtschafts- und Konjunkturpolitik der ILO-Mitgliedsstaaten angepasst werden. Während der Prosperitäts- und Vollbeschäftigungsphase der Nachkriegszeit, also etwa bis Mitte der Siebzigerjahre, sind die wirtschaftlichen Rahmenbedingungen in Europa überwiegend nach den Grundsätzen der sozialen Marktwirtschaft gestaltet worden, die in einem hohem Maße jener der Katholischen Soziallehre entsprachen (Schulmeister 1998, S. 455). Nach Zinn hatte die soziale Marktwirtschaft jedoch schon in den Fünfzigerjahren ihre Ordnungsfunktion gegenüber dem vordrängenden Neoliberalismus zugunsten der so genannten freien Marktwirtschaft verloren. In der 1948 – vor über 50 Jahren – beschlossenen Allgemeinen UN-Menschenrechtserklärung wird in dessen Art. 22 jedem Menschen ein Recht auf soziale Sicherheit zugebilligt. Nach dem Art. 25 hat jeder Mensch ein Recht auf Sicherheit im Falle von Arbeitslosigkeit, Krankheit, Invalidität und auch im Alter. Hiervon geht in Europa auch die Europäische Sozialcharta aus. Ihr Art. 12 verlangt von den Unterzeichnerstaaten, wozu auch Österreich gehört, nicht nur die Einführung, sondern auch die Beibehaltung eines Systems der sozialen Sicherheit. Gleichzeitig muss jedes Land, das die Charta unterschrieben hat, sein System der sozialen Sicherheit fortschreitend auf einen höheren Stand bringen. In Europa geht es somit nicht um das „ob", sondern um das „wie", also die Art der Ausgestaltung des Sozialschutzes.

Soziale Sicherheit und Solidarität

Momentan wird die Debatte um die soziale Sicherheit von der Systemdiskussion beherrscht, die jedoch nicht nur eine finanzielle Dimension hat. Die Erfahrung zeigt, dass überall dort, wo die Systeme der sozialen Sicherheit nicht funktionieren, mitunter sogar die demokratische Grundordnung und die Menschenrechte gefährdet sind, was die internationale Gemeinschaft auch über die Allgemeine UN-Menschenrechtserklärung mit ihren Art. 22 und 25 ausschließen will.

Solidarität ist mehr als Geben und Nehmen. Wir müssen zwischen der Solidarität unter Freunden und unter Fremden, der gesellschaftlichen unterscheiden. Sie ist das Fundament der Sozialversicherung. Ähnlich der Kapitalflucht gibt es – leider – auch eine Solidaritätsflucht. Die Bereitschaft zur gesellschaftsbezogenen Solidarität nimmt ab, es droht eine Art Solidaritätslücke. Vorgänge, die eine Flucht aus der Sozialversicherung ermöglichen, nehmen zu (Stichwort: „Atypische" Arbeitsverhältnisse). Häufig sind es Gestaltungen auf Basis von Werkverträgen, womit sich einige Unternehmer neben den „Kosten des Arbeitsrechtes" auch die Zahlung der Abgaben zur Sozialversicherung ersparen wollen. Da die Abgrenzung zwischen Selbständigen und abhängig Beschäftigten juristisch nicht einfach ist, wurde der Ruf nach einer gesetzlichen Lösung immer lauter, die dann mit dem ASRÄG 1997 kam. Man kann darin auch eine Reaktion der Sozialgesetzgebung auf die sich ändernde gesellschaftliche Realität erblicken (Pöltner, 1996).

Geld und Moral sind knappe Güter. Sie erneuern sich nicht einfach von selbst. Gegensteuern kann und soll man, indem – mehr als bisher – über die positiven Beiträge der sozialen Sicherheit für den einzelnen Menschen und die Gemeinschaft berichtet wird. Das ist auch eine wichtige demokratiepolitische Aufgabe. Eine der Voraussetzungen dafür ist die Erkenntnis, dass die soziale Wohlfahrt einer Gesellschaft nicht nur an den finanziellen Mitteln, sondern auch an der Bereitschaft der Menschen hängt, über die eigenen Interessen hinaus zu handeln. Mitbedenken muss man, dass die soziale Gerechtigkeit, das oberste Gestaltungsprinzip im modernen Sozial- und Wohlfahrtsstaat, bis heute an den Nationalstaat gebunden ist: Die Bürger einer Nation üben Solidarität mit anderen Bürgern derselben Nation. Je mehr sich Europa aber politisch einigt, je mehr Entscheidungen auf europäischer Ebene fallen, umso mehr Solidarität wird es in Europa geben und auch geben müssen.

Diskussionsschwerpunkt Gesundheitswesen

In der WHO-Charta wird die Gesundheit als einer der Grundsätze für das Glück, die harmonischen Beziehungen und die Sicherheit aller Völker bezeichnet. Die Charta definiert die Gesundheit als einen Zustand vollkommenen körperlichen, geistigen und sozialen Wohlbefindens, der nicht allein aus dem Fehlen von Krankheiten und Gebrechen besteht. Hierdurch werden auch die Ursachen von Gesundheitsstörungen mitangesprochen, was im Strategieprogramm der WHO-Europa zur Gesundheit für alle bis zum Jahr 2000 (siehe auch unten) aus dem Jahr 1980 noch deutlicher zum Ausdruck gebracht wird.
Die WHO-Gesundheitsdefinition ist somit keine Definition im streng juristischen Sinn. Vielmehr wird damit ein politisches Programm beschrieben. Adressaten sind die WHO-Mitglieder, also auch die Republik Österreich, deren jeweiligen Regierung und die das österreichische Gesundheitswesen mitgestaltenden Kräfte.
Der für die soziale Krankenversicherung Österreichs bestimmende Grundsatz ist der von der einnahmeorientierten Ausgabenpolitik. Nach allgemeiner Ansicht handelt es sich dabei um eine politische Handlungsmaxime, um ein Instrument der kollektiven Kostendämpfung: Mehr als man einnimmt, kann man nicht ausgeben.
1998 waren es ATS 125 Mrd. (rund 9 Mrd. €). Das meiste davon wurde für die Spitäler, ärztliche Hilfe und Heilmittel aufgewendet. Der Druck, die Kosten des Gesundheitswesens besser in den Griff zu bekommen, ist jedoch gegen das abzuwägen, was die WHO (1996) den moralischen Imperativ nennt. Dazu gehört für sie, dass der allgemeine Zugang zur notwendigen Versorgung erhalten bleibt und die Leistungen in den einzelnen sozialen Schichten chancengleicher verteilt sind. Das strebt auch die (vielfach nur als Kostenbegrenzungsregel interpretierte) Bestimmung im § 133 Abs. 2 ASVG an: Die darin für die Krankenbehandlung angeführten Qualitätskriterien (ausreichend, zweckmäßig und das Maß des Notwendigen nicht übersteigend) eignen sich darüber hinaus auch für die Aufstellung von evidenz-basierten, evtentuell auf Konsens beruhende Feststellungen, die Ärzten – und auch Patienten – Orierentierungs- und Entscheidungshilfen für medizinische Maßnahmen liefern sollten. Hierbei geht es um die Aufzeichnung von etablierten medizinischen Standards für Diagnosen und Therapien aufgrund von nationalen und internationalen Konsensuspapieren. Vereinfacht ausgedrückt wird es das sein, was die Schulmedizin formuliert und von ihr bzw. ihren Repräsentanten in den medizinischen Lehrbüchern festgehalten ist. Individuelle Abweichungen sind, wenn medizinisch oder ethisch geboten, natürlich möglich. Man muss nämlich zwischen den Zielen und Wegen, wozu und wie die Krankenbehandlung erfolgt, abwägen (Geppert, Gesundheit im Brennpunkt, S. 100f).
Unter dem Gesichtspunkt des Kostendruckes drängt sich im Gesundheitsbereich auch

eine verstärkte sektorübergreifende Zusammenarbeit auf. Anzustreben ist der Auf- und Ausbau eines integrierten Gesundheitsversorgungssystems mit einer sinnvollen Aufgabenverteilung und wirksamen Formen der Zusammenarbeit zwischen den einzelnen Versorgungsbereichen. Das gilt natürlich auch für den professionellen und nicht professionellen Bereich. Weiters wäre klarzustellen, was im Spital gemacht werden muss und was außerhalb eines Spitals, in der niedergelassenen Praxis, erbracht werden kann. Gelingt das, was zu hoffen ist, dann sind natürlich auch die kassenärztlichen Honorarordnungen der Krankenversicherungsträger entsprechend anzupassen.

Ein anderer, oft vernehmbarer Vorschlag ist der von einer stärkeren Ausrichtung unseres Gesundheitsversorgungssystems auf die Gesundheitsvorsorge. Die WHO hat dazu mit ihrer Ottawa-Charta (1986) und in Europa mit ihrer Strategie zur Gesundheit für alle bis zum Jahr 2000 (1980) einen neuen Handlungsspielraum gesetzt, Weichen gestellt, die Richtung vorgegeben. Im Wesentlichen geht es dabei um das Planen und Gestalten von gesundheitsfördernden Lebensbedingungen. Das sind Aufträge an die Gesamtpolitik (Geppert, Soziale Sicherheit 2000, S. 49).

Typische Interventionsfelder für eine präventive Gesundheitspolitik sind der Arbeitsplatz, die allgemeine Umwelt, der Lebensstil und das Freizeitverhalten. Meistens wird im Zusammenhang damit der Kampf gegen die krankmachenden Faktoren am Arbeitsplatz sowie das Bemühen um eine Änderung des Lebensstils im Sinn von Maßhalten angeführt. Im ersten Falle könnte wahrscheinlich auch die Frühinvalidität aus Gesundheitsgründen eingedämmt und – mittel- bis langfristig – das faktische Pensionsanfallsalter erhöht werden, was zweifelsohne auch die gesetzliche Pensionsversicherung spürbar entlasten würde. Das zweite Beispiel – Änderung der privaten Verhaltensweisen – kann unter dem Gesichtspunkt der Lebensqualitätsverbesserung als ein Beitrag zu mehr Eigenverantwortung verstanden werden, womit sicherlich auch die Wiederherstellung des Gleichgewichtes von Eigenvorsorge und Inanspruchnahme der Solidargemeinschaft via Sozialversicherung mitgefördert wird (Geppert, Soziale Sicherheit 2000, S. 51 und 54).

Die Anpassung der Arbeitsbedingungen an das gesundheitspolitisch Notwendige ist auch eine internationale Pflicht. Die UN-Menschenrechtserklärung 1948 spricht in ihrem Katalog von Menschenrechten zB von angemessenen und befriedigenden Arbeitsbedingungen (siehe die Art. 22 und 25). Im UN-Weltpakt 1966 für wirtschaftliche, soziale und kulturelle Rechte ist von sicheren und gesunden Arbeitsbedingungen die Rede. Ähnliches steht in europäischen Dokumenten, zB in der Europäischen Sozialcharta. Sie verlangt sichere und gesunde Arbeitsbedingungen. Die Schlussfolgerung daraus: Die Arbeit ist altersgerecht zu gestalten. Über eine (bessere) Anpassung der Arbeit an das Lebensalter wird auch die Arbeitsfähigkeit mit zunehmenden Alter gefördert. Das ist aus beschäftigungspolitischen Gründen, insbesondere von älteren Arbeitskräften, unbedingt nötig. Nicht vergessen soll man die Folgen inhumaner Arbeitsbedingungen zB am Bau für das Budget der sozialen Krankenversicherung. Nach Hochrechnungen entfallen fast 90 % der medizinischen Behandlungskosten, die die Sozialversicherung trägt (rund ATS 2,3 Mrd. bzw. 167 Mio. €), auf die soziale Krankenversicherung. Man könnte sie bzw. die Solidargemeinschaft somit finanziell von Milliardenbeträgen entlasten, wenn die Arbeit am Bau gesundheitssicherer wäre.

Altersvorsorge: „Streitpunkt" gesetzliche Pensionsversicherung

Die Einkommenssicherung im Alter gehört wohl zu den wichtigsten Aufgaben jeder Sozialpolitik. Von der Leistungsfähigkeit und Finanzierbarkeit des staatlichen Alterssicherungssystem ist letztlich die gesamte Bevölkerung eines Landes abhängig: Der ältere Mensch als Pensionsbezieher, die jüngere Generation als Beitrags- und Steuerzahler.

Im Zentrum der Auseinandersetzung steht die Finanzierung der gesetzlichen Pensionsversicherung. Diskutiert wird über die Vor- und Nachteile von Umlageverfahren und Kapitaldeckung. Das kontinentaleuropäische und damit auch österreichische Alterssicherungsmodell beruht auf dem Umlageverfahren. Hierfür hat sich im allgemeinen Sprachgebrauch der Begriff „Generationenvertrag" eingebürgert. Das ist kein Vertrag im eigentlichen Sinn, kein beschriebenes Papier mit Unterschrift und Siegel. Aufgrund des Umlageverfahrens übernimmt die erwerbstätige Generation faktisch die Finanzierung der Leistungen für die in Pension befindliche Generation. Der „Generationenvertrag" wird demnach vom Vertrauen in das Umlageverfahren sowie von der Solidarität zwischen den Generationen getragen. Allgemein wird immer wieder betont, dass sich der „Generationenvertrag" hervorragend bewähre und dafür Gewähr biete, dass auch über größere Wirtschaftskrisen und gesellschaftliche Umbrüche und Notzeiten hinweg ein relativ hohes sozialstaatliches Leistungsniveau gesichert bleibt.

In dem zur Vorbereitung der Pensionsreform 1997 von Univ.-Prof. Dr. B. Rürup (Darmstadt) über die langfristigen Perspektiven der österreichischen Pensionsversicherung erstellten Gutachten ist festgehalten, dass das System der gesetzlichen Alterssicherung in seiner jetzigen Form durchaus tragfähig ist und mittels Umlageverfahren in richtiger Weise finanziert werde (dazu Geppert, DRV 1998). Das war eine klare Absage an die von der Weltbank 1994 publizierten Rentenvorstellungen. Die Weltbank favorisiert ein Modell einer kapitalgedeckten Pensionsversicherung. Nach diesem Modell sollen die Versicherungsbeiträge „angespart" und das Kapital im In- und Ausland, zB in Asien, investiert werden. Hiervon verspricht man sich nicht nur Vorteile für die Rentner, sondern auch eine Erhöhung der Spartätigkeit und damit auch Förderung der Kapitalbildung bzw. Wirtschaftsentwicklung. Experten der ILO und der IVSS erblicken in dieser von der Weltbank empfohlenen Strategie aber ein unannehmbar hohes Risiko für die Arbeitnehmer und Altersrentner. Sie würde die Alterssicherung nicht nur erheblich verteuern, sondern der heutigen Generation von Arbeitnehmern in der Übergangszeit von einem System zum anderen auch eine schwere Last aufbürden. Die ILO- und IVSS-Experten meinen daher, man sollte den Reformprozess auf allenfalls vorhandene systemimmanente Mängel und Nachteile im Rahmen der bestehenden Systeme beschränken und diese, soweit als möglich, korrigieren (Beattie/Mc Gillvarey).

Die Finanzierung im Umlageverfahren ist stark von der Arbeitsmarktsituation abhängig. Jede höhere Arbeitslosigkeit führt zu einer deutlichen Mehrbelastung der Sozialversicherung, die bei niedrigeren Einnahmen zumindest gleich bleibende, wenn nicht mehr Leistungen zu erbringen hat. Betroffen sind neben der Arbeitslosen- auch die

Pensions(Renten)versicherung. Das Gebot der Stunde: Förderung der Beschäftigungsmöglichkeiten im Allgemeinen und Weiterbeschäftigung älterer Arbeitnehmer im Besonderen. Die Bekämpfung der Arbeitslosigkeit durch die EU (siehe unten) unterstützt die Bemühungen um eine Trendumkehr.

Was besonders auffällt und bedenklich stimmt, ist die Tatsache, dass die Altersvorsorgepolitik zunehmend in den Dienst der Wirtschaftspolitik gestellt wird. Die Alterssicherungssysteme müssen meiner Ansicht nach jedoch vorrangig danach beurteilt werden, in welchem Maße sie ihren Sicherungszweck erfüllen (Geppert/Ruland). Nur im Umlageverfahren besteht, wie ich glaube, die Möglichkeit, Risiken über Generationen hinweg zu verteilen. Außerdem fällt die Negativauslese – wie bei privaten Versicherungen üblich – weg. Privat absichern kann sich in der Regel nur derjenige, der sich das wirtschaftlich (finanziell) leisten kann. In einer im Spätherbst 1997 in Österreich durchgeführten Meinungsbefragung haben 85 % der befragten Menschen der privaten Altersvorsorge im Verhältnis zur gesetzlichen Pensionsversicherung in Österreich nur eine Ergänzungsfunktion zugesprochen, wobei die Zahl derer, die davon schon Gebrauch machen, zwischen 20 bis 25 % liegen soll (vgl. Feistritzer, SoSi 1998).

Der Großteil der ökonomischen Kritik am Umlageverfahren hält einer sorgfältigen Prüfung wohl kaum stand. Falsch ist zB, dass die kapitalgedeckten Systeme der Altersvorsorge resistent gegenüber den demographischen Veränderungen wären. Sie können überdies weit weniger als ein gesellschaftlich organisiertes Vorsorgesystem eine angemessene Alterssicherung sicherstellen (siehe Türk, SoSi 1998). Oft wird auch auf die Vernichtungen der Kapitalbestände in unserem und in anderen Ländern sowohl in der Vergangenheit als auch in der Gegenwart vergessen. Nicht wenige lateinamerikanische Länder streben deswegen zum Schutz der Alterssicherungssysteme bzw. der diese ausmachenden Kapitalstöcke vor Übergriffen der Politik auch eine Privatisierung der Pensionsversicherung über landeseigene Sozialversicherungsbanken an. Meiner Meinung nach ist jedoch die (mitteleuropäische) Alternative, Verwaltung der Sozialversicherung durch die Sozialpartner, also durch die Repräsentanten der Beitragszahler, die bessere Lösung (Geppert, IVSS-Tagung 1998).

Die EU und Sozialversicherung

Österreich ist seit 1995 Mitglied der EU, die definitionsgemäß eine Wirtschafts- und keine Sozialunion ist. Als Österreich – 1989 – sein Beitrittsgesuch in Brüssel abgab, war darin – in Abstimmung mit den Sozialpartnern – klargestellt worden, dass durch eine Mitgliedschaft der Stand und die Weiterentwicklung der sozialen Errungenschaften Österreichs weder eingeschränkt noch gefährdet werden dürfte. Jeder Mitgliedstaat ist für die Gestaltung und Finanzierung seines Systems der sozialen Sicherung verantwortlich. Hieran hat sich durch den am 1. Mai 1999 in Kraft getretenen Vertrag von Amsterdam im Prinzip nichts geändert. Verbessert wurden jedoch die Grundlagen für eine europäische Beschäftigungspolitik. Neu ist vor allem, dass die Gemeinschaft seit dem Amsterdamer Gipfel im Juni 1997 auch das Ziel eines angemessenen sozialen Schutzes verfolgt. Mit dem Vertrag von Amsterdam wurde außerdem in den

EG-Gründungsvertrag ein eigenes Kapital über die Beschäftigung eingefügt. Allerdings bleibt die Bekämpfung der Arbeitslosigkeit – trotz aller Koordinierungsansätze – weiterhin eine nationale Angelegenheit. Der EU-Ministerrat hat jedoch jährlich eine beschäftigungspolitische Leitlinie und zwar in Übereinstimmung mit der von ihm gleichfalls zu erstellenden Leitlinie zur Wirtschaftspolitik zu beschließen. Die Mitgliedsstaaten haben außerdem über ihre Maßnahmen im Beschäftigungsbereich zu berichten. Der Rat kann diese im Lichte seiner Leitlinien überprüfen und den hiervon abweichenden Mitgliedsstaaten Empfehlungen geben. Darüber hinaus ist er berechtigt, Maßnahmen zur Unterstützung der Beschäftigungspolitik der Mitgliedsstaaten zu beschließen.

Im EU-Binnenmarkt soll möglichst Wettbewerb herrschen. Hiervon hat 1991 der EuGH, das Höchstgericht der EU, jedoch die Sozialversicherung als soziale Pflichtversicherung trotz ihres monopolartigen Auftretens ausgenommen. Der EuGH rechtfertigte das damals damit, dass die Systeme der sozialen Sicherung, insbesonders deren Hauptsäule, die Sozialversicherung, auf dem Solidarprinzip beruhen und in ihrem finanziellen Gleichgewicht gestört werden würde, wenn zB die Sozialversicherung den Marktgesetzen unterworfen wäre. Im April 1998 räumte der EuGH mit den Decker/Kohl-Urteilen jedoch den vier EU-Grundfreiheiten, der Freizügigkeit des Personen-, Waren-, Kapital- und Dienstleistungsverkehrs den „Vorrang" vor den sozialpolitischen Gestaltungsmöglichkeiten der Mitgliedstaaten ein. Hiermit wurde zugleich die bisherige, meistens nur national herbeizuführen versuchte Ausgewogenheit zwischen den Grundsätzen der freien Marktwirtschaft und dem Sozialschutz wohl zu Gunsten der wirtschaftlich bestimmten Grundfreiheiten verschoben.

Über die (möglichen) Auswirkungen der EuGH-Rechtssprechung auf das nationale Recht besteht Streit. Der EuGH kann im Wege der Rechtsfortbildung die (meistens wirtschaftlich bedingte) Integration Europas vorantreiben, was er schon des Öfteren getan hat. Manche sprechen im Zusammenhang damit sogar von EuGH als „Rambo" der Harmonisierung. Der Hauptvorwurf: Das Gericht nehme auf die sozialpolitisch im jeweiligen Mitgliedsland von dessen Gesetzgebung anerkannten Besonderheiten nicht gebührend Rücksicht, was sich mit dem Subsidiaritätsprinzip als Gestaltungselement des Sozialschutzes nur schwer in Einklang bringen lässt.

Innerhalb der EU wird eine Harmonisierung der verschiedenen nationalen Sozialversicherungs- und Versorgungssysteme politisch nicht mehr angestrebt. Das ist weder sinnhaft noch kostenmäßig vertretbar. Dagegen spricht vor allem, dass die auf nationaler Ebene existierenden Leistungsstandards sehr differenzieren und die nationalen Systeme auch eng mit der jeweiligen Rechts- und Wirtschaftsordnung und mit Traditionen verknüpft sind. Außerdem wohnt die Mehrzahl der europäischen Bewohner in Ländern, die ein relativ hohes Sozialniveau haben, weshalb eine Einebnung der sozialpolitischen Strukturen mit einem Verlust des Errungenen wohl kaum mehrheitsfähig ist. Nach Schätzungen aus Deutschland aus dem Jahr 1990 würde eine Harmonisierung auf einem mittleren Niveau – was immer darunter verstanden wird – pro Jahr etwa 2.000 bis 3.000 Mrd. DM kosten (Grenz/Schmuck).

Momentan bemüht man sich um eine Konvergenz der Systeme bzw. um deren gegen-

seitige Anerkennung. Ein Weg dazu ist die Fixierung von Mindeststandards, was Verbesserungen – falls innenpolitisch möglich – zulässt und an den in manchen europäischen Ländern bereits erreichten höheren Standards nichts ändert. Das deckt sich auch mit der Europäischen Sozialcharta (siehe deren Art. 12), welche die Unterzeichnerstaaten bekanntlich verpflichtet, ihr System der sozialen Sicherheit fortschreitend auf ein höheres Niveau zu bringen.
Überall redet man – nicht nur in Wirtschaftskreisen – von unbedingt nötigen Umstrukturierungen und Umorientierungen. Umorientierungen sind, so glaube ich, auch in Hinblick auf die Argumentationsweise der EU-Kommission nötig, die als Ergebnis der EU-Struktur meistens makroökonomisch ausfällt. Die Politik muss, so meine ich, der Entwicklung eine andere Richtung geben. Dazu gehört für mich eine stärkere Orientierung an dem, was in Kontinentaleuropa in etwa mit dem Begriff „soziale Marktwirtschaft" umschrieben wurde. Man sollte – entgegen der Umgangssprache – das Wort sozial jedoch nicht klein, sondern wie der „Erfinder" dieser Wirtschaftskonzeption (Müller-Armack) groß schreiben. Hoffnungen, dass es künftig möglicherweise anders werden könnte, ließ – für mich – der frühere EU-Sozialkommissar P. Flynn (aus Irland) aufkommen, für den die fortentwickelten Sozialpolitiker der EU-Mitgliedsstaaten ein integraler Bestandteil der europäischen Erfolgsgeschichte sind, die als Extra nicht zur Disposition stehen.

Blick in die Zukunft

Wir befinden uns im Übergang von der Industrie- zur Dienstleistungs- und Informationsgesellschaft. Die für die Sozialversicherung politisch Verantwortlichen müssen sich im Zusammenhang mit den sozio-ökonomischen Entwicklungen nicht nur mit dem Rückgang der Geburtenzahl und dem Anstieg der Lebenserwartung, sondern auch mit der Änderung der Erwerbsbiographien als eine Folge der neuen Informationstechnologien auseinander setzen. Es gibt einen Trend zu mehr Teilzeitbeschäftigung, vorwiegend bei Frauen, deren Rollenverständnis sich überdies geändert hat. Hierzu kommt noch – als zweites Beispiel – die ökonomische Globalisierung mit ihrer weltweiten Konkurrenz um die Arbeitsplätze.
Voraussagen über die zukünftige Entwicklung sind schwierig. Was hier versucht wurde, war das Aufzeigen von Tendenzen, die sich jetzt schon abzeichnen und mit größter Wahrscheinlichkeit die Diskussion im kommenden Jahrtausend mitbestimmen werden. Mit welchen Veränderungen aus heutiger Sicht in Zukunft zu rechnen ist, damit befasst sich auch ein Bericht von O. Giarini/M. Liedtke an den Club of Rome. Nach deren Ansicht signalisiere die hohe Arbeitslosigkeit und Krise unseres sozialen Systems unmissverständlich, dass Politik und Gesellschaft viel zu langsam auf den fundamentalen Wandel reagiere, den der moderne Kapitalismus verlange.
Ziel des österreichischen Alterssicherungssystems ist die Erhaltung des Lebensstandards der aus dem Aktivleben Ausgeschiedenen. Im Zusammenhang mit der Forderung nach dem Aufbau von Vorsorgekapital für die Alterssicherung (Umstieg in Richtung Kapitaldeckung) muss auch die dadurch möglich werdende und ordnungspolitisch wohl nicht ganz unbedenkliche Konzentration von wirtschaftlicher Macht mit

berücksichtigt werden. Außerdem sollte nicht übersehen werden, dass extreme Kursverluste dann eintreten könnten, wenn die (künftigen) Pensionisten ihre Wertpapiere verkaufen wollen oder gar müssen: Im Falle eines plötzlichen Verkaufsdruckes auf den Wertpapiermärkten kann es nämlich zu überproportionalen Kursverlusten kommen (Wagner und andere, 1998).

Die Vorstellung, dass es eine Pensionsreform gäbe, mit der auf Jahrzehnte hinaus alle Probleme in diesem wichtigen Bereich bewältigt werden könnte, ist unrealistisch. Die Diskussion über die Anpassung der gesetzlichen Pensionsversicherung an die sozioökonomischen Veränderungen wird somit auch im 21. Jahrhundert weitergehen. In Ländern mit einem auf die Erwerbsarbeit zentrierten Sozialschutzsystem muss es aber auch zu Begleitmaßnahmen zB im Bereich der Arbeitsmarktpolitik und im Arbeitsrecht kommen. Dessen Finanzierung hängt nicht nur von der Demographieentwicklung, sondern auch vom Arbeitsmarkt und der Wirtschaftskraft unseres Landes ab.

1997 haben in einer Meinungsbefragung (siehe Feistritzer, SoSi 1998) 85 % der österreichischen Bevölkerung wie bereits erwähnt die soziale Absicherung im Alter für sehr gut bezeichnet. Verglichen mit dem Ausland ist sie ihrer Ansicht nach besser, zumindest aber gleich gut wie im übrigen Europa. Längerfristig hält jedenfalls die Mehrzahl der Befragten die gesetzliche Pensionsversicherung für sicherer. Ein Umstieg in Richtung Kapitaldeckung wird somit nicht gewollt. Einen solchen lehnt übrigens auch das 1997 von der Regierung beschlossene „Pensionskonzept 2000" ab, womit man die gesetzliche Pensionsversicherung auf die Herausforderungen in den ersten Jahrzehnten des 21. Jahrhunderts vorbereiten will.

Ein Votum „Pro" gab es in dieser Befragung auch für die gesetzliche Krankenversicherung. Hier haben fast 90 % der Bevölkerung der sozialen Krankenversicherung Österreichs die Noten 1 bis 2 gegeben. Das ergibt einen Durchschnittswert von etwa 1,7. Nach Meinung der Demoskopen ein „Super-Resultat". Der Großteil der Befragten, mehr als 80 %, lehnten im Zusammenhang damit auch einen Paradigmenwechsel von der Pflichtversicherung zur Versicherungspflicht ab. Jene, die dafür eintreten, rütteln damit am „Grundgerüst" der sozialen Sicherheit, der Solidarität, für mich die beste Form des Riskenausgleiches.

Die Gesundheit ist ein besonderes Gut und erfordert eine besondere Steuerung. Falsch ist es daher, auch im Gesundheitswesen unreflektiert die Gesetze von Angebot und Nachfrage zur Anwendung zu bringen. Wirtschaftstheoretisch mag das bestechend sein. Nach Ansicht der WHO (1996) lässt sich mehr Wettbewerb durch mehr Deregulierung ohne Schädigung des Solidaritätsprinzips jedoch nicht erreichen. Auch Deppe (KrV 1996) hält den Wettbewerb als Steuerungsinstrument im Gesundheitswesen für sozial selektiv, der außerdem polarisiere und sich gegen die Solidarität richte. Gesamtgesellschaftlich betrachtet wirkt er verteuernd und ist demzufolge auch unwirtschaftlich. Aus all dem ist das Krankheitsrisiko weiterhin solidarisch abzusichern. Das sollte in Zukunft wie bisher über eine öffentlich-rechtliche Pflichtversicherung geschehen. Unter diesen Vorzeichen könnte unsere Gesellschaft in der Welt des 21. Jahrhunderts weiterhin als „soziales Vorbild" punkten.

Innerhalb der IVSS besteht Einigkeit darüber, dass sich die Systeme der sozialen Si-

cherheit nicht auf die Armutsbekämpfung beschränken dürfen. In Europa wird die Weiterentwicklung auch vom Geschehen in der EU mitbestimmt werden. Manche glauben, dass sich wegen des intensiven Handels zwischen den Mitgliedsstaaten auch deren Wohlstand annähern werde. Dass dies ausreichend geschieht, hält das Europäische Parlament in seinem Bericht zu den sozialen Konsequenzen der Wirtschafts- und Währungsunion jedoch für sehr unwahrscheinlich. Jede Gesellschaft, die sich verändert, bringt immer wieder neue soziale Probleme hervor, die sozial verträglich und damit auch vertretbar gelöst werden müssen. In einer Zeit des Überdenkens und Hinterfragens der Politik der Sozialen Sicherheit sollte aber auch aus Gründen der inneren Glaubwürdigkeit klargestellt werden, dass die Rolle der Sozialen Sicherheit ständig dem wechselnden gesellschaftlichen Umfeld angepasst wurde und ihre Programme wohl auch nur deshalb überlebten, weil sie mit den sich verändernden Gegebenheiten laufend abgestimmt worden sind. Der österreichische Weg: Reformen ohne Aufgabe der in der österreichischen Bevölkerung allgemein unterstützten Grundsätze. Das sind das Solidaritätsprinzip, das Umlageverfahren sowie die Verwaltung der Sozialversicherung durch die Sozialpartner (Stichwort: Selbstverwaltung). Hiermit ist die Mitwirkung derjenigen, die das System tragen und mitfinanzieren, sichergestellt.
Jedes gute und auch funktionierende Sozialschutzsystem nimmt dem Menschen Angst, befreit ihn von der Sorge, für etwas vorsorgen zu müssen, was er sich unter Umständen (finanziell) gar nicht leisten kann. Das ermöglicht ihm, seine Fähigkeiten, Kapazitäten und Ressourcen für andere – gesellschaftlich – wichtige Dinge zu verwenden, wovon letztendlich die gesamte Gesellschaft des jeweiligen Landes profitiert. So gesehen trägt die soziale Sicherheit Wesentliches zur Verbesserung des gesellschaftlichen Klimas bei (Geppert, Stockholmer Konferenz, 1998). Das ist in der Auseinandersetzung um die Folgen der ökonomischen Globalisierung ein bisher noch zu wenig in den Vordergrund gestellter Stabilitätsfaktor und Standortsvorteil.

Literatur

European Parlament, Directorate General for Research, Working paper. The social consequences of economic and monetary union, Final Report 1994.

Deppe, Wettbewerb im Gesundheitswesen: Ökonomische Grenzen und ethische Fragen, KrV 1996, S. 100ff.

Feistritzer; Grundlagenstudie zur Sozialversicherung, SoSi 1998, S. 83ff.

Geppert, Soziale Sicherung im Jahr 2000: Möglichkeiten und Probleme, österreichische Landesberichte zum XIV. Internationaler Kongress für das Recht der Arbeit und der Sozialen Sicherheit in Seoul (Sept./Okt. 1994), S. 41ff.

Geppert; Alterssicherung; Landesbericht Österreich, letzte Gesetzesänderungen in: DRV 1998, S. 402ff.

Geppert, IVSS-Tagung: Die soziale Sicherheit der Zukunft, SoSi 1998, S. 799ff.

Geppert, Zur Zukunft der Sozialen Sicherheit und der gesetzlichen Altersvorsorge in: Die Zukunft der sozialen Sicherheit, Stockholmer Konferenz (deutschsprachige Ausgabe 1998), S. 73ff.

Geppert/Ruhland, Perspektiven der sozialen Alterssicherung für das 21. Jahrhundert, SoSi 1998, S. 803ff und DRV 1999, S. 1ff.

Geppert, Durch Qualitätssicherung mehr Wirtschaftlichkeit im Gesundheitswesen?, in: Ge-

sundheit im Brennpunkt (Hrsg. Zapotoczky/Granzgruber/Mechtler 1999), S. 100 f.
O. Giarni/M. Liedtke, Wie wir arbeiten werden (1997, deutschsprachige Ausgabe 1998).
Grenz/Schmuck, Europa sozial – Der EU-Binnenmarkt und seine soziale Dimension (1990).
E. Verbye, Anmerkungen zur Entwicklung der sozialen Sicherheit in "modernen" Gesellschaften, in: Soziale Sicherheit von Morgen: Kontinuität und Wandel, Studien und Forschungen (SF) Nr. 36 (IVSS-Publikation 1995), S. 119ff.
Pöltner, Die Einbeziehung neuer „dienstnehmerähnlicher" Vertragsbeziehungen in die Sozialversicherung als Beispiel einer Reaktion der Sozialversicherung auf sich ändernde gesellschaftliche Realitäten in: Deregulierung, EU und Gesundheitswesen (Hrsg. G. Flemmich 1996), S. 105ff.
R. Beattie/W. Mc Gillvarey, Eine Strategie voller Risiken: Reflektionen über den Rentenreformvorschlag der Weltbank, Internationale Revue für Soziale Sicherheit, IVSS-Publikation, Bd. 48 (1995), Heft 3, S. 245ff.
Studie der Gew. Bau/Holz 1999: Muss Arbeit die Gesundheit kosten?
Stephan Schulmeister: Neoliberalismus, Katholische Soziallehre und gesamtwirtschaftliche Effizienz, in: Wirtschaftspolitische Blätter 1998, S. 450ff.
Wagner/Kimer/Meinharkt in: Kapitaldeckung: Kein Wundermittel für die Altersvorsorge, DIW – Wochenbericht, Jg. 654 Nr. 46/98 vom 12. 11. 1998, S. 833ff.
Weltbank (1994), Averting the old age crisis.
Zinn, Soziale Marktwirtschaft: Idee, Entwicklung und Politik der bundesdeutschen Wirtschaftsordnung (1992).
Zinn, Sozialstaat in der Krise (1999).

Integration und Ausgrenzung – Sozialpolitik von „unten" betrachtet

Franz Küberl

Das Erscheinungsumfeld dieses Artikels verleitet mich zu einer Vorbemerkung. Sozialpolitik von „unten" zu betrachten und von „innen" zu verändern war wohl die Perspektive von Alfred Dallinger, dessen tragischem Tod wir ja 1999 gedacht haben. Es stimmt schon nachdenklich, wenn man beim Verfassen eines Artikels bemerkt, dass beinahe alles, was man an Vorschlägen einbringen könnte – was notwendig wäre angesichts der geänderten gesellschaftlichen Rahmenbedingungen – von Dallinger selbst bereits angedacht und gesagt wurde. Grundsicherung, Arbeitszeitverkürzung, aktive Arbeitsmarktpolitik, Verbesserung der Position von AusländerInnen im Sozialsystem – die Liste ließe sich fortsetzen.

Wenn wir hingegen die Entwicklungen seit dem tragischen Tod Alfred Dallingers ansehen, müssen wir feststellen, dass sich zwar die Probleme, die sich damals schon abgezeichnet haben – wie Arbeitslosigkeit, so genannte „neue Armut", die Lage der AusländerInnen in Österreich – verschärft haben. Wir merken aber auch, dass wir uns zwischenzeitlich politisch vom Erbe Dallingers weitgehend verabschiedet haben:

- Im Bereich der aktiven Arbeitsmarktpolitik gibt es für Österreich immer noch einen enormen Aufholbedarf. Über Arbeitszeitverkürzung und Grundsicherung zu sprechen, war lange Zeit vielleicht sogar ein wenig anrüchig. Die rechtliche Position und selbst die elementare soziale Absicherung von AusländerInnen hat sich in den letzen Jahren radikal verschlechtert, sie sind mittlerweile vom Notstandshilfebezug ebenso weitgehend ausgeschlossen wie in den meisten Bundesländern vom Sozialhilfebezug.

- Die Sparpakete haben gerade im Bereich besonders armutsgefährdeter Gruppen – wie etwa der Alleinerziehenden – durch Leistungsreduktion in mehreren Bereichen zu besonderen Härten geführt.

- In der Frage grenzüberschreitender Integration höre ich zwar stets die Bedenken, nicht aber Wege und aktive Maßnahmen, um Unterschiede auszugleichen und gemeinsam ein friedliches und soziales Europa weiterzubauen.

Die anstehenden Probleme zu lösen, bedarf allerdings einer grundsätzlichen Diskussion über Gerechtigkeit in der Gesellschaft und in der Politik. Die jetzt angewandte sozialpolitische Gießkanne im Retourgang ist auf Dauer kein taugliches politisches Gestaltungsinstrument. Unser Sozialsystem wird nicht nur von bestimmten Gerechtigkeitsvorstellungen geprägt, es prägt auch wieder die Gerechtigkeitsvorstellungen der Menschen in unserem Land. Wenn das Grundmuster, das in den letzten Jahren verstärkt wurde, ist: „Wer nicht arbeitet soll nicht essen", stimmt mich das sehr nachdenklich. Sozial- und Menschenrechtspolitik trägt zu einer Spaltung der Gesellschaft bei und nicht zu ihrem Zusammenwachsen, in dem sie mit dem Neid von

Menschen spekulativ umgeht oder die Schuldfrage, die bei sozialen Problemen wohl nur in den seltensten Fällen eindeutig zu klären ist, wieder stärker ins Zentrum der Leistungsvergabe rückt.
Letztlich definiert Politik so, was als wertvoll, schützens- und unterstützenswert in unserer Gesellschaft erachtet wird – ob eine Gesellschaft in ihrer Grundhaltung integrativ oder ausschließend ist. Ich halte das für eine ziemliche Verantwortung und weiß nicht, wieweit diese bei Maßnahmen im Fremdenrechtsbereich, aber auch in der Sozialpolitik, bewusst ist.

Vor der Frage „oben-unten" kommt die Frage „drinnen-draußen"

Noch wesentlicher als die Frage von „oben und unten" in einer Gesellschaft, die vielleicht noch stark auf einer historischen, auf Klassenunterschiede ausgerichteten Sicht gründet, scheint mir die Frage von „drinnen und draußen". So trifft etwa auch der Begriff der „Sozialen Ausgrenzung", der in der sozialpolitischen Debatte in der EU an die Stelle des Begriffes der Armut getreten ist und diesen wesentlich verbreitert hat, besser den Kern der Sache als der Begriff der Armut.
Wenn wir die zukünftigen Herausforderungen politisch betrachten, ist wohl die sensibelste Frage, wo denn politisch in dieser Gesellschaft Grenzen gezogen werden, wo Menschen an den Rand gedrängt werden und keinen Einlass mehr in unsere Mitte finden. Dabei geht es um die Frage der sozialen Ausgrenzung von gesellschaftlicher Teilhabe durch Armut ebenso wie um die Ausgrenzung von Bürgerrechten aufgrund der Herkunft, die mannigfaltige de facto-Ausgrenzung aus dem Sozialsystem (zB in der Sozialhilfepraxis) oder um den Umgang mit Sterbenden im Gesundheitssystem.
Die politische Konzentration auf den Mittelstand, wie sie schon Aristoteles in der „Politik" gefordert hat, ist legitim, parteipolitisch wahrscheinlich notwendig. Aber es sind genau die an den Rand gedrängten Menschen, die die Gestaltungskraft und Energie der Politik brauchen – notwendiger brauchen als jene, die sich in der sicheren Mitte wieder finden. Die Gesellschaft wird ja von den Rändern her brüchig.
Ich sehe gegenwärtig weniger eine Spaltung der Gesellschaft in ein Oben und Unten, in eine 2/3 Gesellschaft, vielmehr scheint die Gesellschaft an den Rändern auszufransen. Die Grenzen, die wohl für niemanden mehr klar auszumachen sind, verschieben sich in Richtung der auch politisch hochgepriesenen Mitte und immer mehr Menschen finden sich „draußen vor der Tür" wieder, ohne dass sie bemerkt hätten, wann sie den „gesellschaftlichen Raum" verlassen haben.
Die Frage des Drinnen und Draußen spiegelt sich auch in der sozialpolitischen Diskussion wider:
Gut abgesicherten und gut vertretenen Gruppen stehen Gruppen gegenüber, die nur mangelhaft abgesichert sind und die in der politischen Diskussion keine Stimme haben. Flüchtlinge und MigrantInnen, AlleinerzieherInnen, Arbeitslose, Kinder haben im Vergleich zu vollständigen Familien, gewerkschaftlich organisierten Erwerbstätigen und Pensionisten keine starken Lobbys. Wie die Armutsdaten im Sozialbericht zeigen, sind es aber genau jene Gruppen, die die stärksten Lobbys bräuchten, um vom Rand wieder in die Mitte zu kommen.

Interessant ist hier die Betrachtung der drei am stärksten von Armut betroffenen Gruppen:

- Gastarbeiter 28 %
- Arbeitslose 25 %
- AlleinerzieherInnen 12 %

Eine Schlussfolgerung liegt angesichts der „Sozialschmarotzerdebatte" der letzten Jahre nahe: Je größer die Armutsgefährdung und damit der Hilfsbedarf, desto größer der Missbrauchsverdacht.

Armut in Österreich

Wir wissen, dass wir den Gegensatz von Armut und Reichtum in unserem irdischen Dasein nie gänzlich aufheben können. Jedes noch so eng geknüpfte soziale Netz wird Armut nicht völlig verhindern können. Es stellt sich allerdings die Frage, wie lange muss jemand in dieser Situation leben und welche Ausstiegs- und Aufstiegsmöglichkeiten bieten sich?

Geld und Arbeit sind nicht alles, aber ohne sie ist man nichts. So könnte man in einer Kurzformel unsere Konsum- und Erwerbsgesellschaft beschreiben. Arbeit schafft Identität und Konsum Teilhabe am gesellschaftlichen Wohlstand. Dabei werden aber wesentliche Dimensionen des Mensch-Seins vergessen, die wir in der Caritas als *Mehrwert der Hilfe* mit ins Zentrum unseres Handelns stellen. Jeder Mensch hat eine Geschichte, Wertvorstellungen und soziale Bindungen, in denen oftmals Ursachen der Not, aber auch Ressourcen für einen Neuanfang stecken. Hilfe der Caritas ist Hilfe ohne Voraussetzung, aber nicht ohne Anforderung. Wenn wir Hilfe nur an Defiziten festmachen würden und nicht an den vorhandenen Ressourcen, würden wir Menschen in dauerhafte Abhängigkeit drängen. Der Wirtschaftsnobelpreisträger Amartya Sen hat das sehr treffend ausgedrückt:

> *"Hilfebedürftige (...) eher als passive denn als aktive Personen zu betrachten, kann die Arbeit zur Begrenzung und Eliminierung von Armut auf vielfache Weise behindern. (...) Die Arbeit nicht darauf zu konzentrieren, dass die Personen denken, agieren und antworten, heißt etwas Elementares bei der Bekämpfung zu vergessen."*

Aktuelle Armutsdaten[1]

1996 gelten etwa 1,03 Millionen Personen in Österreich als armutsgefährdet. Das heißt, sie verfügen über ein monatliches Äquivalenzeinkommen von weniger als ATS 7.510,- (545,77 €).

[1] Giorgi 1997, Giorgi 1998. BMAGS 1997.

Folgt man dem Sozialministerium in der Abgrenzung von „aktueller" oder „akuter" Armut von „Armutsgefährdung"[2], leben im Jahr 1996 416.000 Personen in akuter Armut. Das sind 5 % der Gesamtbevölkerung. Sie leben in 156.000 Haushalten. Darunter sind 136.500 Kinder, das sind 33 % aller armen Personen.
Etwa zwei Drittel dieser Haushalte haben kein Auto. 16 % haben keinen Fernseher. Über zwei Drittel dieser Haushalte geben an, sich keinen Urlaub leisten zu können, etwa die Hälfte kann es sich nicht leisten, Freunde zu sich einzuladen.
60 % der armen Kinder leben in Haushalten mit 3 und mehr Kindern bzw. in AlleinerzieherInnenhaushalten. Betrachtet man die Einkommenssituation, so lebt ein Viertel aller Arbeitslosen in armen Haushalten. Bei den Langzeitarbeitslosen sind es sogar über 40 %. Die Gruppe der unselbständig Erwerbstätigen ist die am wenigsten armutsgefährdete. In Summe macht sie aber den Großteil der armen Menschen aus (59 % aller Armen).
Etwa ein Drittel (31 %) aller armen Menschen lebt in GastarbeiterInnenhaushalten. Die Armutsquote liegt hier bei 28 %.

Armut unter Caritas-KlientInnen

Die Studie „Leben am Rand des Sozialsystems"[3], eine Kooperation von Julius Raab-Stiftung, Caritas und Katholischer Sozialakademie, unternimmt den Versuch, an Hand der Untersuchung der KlientInnenstruktur der Caritas im Bereich Sozialberatung[4] Armut nicht nur als Frage der ökonomischen Versorgung sondern auch als Frage der „sozialen Effizienz" der Institutionen des Sozialstaates zu sehen.
Die Caritas-Beratungsstellen wurden in den letzten Jahren von Bereichen der Sozialverwaltung – insbesondere der Sozialhilfe – immer stärker in die Leistungsvergabe quasi integriert. Häufig wird überhaupt zur Abklärung von Ansprüchen zuerst an die Caritas verwiesen. Für Geldaushilfen vergebende Einrichtungen besteht die Gefahr einer beständigen Delegation von sozialer Absicherung aus dem öffentlichen Bereich in den privaten Bereich als quasi „3. Netz" des Sozialsystems.
1997 suchten etwa 13.000 ÖsterreicherInnen in den Sozialberatungsstellen der Caritas finanzielle Unterstützung und Beratung. Inkl. der mitbetreuten Personen in den Haushalten der KlientInnen wurden etwa 28.500 Menschen unterstützt.
Ziel der Beratungsstellen ist es, in Problemlagen Überbrückungshilfen zu geben und die KlientInnen zu befähigen, spätere ähnliche Problemlagen eigenständig und selbstverantwortlich bewältigen zu können.

---

[2] Als arm gilt danach jemand, wenn sein Äqivalenzeinkommen unter der Armutsgrenze liegt und zumindest eines der folgenden drei Kriterien auf den Haushalt zutrifft:

1. Der Haushalt lebt in einer Substandardunterkunft (siehe 2.) oder hat weniger als das übliche Maß an Raum zur Verfügung (siehe 2.).
2. Der Haushalt kann sich weder Heizung, noch neue Kleidung oder bestimmte Nahrungsmittel (Fleisch) leisten.
3. Der Haushalt hat Rückstände bei Zahlungen für Miete, Heizkosten, Kredite oder Ähnliches.

[3] Wallner 1998.

[4] Aus der Untersuchung ausgenommen waren Ausländer- und Flüchtlingsberatungsstellen und Einrichtung, die ausschließlich obdachlose Personen betreuen.

Die Schwerpunkte der Arbeit in diesen Stellen sind

- die umfassende Erfassung und Abklärung der Ausgangslage (materiell, sozial, emotional),
- die Klärung der Ansprüche und Möglichkeiten, die zu einer Veränderung der Notsituation führen können,
- die Absicherung der Lebensgrundlage der Klienten.

Die Caritas betreut im Bereich Sozialberatung also Menschen, die im Sozialsystem keine ausreichende existenzielle Absicherung erhalten.

Die KlientInnen der Sozialberatungsstellen

- 90 % der KlientInnen sind im erwerbsfähigen Alter (20 bis 60 Jahre). Das Durchschnittsalter der KlientInnen beträgt 38 Jahre.
- Betrachtet man die Lebensform der KlientInnen, so ergeben sich mit Alleinstehenden, AlleinerzieherInnen und Ehe/Lebensgemeinschaften drei beinahe gleich große Gruppen. Hervorstechend ist vor allem – mit über 30 % – der hohe Anteil der Alleinerziehenden (Deren Anteil an der Gesamtbevölkerung beträgt 4 %). Ebenfalls zeigt sich ein sehr hoher Anteil an – vor allem männlichen – „Singlehaushalten" (über 20 %).
- Beinahe 2/3 der Männer sind allein stehend, ein Viertel lebt in einer aufrechten Partnerschaft. Dagegen ist beinahe jede zweite weibliche Klientin eine Alleinerzieherin.
- Das durchschnittliche gewichtete Pro-Kopf-Einkommen liegt bei ATS 6.864,- (498,83 €). Pro Kopf (nicht gewichtet) sind es im Schnitt ATS 2.030,- (147,53 €) pro Person, die pro Monat für Essen und Kleidung, sowie für die Befriedigung kultureller Bedürfnisse verbleiben würden. Das sind weniger als ATS 70,- (5,09 €) pro Tag.
- Beinahe 2/3 der CaritasklientInnen sind weiblich. In aufrechten Partnerschaften tragen in den meisten Fällen die Frauen die Last der finanziellen Verantwortung. Dies zeigt sich auch an der Tatsache, dass bei aufrechter Ehe/Lebensgemeinschaft in 2/3 der Fälle sie es sind, die den Weg zur Caritas suchen.
- Bei der Untersuchung der Haushalte, in denen zumindest ein Vollzeit- oder Teilzeiteinkommen vorhanden ist (15 %), die also als „working poor" bezeichnet werden können, zeigt sich mit 3/4 ein hoher Anteil an Haushalten mit nur einem Einkommen. Mit nur 11 % gibt es einen geringen Anteil an Single-Haushalten in dieser Gruppe. Es zeigt sich, dass bei dieser Gruppe neben der Tatsache, dass mehrere Kinder, aber häufig nur ein Einkommen vorhanden sind, vor allem Schulden eine große Rolle spielen.
- Beinahe 80 % der Haushalte von CaritasklientInnen beziehen ausschließlich Transfereinkommen. Es zeigt sich damit, dass in der Praxis viele Sozialleistungen nicht existenzsichernd und armutsverhindernd sind.

- Mit über 40 % überwiegt ein großer Anteil an Leistungen aus der Arbeitslosenversicherung. Immerhin mehr als jeder achte Haushalt verfügt über zumindest ein Vollzeiteinkommen. Mit 10 % ist der Anteil der ausschließlich eine Dauerleistung aus der Sozialhilfe beziehenden KlientInnen sehr gering.
- Insgesamt erhielt nur jeder sechste KlientInnenhaushalt zum Zeitpunkt der Untersuchung eine Dauerleistung zum Lebensunterhalt aus der Sozialhilfe, was wiederum die subsidiäre und umfassende („2. Netz") Wirkung der Sozialhilfe in Frage stellt.
- Die durchschnittlichen Gesamtausgaben für Wohnen betrugen ATS 4.806,- (349,27 €). Das bedeutet, dass die Haushalte im Schnitt über 40 % ihres verfügbaren Haushaltseinkommens für Wohnen und Energie ausgeben.
- Die dominante Ursache für soziale Problemlagen unter CaritasklientInnen ist Arbeitslosigkeit. In beinahe 60 % der Haushalte war zumindest eine Person arbeitslos. Jede/r Zehnte der KlientInnen kam aufgrund eines gerade erfolgten Arbeitsplatzverlustes in eine Sozialberatungsstelle.
- In knapp 10 % der Fälle war eine Schwangerschaft mitentscheidend für den Weg zur Caritas.
- So genannte Katastrophen (Todesfall, abgebranntes Haus, unheilbare Erkrankung etc.) bilden mit weniger als 5 % der Fälle eine geringe Minderheit.

Was sind die dominanten Problemlagen der Caritas-KlientInnen?

1. Integrationsprobleme am Arbeitsmarkt

Durch den gesteigerten Wettbewerb am Arbeitsmarkt werden alle Vermittlungshindernisse zu existenziellen Problemen, wie etwa: Lange Kindererziehungszeiten, sonstige lange Absenz vom Arbeitsmarkt, Schulden, Vorstrafen, psychische und physische Erkrankung und Suchtverhalten. Ein großer Teil der CaritasklientInnen ist nur bedingt erwerbsfähig. Zum Teil sind die Einschränkungen so groß, dass auch keine Teilnahme an einem Beschäftigungsprojekt des AMS erwogen werden kann.
Das AMS verfolgt nach der Erfahrung der Caritas zunehmend eine Strategie der starken „Umwälzung" von Arbeitslosen. Viele Maßnahmen (Kurse etc.) lassen langfristige Wirkungen vermissen, verbessern aber die Statistik (nach einer bestimmten Kursdauer gilt ein Langzeitarbeitsloser als Neuzugang in der Statistik).
Es fehlen vor allem Maßnahmen für Menschen mit stärkeren Vermittlungshindernissen, die eine längerfristige, gestufte Betreuung im Sinne eines langsamen, kontinuierlichen Aufbaus benötigen würden.

2. Armut und Krankheit/eingeschränkte Erwerbsfähigkeit

„Armut bedeutet meist schlechtere Lebens-, Arbeits- und Wohnbedingungen, was auch einen schlechteren Gesundheitszustand zur Folge hat. In allen Altersklassen fühlen sich die einkommensmäßig schwächeren Gruppen wesentlich stärker gesundheitlich beeinträchtigt als die nichtarme Bevölkerung", stellt der Sozialbericht 1997 fest.

25 % der armen Erwachsenen bezeichnen ihren Gesundheitszustand als schlecht. Dies tun nur 12 % der nichtarmen Erwachsenen.
Ebenso zeigt sich eine niedrigere Lebenserwartung bei armen Personen. 35-jährige Männer mit Pflichtschulabschluss haben etwa eine um 5 Jahre niedrigere Lebenserwartung als Personen mit Hochschulabschluss. Bei Frauen beträgt der Unterschied 4 Jahre[5].
Eine in einem Salzburger Stadtteil durchgeführte Studie[6] kommt hinsichtlich des Zusammenhanges von Armut und Krankheit zu folgenden Ergebnissen: „Die permanente Belastung durch anhaltende finanzielle Nöte führt zur Vernachlässigung der Gesundheit bis hin zu gesundheitsschädigendem Verhalten, was sich schon bei Kindern drastisch bemerkbar macht und sich durch alle Altersstufen hindurch fortsetzt." Es zeigt sich, so die Studie weiter, „dass die so genannte ‚Managerkrankheit', also stressbedingte körperliche Folgen wie Bluthochdruck, Infarkte usw. etwa dreimal häufiger bei Angehörigen der sozialen Unterschicht auftritt als bei ihren Namensgebern, den Managern."
Krankheiten, insbesondere auch häufig unter unseren KlientInnen auftretende psychosomatische Erkrankungen, bedeuten nicht nur eine massive aktuelle Belastung. Krankheit – gerade in Verbindung mit Arbeitslosigkeit – engt die Zukunftschancen radikal ein. Sie ist Teil eines Abstiegskreislaufs, der schwer zu durchbrechen ist.

3. Armut und das Zerbrechen von Familien

Die Caritas-Studie hat gezeigt, dass ein stabiles soziales Umfeld, wie auch aufrechte Erwerbstätigkeit, die Bewältigung einer sozialen Krise entscheidend erleichtern. Hingegen führt die soziale Vereinzelung durch das Zerbrechen von Beziehungen und den Verlust der gesellschaftlichen Einbindung am Arbeitsplatz zu einem erhöhten Hilfsbedarf von außen. Dabei darf nicht unterschätzt werden, dass das Zerbrechen von Beziehungen zu einem großen Teil gerade auch Folge einer längeren Armutsphase ist. Das gilt analog auch für den Verlust von Arbeit. Nicht nur die materiellen Ressourcen, sondern auch die sozialen und emotionalen Ressourcen werden durch eine dauerhaft angespannte soziale Lage aufgebraucht.
Frauen und Männer sind Opfer solcher zerbrechenden Familien: Frauen tragen die Last der Armut. Zum einen sind es wie erwähnt die Frauen, die in aufrechten Partnerschaften in der Regel für die Einteilung des vorhandenen knappen Geldes verantwortlich sind. Oft ist es für die BeraterInnen auch schwierig, die Männer zu einem gemeinsamen Gespräch in der Beratungsstelle zu bewegen. Sie neigen eher dazu, Probleme zu leugnen.
Die besondere Gefährdung von Frauen zeigt sich in einem weiteren Punkt: Beinahe ein Drittel der Caritas-KlientInnen sind Alleinerzieherinnen. Sie stellen nur 4 % der Gesamtbevölkerung dar, bilden aber eine der größten Gruppen unter den Caritas-KlientInnen.

---

[5] BMAGS 1996.
[6] Ster/Zott 1998

Aber gerade auch allein stehende Männer sind besonders stark abstiegsgefährdet: 2/3 der Männer, die zur Caritas kommen, sind allein stehend. Diese auch in der Armutsdiskussion bisher vernachlässigte Gruppe stellt mit 22 % einen ganz großen Teil der von der Caritas in den Beratungsstellen betreuten Menschen dar. Für sie gibt es auch wenige Beratungs- und Hilfeangebote außerhalb der Caritas.

Strukturelle Probleme in der Sozialverwaltung

Verzögerungen bei Auszahlungen
Verzögerungen bei Auszahlungen von Transferleistungen führen häufig zu Krisensituationen, da KlientInnen der Caritas in der Regel über keine Reserven verfügen.
Fehlende oder falsche Informationen
Die fehlende oder unrichtige Informationsweitergabe bei Ämtern führt oft dazu, dass Leistungen von KlientInnen nicht beansprucht werden können.
Willkür oder mangelnde Transparenz
Die Vergabepraxis der Sozialabteilungen ist stark von den jeweiligen SachbearbeiterInnen und LeiterInnen abhängig. Es gibt in der Praxis große regionale Unterschiede auch innerhalb der neun Bundesländer, insbesondere zwischen dem städtischen und dem – in der Regel restriktiveren – ländlichen Bereich.
Nicht-Einhaltung von Pfändungsgrenzen durch Banken
Probleme ergeben sich mit Banken, da sie häufig bei Girokonten über Pfändungsgrenzen hinaus Einbehalte machen. Weiters wird in der Praxis die zweimonatig einlangende Familienbeihilfe von Banken häufig zur Kreditabdeckung herangezogen.
Hohe Wohnungseinstiegskosten
Für viele KlientInnen gibt es kaum leistbare Wohnungen. Auch bei Gemeindewohnungen erweisen sich hohe Einstiegskosten, wie etwa bei der Anmeldung der Fernwärme, als Hindernis.

Wesentliche Reformansätze

Angesichts der Entwicklungen der letzten Jahre – die "großen Sparpakete" waren ja auch von vielerlei kleinen Sparpaketen begleitet – besteht Anlass zur Sorge vor einer schleichenden Aushöhlung des Sozialstaates durch Verschärfungen im Vollzug der Sozialverwaltung und Sparmaßnahmen. Der Sozialstaat darf kein Potemkinsches Dorf werden, wo allseits die schöne Fassade und die Fülle der möglichen Leistungen gepriesen wird, diese aber für immer mehr Menschen, die sie brauchen, unzugänglich sind. Wir brauchen ein ehrliches Sozialsystem, wo man das, was einem zusteht, auch bekommt.
Manchen Menschen geht es momentan mit dem Sozialstaat wie Kafkas Mann vom Land vor dem Gesetz: Sie scheitern an den Türhütern, obwohl der Eingang offen steht – und eigentlich nur für sie errichtet wurde. Fehlende oder falsche Information, zu geringe oder keine Leistungen sind vor allem im Bereich der Sozialhilfe ein Problem. Hier ist gerade auch der jeweilige Gesetzgeber in Bund und Ländern gefordert, die Vollziehung der Gesetze im Auge zu behalten und sich nicht ausschließlich auf formal Beschlossenes zurückzuziehen. Gerade für arme und schwache Menschen in unserer

Gesellschaft gilt: Der Sozialstaat muss den Bürgern entgegenkommen und nicht schamhaft seine Leistungen verbergen. Armutsgefährdete Gruppen sind momentan häufig Opfer der Konkurrenz der Gebietskörperschaften und geraten zwischen die Mühlsteine der Verwaltung. Wir müssen von einer *Konkurrenz* zu einer *Konvergenz* der Systeme kommen. Die Studie „Einbinden statt Ausgrenzen", die vom Sozialministerium mit ExpertInnen des Armutsnetzwerkes erstellt wurde (siehe auch den Aufsatz von A. Streissler in diesem Band), bietet hier einige positive Ansätze:
Eine wesentliche Erleichterung würde etwa eine einheitliche Anlaufstelle für alle Bereiche der Sozialverwaltung darstellen. Letztendlich brauchen wir auch eine neue Kundenorientierung in der Sozialverwaltung. Wer ein Recht auf eine Leistung hat, sollte nicht für einen „Gnadenakt" nach wochenlangem amtlichen Orientierungslauf dankbar sein müssen. Es ist die Aufgabe der Verwaltung, Menschen in Not zu unterstützen, ihnen die notwendigen und richtigen Informationen zu geben – mit einem Wort: Eine Serviceeinrichtung zu sein. Die gemeinsame Abwicklung aller Sozialleistungen über eine Servicestelle nach dem One-desk-Prinzip könnte hier viel Zeit und Kosten auf beiden Seiten einsparen.
Auch die Frage der bedarfsorientierten Mindestsicherung scheint mittlerweile nach einigen Jahren im Schattendasein reif für eine Umsetzung. Ich zitiere Dallinger: „Langfristig muss die bisherige Bindung sozialer Leistungen an bestehende oder vergangene Arbeitsverhältnisse ernsthaft überprüft werden. Ein wichtiges Ziel muss sein, jedem unabhängig von einem Arbeitsverhältnis ein Mindesteinkommen zu gewähren."
Wenn der Arbeitsmarkt nur noch zum Teil die Integration ins Sozialsystem herstellen kann und damit das Versicherungsprinzip zu einem Ausgrenzungsprinzip wird, müssen wir versuchen, Erwerbstätigkeit und soziale Sicherung zu entkoppeln. Existentielle Absicherung muss Vorrang vor der Versicherungsmathematik haben.
Kein Mensch soll von weniger leben müssen als der Ausgleichszulagenrichtsatz – die Grundsicherung für PensionistInnen – vorsieht. Hier wurde bereits viel nachgedacht. Ich glaube, es ist an der Zeit, erste Schritte zu setzen. Es kann nicht sein, dass weiterhin einerseits über bedarfsorientierte Grundsicherung oder Mindestsicherung debattiert wird, während die Maßnahmen gleichzeitig in die andere Richtung gehen. Ein erster Schritt zu einer notwendigen Grundsicherung könnte die Reform der Sozialhilfe in Form eines Bundessozialhilfegesetzes sein. Es gilt aber – davon ausgehend – auch weiter zu denken, um nicht bei Geldleistungen stecken zu bleiben. Der Zugang zu Bildung, die Versorgung im Pflegefall, bedarfsgerechte Kinderbetreuungseinrichtungen, leistbarer Wohnraum sind ebenfalls Elemente einer umfassenden bedarfsorientierten Mindestsicherung. Man kann aber die Frage der Armutsbekämpfung nicht nur auf die Sozialverwaltung abschieben und sich damit begnügen, Menschen materiell und mit Infrastruktur zu versorgen. Gesellschaftliche Integration läuft in unserer Gesellschaft über Arbeit. Wer keine hat, wird über das definiert, was ihm fehlt. Er ist arbeits-los.
Viele Menschen sind aus unterschiedlichen Gründen nicht mehr voll erwerbsfähig und schaffen den Sprung in den Arbeitsmarkt nicht mehr. Die Einrichtung eines erweiterten (2.) Arbeitsmarktes könnte einerseits eine langsame Heranführung an den Arbeitsmarkt ermöglichen, aber auch dauerhaft sinnstiftende Arbeit für diese Gruppe schaffen.

Gegenwärtig stehen häufig die geforderten Vermittlungsquoten und einjährig befristete Maßnahmen einer nachhaltigen, langsamen Integration im Weg. Es scheint, dass das AMS zwar seine Vermittlungsfunktion erfüllt, aber auf die „Sozialfunktion" zunehmend vergisst. In diesem Zusammenhang möchte ich auch vor der Versuchung warnen, zu glauben, alle Probleme am Arbeitsmarkt seien über Bildung zu lösen. Vielleicht sind es Allmachtsphantasien der Politik, die dazu führen, dass man glaubt, alle Defizite seien „reparierbar" und alle Menschen „funktionstüchtig" zu machen. Jenen Menschen, die unsere bedingungslose Unterstützung brauchen, ein Angebot zu machen, wie sie innerhalb unserer Gesellschaft erwerbstätig sein können, halte ich für eine große soziale Aufgabe der nächsten Jahre.
Ein ceterum censeo: Inzwischen weiß man nicht nur bei Flüchtlingshilfeorganisationen oder der Caritas, dass Österreich längst seine Position als sicheres Asylland und dass die rechtliche Absicherung von Schutzsuchenden und von Ausländern gewaltig an Boden verloren hat. Manchmal denke ich mir vor dem Hintergrund dessen, was wir in der Caritas erleben, ob nicht jene, die diese Gesetze vollziehen, aber auch manche von jenen, die diese Gesetze gemacht haben, fallweise etwas an Schamesröte im Gesicht haben müssten, denn das muss sich ein demokratischer Rechtsstaat wohl nicht leisten. Im Umgang mit Menschen, die nach Österreich kommen, werden häufig demokratische Selbstverständlichkeiten – wie etwa Rechtsstaatlichkeit – vergessen. Wir sollten uns zumindest an die Mindeststandards, die für alle gelten sollten, halten.

Verschiebung der Gleichgewichte

Abschließend möchte ich noch einige grundsätzliche Überlegungen anstellen. Die Caritas muss zwar als Hilfsorganisation im Interesse der jetzt bedürftigen KlientInnen meist pragmatisch an politische Zukunftsfragen herangehen, dennoch darf man dabei die Gesamtentwicklung der Gesellschaft nicht außer Acht lassen.
Bei der Betrachtung unserer modernen Gesellschaft hat man den Eindruck, dass gesellschaftliche Integration vor allem über den Konsum von Gütern und den Verkauf der eigenen Arbeitskraft hergestellt wird. Wer kauft, hat teil am gesellschaftlichen Konsumspektakel, und wer im Erwerb steht, hat noch dazu eine Identität und einen Platz in dieser Gesellschaft. Es entsteht der Eindruck als wäre es einziges Ziel und einzige Aufgabe des Menschen, am Wirtschaftsprozess in jenen beiden Rollen – als Konsument und Erwerbstätiger – teilzunehmen.
Der Mensch in seiner Rolle als homo oeconomicus steht im Mittelpunkt des Interesses. Doch der Markt berührt nur eine Dimension gesellschaftlichen Lebens und er vermag nicht alle Bedürfnisse zu befriedigen, auch wenn das in immer stärkerem Ausmaß suggeriert wird. Es scheint aber als wären gegenwärtig die „Brüder" des homo oeconomicus in ihrer Entfaltung und Wirkungskraft stark beeinträchtigt. Weder die Sphäre des homo politicus noch jene des homo religiosus entfalten zurzeit jene gesellschaftlich integrative Kraft, die unsere Gesellschaft bräuchte.
Adolf Muschg beschreibt das in einem sehr schönen historischen Bild: Die ideale Stadt der Renaissance – Muschg wählt Bergamo – war geprägt von der Balance von Marktplatz, Rathaus und Kirche: Die Kirche als Ort der religiösen Wahrheit und der kultu-

rellen Prägung; das Rathaus als Arena der res publica; der Markt als Platz des Austausches der wirtschaftlichen Güter. Gerät die Balance zwischen diesen drei Sphären aus dem Gleichgewicht, beginnt der Weg in die Knechtschaft: Kapitalismus, Kommunismus und religiöser Fundamentalismus sind Ausprägungen der letzten Konsequenz dieser Gleichgewichtsstörungen.
Betrachten wir die Stadt der Gegenwart, so stellen wir fest, dass sich das Rathaus in einem seltsamen Zustand der Auflösung befindet. Auf welcher Ebene global, international, national, regional oder kommunal Politik noch handlungsfähig ist, wird für BürgerInnen zunehmend unklar. Zudem können wir eine Veränderung feststellen: Die Bürger werden zunehmend zum Publikum politischer Inszenierung. Sie konsumieren das politische Spektakel ebenso, wie sie die Früchte der Politik in Form öffentlicher Leistungen konsumieren.
Die Kirche nach Muschg, die in einer pluralen Gesellschaft natürlich nicht mehr mit der katholischen Kirche gleichzusetzen ist, scheint von einer seltsamen Weltabgewandtheit geprägt zu sein. Die esoterische Verinnerlichung einerseits wie auch die Konzentration auf den „inneren Dialog" andererseits lassen wenig Raum für einen weltoffenen Zugang zu Rathaus und Marktplatz, durch den Kirche in den „äußeren Dialog" über die Zukunft der Gesellschaft eintreten kann. Auf der anderen Seite ist auch sie damit konfrontiert, dass Religiosität zum Markt geworden ist.
So zeigt der Marktplatz deutlich expansive Tendenzen, sowohl was eben den Eingriff in die beiden anderen Sphären angeht als auch in seiner globalen Dimension. Gerade in dieser globalisierenden Dimension muss man auch die enorme integrative Kraft des Marktes sehen. Diese enorme Kraft des Marktes wird etwa sichtbar im Prozess der europäischen Integration. Hier ist über die Wirkkräfte des Marktplatzes etwas gelungen, was weder Rathaus noch Kirche geschafft haben.
Der integrativen Kraft nach außen steht aber eine spaltende und ausgrenzende Wirkung im Inneren gegenüber. Der Markt kennt keine „Minderheitenrechte".
Dieses Problem greift auch Ralf Dahrendorf auf, wenn er – ähnlich Muschg – jene drei wesentlichen Faktoren – Demokratie, Wohlstand und Solidarität – beschreibt, deren Gleichgewicht symptomatisch für das so genannte europäische Modell ist: Dieses Gleichgewicht ist bedroht angesichts geänderter Rahmenbedingungen in Wirtschaft und Gesellschaft. Es besteht die Gefahr, dass das europäische Modell sich möglicherweise schleichend aus der Geschichte verabschiedet, wobei die Strukturen vielleicht erhalten bleiben, aber die Ziele und damit die Sicherung des Zusammenhaltes der Gesellschaft verloren gehen. Wir müssen die Strukturen den geänderten gesellschaftlichen Anforderungen anpassen. Hier geht es um größere Dimensionen als notwendige Einzelmaßnahmen im Sozialsystem. Es geht um gemeinsame übernationale Entwicklungen im Bereich der Politik.
Die wirtschaftspolitische Diskussion scheint gegenwärtig aber ausschließlich dominiert von der Standortfrage. Der Standortwettbewerb ist allerdings ein Wettbewerb, in dem es *nur Verlierer* gibt, solange die gemeinsamen Interessen verschiedener Volkswirtschaften von der Hoffnung, den Konkurrenten auszuspielen, überdeckt wird. Die allgegenwärtige Betonung der geringen Gestaltungsmacht von Politik gegenüber

Wirtschaft bezieht sich vor allem auf die engen Grenzen der nationalen Volkswirtschaften. Hier bedarf es eines gemeinsamen Versuches, Gestaltungsmacht wiederzugewinnen. Im Leitartikel der „Zeit" vom 14. Mai 1998 schreibt Uwe Jan Heuser über eine neue Weltwirtschaftsordnung: „Die Sache eilt: Gerade noch zwei Unternehmen bauen große Düsenjets auf der Welt; ein Konzern beherrscht das Softwaregeschäft. Auf anderen Märkten stimmen Großfirmen ihre Exportstrategien ab oder bilden weltweite Allianzen, um sich gegen die Unbill harter Konkurrenz zu versichern. Die Unternehmen predigen zwar den Wettbewerb, mögen ihn aber nicht sonderlich. Wenn sich die Reihen der Anbieter lichten, wächst die Lust am Missbrauch der eigenen Stärke – auf Kosten von Verbrauchern und Steuerzahlern." Angesichts dieser Entwicklungen stellt sich die Frage, ob mehr Wettbewerb und Deregulierung nicht in erster Linie mehr Wettbewerb unter den Arbeitnehmern bedeutet.
Verlagert sich der Wettbewerb nun aber tatsächlich immer stärker auf die Ebene der ArbeitnehmernInnen, wird die Standortfrage individualisiert und zur „persönlichen Standortfrage". „Wettbewerbsnachteile" durch körperliche, seelische oder soziale Einschränkungen sind nur noch schwer auszugleichen. Wie bei diesem Szenario auf lange Sicht gesellschaftliche Integration geleistet werden soll, ist fraglich.
Es braucht eine starke europäische Politik an den Rändern der Gesellschaft. Sie steht vor der Herausforderung, einerseits ein drop out nach oben zu vermeiden, indem sich Unternehmen und Personen – in der Einzelrationalität verständlich – Kosten sparend aus dem Solidargefüge verabschieden. Andererseits gilt es auch ein drop out nach unten durch soziale Ausgrenzung und Marginalisierung einzelner Gruppen zu verhindern.

Literatur

Bauer M. / Kronsteiner C., Statistische Beiträge zur Armut, Armutsgefährdung und Sozialer Ausgrenzung, in: ÖSTAT, Statistische Nachrichten 10/1997, S. 844 bis 852.

Bundesministerium für Arbeit, Gesundheit und Soziales (BMAGS) (Hrsg.), Bericht über die soziale Lage 1996, Wien 1997.

Bundesministerium für Arbeit, Gesundheit und Soziales (BMAGS) (Hrsg.), Bericht über die soziale Lage 1997, Wien 1998.

Dahrendorf R., Die Quadratur des Kreises, in: Transit 12 / 1996, S. 5 bis 28.

Dettling W., Was heißt Solidarität heute? In: Die Zeit 1/1996.

Giorgi L., Zur Sozialen Situation von Österreichischen Haushalten, IFS Wien 1997.

Giorgi L., Zur Sozialen Situation von Österreichischen Haushalten, IFS Wien 1998.

Hauser R. / Hübinger W., Arme unter uns. Teil 1: Ergebnisse und Konsequenzen der Caritas-Armenuntersuchung, Freiburg i. B. 1993.

Heuser U.J., Wer hat morgen das Sagen: Die Konzerne? Oder doch die Politik? in: Die Zeit 21/1998.

Muschg A., Stadt Europa, in: Der Architekt 10/1997, S. 627 bis 631.

Lehner M., Caritas. Die Soziale Arbeit der Kirche. Eine Theoriegeschichte, Freiburg i. B. 1997.

Sen A., Ausgrenzung und Politische Ökonomie, in: Armut in Europa, Zeitschrift für Sozialreform 4/5 1998, S. 234 bis 247.

Ster W. / Zott H., Liefering wird gesünder. Ein Projekt zur Gesundheitsförderung bei sozial benachteiligten Menschen. Situationsanalyse, Salzburg 1998.

Tálos E., Armut im Sozialstaat, in: ÖZP 4/1997, S. 437 bis 452.
Wallner S., Verarmungsrisiken im Wohlfahrtsstaat. Situationsanalyse und Problemkatalog zur sozialen Lage in Österreich, Julius Raab-Stiftung, Wien 1995.
Wallner-Ewald S., Verarmungsrisiken im Wohlfahrtsstaat II. Leben am Rand des Sozialsystems. Die Klientinnen und Klienten der Sozialberatungsstellen der Caritas Österreich, Julius Raab-Stiftung, Wien 1999.

II. Beschäftigung und Arbeitsmarkt

Allheilmittel Lohnverzicht? Niederländische und US-amerikanische Verlockungen auf dem Prüfstand

David Mum

Wer predigt den Lohnverzicht?

Dieser Beitrag widmet sich der Fragestellung, ob eine Senkung der Löhne ein Mittel darstellen kann, der Problematik der Massenerwerbslosigkeit beizukommen und eine Expansion der Beschäftigung auszulösen und untersucht die diesbezüglich immer wieder genannten „Erfolgsmodelle" USA und die Niederlande.
Die EU ist im Gegensatz zu den USA und Japan seit mehr als zwanzig Jahren von anhaltender Massenarbeitslosigkeit auf sehr hohem Niveau betroffen. Diese Persistenz struktureller Erwerbslosigkeit hat verschiedenen „ExpertInnen", ÖkonomInnen und Institutionen Gehör verschafft, die die Beschäftigungskrise auf dem Rücken der auf Erwerbsarbeit Angewiesenen durch eine neoliberale Umgestaltung des Arbeitsmarktes lösen wollen.
Wenn nach Mitteln und Wegen zur Reduzierung der hohen Arbeitslosigkeit gesucht wird, so haben sie eine einfache und scheinbar einleuchtende „Lösung" parat: Lohnverzicht. Der dabei unterstellte Zusammenhang wirkt logisch: Im Tausch für niedrigere Löhne erreiche man mehr Beschäftigung. Als empirische Untermauerung für diese These werden die USA und die Niederlande angeführt, die niedrige Löhne und eine niedrige Arbeitslosenrate aufweisen[1].
Diese Argumentationsweise der Befürworter der Niedriglöhne ist geschickt. Denn diejenigen, die sich gegen diese Niedriglohnstrategie aussprechen, werden als EgoistInnen stigmatisiert, die ohne Rücksicht auf die „ausgegrenzten Erwerbslosen" die Privilegien der „ArbeitsplatzbesitzerInnen" verteidigen und sich damit unsolidarisch verhalten.
Unterstellt wird dabei, dass die vorhandene Lohnsumme eine feste, unveränderbare Größe darstellt, die durch eine mehr oder weniger beliebige Zahl von Beschäftigten dividiert werden kann, denn es soll eine Steigerung der Beschäftigung ohne Anstieg der Lohnquote erreicht werden. Der Arbeitsmarkt ließe sich nun anhand folgender Gleichung darstellen:

$$N * w = \mu \qquad N = \mu / w$$

μ = gegebene Lohnsumme, N = Anzahl der Beschäftigten, w = Lohnsatz

[1] Und nicht etwa Spanien, das trotz niedriger Löhne 1998 nach EU-Berechnung mit 18 % die höchste Arbeitslosenrate und eine Beschäftigungsquote von lediglich 50,2 % aufweist.

Man sieht, dass eine gewünschte Beschäftigungsexpansion nur durch einen kleineren Lohnsatz erzielbar ist.
Vorausgesetzt und unhinterfragt bleibt dabei die Verteilung des Volkseinkommens auf Kapital und Arbeit, die „Ansprüche" der Shareholder, der Besitzenden und Vermögenden scheinen in der Gleichung nicht auf. Solidarität und Umverteilung wird nur zwischen den Beschäftigten und den Erwerbslosen eingefordert. Diese Umverteilung zwischen den Lohnabhängigen ist damit faktische Solidarität mit dem Kapital. Eine Verschärfung der Einkommensungleichheit, Anpassungen nach unten bei den Niedrigeinkommen und höhere Spitzeneinkommen der oberen Hierarchien werden als Marktnotwendigkeiten erklärt und außer Frage gestellt. Aber ist es nicht absurd, dass so eine „faire Verteilung der Arbeit" nur erreicht werden kann, wenn die Einkommensungleichheit zunimmt, die Kluft zwischen Arm und Reich vergrößert wird? Die Forderung eines Lohnverzichts zum Beschäftigungserhalt wird mittlerweile von so vielen verschiedenen politischen bzw. wirtschaftspolitischen Akteuren gestellt, dass man meinen könnte, sie ist zum *„common sense"* innerhalb der EU geworden.

- Die Europäische Zentralbank (EZB) hält eine mittelfristige produktivitätsorientierte Lohnpolitik für ein falsches Signal[2]. Sie fordert damit implizit eine Politik der Lohnzurückhaltung, in der die ArbeitnehmerInnen unterhalb der Produktivitätsentwicklung am Wohlstandswachstum partizipieren und damit um das gebracht werden, was lange als „gerechte Beteiligung am Wirtschaftswachstum" genannt wurde. Die „Empfehlungen" der Zentralbank sind durchaus als problematisch anzusehen. Denn die Zentralbank, deren starke Unabhängigkeit bedeutet, dass sie ohne demokratische Kontrollmöglichkeiten die Geldpolitik bestimmt und die die Massenerwerbslosigkeit für die Erhaltung der Preisstabilität offensichtlich in Kauf nimmt, mischt sich jetzt auch in die Tarif- und Arbeitsmarktpolitik ein.

- Auch die EU-Kommission schlägt in dieselbe Kerbe, wenn sie einmahnt, „Nominalerhöhungen müssen mit der Preisstabilität vereinbar sein" [3]. Preisstabilität meint Nullinflation und die Inflation wird innerhalb der EU und der gängigen Volkswirtschaftslehre durch geringe Lohnzuwächse bekämpft.

- Die Niedriglohnstrategie fand auch Eingang in die Politikformulierung der „neuen Mitte". Im umstrittenen Schröder-Blair-Papier vom Juni 1999 lesen wir: „Der Arbeitsmarkt braucht einen Sektor mit niedrigen Löhnen, um gering qualifizierten Arbeitsplätze verfügbar zu machen. Die öffentliche Hand kann durch gezielte Entlastung niedriger Einkommen von Sozialabgaben neue Erwerbschancen schaffen und so gleichzeitig Unterstützungsmaßnahmen für Arbeitslose sparen" („Der Weg nach vorne für Europas Sozialdemokraten", S. 16).

---

[2] Eine „produktivitätsorientierte Lohnpolitik", in der die Löhne regelmäßig im Ausmaß der Produktivität und der Inflation erhöht werden, bewirkt eine Konstanz der (bereinigten) Lohnquote.
[3] Empfehlungen der EU-Kommission zur Wirtschaftspolitik 1998, Zitat nach Schulten 1999.

- Die OECD vertritt das Konzept der wettbewerbsorientierten Lohnpolitik. Dieses zeichnet sich durch eine moderate Lohnerhöhung unterhalb der Produktivität aus. Meist wird das dahingehend konkretisiert, dass sich die Reallöhne einen Prozentpunkt unterhalb der Produktivität entwickeln sollen. Dadurch kann man die nationale Wettbewerbsfähigkeit auf Kosten anderer Länder verbessern, außer wenn diese das gleiche Lohnerhöhungsmodell verwenden, dann findet überall ein Sinken der Lohnquote und eine Umverteilung von Arbeit zum Kapital statt.

Der ökonomische Zusammenhang zwischen Lohn und Beschäftigung

Die Tatsache, dass derart viele Institutionen der Lohnzurückhaltung das Wort reden, ist noch kein Beweis für deren Berechtigung. Der Zusammenhang zwischen Löhnen und Beschäftigung ist so einfach nicht.

Wie alle Kosten sind auch die Löhne gleichzeitig Einkommen. Sie wirken daher nicht nur auf der Angebotsseite der Wirtschaft als Preise, sondern auch auf der Nachfrageseite als Einkommen und Kaufkraft. Die zentrale Fragestellung im Zusammenspiel zwischen Löhnen und Beschäftigung lautet daher: Bringt ein Lohnverzicht, der den Preis der Ware Arbeitskraft reduziert, eine Zunahme an Beschäftigung, weil die Unternehmer gewillt sind, bei geringeren Löhnen mehr Arbeit nachzufragen oder reduziert er die Kaufkraft und Nachfrage nach Produkten, weil die Entwicklung der Massenkaufkraft hinter der Produktion zurückbleibt? Dann ist nämlich das Resultat der Lohnzurückhaltung eine sinkende Beschäftigung.

Es ist einsichtig, dass die Antwort kein prinzipielles Annehmen des einen und Verwerfen des anderen Ansatzes sein kann, denn offensichtlich wirken beide auf die Beschäftigung ein. Es hängt von der Lage am Arbeitsmarkt und dem wirtschaftlichen Klima ab, welcher Effekt der dominante ist. Es ist wichtig, die Rahmenbedingungen zu analysieren, um die Auswirkungen eines Lohnverzichts auf die Beschäftigung abschätzen zu können. Wenn der nachfragedämpfende Effekt den Beschäftigungseffekt übertrifft, ist Lohnverzicht, was die Beschäftigung betrifft, auf jeden Fall kontraproduktiv.

Lohnpolitik und Lohnquote

Der Zusammenhang der Lohnquote und der Höhe der Löhne ist kein eindeutiger, weil sich die Lohnquote aus der Zahl der Beschäftigungen und ihrer Entlohnung ergibt und sich beide Größen gleichzeitig ändern. Je nach Marktlage und wirtschaftlicher Situation können sich Beschäftigung und Lohnhöhe in die selbe oder in entgegengesetzte Richtung bewegen.

- Wenn die Arbeitsnachfrage ansteigt und das Arbeitsangebot knapp ist, dann müssen die Unternehmer die Löhne erhöhen, um die Beschäftigung steigern zu können, weil sie sonst keine zusätzlichen Menschen zum Verkauf ihrer Arbeitskraft motivieren können. Es steigen die Löhne und die Beschäftigung und damit auch die Lohnquote.

- Der entgegengesetzte Fall tritt ein, wenn die Kaufkraft und damit die Güternachfrage stagniert, dann ist auch die Nachfrage nach Arbeitskräften konstant oder durch Rationalisierungsinvestitionen rückläufig. Die Beschäftigung geht zurück, die Löhne geraten unter Druck und die Lohnquote sinkt. Eine zurückhaltende Lohnpolitik, welche den durch die Arbeitsproduktivität[4] vorgegeben verteilungs- und beschäftigungsneutralen Lohnerhöhungsspielraum nicht voll ausschöpft, führt dann zu einer sinkenden Lohnquote, wenn die Beschäftigung nicht im selben Ausmaß zunimmt, wie die Löhne sinken. Man spricht dann von einer relativ unelastischen Arbeitsnachfrage[5].

Folge: Die Lohnkosten je Produktionseinheit, die Lohnstückkosten, sinken ohne proportionalen Beschäftigungsanstieg. Dadurch fällt der Anteil der ArbeitnehmerInneneinkommen am Volkseinkommen. Die sinkenden Lohnquoten bei anhaltend hoher Arbeitslosigkeit sind daher ein Indiz dafür, dass Lohnzurückhaltung, wenn überhaupt, dann nur unterproportional zu mehr Beschäftigung führt.
Zumindest kurzfristig kann man nicht davon ausgehen, dass die Arbeitsnachfrage sehr sensibel auf die Reallöhne reagiert, weil das Faktorverhältnis zwischen Kapital und Arbeit relativ fix ist. Wenn also eine vorhandene Kapitalausstattung eine gewisse Anzahl von Arbeitskräften zu ihrer Bedienung erfordert, steigt die Arbeitsnachfrage nicht unmittelbar bei sinkenden Löhnen.
Langfristig ist die Situation anders, wobei durch den technischen Fortschritt arbeitssparende Technologie eingesetzt, also Arbeit durch Kapital ersetzt wird. Das Ausmaß der Lohnerhöhungen kann den Druck auf diesen Prozess erhöhen und damit beschleunigen, nicht aber die Richtung. Auch niedrige Löhne halten den (arbeitssparenden) technischen Fortschritt nicht auf, geschweige denn, dass sie ihn umdrehen. Schulmeister meint, dass die Kapitalintensität grundsätzlich irreversibel ist, denn der kontinuierliche prozesstechnische Fortschritt bringt eine permanente Erhöhung der Kapitalausstattung je Arbeitsplatz nach sich. Wenn eine bestimmte Produktionstechnik einmal implementiert ist, so wird eine Lohnsenkung keine Rückkehr zu einem früheren, arbeitsintensiveren Verfahren bewirken (Schulmeister 1998).
Unternehmen entscheiden nicht, Kapital oder Arbeit einzusetzen, sondern sie investieren in beide Produktionsfaktoren gleichzeitig oder gar nicht. Die Entwicklung von Erwerbstätigen und Investitionen verläuft synchron. Diese Entscheidung hängt von der Auslastung der vorhandenen Kapazitäten und den Kosten der Alternativanlage des Kapitals, des Zinses, ab. Mangelnde Kapazitätsauslastungen von Kapital werden auch nicht mit einer mangelnden Flexibilität des Preises von Kapital erklärt, sondern mit der Nachfrage, also der Marktsituation. Dasselbe gilt aber auch für die Nachfrage nach Arbeitskräften.

---

[4] Die (Arbeits)produktivität ist definiert als Produktion je Beschäftigten

[5] Es ist theoretisch auch möglich, dass Lohnerhöhungen, die ein Ansteigen der Lohnkosten über der Arbeitsproduktivität bewirken, ein Sinken der Lohnquote bei gleichzeitig steigender Arbeitslosigkeit bewirken. Das könnte eintreten, wenn die Arbeitsnachfrage sehr stark auf Reallohnänderungen reagiert. Der negative Effekt der Kündigungen überwiegt dann den positiven Effekt der Lohnsteigerungen auf die Lohnquote. Allerdings ist das eine unrealistische Variante.

Für die Entscheidung, ob Rationalisierungs- oder Erweiterungsinvestitionen durchgeführt werden, also ob die Beschäftigung reduziert oder gesteigert wird, ist nicht die Lohnhöhe die ausschlaggebende Variable, sondern die Frage, ob das Unternehmen auf einem expandierenden oder einem stagnierenden Markt agiert. Erweiterungsinvestitionen können sich nur auf wachsenden Märkten rentieren, während der Druck zu Rationalisierungsinvestitionen in gesättigten oder engen Märkten steigt. Auf gesamtwirtschaftlicher Ebene können umso mehr Märkte wachsen, je höher die nachfragewirksame Kaufkraft und damit in erster Linie die Reallöhne sind.

Traum und Wirklichkeit

Hätte die neoklassische These der Beschäftigungsexpansion durch Lohnzurückhaltung Gültigkeit, so müsste sich empirisch nachweisen lassen, dass in einem internationalen Vergleich die Länder am besten abschneiden, in denen Reallohnzurückhaltung ausgeübt wurde.

Zunächst ist diesbezüglich festzustellen, dass in den Lohnverhandlungen nicht die Reallöhne, sondern die Nominallöhne festgelegt werden. Die Preise hingegen werden auf den Gütermärkten bestimmt. Somit bilden sich die Reallöhne, die vom Verhältnis von Nominallöhnen und Preisen bestimmt werden, am Markt heraus.

Die Grafiken zeigen, dass es keinen eindeutigen Zusammenhang zwischen den Arbeitskosten und der Arbeitslosenrate gibt. Spanien hat trotz seiner geringen Arbeitskosten die höchste Arbeitslosenrate der verglichenen Länder. Die Schweiz, das Land mit der niedrigsten Arbeitslosenrate, liegt bezüglich der Industriearbeitskosten an zweiter Stelle.

Arbeitslosigkeit

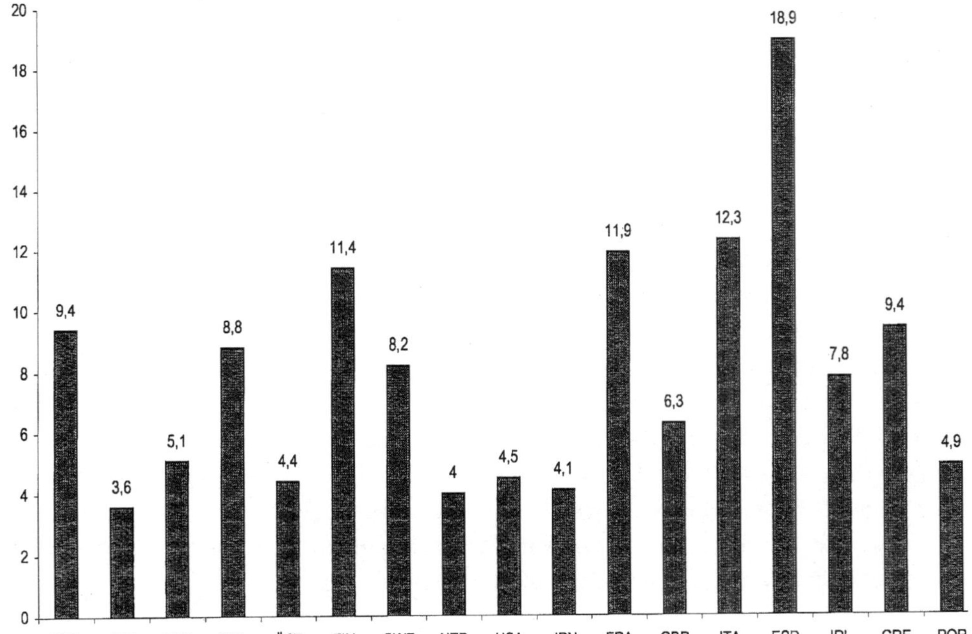

Arbeitskosten in der Industrie

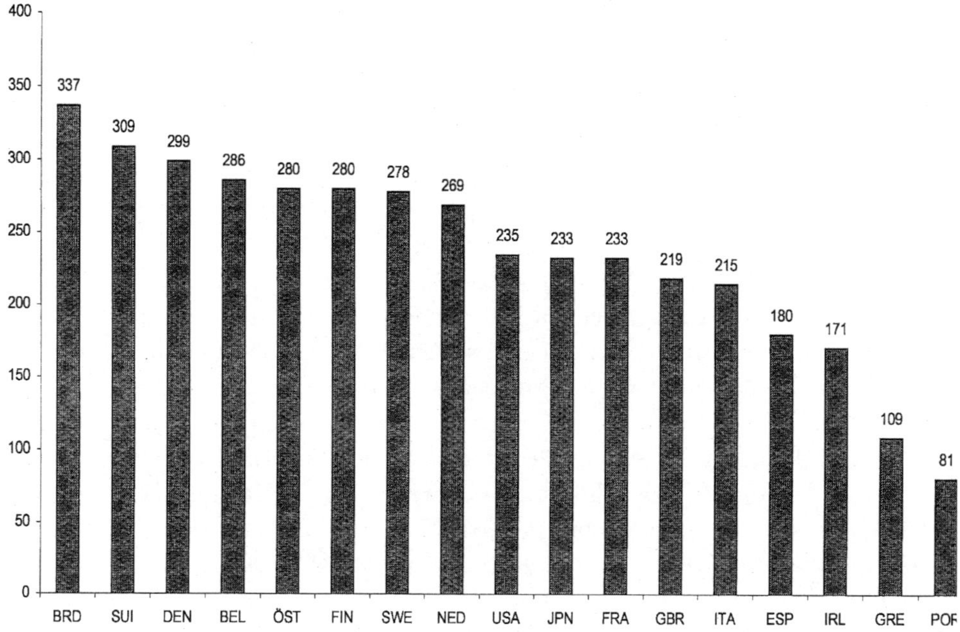

Quelle: Flassbeck, DIW 1998.

	USA	Frankreich	BRD
Nominallöhne	3,0 %	4,5 %	3 %
Reallöhne	3,0 %	4,0 %	9 %
Arbeitsproduktivität	0,7 %	2,0 %	2 %
Reallohnposition	-3,0 %	-12,0 %	-6 %

Quelle: Industriearbeitskosten 98: Institut der Deutschen Wirtschaft, (DIW), Köln, Standard 14. 7. 1999, Arbeitslosenraten 1998 OECD 1999.

Als Beleg für die These „Lohnzurückhaltung fördere Beschäftigung" wird immer wieder ein Vergleich zwischen den USA und Europa angeführt. Während in den USA seit Anfang der Siebzigerjahre im Gegensatz zu Europa die Reallöhne nicht mehr gestiegen sind, war dort eine starke Beschäftigungszunahme zu verzeichnen. Erklärungsansatz: Eine Volkswirtschaft hat die Wahl zwischen Vollbeschäftigung und hohen Einkommenssteigerungen.

Dass die Wirklichkeit nicht so einfach zu erklären ist, zeigt schon der Verweis auf die Zeit des langen Nachkriegsaufschwunges. In den Fünfziger- und Sechzigerjahren konnte man folgende Entwicklungen konstatieren: ein starkes Steigen der Produktivität, der Reallöhne, der Beschäftigung bei Arbeitszeitverkürzungen, also gleichzeitige Existenz von Vollbeschäftigung *und* Realeinkommenssteigerungen.

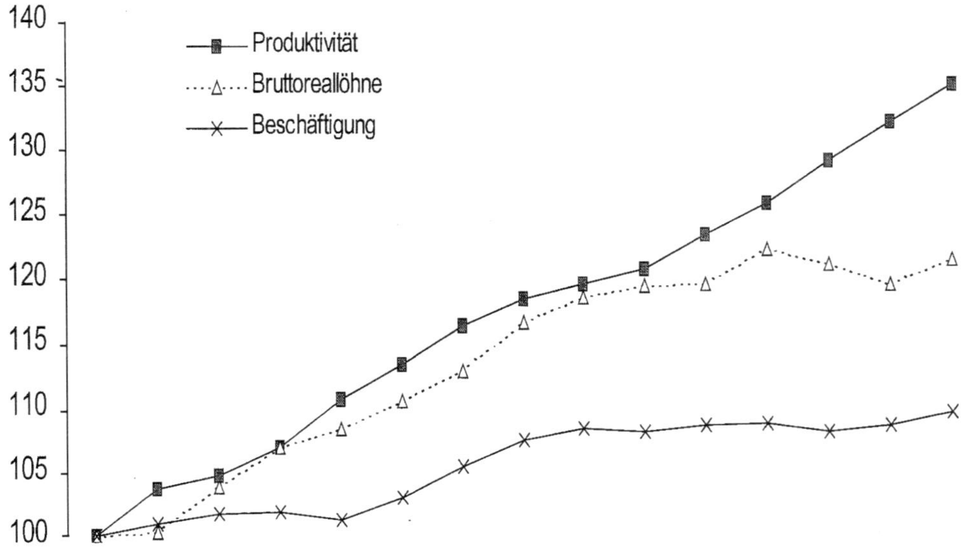

Das sieht man für Österreich auch aus dem Diagramm, das die Entwicklung von Produktivität, Reallöhnen und Beschäftigung von 1983 bis 1999 zeigt. So lange sich die Reallöhne annähernd so stark wie die Produktivität entwickelt haben, stieg auch die Beschäftigung, aber genau zu dem Zeitpunkt, wo sich die Produktivitätssteigerung vom Reallohnwachstum abkoppelt, setzt in der Beschäftigungsentwicklung im Gegensatz zu dem von den Neoklassikern unterstellten Zusammenhang eine Stagnation ein.
Zurück zu den Unterschieden zwischen den USA und Europa. Der deutsche Ökonom Flassbeck hat diesen Zusammenhang unter die Lupe genommen.

Vergleich Frankreich, BRD, USA in den Achtzigerjahren (1983 bis 1990)

Eine Analyse der Entwicklung in den drei Ländern von der Rezession Anfang der Achtzigerjahre bis 1990 bringt Ergebnisse, die in Widerspruch zu den neoklassischen Hypothesen stehen.

- Die Nominallohnentwicklung weist keine großen Unterschiede auf.
- Die Reallöhne stiegen in Deutschland am stärksten, entwickelten sich aber in Frankreich und den USA trotz gegensätzlichster Arbeitsmarktentwicklung sehr ähnlich.
- Die Arbeitslosigkeit stieg in Frankreich am stärksten und nicht in Deutschland, wo die Reallöhne das deutlichste Wachstum verzeichneten. In den USA sank die Arbeitslosenrate wieder auf das Niveau vor der Rezession.

Die Neoklassik argumentiert, dass wenn die Reallöhne stark steigen, die Unternehmer Arbeit durch Kapital ersetzen. Demnach ging in Frankreich und den USA von den Reallöhnen ein gleich starker Druck in diese Richtung aus. Ein erhöhter Kapitaleinsatz bewirkt eine höhere Arbeitsproduktivität. Diese entwickelte sich aber in den USA und Frankreich äußerst unterschiedlich.

- Die Arbeitsproduktivität stieg in Frankreich gleich stark wie in Deutschland und lag deutlich über jener der USA.
- Die Reallohnposition, die Differenz zwischen der Wachstumsrate des Reallohns und der Arbeitsproduktivität, misst das Ausmaß der Reallohnzurückhaltung, die immer wieder als beschäftigungsfördernd bezeichnet wird. Aber just in Frankreich, dem Land mit der höchsten Arbeitslosigkeit, war die Reallohnzurückhaltung mit Abstand am größten.

Offensichtlich stehen die neoklassischen Argumente entweder in Widerspruch zu der Realität oder sind zumindest nicht geeignet, die Entwicklung der Beschäftigung zu erklären. Ein anderer ökonomischer Parameter kann da mehr Licht in diese Entwicklungen bringen. Investitionen und Konsum hängen negativ von den Zinsen ab. In den Ländern, in denen die Zinsen höher waren als die Wachstumsrate der Wirtschaft, stieg die Arbeitslosigkeit. Waren die Zinsen geringer als das Wirtschaftswachstum, stieg die Beschäftigung.
In Frankreich sind nach der Rezession Anfang der Achtzigerjahre die Zinsen nicht gesunken und lagen permanent über der Wachstumsrate. Anders in den USA, wo die Zinsen nicht über der Wachstumsrate lagen. Als Anfang der Neunzigerjahre in der BRD der Zinssatz gestiegen ist, obwohl das Wirtschaftswachstum sank, begann die Arbeitslosigkeit stark zu steigen. Somit kann die Ursache der anhaltenden Arbeitslosigkeit innerhalb Europas nicht in zu hohen Löhnen gesucht werden. Denn diese entwickelten sich langsamer als die Produktivität, eine Bedingung nach der, wenn man der neoklassischen Logik folgt, die Beschäftigung steigen müsste.
Die Realwirtschaft ist heute von Deflationstendenzen gekennzeichnet, andererseits hat sich eine enorme Vermögensinflation entwickelt. Die einerseits schwache Entwicklung der Realwirtschaft bei einem explosiven Wachstum der Vermögenswerte führte zu einem Sinken des Anteils der realwirtschaftlichen Investitionen am BIP. Wegen der hohen Realzinsen, der restriktiven Wirtschaftspolitik, die die gesamtwirtschaftliche Nachfrage dämpfte und der boomenden Vermögensmärkte investierten Unternehmen ihre liquiden Mittel lieber in hohe Zinsen versprechende Wertpapiere und Wertsteigerungen versprechende Aktien und Immobilien. Das dämpft die Entwicklung der Beschäftigung, der verfügbaren Einkommen und des privaten Konsums.

Niederlande

Das niederländische so genannte „Poldermodell" wird seit einigen Jahren wegen des Abbaus der hohen Arbeitslosigkeit als Vorzeigemodell innerhalb der EU behandelt. Hier soll nun untersucht werden, inwiefern es in der Praxis den unterstellten Erfolgen gerecht wird bzw. ob es eine allgemeine anwendbare Strategie darstellt. Wesentliche Elemente des Modells sind die Ausweitung der Teilzeitbeschäftigung, die Flexibilisierung der Arbeit, ein hohes Ausmaß an Zeitarbeitsunternehmen und vor allem eine mäßige Lohnpolitik.

Rückgang der Arbeitslosenquote

Die Niederlande konnten die Arbeitslosigkeit von einem sehr hohen Niveau am Anfang der Achtzigerjahre deutlich reduzieren. Mitte der Neunzigerjahre hat die niederländische Arbeitslosigkeit den Wert der österreichischen erreicht und diese in der Folge sogar leicht unterboten. 1974 und 1990 war die Arbeitslosenquote doppelt so hoch wie in Österreich. 1997 lag die Arbeitslosenrate in den Niederlanden bei 4 %, während sie in der EU durchschnittlich 10 % betrug. Die Arbeitslosenrate sank von über 11,9 Prozent im Jahr 1982 auf heute unter vier Prozent. Die Beschäftigung stieg von 4,9 Mio. 1980 auf 7 Mio. 1997.

Lohnzurückhaltung und Umbau des Sozialstaates

Am Beginn des Polder-Modells stand Reallohnzurückhaltung und in weiterer Folge ein Umbau des Sozialstaates. Im Pakt von Wassenaar („*akkoord van 1982*") einigten sich Gewerkschaften, Arbeitgeber und Regierung auf folgende Punkte zur Bekämpfung der Krise: moderate Lohnpolitik seitens der Gewerkschaften, Schaffung von Teilzeitarbeitsplätzen und aktive Beschäftigungspolitik.

Das verfügbare Realeinkommen von ArbeitnehmerInnenhaushalten ist in den Jahren 1982 und 1983 infolge der Rezession um 10 Prozent zurückgegangen. 1984 und 1985 sanken die Reallöhne dann durchschnittlich um jeweils 9 Prozent. Die Gewerkschaften setzten die Tarifvereinbarungen über eine automatische Angleichung der Löhne an die Inflation außer Kraft. Die Sozialversicherungsleistungen und der Mindestlohn wurden einige Jahre lang eingefroren, so dass sie um 25 % unter dem durchschnittlichen Lohnwachstum blieben (Roorda 1999). Das Wachstums der Niedriglohnjobs wird auch von staatlicher Seite gefördert. Arbeitgeber kommen in den Genuss von Abgabenkürzungen, wenn sie ArbeitnehmerInnen einstellen und ihnen nicht mehr als 115 % des Mindestlohnes zahlen. Die Zahl dieser Niedriglohnjobs hat sich von 1994 bis 1996 verdoppelt (Molitor 1999).

Krankenversicherung neu

1994 wurde die Krankenversicherung als reine ArbeitnehmerInnenversicherung auf freiwilliger Basis neu konzipiert. Die Krankenversicherungsbeiträge der Arbeitgeber wurden vollständig abgeschafft. Jede Krankmeldung kostet seitdem einen Urlaubstag, und die Kosten der gesetzlichen Lohnfortzahlung – 70 Prozent des Lohnes nach zwei Karenztagen – wurden für die ersten sechs Wochen vollständig den Arbeitgebern übertragen. Diese achten daher jetzt sehr darauf, nur gesunde Menschen einzustellen.

Teilzeit: Mehr Beschäftigung – nicht mehr Arbeit

Der Rückgang der Arbeitslosenrate ist auf ein starkes Wachstum der Teilzeitarbeit zurückzuführen. 1997 lagen die Niederlande mit einem Anteil der Teilzeitbeschäftigung von 38 % in der EU an erster Stelle. Von den 172.000 im Jahr 1997 in den Niederlanden geschaffenen Jobs waren nur mehr 62.000 „normale" Vollzeitsarbeitsplätze, 60.000 Teilzeitjobs und 50.000 basierten auf den flexiblen Arbeitsverträgen von Leiharbeitsfirmen. 14 % der Berufsbevölkerung haben nur einen befristeten Arbeitsvertrag (Kurier 14. 6. 1999). Aber die geringe Arbeitslosenquote bedeutet nicht, dass es in den Niederlanden ein größeres Ausmaß an Erwerbsarbeit gibt. 1997 arbeiteten 794.000 Personen weniger als 12 Stunden (Molitor 1999). Die Zahl der Vollzeitbeschäftigten blieb gleich, der Beschäftigungsanstieg beschränkte sich auf atypische Beschäftigungsverhältnisse.

Gestiegene Frauenerwerbsbeteiligung

Die Beschäftigtenquote insgesamt beträgt 1998 68,3 % (EU: „Joint employment report"). Vor allem die Frauenbeschäftigung ist stark gestiegen und lag 1998 bei 56,2 %. Die Frauenerwerbsquote (Beschäftigte und Arbeitssuchende) lag 1975 noch bei nur 34,5 %. Wenn man alle vorhandenen Beschäftigungsverhältnisse auf Vollzeitarbeitsplätze umrechnet, würde die Beschäftigungsrate nur bei 54 % und die Frauenbeschäftigungsrate bei 35 % liegen. In Österreich, das 1998 mit 70,1 % eine etwas höhere Beschäftigungsquote aufweist, liegen die Beschäftigungsquoten in Vollzeitäquivalenten viel höher: Die allgemeine Beschäftigungsrate in Vollzeitäquivalenten betrug 1998 65 %, die der Frauen 50,8 %.

Das bedeutet zum Einen, dass es den Niederlanden zwar zweifellos gelungen ist, mehr Frauen in den Arbeitsmarkt zu integrieren, diese arbeiten aber fast nur in Teilzeitjobs. 69 % der erwerbstätigen Frauen übten Teilzeitjobs aus, der Frauenanteil an den Teilzeitarbeitsverhältnissen betrug 74 %. Molitor meint, „Frauen seien sozusagen in Teilzeitarbeit ‚eingeschlossen', weil der Anstieg von Teilzeitarbeit vor dem Hintergrund eines segregierten Arbeitsmarktes stattfindet. Teilzeitarbeit ist in den Niederlanden das Kennzeichen von Frauenarbeit geworden" (Molitor 1999). Dass die Frauenbeschäftigungsquote sich dem EU-Durchschnitt angenähert und diesen sogar übertroffen hat, aber mehr als zwei Drittel der Frauen Teilzeitjobs haben, hat natürlich Folgen für die Einkommensverteilung. Denn Teilzeitkräfte verdienen nicht nur wegen der geringeren Arbeitszeit weniger, sondern auch weil sie in niedrigeren Funktionen eingesetzt sind und es kaum Aufstiegs- und Karrieremöglichkeiten gibt. Diese Effekte der atypischen Beschäftigung werden in der Öffentlichkeit kaum wahrgenommen: Flexible Arbeit bedeutet auch Unsicherheit. Im Gegensatz dazu lancieren Medien Jubelmeldungen wie „Leiharbeit gehört zum Life-Style"[6].

Hohe Langzeitarbeitslosigkeit – Hohe Erwerbsunfähigkeitsrate

Die Langzeitarbeitslosigkeit beträgt in den Niederlanden fast 50 % aller Arbeitslosen, das ist europaweit einer der höchsten Werte. In Österreich betrug sie 1998 29,2 %. Mehr als 900.000 BürgerInnen leben heute in den Niederlanden von einer Invalidenrente wegen Arbeitsunfähigkeit. Unter Berücksichtigung der darin versteckten Arbeitslosigkeit liege die Arbeitslosenrate in Holland bei 20 Prozent[7].

---

[6] Standard 11. 6. 1999.

[7] Ebenda.

IHS-Länderranking der Arbeitsmarktsituation

Das Wiener IHS (Institut für Höhere Studien) hat aufgrund von Arbeitsmarktkennziffern des Jahres 1998 eine Reihung der EU-Länder vorgenommen. Zur Bewertung wurden dabei die Gesamtarbeitslosenquote, die Jugendarbeitslosenquote, der Anteil der Langzeitarbeitslosigkeit, die Beschäftigungsquote sowie die Beschäftigungsquote in Vollzeitäquivalenten auf der Grundlage der EUROSTAT-Datenquellen herangezogen. Im diesem Gesamtranking liegt Österreich auf Rang 2. Vor allem aufgrund der äußerst ungünstigen Beschäftigungsquote in Vollzeitäquivalenten liegen die Niederlande trotz niedriger Gesamtarbeitslosenquote nur im Mittelfeld. Bei Umrechnung der Beschäftigungsquote in Vollzeitäquivalente fallen die Niederlande mit beinahe 40 % Teilzeitbeschäftigung bei diesem Indikator deutlich zurück.

Arbeitsmarkt 1998

	Niederlande	Österreich	Portugal	Finnland	Schweden	Britannien	Belgien	Dänemark
Beschäftigungsrate	68,3	70,1	68,9	65,1	70,3	71,4	57,5	79,2
Männer	80,0	80,7	78,3	68,2	73,2	78,5	67,3	85,5
Frauen	56,2	59,6	59,9	62,0	67,3	64,1	47,7	72,8
Vollzeitäquivalente	54,0	65,0	64,9	61,5	62,8	60,9	53,7	69,9
Männer	72,8	79,5	77,9	68,2	70,0	77,0	67,9	80,8
Frauen	35,0	50,8	52,5	54,7	55,3	44,4	39,3	58,7
Arbeitslosenrate	4,0	4,7	4,9	11,4	8,2	6,3	9,5	5,1
Männer	3,0	3,9	3,9	10,8	8,6	7,0	7,7	3,9
Frauen	5,2	5,6	6,1	12,0	7,8	5,5	11,9	6,5
Jugendarbeitslosenrate	5,1	3,8	5,1	11,2	7,5	9,1	7,4	5,3
Langzeitarbeitslosenrate	1,9	1,6	1,9	3,6	3,3	2,0	5,7	1,4

	BRD	Griechenl.	Spanien	Frankreich	Irland	Italien	Luxemburg
Beschäftigungs-rate	61,5	57,2	50,2	60,8	60,5	51,8	60,5
Männer	69,3	73,9	65,8	68,3	73,5	66,5	75,1
Frauen	53,6	41,3	35,0	53,6	47,4	37,3	45,8
Vollzeitäquivalente	55,2	56,2	47,9	57,4	56,5	50,2	58,1
Männer	68,5	75,8	65,6	69,9	75,9	68,0	77,2
Frauen	41,6	37,3	30,6	45,4	37,0	32,8	38,7
Arbeitslosenrate	9,4	10,7	18,8	11,7	7,8	12,2	2,8
Männer	8,9	7,0	13,8	9,9	8,0	9,4	2,0
Frauen	10,2	16,5	26,6	13,8	7,6	16,7	4,2
Jugend-arbeitslosenrate	4,9	11,9	14,6	9,1	5,7	12,9	2,5
Langzeit-arbeitslosenrate	5,0	5,9	9,4	5,1	xx	8,4	0,9

Moderate Lohnpolitik

Der wichtigste Bestandteil des niederländischen Modells stellt die zurückhaltende Lohnpolitik dar. Während die BRD von 1980 bis 1997 einen Lohnzuwachs von 45 % und Österreich von 29 % verzeichneten, betrug dieser in den Niederlanden nur 7 % (Roozemod 1999).

Die Niederlande wählten wie Österreich nach 1979 die DM als Leitwährung, weil ein Viertel der Exporte nach Deutschland ging. Mit der Strategie der Lohnzurückhaltung sollten die preisliche Wettbewerbsfähigkeit gesteigert und Marktanteile gewonnen werden. Mitte der Achtzigerjahre betrugen die Lohnkosten 95 % des westdeutschen Niveaus und sanken bis 1998 kontinuierlich auf 80 % [8]. Die Stärkung der Wettbewerbsfähigkeit über sinkende Lohnstückkosten erfolgte durch Lohnzurückhaltung und nicht durch Produktivitätssteigerungen. So stieg die Stundenproduktivität in der österreichischen Industrie von 1980 bis 1997 um 132 % und in den Niederlanden nur um 63 %. Während die Arbeitsproduktivität in der EU zwischen 1990 und 1997 jährlich um 3,7 % stieg, lag das Wachstum in den Niederlanden nur bei 2 % (Rauner 1999). Die Niederlande sind eine kleine offene Volkswirtschaft, die sehr stark von der Konjunktur in Deutschland abhängig ist. Die Exporte betragen 60 % des BIPs. Und das ist auch der Grund, warum des Polder-Modell keine verallgemeinerbare Strategie zur Bekämpfung der Arbeitslosigkeit darstellen kann.

[8] WIFO, APA 21. 9. 1999.

Eine kleine Wirtschaft kann sich leicht Wettbewerbsvorteile verschaffen, indem sie eine Niedriglohnstrategie fährt, ohne dass die Nachfrage insgesamt stark zurückgeht, wenn sie einen hohen Exportanteil aufweist. Es ist dies eine Politik auf Kosten der Handelspartner (*„begging my neighbour policy"*), die in diesem Fall auf Kosten Deutschlands betrieben wurde. Würde die große BRD dasselbe Modell praktizieren, so hätte das auf die europäische Wirtschaftslage dramatische Auswirkungen, denn dann wären all die Länder, die in der BRD einen Abnehmer ihrer Exporte haben, negativ betroffen. Das gilt gerade auch für die Niederlande als kleine offene Volkswirtschaft. Die Strategie der Wettbewerbsverbesserung durch Lohnzurückhaltung ist keine Politik der Beschäftigungsschaffung, sondern global betrachtet, *Export von Arbeitslosigkeit.*

Daraus wird deutlich, dass das keine gangbare Politik innerhalb einer Währungsunion darstellt. Wenn ein Lohnsenkungswettlauf vermieden werden soll, ist eine europaweite Koordinierung und Durchsetzung einer produktivitätsorientierten Lohnpolitik unabdingbar.

Der Deutsche Gewerkschaftsbund hat das auch erkannt. „Gerade bei den festgezurrten Wechselkursen in Europa ist es verfehlt zu verlangen, die Lohnpolitik müsse durch niedrige Abschlüsse dazu beitragen, den Standort Deutschland zu verbessern. Es würde nicht lange dauern, bis die anderen Länder diesem Wettbewerbsdruck nicht mehr standhalten können und nachzögen. Die Folge wäre eine unsinnige Abwärts-Spirale: Lohnrückgänge in Deutschland, Nachziehen der anderen Länder, Nachziehen in Deutschland usw. Gerade Deutschland als ein großes Land hat eine besondere Verantwortung, diese Begging-my-neighbour-Politik nicht zu versuchen." (Informationen zur Wirtschafts- und Strukturpolitik, 5/1999, S. 35)

USA

Im Vergleich zu den EU – Staaten weisen die USA in den Neunzigerjahren deutlich sinkende Arbeitslosenquoten auf. Im Zuge der Weltwirtschaftskrise stiegen sie in den Siebzigerjahren noch im Gleichklang der westlichen Industriestaaten und erreichten 1975 8,5 %. In den USA betrug die Arbeitslosenrate in den Siebzigerjahren durchschnittlich 6,2 %, in den Achtzigerjahren 7 % und lag 1997 bei nur noch 4,9 %[9]. Es kann also in den Neunzigerjahren eine gewisse „Entkoppelung" von der Situation in Europa festgestellt werden, welche durch die Persistenz der Arbeitslosigkeit auf hohem Niveau gekennzeichnet ist.

Diese Entwicklung, die im Zusammenhang mit dem lang andauernden Boom in den USA gesehen werden muss, wird in der öffentlichen Diskussion dazu instrumentalisiert, die Systeme sozialer Sicherung und die arbeitsrechtliche Regulierung der Beschäftigung in Europa als Beschäftigungshindernis und Ursache der Massenerwerbslosigkeit zu attackieren. Der amerikanische Arbeitsmarkt ist vor allem durch das Fehlen von Regulierung gekennzeichnet, es bestehen keine allgemeinen Mindestarbeitsnormen. Es gibt keinen gesetzlich geregelten Urlaubsanspruch und es bestehen keine gesetzlichen Regelungen zum Schutz vor Kündigungen.

Es soll hier versucht werden, die gängigen Klischees, mit denen das „Beschäftigungs-

[9] WSI Mitteilungen 12/98, S. 846.

wunder USA" erklärt wird, mit der Realität zu konfrontieren. Der zentrale und durchgängige Erklärungsansatz der steigenden Beschäftigung in den USA konzentriert sich im Wesentlichen auf zwei Faktoren: die Existenz eines Niedriglohnsektors und die starke Zunahme der Einkommensungleichheit. Die Bereitschaft vieler AmerikanerInnen, auch zu niedrigen Löhnen zu arbeiten (die durch die bewusst unzureichende soziale Absicherung erzwungen wird), habe demnach zur Schaffung der neuen Jobs im Dienstleistungsbereich beigetragen.

Diese Behauptung hat zwei entscheidende Merkmale: Sie ist einerseits so plausibel und einleuchtend, dass sie seit Jahren von den Gegnern der Gewerkschaften bei jeder möglichen und unmöglichen Gelegenheit wiederholt wird, um im Lohnverzicht und in der Entlohnung unterhalb der Kollektivverträge die zentralen Ansatzpunkte zur Schaffung zusätzlicher Beschäftigung zu propagieren. Und sie findet in der Realität keine empirische Bestätigung.

Die OECD-Studie „Labour Market Policies: New challenges for low paid workers and unskilled job seekers" zeigt Ergebnisse, die in diametralem Widerspruch zu den Aussagen stehen, der Rückgang der Arbeitslosigkeit sei auf die niedrigen Löhne der schlecht Qualifizierten zurückzuführen. Die wenig Qualifizierten, denen durch die Niedriglöhne angeblich die neuen Jobs zugute gekommen sind, sind gerade in den USA die Hauptbetroffenen von Erwerbslosigkeit. Das Verhältnis der Arbeitslosenrate der Niedrigqualifizierten zur Arbeitslosenrate aller war Mitte der Neunzigerjahre in den USA das höchste aller OECD-Staaten. Die Arbeitslosenrate der Niedrigqualifizierten ist mehr als doppelt so hoch wie die allgemeine. Die zweithöchste Arbeitslosenrate der wenig Qualifizierten innerhalb der OECD wies übrigens Großbritannien auf. Auf den angloamerikanischen Arbeitsmärkten sind also im Gegensatz zu den behaupteten Legenden trotz Niedriglohnsektors die Arbeitslosenraten der wenig Qualifizierten höher als in den anderen OECD-Staaten.

Auch bei der Nichtbeschäftigungsrate der niedrig Qualifizierten im Verhältnis zur Nichtbeschäftigungsrate Aller weist die USA den höchsten Wert innerhalb der OECD auf. 44 % der wenig Qualifizierten waren in den USA nicht beschäftigt, so dass deren Nichtbeschäftigungsrate doppelt so hoch wie die allgemeine war.

Die Ergebnisse der Niedriglohnstrategie sind also keine verbesserten Erwerbschancen, sondern verschlechterte Erwerbseinkommen der wenig Qualifizierten.

Polarisierung der Einkommens- und Beschäftigungsstrukturen

Dieselbe Studie zeigt einen deutlichen Zusammenhang zwischen dem Ausmaß von niedriger Bezahlung, die mit einem Verdienst definiert wird, der unterhalb von 2/3 des Medianeinkommens liegt und der Einkommensungleichheit, sowie einen eindeutigen, fast linearen Zusammenhang zwischen niedriger Bezahlung und Armut. In den USA fallen 25 % der Beschäftigten in den Niedriglohnbereich, in Britannien etwa 20 %, in Deutschland knapp 15 % und in Schweden rund 5 %.

Das Einkommensverhältnis der Vollzeitbeschäftigten des fünften zum ersten Dezil[10] betrug in den USA 2,2, in Britannien 1,6 und lag in Schweden unterhalb 1,4. Diese Zahlen geben die Einkommensungleichheit nicht in der ganzen Tragweite wieder, weil sie sich nur auf die Vollzeitbeschäftigten beziehen. Die Einkommen der ArbeiterInnen im untersten Dezil sind in den USA geringer als in allen anderen Untersuchungsstaaten mit Ausnahme von Kanada und Neuseeland. Mehr als zwei Drittel der vollbeschäftigten Jugendlichen sind in den USA niedrig bezahlt, in Schweden sind es 20 %.

Die Deregulierung der Arbeitsmärkte macht also die schwächeren MarktteilnehmerInnen noch schwächer. Wenn Mindestlöhne gesenkt werden, steigt die Zahl der von Armut Betroffenen und nicht die Beschäftigung stark an.

Zunahme der gesellschaftlichen Ungleichheit

Der entfesselte Arbeitsmarkt belohnt nicht die Tüchtigen, sondern diejenigen, die materiell zu den Bestgestellten zählen. Denn in den Marktergebnissen spiegeln sich gesellschaftliche Machtverhältnisse wider. Laut einer neuen Untersuchung *(Shifting Fortunes. United for a Fair Economy)* sind in den USA die Gehälter der Top-Manager 419 Mal höher als die Gehälter der durchschnittlichen ArbeitnehmerInnen. 1980 waren sie 42 Mal so hoch. In Westeuropa verdient ein männlicher Arbeiter, der zu den untersten zehn Prozent der Einkommensskala zählt, 68 % des Arbeiterdurchschnittseinkommens, in Japan 61 % und in den USA 38 %. Schlecht bezahlte Deutsche verdienen 2,2 Mal so viel wie schlecht bezahlte Amerikaner (Freeman 1997).

Eine Studie des „Center on Budget and Policy Priorities" über die Einkommensentwicklung zwischen 1977 und 1999 („The Widening Income Gulf") hat festgestellt, dass die Einkommensungleichheit ein noch nie da gewesenes Ausmaß erreicht hat.

Die Einkommensverteilung ist durch eine beträchtliche Schieflage gekennzeichnet. Das bestverdienende Fünftel der Haushalte erhält nach den Berechnungen 1999 50,4 % des Nationaleinkommens. Das reichste Prozent der Bevölkerung verfügt über genau so viel Einkommen nach Steuerabzug wie die unteren 38 %, in absoluten Zahlen ausgedrückt bedeutet dies, dass die 2,7 Mio. Amerikaner mit den höchsten Einkommen so viel erhalten wie die am unteren Ende der Einkommensskala liegenden 100 Mio.

Nun zu den Einkommenszuwächsen: Das reichste Fünftel der Haushalte verzeichnet in der Periode von 1977 bis 1999 einen Einkommenszuwachs nach Steuern von 43 %. Das eine oberste Prozent der Haushalte erreichte mit einem Zuwachs von 115 % mehr als eine Verdoppelung. Das mittlere Fünftel verzeichnet eine sehr mäßige Steigerung um 8 %, also nicht einmal 0,5 % pro Jahr. Das zweite Fünftel stagnierte und das unterste Fünftel muss einen Verlust der Einkommen um 9 % hinnehmen. Die Steuerpolitik hat dieses Auseinanderklaffen der Einkommen nicht nur nicht verhindert, sondern aktiv gefördert. Das oberste Prozent kann, wie oben angeführt, nach Steuern einen Einkommenszuwachs von 115 % verbuchen, das Einkommen vor Steuern nahm aber „nur" um 96 % zu.

---

[10] Das 1. Dezil sind die 10 % der unselbständig Beschäftigten, die am wenigsten verdienen. 40 % verdienen weniger, als jene die sich im 5. Dezil befinden.

Die Vermögensverteilung stellt die Einkommensverteilung noch in den Schatten. 1995 besaß das reichste Hundertstel der Haushalte 39 % des nationalen Vermögens („nur" 13 % des Nach-Steuern-Einkommens). Das oberste Fünftel besaß 84 % des Vermögens (50 % des Einkommens), die restlichen 80 % besaßen daher nur 16 % des Vermögens.

Seltsame Schwerpunkte in der Steuerpolitik

Der Kongress hat Anfang August 1999 vor dem Hintergrund der dramatisch gewachsenen Ungleichheit aufs Neue hohe Steuersenkungen für die Haushalte mit hohem Einkommen beschlossen. Dem obersten Fünftel kommen 78,5 % der Steuersenkung zugute, den unteren 60 % der Haushalte zusammen ganze 7,5 %.

Diese Politik der amerikanischen „Neuen Mitte" wird nun auch von bürgerlichen Ökonomen kritisiert. Angesichts der Kürzungen im Sozialbereich, die Clinton durchgesetzt hat, einer katastrophalen Gesundheitsversorgung (30 Mio. AmerikanerInnen sind nicht krankenversichert), der hohen Armutsrate und auf der anderen Seite einem boomenden Aktienmarkt, der durch geringere Steuern für die Reichen nicht noch mehr überhitzt werden sollte, sind diese weiteren Steuergeschenke an die Reichen und Superreichen sowohl eine soziale Frechheit als auch ökonomisch widersinnig.

> *„Während sozialpolitische Maßnahmen als Subventionieren von Faulheit und damit als Geldverschwendung abgelehnt werden, lassen sich die USA die gesellschaftlichen Folgen dieser asozialen Politik einiges kosten. Für eine ‚law and order'-Politik werden Unsummen aufgewendet. 1995 saßen mehr als 2 % der männlichen Arbeitsbevölkerung im Gefängnis und fast 7 % waren unter Bewährungsaufsicht. Das Wegsperren eines ‚Kriminellen' kostet jährlich etwa so viel, wie jemanden nach Harvard zu schicken. Trotzdem gab der Staat Kalifornien 1995 mehr Geld für Gefängnisse aus als für höhere Bildung" (Freeman 1997).*

Für diese Entwicklung, durch die die amerikanische Gesellschaft geprägt ist, wird immer öfter der Begriff „Apartheid-Wirtschaft" verwendet. In dieser hat die Gruppe der „working poor" keine Chance, in gesicherten, stabilen Beschäftigungsverhältnissen wie den Kernbelegschaften zu arbeiten (Hirsch 1999). Da das Sozialsystem „unterentwickelt" ist, wären Löhne das wichtigste Mittel, die Armut zu verringern. Der Fall des realen Mindestlohnes und Rückgang des Einflusses der Gewerkschaften haben das rasante Ansteigen der Ungleichheit ermöglicht.

Entwicklung der Beschäftigung – mehr Arbeiten für weniger Lohn

Die USA wiesen mit 73,1 % eine hohe Beschäftigungsquote auf. Der Erwerbstätigenanteil stieg seit Mitte der Siebzigerjahre um 10 Prozentpunkte auf ca. 75 %, während er in Westeuropa von 64 % auf 60 % gesunken ist. Die Zahl der Beschäftigten hat sich von 1991 bis 1997 um fast 14 Mio. erhöht (Horn 1998). 1996 arbeitete der Durchschnittsamerikaner 247 Stunden länger als 1989, während das Einkommen der Durchschnittsfamilie um 1.000,- $ sank (ESF-Info 8/99).

Das Phänomen der „Multiple job holders", also derjenigen, die gleich mehrere Jobs ausüben, ist weit verbreitet. Laut einer Current Population Survey-Befragung gingen

65 % der Frauen und 35 % der Männer im Alter über 16 Jahren 1995 zwei Teilzeitbeschäftigungen nach, die zusammen den Umfang eines Vollzeitarbeitsverhältnisses hatten (Neuhold 1999).
Zweifellos ist die Arbeitslosenrate in den USA gesunken, trotzdem soll hier noch darauf verwiesen werden, wie die Arbeitslosigkeitsdaten erhoben werden. Diese sind mit Vorsicht zu vergleichen, denn sie werden durch Umfragen ermittelt, bei denen bloß gefragt wird: „Haben Sie in der Vorwoche gearbeitet?" Diese Beschäftigung inkludiert Tätigkeiten wie Autowaschen oder Babysitten, selbst wenn sie nur eine Stunde dauerten und bedeutet also keineswegs, dass bei den betreffenden Personen von einem „fixen" Arbeitsverhältnis auszugehen ist. In Österreich werden hingegen die geringfügigen Beschäftigungsverhältnisse nicht zu der Zahl der unselbständig Beschäftigten gezählt.

Der lange Boom fördert die Beschäftigung

Das Arbeitsvolumen stieg in 1991 bis 1997 um 17 %, dabei wurde die durchschnittliche Arbeitszeit leicht und die Beschäftigung beträchtlich erhöht (DIW Wochenbericht 9/98). Je länger und kontinuierlicher sich ein Aufschwung entwickelt, desto stärker sind dessen Wirkungen auf die Beschäftigung und desto geringer sind die Produktivitätseffekte. Also ist die Beschäftigungsexpansion vor allem aus dem lang anhaltenden Aufschwung abzuleiten. Der Anstieg der Lohnstückkosten war in den USA nicht geringer als in Deutschland, weil die Produktivität in den USA in geringerem Ausmaß gestiegen ist.
Dass sich die Wirtschaft in den USA und in Europa in den Neunzigerjahren verschieden entwickelt hat, ist unter anderem auch darauf zurückzuführen, dass eine andere Geldpolitik betrieben wurde. Diese war in der EU sehr restriktiv. Auch die Erreichung der fiskalpolitischen Maastrichtziele ging auf Kosten des Wachstums und der Beschäftigung. In den USA hat die FED, die Notenbank, des öfteren Inflation bewusst zugelassen, um die Wirtschaft nicht abzuwürgen, in der EU verordneten sich alle Staaten ein simultanes Ausgabenkürzungsprogramm, das sich negativ auf das Wirtschaftswachstum und die Beschäftigung ausgewirkt hat.
In einem bemerkenswerten Brief warnten nun 81 amerikanische Wissenschaftler Deutschland vor einer falsch verstandenen Übernahme des US-Wirtschaftsmodells[11].
Sie schrieben unter anderem:

> *„Das amerikanische Beschäftigungswunder ist auch nicht auf Deregulierung zurückzuführen. Die Beschäftigung ist am meisten in Bereichen wie dem Gesundheitswesen gestiegen, wo der Staat eine nach wie vor große Rolle spielt, nicht dagegen beim LKW- oder Luftverkehr oder bei den Banken, wo die Wirkungen der Deregulierung am größten sind. Die wichtigste Quelle des amerikanischen Wachstums war eine Politik niedriger Zinsen und reichlichen Kredits von Seiten der Federal Reserve Bank (...). Die Tendenz, Lohnstandards in Deutschland zu untergraben, wird die Arbeitslosigkeit nicht vermindern."*

---

[11] Erschienen in der Frankfurter Rundschau am 16. 10. 1999, unterzeichnet unter anderem von Ray Marshall und James Galbraith.

Resümee

Lohnverzicht ist keine offensive Strategie zur Erreichung von Vollbeschäftigung. Die Zahlen aus den USA und Grossbritannien zeigen, dass die Arbeitslosenrate der wenig Qualifizierten trotz der Niedriglöhne sehr hoch ist. Statt die Löhne zu senken, sollte man die Menschen qualifizieren, wofür ein Bildungssystem notwendig ist, dass nicht Eliten produziert, sondern Wissen breit streut.

Die Deregulierung des Arbeitsmarktes bringt ein Wachstum an Teilzeitjobs hervor. Diese sind aber nicht so entlohnt, dass sie eine Existenz sichern. Entweder sie sind Arbeit für „Zweitverdiener" oder es müssen mehrere Teilzeitstellen von derselben Person angenommen werden, um ein ausreichendes Einkommen zu erlangen. Menschen, die mehrere Teilzeittätigkeiten ausüben, befinden sich in einer prekären Situation, da sie die verschiedenen Beschäftigungen miteinander zeitlich kombinieren müssen, die Summe ihrer Einkommen ist in der Regel aber geringer als die eines Vollzeitbeschäftigungsverhältnisses.

Die europaweite Durchsetzung einer produktivitätsorientierten Lohnpolitik ist eine zentrale Anforderung an die Gewerkschaften. Gerade in einer Währungsunion führen Lohnabschlüsse unterhalb von Inflation und Produktivitätsentwicklung zu einer falschen Dynamik. Es gilt, eine Politik des Erlangens von Wettbewerbsvorteilen auf Kosten anderer zu vereiteln. Nicht nationale Pakte mit den Arbeitgebern zur Sicherung der Standorte dürfen die Grundlage gewerkschaftlicher Lohnpolitik sein, sondern eine europäische Koordination der Lohnpolitik muss einen Wettlauf des Lohnverzichts verhindern. Das ist die Voraussetzung dafür, einen weiteren Rückgang des Lohnanteils am Volkseinkommen zu verhindern. Nur die produktivitätsorientierte Lohnpolitik kann eine weitere Verschiebung der Verteilungsrelationen von den Lohn- zu den Kapitaleinkünften, also weitere relative Verschlechterungen für die ArbeitnehmerInnen verhindern.

Eine ganz wichtige Aufgabe der Gewerkschaften ist es, die Bedeutung der Löhne als Einkommen der Lohnabhängigen zur zentralen Frage zu machen. Den Unternehmern und den ihnen freundlich gesonnenen Medien ist es gelungen, eine öffentliche Stimmung zu schaffen, in der niedrige Löhne als beschäftigungsfördernde Notwendigkeit angesehen werden. Nahezu jeder Lohnabschluss wird medial so dargestellt, als ob die Not leidende Wirtschaft Jahre brauchen würde, um diesen zu verkraften.

Löhne werden nur als Kosten und nicht als Einkommen für den Großteil der Bevölkerung betrachtet. Eine gesamtgesellschaftliche Betrachtung der Entwicklung der Verteilung des Volkseinkommens ergibt ein anderes Bild. Der Lohnanteil des Volkseinkommens, die Lohnquote, sinkt, obwohl die Beschäftigung gestiegen ist. Als dieser Trend zusammen mit den Sparpaketen darin kumulierte, dass die Nettorealeinkommen der ArbeitnehmerInnen 1996 und 1997 um 2,3 % und 3,8 % sanken, obwohl die Produktivität um 2,6 % und 2,4 % zugenommen hat, wurde das als notwendiges „Gürtel enger schnallen" verkauft.

Die Besitzeinkommen stiegen zwischen 1984 und 1997 um 113 %, die unverteilten Gewinne der Kapitalgesellschaften um 134 %, Löhne und Gehälter aber nur um 86 %. Der

Mietenindex hat sich 1987 bis 1997 doppelt so stark wie der Verbraucherpreisindex entwikkelt. Das ist nicht darauf zurückzuführen, dass sich die Menschen heute alle doppelt so große Wohnungen mieten, sondern auf lange Jahre eines Angebotsmangels und der Preisfreigabe. Diese Verschiebung der Einkommensverteilung zuungunsten der unselbständig Erwerbstätigen und das Wachsen der Gewinn- und Besitzeinkommen wird als vom Markt vermitteltes Ergebnis freiwilliger Handlungen unhinterfragt akzeptiert, obwohl es auch auf politische Entscheidungen, zB in der Steuerpolitik, zurückzuführen ist. Die Gewerkschaften sehen ihre Aufgabe darin, sich dafür einzusetzen, dass alle jene Menschen, die darauf angewiesen sind, ihren Lebensunterhalt durch unselbständige Arbeit zu erarbeiten, einerseits einen Arbeitsplatz und andererseits ein Einkommen haben, mit dem man auskommen kann. Die gezielte Förderung oder Zulassung eines Niedriglohnsektors aus prekären Beschäftigungsverhältnissen ist keine Strategie, das „Recht auf Arbeit" zu verwirklichen.

Literatur

COMEUR:„Joint Employment Report 1999", Brüssel 1999.

Europäische Kommission: „Beschäftigung in Europa 1998", Belgien 1999.

Flassbeck Heiner: „Reallöhne und Arbeitslosigkeit – eine einfache empirische Widerlegung der neoklassischen Beschäftigungstheorie", DIW, Berlin 1998.

Freeman Richard: „Immer mehr Armut – die USA auf dem Weg in eine Apartheidwirtschaft?", Harvard Business manager 1997.

Greenstein Robert/ Isaac Sharpio: „The Widening Income Gulf", "Center on Budget and Policy Priorities", Washington 1999.

Hirsch Joachim: „Zukunft der Arbeitsgesellschaft", in: Jungle World Nr. 24 1999.

Horn Gustav A.: „Beschäftigungswunder in den USA – ein erklärbares Wunder", DIW-Wochenbericht 9/98.

Molitor Franz: „Atypische Beschäftigung in den Niederlanden", in: Tálos 1999.

Neuhold Christine: „Atypische Beschäftigung in den USA", in: Tálos 1999.

OECD: „Employment Outlook", OECD June 1998.

OECD: „Labour Force Statistics", 1977 bis 1997, OECD 1998.

OECD: „Labour Market Policies: New challenges for low paid workers and unskilled job seekers."

OECD: „The OECD Jobs Strategy: Policies to Create Jobs", OECD 1999.

Rauner Alexander: „Ist das niederländische Modell ein relevanter Benchmark für Österreich?", in: Wirtschaftspolitische Blätter 3/1999.

Roorda Wouter/ Els Vogels: „Income policy, minimum wages and labour relations", Ministerie van Sociale Zaken en Werkgelegenheid, 1999.

Roozemond Kitty: „Modell oder eigennützige Wirtschaftspolitik" in: "Wunder oder Illusion. Die niederländische Wirtschaftspolitik als Modell für Österreich?", Wien 1999.

Schulmeister Stefan: „Die Beschäftigungsdynamik in den USA im Vergleich zu Deutschland und Japan", WIFO 1998.

Schulten Thorsten: „Strategische Ansätze zur zukünftigen Entwicklung der Tarifpolitik in Europa", Wirtschafts- und Sozialwissenschaftliches Institut.

Tálos Emmerich: „Atypische Beschäftigung. Internationale Trends und Sozialstaatliche Regelungen" Wien 1999.

Gleichheit, 1/98, Zeitung der Partei für Soziale Gleichheit, Essen.

Neue Formen der Arbeit[1]

Tom Schmid

Arbeit, in der Physik als das Produkt von einwirkender Kraft und zurückgelegtem Weg definiert, ist der Begriff für bewusstes, zielgerichtetes Handeln von Menschen zum Zweck der Existenzsicherung wie der Befriedigung von Einzelbedürfnissen. Arbeit ist Herausforderung und Anstrengung. Im Mittelhochdeutschen war *„arebeit"* das Wort für Mühsal. Noch heute wird Arbeit gerne als das Gegenteil von Erholung und Entspannung begriffen.

Aber Arbeit ist mehr als bloßes Mühsal, sie ist Auseinandersetzung der Menschen mit ihrer Umwelt, also der Natur wie der Gesellschaft und somit die eigentliche Begründung der menschlichen Zivilisation. Sie hat in der Geschichte bereits die unterschiedlichsten Ausprägungen erlebt, angefangen von der ursprünglichen Auseinandersetzung der ersten Menschen mit den Widrigkeiten ihrer Umwelt bis hin zu den vielfältigen Tätigkeiten in unserer modernen ausdifferenzierten Gesellschaft.

Mit der historischen Entstehung eines Mehrproduktes, das es den Menschen vor einigen tausend Jahren möglich gemacht hat, mehr zu produzieren, als unmittelbar für ihre eigene Lebenserhaltung nötig war, wurde Arbeitsteilung möglich. Mit dieser gesellschaftlichen *Arbeitsteilung* beginnt sich Arbeit auszudifferenzieren in Reproduktionsarbeit in der Familie, lange Zeit durch die Gesellschaft fast ausschließlich den Frauen zugewiesen und Erwerbsarbeit, lange die Domäne der Männer; die Arbeitsform, in der außerhäuslicher Reichtum entsteht, in dem sich die gesellschaftlichen, öffentlichen Verteilungskämpfe entwickeln.

Diese Erwerbsarbeit als Produkt der jeweiligen Gesellschaft bzw. ihrer Entwicklung und des jeweils erreichten technischen und sozialen Standes hat in der Geschichte bereits zahlreiche Ausprägungen erfahren, von der Urproduktion über die Sklaverei und die feudale Leibeigenschaft bis zur Aufspaltung in selbständige Arbeit und unselbständige Lohnarbeit im Gewerbe, der Manufaktur, der Industrie und den verschiedenen Dienstleistungsbereichen. All diesen Entwicklungsetappen war eines gemeinsam: Um die Erwerbsarbeit herum entwickelten sich die jeweiligen Auseinandersetzungen um die Verteilung von Arbeit, von Einkommen, von Status und von gesellschaftlicher Macht.

Aber Erwerbsarbeit ist nicht nur ein Medium zur Erlangung von Einkommen und Einfluss, es ist – in der Erwerbsarbeitsgesellschaft – das Medium, das gesellschaftliche Teilhabe ermöglicht und absichert. Wo Erwerbsarbeit in einer auf Erwerbsarbeit aufgebauten Gesellschaft schwindet, verschwindet die Teilhabe, zerbricht der gesellschaftliche Zusammenhalt, wird die Integration des Individuums in die Gesellschaft dauerhaft gehindert. Jahoda und Lazarsfeld haben diesen Prozess eindrücklich in ihrer

---

[1] Ursprünglich als Referat gehalten am 10. 9. 1999 beim Bungis-Seminar „Formen der Arbeit – Formen wir die Arbeit" in Markt Allhau, Burgenland.

Sozialstudie„die Arbeitslosen von Marienthal" dargelegt. Ein Blick auf die soziale Situation der Vorstädte von Paris oder London mit ihrer hohen Arbeitslosigkeit, ihrem riesigen gesellschaftlichen Konfliktpotential macht die Aktualität dieser Studie deutlich.

Arbeit und Erwerbsarbeit sind gesellschaftlich und geschichtlich festgelegt und sie legen gesellschaftliche Strukturen fest. Die Industriearbeit und die Industriegesellschaft haben jene Klassenstrukturen festgelegt, die mehr als ein Jahrhundert unser Weltbild, unser – letztendlich bipolares – Denken, geprägt haben: Arbeit und Kapital, links und rechts, Osten und Westen und schließlich moralisch überhöht „gut" und „böse", definiert vom jeweiligen Standpunkt aus, sind Produkte des Industriezeitalters.

Das Industriezeitalter wird nun durch eine neue Epoche abgelöst, die so neu ist, dass wir für sie (noch) keine anderen Namen als die des „Nach" oder „Nicht" haben: „postindustrielle Epoche", „Post-Fordismus", „Postmoderne", und so weiter. Dieser Lösungsprozess aus dem Industriezeitalter ist die eigentliche Ursache für die Auflösung der alten Begriffspaare von „links" und „rechts", von „Ost" und „West". Der Zusammenbruch des kommunistischen Weltsystems vor zehn Jahren war *Folge* und nicht Ursache dieses Lösungsprozesses, hat ihn freilich wiederum unheimlich beschleunigt.

In der alten, zweigeteilten Welt ließen sich nahezu alle gesellschaftlichen, moralischen, politischen und wirtschaftlichen Fragen klar in ein zweidimensionales Koordinatensystem einordnen. Die Welt war *ein Ganzes,* in der allem und jedem ein bestimmter Platz und eine konkrete Bedeutung innerhalb der „globalen Ordnung" zugewiesen werden konnte, das heißt innerhalb des Wettstreites und des Gleichgewichtes der beiden Machtblöcke. Denn dieses Gleichgewicht war ein Gleichgewicht der Totalität wirtschaftlicher, sozialer, rechtlicher und ideologischer Fragen. Alles in dieser Welt hatte eine Bedeutung, und diese Bedeutung ging von der halbierten und doch so einigen Welt und ihren beiden Machtzentren aus.

Seit die große Spaltung verschwunden ist, sieht die Welt nicht mehr aus wie eine Totalität, sondern eher wie ein Feld zerstreuter und disparater Kräfte, die sich an schwer voraussagbaren Orten ablagern und plötzlich eine kaum vorhersagbare Schubkraft entfalten können. Mit anderen Worten: Niemand scheint mehr diese Totalität unter Kontrolle zu haben. Schlimmer, es ist nicht mehr klar, wie „unter Kontrolle haben" unter diesen Bedingungen überhaupt aussehen könnte.

Aus einer Welt der klaren Widersprüche und ihrer bestimmbaren Machtzentren ist eine „globalisierte" Welt geworden, in der es keine Zentren und keine Peripherie mehr zu geben scheint, wo Widersprüche „überall" und unvorhersehbar an nicht mehr klar definierbaren Fronten und Bruchlinien aufbrechen können.

Das führt zur relativ neuen Situation neuer *Freiheiten,* die gleichzeitig neue *Unsicherheiten* sind. Wir müssen uns erstmals seit vielen Generationen unseren Standpunkt, unseren gesellschaftlichen und persönlichen Ort, selbst suchen und selbst bestimmen – mit allen Chancen, aber auch mit allen Gefahren, die hieraus entspringen können.

Eine mögliche Perspektive

Jener wissenschaftliche und technische Fortschritt, der die Grundlage der Entstehung und immer stärkeren Ausdifferenzierung von gesellschaftlicher Arbeitsteilung war, hat die Industriegesellschaft genauso geschaffen wie schließlich jene rationalisierte und technisierte nachindustrielle Gesellschaft, in der es scheint, dass uns die Arbeit – besser: die Erwerbsarbeit – ausgeht. Dabei sollten wir jedoch bedenken, dass es immer zuerst und vor allem die monotone, zergliederte, schwere und anstrengende Arbeit ist, die verschwindet, von Maschinen übernommen wird.

Dieser Fortschritt schuf nicht nur die Industriegesellschaft, sondern er hat auch jene Grundlagen ihrer Überwindung geschaffen, von denen wir heute sprechen, und zwar nicht nur das Verschwinden der bipolaren Welt, es handelt sich um ein tendenzielles Verschwinden der Arbeitsteilung selbst. Vielleicht stehen wir an der Schwelle einer neuen Epoche, in der die Arbeitsteilung an einem Ende angelangt ist, weil die notwendige Arbeit so sehr von Maschinen übernommen worden ist, dass für die einzelnen Menschen möglicherweise zwei Stunden Erwerbsarbeit ausreichen, um alles Notwendige und Unnütze zu schaffen, das die Gesellschaft verlangt. Sie kann aber auch dahin führen, dass nur mehr ein kleiner Teil der Menschen reale Chancen hat, an der Erwerbsarbeit beteiligt zu werden, während die Mehrheit der Menschen sich an den Rand gedrängt, ausgegrenzt erlebt.

Dieser Rückgang der Arbeitsteilung hat fundamentale Auswirkungen auf die Erwerbsarbeit selbst: Arbeiten, die noch vor wenigen Jahrzehnten durch Welten an Bildung, an Arbeitsbelastung, an Einkommen, Anerkennung und Status, aber auch an Macht und Einfluss getrennt waren, sind sich heute oft so nahe gekommen, dass der Unterschied kaum mehr erkannt werden kann. In einem modernen Stahlwerk ist heute der Industriearbeiter, der an seiner Messwarte sitzt und den Prozess durch Steuerelemente lenkt, oft nur mehr durch die Farbe seines Arbeitsmantels von jenem Industrieangestellten zu unterscheiden, der auf dem Stuhl neben ihm für die ökonomische oder technische Prozessoptimierung zuständig ist. Arbeitsrechtliche Unterschiede werden hier genauso sinnlos, wie Statusunterschiede bereits weitgehend verschwunden sind und Einkommensunterscheide sich angenähert haben. Auch im Kultur- und Freizeitverhalten ist ein Unterschied zwischen Arbeitern und Angestellten, Beamten und Freiberuflern in der Regel bereits nicht mehr auszumachen.

Die Entwicklung und Verbreiterung der EDV zur grundlegenden Kulturtechnik unserer Epoche macht diese Entwicklung deutlich und symbolisiert sie. Der Arbeitsplatz und sein Umfeld wie seine ergonomische Gestaltung (damit zum Großteil auch die Arbeitsbelastung) besteht heute vielerorts aus dem gleichen Ensemble von PC, Bildschirm, Maus, Tastatur und Modem. So ist nicht mehr unterscheidbar, ob hier Gemüse verkauft, mit Wertpapieren gehandelt, eine Werkzeugmaschine konstruiert, ein Buch geschrieben, eine Zeitung layoutiert oder die Fahrtstraße eines Bahnhofes eingestellt wird.

Wenn sich die Arbeitsplätze immer ähnlicher werden, nähern sich die Qualifikationserfordernisse an, die materielle Grundlage für ausdifferenzierte Arbeitsteilung schwindet. Vielleicht führt uns die Entwicklung der Technik auf diesem Weg tatsächlich hin zu jener alten Vision eines Idealzustandes, der es mir

> *„möglich macht, heute dies und morgen jenes zu tun, morgens zu jagen, nachmittags zu fischen, abends Viehzucht zu treiben, nach dem Essen zu kritisieren, wie ich gerade Lust habe, ohne je Jäger, Fischer, Hirt oder Kritiker zu werden."* [2]

Wenn dem so wäre, so wäre es eine Ironie der Geschichte, dass erst die Überwindung jener Zweiteilung der Welt in Arbeit und Kapital, in Links und Rechts, die durch die große Industrie hervorgerufen wurde, uns dem Zustand überwundener Arbeitsteilung nahe bringen würde, den Marx und Engels vor 150 Jahren als die höchste Entfaltungsform der industriellen Welt erwartet haben.
Diese Überwindung der Arbeitsteilung hat aber in einer auf den außerhäuslichen Erwerb ausgerichteten Gesellschaft auch jene negativen Auswirkungen der gesellschaftlichen Ausgrenzung, das Entstehen neuer marginalisierter Gruppen, die Andre Gorz als Herausbildung der „Nicht-Klasse der Nicht-Proletarier" beschrieben hat.

> *„Die Nicht-Klasse der Nicht-Arbeiter umfasst die Gesamtheit der aus der Produktion durch den Prozess der Arbeitsvernichtung Ausgestoßenen oder der in ihren Fähigkeiten durch die Industrialisierung der intellektuellen Tätigkeiten (Automation und Informatik) Unterbeschäftigten. Sie umfasst die Gesamtheit der Überzähligen der gesellschaftlichen Produktion: gegenwärtig und virtuell, permanent und zeitweilig, total und partiell Arbeitslose. Sie ist das Verfallsprodukt der alten, auf Arbeit, Würde, Wert, sozialem Nutzen, Arbeitsbedürfnis begründeten Gesellschaft. Sie erstreckt sich auf fast alle Schichten, weit über jene hinaus, die die Schwarzen Panther, Ende der Sechzigerjahre, in den Vereinigten Staaten ‚Lumpen' nannten und die sie in beachtlicher Vorahnung der Klasse ständiger, organisierter, durch Arbeits- und Tarifvertrag geschützter Arbeiter gegenüberstellten. Die traditionelle Arbeiterklasse ist nur noch eine privilegierte Minderheit."* [3]

Dieser Prozess hat Auswirkungen auf das gesamte Gefüge gesellschaftlicher Organisation, auf die Struktur von Parteien und Interessenvertretungen – auch wenn diese die Entwicklungen noch nicht oder nicht in ausreichendem Maße wahrnehmen. Und er schafft im Zusammenbruch der bipolaren Welt jenes Einfallstor, das populistische Demagogen nutzen, um ihre politische und ideologische Machtbasis zu festigen. Der Erfolg von Le Pen, Bossi und Haider hat hier seine Wurzeln.
Aber dieser Rückgang der Arbeitsteilung wirkt auch auf die Teilung von Erwerbsarbeit und Reproduktionsarbeit zurück. Mit der Einbeziehung und Selbsteinbeziehung vieler Frauen in den Erwerbsarbeitsprozess auf allen seinen Stufen und der Reduktion der Arbeitszeit für beide Geschlechter wird auch die Möglichkeit und die materielle wie moralische Anforderung, die Reproduktionsarbeit tatsächlich gerecht auf beide Geschlechter zu verteilen, größer. Vielleicht stehen wir so an der Schwelle der tatsächlichen Überwindung jener in der Teilung von Erwerbs- und Reproduktionsarbeit begründeten gesellschaftlichen, ökonomischen und zwischenmenschlichen Spaltung der Menschheit in zwei Geschlechter.

---

[2] Marx/Engels, Werke, Band 3, S. 33.
[3] Gorz, 1983, S. 63.

Das ist sicher nur eine Vision ferner Zukunft. Klar soll dabei aber bleiben: *Nicht das mögliche Verschwinden der Erwerbsarbeit ist unser Problem, sondern die ungleiche Verteilung des gesellschaftlichen Reichtums, der durch Arbeit erzeugt wird.* Das eigentliche Thema, und das ist so alt wie die gesellschaftliche Arbeitsteilung, ist das Thema der Verteilung von Arbeit und Einkommen. Davon soll in der Folge die Rede sein.

Das Normalarbeitsverhältnis und seine Grenzen

Daher wenden wir uns nun den heutigen gesellschaftlichen Realitäten zu. Der grundlegende Baustein unserer arbeitsteiligen Erwerbsgesellschaft ist nach wie vor der männliche Normalarbeitstag. Er bestimmt immer noch den Rhythmus unseres Tagesablaufes, den Puls des Verkehrs, die Öffnungszeiten im Handel, in der Gastronomie sowie in den Dienstleistungsbetrieben und Freizeiteinrichtungen. Er beeinflusst das Familienleben uns seinen Ablauf. Er bestimmt das Einkommen und den Wohlstand der Erwerbstätigen – im aktiven Erwerbsleben wie außerhalb. Denn auch die Leistungen des Sozialstaates orientieren sich an dieser (männlichen) Normalerwerbsbiographie.

Das (männliche) Normalarbeitsverhältnis ist definiert als

(1) Vollzeitarbeitsverhältnis mit einer Wochenarbeitszeit zwischen 36 und 40 Stunden. Es ist grundsätzlich geeignet, die Reproduktion des/der Einzelnen und seiner/ihrer Familie zu sichern.

(2) Es ist ein Arbeitsverhältnis mit einem Normalarbeitstag von 8 Stunden und einer Fünftagewoche, die Arbeitszeit beginnt zwischen 6.00 und 9.00 Uhr und endet zwischen 14.00 und 18.00 Uhr. An diesem Normalarbeitstag orientiert sich das gesellschaftliche Leben immer noch weitgehend, was sich etwa an den Fahrplänen der öffentlichen Verkehrsmittel und den Betriebszeiten kultureller Einrichtungen ablesen lässt.

(3) Die Arbeitsvergütung wird in wöchentlichen oder (in der Regel) monatlichen Teilbeträgen bezahlt.

(4) Die Höhe der Vergütung und manche betriebliche Sozialleistungen hängen von der Qualifikation und der Dauer der Betriebszugehörigkeit ab. Dadurch wird auch die Leistungsqualität vieler Leistungen der Sozialversicherung (Arbeitslosengeld, Pension, etc.) bestimmt.

(5) Das Normalarbeitsverhältnis ist mit einem gewissen *Bestandsschutz* versehen, der insbesondere durch Kündigungsfristen, Abfertigungen und (vor allem bei Massenentlassungen) Sozialplänen gekennzeichnet ist. Für bestimmte Personengruppen (Behinderte, Mutterschutz, Betriebsräte) besteht darüber hinaus ein besonderer Kündigungsschutz. Ein stabiler Bestandsschutz besteht in pragmatisierten Beschäftigungsverhältnissen des Öffentlichen Dienstes. Dieser Bestandsschutz des Normalarbeitszeitverhältnisses (dessen Intensität in der Regel mit der Dauer der Betriebszugehörigkeit steigt) ist Voraussetzung für eine längerfristige Lebensplanung.

(6) Löhne/Gehälter und Arbeitsbedingungen sind im Wege kollektiver Interessenvertretung gestaltbar. Zum Normalarbeitsverhältnis gehört die Koalitionsfreiheit, die Möglichkeit zur Festlegung kollektivvertraglicher Mindestbedingungen sowie die Mitbestimmung durch Betriebsräte bzw. Personalvertretungen.[4]

Die Verbreitung und Entwicklung neuer Arbeitsformen, vom massenhaften Einsatz von Teilzeitarbeit, der wachsenden Zahl geringfügig entlohnter Beschäftigungsverhältnisse und dem Wachstum des ganzen Kanons „atypischer" Beschäftigungen (vom unselbständig Selbständigen über dienstnehmerähnliche Beschäftigung, Werkverträgen und Neuer Selbständigkeit bis zur neuen Unternehmensgründerwelle), aber auch die Flexibilisierung der „klassischen" Beschäftigungsverhältnisse in Lage und Dauer des Arbeitstages bedeuten einen Rückzug des Normalarbeitsverhältnisses, eine Flucht aus dem Arbeitsrecht.

Heute ist in Österreich nur mehr knapp die Hälfte aller Erwerbstätigkeiten nach den Prinzipien des klassischen Normalarbeitstages organisiert. Trotzdem ist der Normalarbeitstag nach wie vor die Grundlage und Zielorientierung des Aufbaues unseres Systems sozialer Sicherheit wie der Ausrichtung der kulturellen und gesellschaftlichen Entwicklung unseres Gemeinwesens. In diesem Widerspruch liegen wesentliche Ursachen für gesellschaftliche, soziale und politische Spannungen.

Auswirkungen des schwindenden Normalarbeitstages

Soziologisch bedeutet der Rückzug des Normalarbeitszeitverhältnisses als prägende Verfassung der Erwerbsarbeit eine wesentliche Neuorientierung des gesellschaftlichen Zusammenlebens, die mit neuen Freiheiten wie neuen Risken, mit Vorteilen wie Nachteilen verbunden ist. Er bringt eine „Neue Unübersichtlichkeit", eine Erschwerung des gemeinsamen Nutzens kultureller Angebote wie neue Chancen zur Nutzung gesellschaftlicher Infrastruktur. Er bringt verschlechterte, gefährdete und prekäre Arbeitsbedingungen, aber er schafft bestimmten Gesellschaftsgruppen (vor allem Frauen mit Betreuungspflichten oder Studierenden) erstmals massenhaft die Möglichkeit des Eintritts in das Erwerbsleben.

Flexibilisierung macht deutlich: Wir leben in einer Gesellschaft, in der die alten Lebenslänglichkeiten wegbrechen. Lebenslange Orientierung auf *einen* Wohnort, auf *einen* Beruf, auf *eine* Familie, auf *ein* soziales Umfeld verschwindet, die klare, vorhersehbare Lebensbiographie gehört der Vergangenheit an und macht einer neuen Form der Biographie, der Puzzle-Biographie, Platz. Biographien werden tatsächlich zu Wahlbiographien, mit allen neuen Möglichkeiten und Freiheiten aber auch mit allen neuen Gefahren: Man muss sich in vielen Lebenssituationen selbst entscheiden und trägt die Verantwortung für seine Entscheidungen, ohne aber über fundierte Informationen, ohne über stabile Grundlagen für vernünftige Entscheidungen zu verfügen. So werden aus den neuen Freiheiten rasch neue Fallen, so wird Risiko zur Gefahr.

Diese erkennbaren, aber oft nicht wirklich verortbaren Gefahren werden rasch zur

[4] Schmid, 1991, S. 41.

Quelle von Angst und Entfremdung – auch dies ein Einfallstor für populistische, autoritäre Ideologien.

Das Verschwinden einer durch den Normalarbeitstag und seinen Lebenslänglichkeiten strukturierten Gesellschaft, die Verbreitung ausdifferenzierter, puzzleartiger Lebensform bergen überdies die Gefahr der Privatisierung gesellschaftlicher Konflikte in sich. War die Verfügung über Freizeit früher ein *gesellschaftlicher* Konflikt, der im öffentlichen Raum ausgetragen werden konnte, weil viele in gleicher Weise betroffen waren, führt diese „Flexibilisierung", der eine Individualisierung einhergeht, dazu, dass Konflikte über berufliche Zeitverwendung im *privaten* Raum, also in Familie und Freundeskreis, privat ausgetragen werden – durch Streit und Konflikt über Möglichkeiten und Grenzen privater Vereinbarungen. Nicht mehr der Arbeitgeber wird mit den Freizeitwünschen und ihrer Einlösbarkeit belastet, sondern die Partnerschaft.

Sozialpolitisch bringt die Abwendung vom Normalarbeitsverhältnis

- eine Flucht aus dem Arbeitsrecht – mit der Flexibilisierung der Arbeit schwinden viele, am Normalarbeitstag orientierte Regulierungs-, Kontroll- und Mitbestimmungsmöglichkeiten. Arbeitsrechtliche Normen werden auf diesem Weg durch Umgehung entwertet, ohne sie formal verändern zu müssen.
- eine Belastung der Einkommenssituation, denn für Teilzeitarbeit gebührt auch nur eine Teilentlohnung. Allgemein gilt, je ungeregelter und prekärer das Arbeitsverhältnis, desto niedriger ist in der Regel auch die Bezahlung (außer für hochspezialisierte, qualifizierte Arbeiten).
- eine Verstärkung der Arbeitslosigkeit, denn jede Flexibilisierung, die zu einer „Verdichtung der Poren des Arbeitstages" führt, bedeutet, dass arbeitsfreie Stehzeiten, die früher in der Arbeit möglich und selbstverständlich waren (und einen monotonen Achtstundentag oft erst erträglich gemacht hatten), durch „Flexibilisierungen" nunmehr in die Freizeit der Beschäftigten verlagert werden. Das bedeutet aber, dass für den gleichen Arbeitsanfall nunmehr viel weniger Arbeitskräfte nötig sind.
- eine Veränderung der Leistungsmächtigkeit der Sozialversicherungssysteme. Denn die Sozialversicherungssysteme, die auf Einkommensersatz orientieren und daher im Leistungszeitraum die Einkommenssituation der Aktivzeit widerspiegeln, sind in Beiträgen wie Leistungen ebenfalls am Normalarbeitstag ausgerichtet. Einkommensdisparitäten, die durch atypische Arbeitsverhältnisse entstehen, werden im Transfersystem nicht angeglichen, sondern vertieft.

Ausblick

Die Neuverteilung von Arbeit bringt Chancen und Risken. Sie ist nicht naturgesetzlich entstanden, sondern durch Menschen gemacht und kann daher von Menschen gestaltet und ihren Bedürfnissen entsprechend adaptiert werden. Diese Gestaltungsmächtigkeit steigt in dem Ausmaß, in dem die eigentlichen Zusammenhänge und ihre Triebkräfte analysiert, erkannt und so einer Veränderung zugänglich gemacht werden. Dieser Prozess des Erkennens benötigt klare, diskursive Argumente und kontroversielle Diskussionen. Wir führen sie.

Literatur

Ulrich Beck, Schöne neue Arbeitswelt. Vision: Weltbürgergesellschaft, Frankfurt am Main/New York.

Ulrich Beck (Hrsg.), Kinder der Freiheit, Frankfurt/Main, 1997.

Ulrich Beck/Elisabeth Beck-Gernsheim, das ganz normale Chaos der Liebe, Frankfurt/Main, 1990.

Andre Gorz, Abschied vom Proletariat, Reinbek, 1983.

Andre Gorz, Wege ins Paradies, Berlin, 1984.

Norbert Elias, Die Gesellschaft der Individuen, Frankfurt/Main, 1991.

Marie Jahoda/Paul F. Lazarsfeld/Hans Zeisel, die Arbeitslosen von Marienthal, Frankfurt/Main, 1982.

Karl Marx/Friedrich Engels, Die Deutsche Ideologie, Werke Band 3, Berlin, 1981.

Michael Mesch (Hrsg.) Neue Arbeitsplätze in Österreich – die Beschäftigungsentwicklung im österreichischen Dienstleistungssektor – Nachfrage – Produktivität – Berufe – Qualifikationen, Wien, 1998.

Hans Sallmutter (Hrsg.), Stillgelegt – Weichenstellungen für den Arbeitsmarkt im Jahr 2000, Wien, 1997.

Hans Sallmutter (Hrsg.), Wieviel Globalisierung verträgt unser Land – Zwänge und Alternativen, Wien, 1998.

Tom Schmid, Das Gfrett mit der Zeit – 35 Stunden und kein Ende, Wien, 1991.

III. Einkommen sichern und/oder Armut verhindern

Geld an oder in der Börse? Verteilungspolitik, die neue Herausforderung im 21. Jahrhundert

Ingrid Reischl/Christoph Sykora

„Washington: Die Reichen werden immer reicher und die Armen immer ärmer – das ist mit einfachen Worten die dramatische Botschaft einer neuen Untersuchung der Einkommensentwicklung in den USA. ‚Diese Flut hebt alle Boote', pflegt Präsident Bill Clinton blumig zu sagen, wenn er über die Wohlstand schaffenden Auswirkungen der florierenden US-Wirtschaft spricht. Doch die kürzlich veröffentlichte Analyse des seriösen ‚Center on Budget and Priorities' spricht eine andere Sprache. Demnach ist das Einkommen des reichsten Fünftels der Amerikaner in den vergangenen zwanzig Jahren um 38,2 % gestiegen, während der Verdienst des unteren Fünftels um 12 % zurückging. Noch drastischer ist die Entwicklung für das 1 % an der Spitze: Jene 2,7 Mio. reichsten Amerikaner nehmen in diesem Jahr fast 120 % mehr ein als 1977". (APA 7. 9. 1999)

Der weltweit beobachtbare Trend, dass Reiche reicher und Arme ärmer werden, hat seine Ursache in einem Umverteilungsprozess von unten nach oben. Dieser Verteilungsprozess hat weit reichende Folgen für die Sozialpolitik. Wenn diese mehr sein soll als eine reine Armenfürsorge, muss in diesen Umverteilungsprozess eingegriffen werden. Die Frage der Verteilung von Einkommen und Vermögen wird somit zur sozialpolitischen Schlüsselfrage des 21. Jahrhunderts.

Die steigende Armut und Armutsgefährdung ist in Österreich relativ gut dokumentiert. Im Gegensatz dazu existiert eine detaillierte Erfassung der Vermögensverteilung nicht. Da eine exakte Erfassung offenbar nicht im öffentlichen Interesse liegt, ist man auf Schätzungen und Vermutungen angewiesen. Die großen Banken geben bekannt, dass 350 Österreicher über mehr als ATS 150 Mio. (10,9 Mio. €) Geldvermögen verfügen und immerhin noch 7.000 zwischen ATS 50 Mio. (3,63 Mio. €) und ATS 150 Mio. (10,9 Mio. €).

Vorerst stellt sich die Frage, welche Politik hinter diesem Umverteilungsprozess von unten noch oben steht. Es ist die vor zwei Jahrzehnten beginnende und immer dominanter werdende Politik des Neoliberalismus, die die Verteilungsrelation zugunsten der Vermögenden äußerst erfolgreich beeinflusst hat. Die neoliberale Verteilungspolitik ist eigentlich eine Nicht-Politik. Sie möchte Verteilungspolitik im Sinne des sozialen Ausgleichs abschaffen, damit diese nicht in den marktwirtschaftlichen Verteilungsprozess eingreift. Die in der Vergangenheit erzielten Verteilungskorrekturen sollen aufgehoben werden und rein ökonomische Mechanismen die Verteilung bestimmen.

Der Weg zur Dominanz des Finanzkapitals

Ein Anstoß für die neoliberale Wirtschafts- und Verteilungspolitik war das Absinken der Kapitalprofite in den Siebzigerjahren. Aufgrund der anhaltenden Vollbeschäftigung hat sich das Machtgleichgewicht zwischen Arbeitgeber- und Arbeitnehmerverbänden zugunsten letzterer verschoben. Dies hat dazu geführt, dass die Interessenkoalition zwischen Unternehmen und den Gewerkschaften brüchig wurde. Als neuer Bündnispartner entdeckte das Unternehmertum das Finanzkapital, das in den nationalen Zentralbanken seine Interessenvertretung fand. Investitionen in Finanzkapitalanlagen wurden durch die Hochzinspolitik wesentlich attraktiver als beschäftigungswirksame Investitionen in Realkapital. Voraussetzung für die Umsetzung der neoliberalen Wirtschaftspolitik war ein Vormarsch der konservativen Parteien in einigen europäischen Ländern und in den USA (Thacher 1979, Reagan 1980, Kohl 1983) sowie schließlich der Zusammenbruch der realsozialistischen Systeme und damit der Wegfall eines alternativen Wirschaftskonzeptes zum Kapitalismus.
Das Ende der Vollbeschäftigungspolitik und der daraus resultierenden Machtverlust für ArbeitnehmerInnen und Gewerkschaften sowie die steigende Arbeitslosigkeit dämpften die Lohnforderungen der ArbeitnehmerInnen. Die Lohnquote sank in den Achtzigerjahren in fast allen europäischen Ländern. Der latent vorhandene, aber noch nicht als solcher wahrgenommene Verteilungskonflikt, der eindeutig zugunsten der Kapitalseite ausging, ermöglichte anfangs jedoch noch in einigen europäischen Ländern in den Neunzigerjahren einen Anstieg der verfügbaren Einkommen.

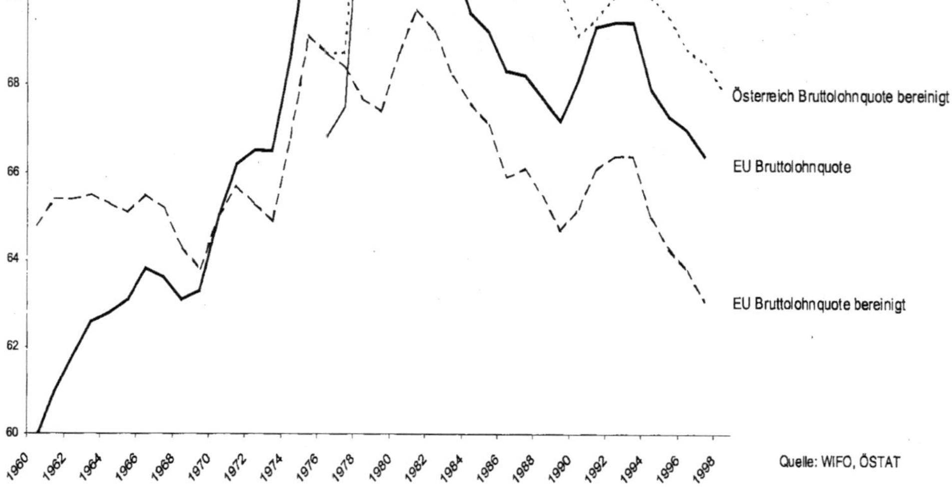

Entwicklung der verfügbaren Einkommen in OECD-Staaten 1992 - 1995

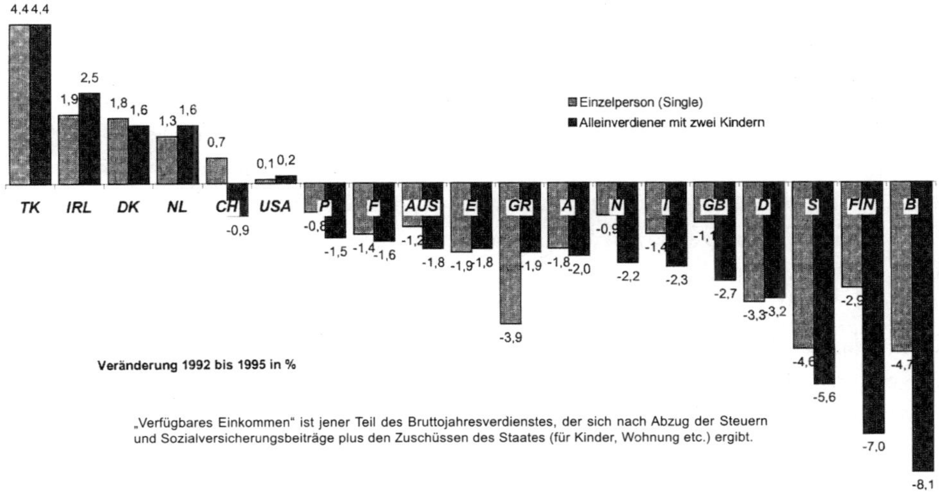

Quelle: Österreichisches Gesellschafts- und Wirtschaftsmuseum, ÖSTAT

Gedämpft wurden die Einkommensverluste in ihrer Wirkung durch die Sozialsysteme, die trotz der steigenden Arbeitslosigkeit und trotz Abbaumaßnahmen weitgehend funktionsfähig blieben.

Die steigenden Ausgaben für die Sozialsysteme und vor allem die im Verhältnis zum realen Wirtschaftswachstum hohen Zinssätze führten zum Anstieg der Schuldenquoten der öffentlichen Haushalte. Ihr Finanzierungsbedarf brachte wiederum einen Wachstumsimpuls für die Kapitalseite mit sich.

Die Liberalisierung und Deregulierung der Kapitalmärkte in den Achtzigerjahren trugen ebenfalls wesentlich zur Machtverschiebung zu deren Gunsten bei. Die enorme Aufblähung des Finanztransaktionsvolumens führte zu erhöhten Instabilitäten auf den Finanzmärkten, die auch auf die Realwirtschaften durchschlugen. Während die Realwirtschaft stagnierte, boomten die Wertpapiermärkte und Immobilienspekulationen in ungeheurem Ausmaß. Gewinner waren die Vermögensbesitzer sowie jene Institutionen, die diese Transaktionen abwickelten. Die nationalen Wirtschaftspolitiken mussten und müssen sich infolge in die Geiselhaft der Finanzmärkte begeben. Jede Wirtschaftspolitik, die sich nicht dem Diktat der Finanzmärkte mit deren Forderungen nach absoluter Geldwertstabilität und daraus resultierenden hohen Vermögenszuwächsen und einem Trend zur Deflation unterwirft, würde unweigerlich durch Kapitalabfluss und steigende Zinssätze bestraft. Realwirtschaftliche Zielsetzungen wie Beschäftigung, gerechte Einkommensverteilung, Wirtschaftswachstum können unter diesen Bedingungen nur sehr eingeschränkt verfolgt werden.

Neokolonialismus im 21. Jahrhundert

Der Umverteilungsprozess zugunsten der Kapitalseite wurde und wird massiv unterstützt von internationalen Wirtschaftsinstitutionen wie OECD, IWF, Weltbank und

WTO. Das rasante Anwachsen gigantischer Kapitalströme, die sich immer mehr von der Realwirtschaft verselbständigen, hat auch mit einer veränderten Veranlagungspolitik englischer und amerikanischer privater Pensionsfonds sowie der Rücknahme staatlicher Pensionssysteme in Europa und dem Ausbau der privaten Vorsorge zu tun. Um das Einkommensniveau der Privatpensionäre zu halten, wurde zunehmend von konservativen Anlagen (zB Staatsanleihen) zu Anlageformen mit höherer Renditeerwartung (Aktien, Investmentfonds, Derivate, etc.) umgeschichtet. Auch vor kurzfristigen, hoch spekulativen Investments in Schwellen- und Entwicklungsländern wurde nicht zurückgeschreckt. Voraussetzung dafür war, dass diese Länder ihre Kapitalmärkte öffnen und deregulieren mussten (zB WTO-Abkommen über Finanzdienstleistungen 1997).

Die hohen Wachstumsraten in diesen neuen Märkten haben im hohen Ausmaß spekulatives Finanzkapital angezogen. „Das Ausmaß der Transaktionen hat sich zwischen 1992 und 1995 etwa vervierzehnfacht. Alleine zwischen 1992 und 1995 wuchs das Transaktionsvolumen um ca. 50 % auf rund 1,3 Billionen Dollar pro Tag. Davon waren laut Schätzungen der Bank für Internationalen Zahlungsausgleich (BIZ) rund 80 % Anlagen mit einem Zeithorizont von maximal sieben Tagen, das heißt das Geld fließt binnen einer Woche wieder in das Ursprungsland zurück (‚roundtrip'). Mit anderen Worten: Sehr kurzfristige Veranlagungen dominieren, langfristige Kapitalanlagen sind im Vergleich dazu eine Minderheit. Dies ist ein Indiz für hochgradig spekulative Kapitalströme. Wer realwirtschaftlich investiert, belässt sein Geld nicht sechs oder sieben Tage in einem Land, um es dann wieder zurückzuholen" (Raffer 1999).

Die scheinbaren Wertzuwächse durch die boomenden Aktienmärkte und steigenden Immobilienpreise verleiteten viele Anleger im südostasiatischen Raum zu weiteren (überwiegend über kurzfristige Dollarkredite) kreditfinanzieren und durch Aktien und Wertpapier besicherten Investments. Durch den steigenden Dollarkurs und die zunehmende Angst vor einer Abwertung der asiatischen Währungen verließen einige große institutionelle Anleger fluchtartig den asiatischen Markt. Da Finanzkapitalspekulationen dem selben Mechanismus wie die Flucht einer Büffelherde unterliegen, versuchten sämtliche Anleger gleichzeitig aus dem asiatischen Markt zu entkommen. Im Zweifelsfall ist es nämlich – wie der berühmte Ökonom und Börsenspekulant John Maynard Keynes schon 1936 erkannte – besser „mit der Masse zu scheitern als gegen sie zu gewinnen".

Die Verluste jener ausländischen Anleger, denen die Flucht nicht mehr erfolgreich gelungen ist, wurden durch die Stützungsprogramme der internationalen Finanzinstitutionen ausgeglichen. Von den Hilfszahlungen des IWF profitierten in erster Linie westliche Gläubigerbanken, deren Außenstände weitgehend abgedeckt wurden. Sie konnten die Konsequenzen ihrer verfehlten Kreditpolitik abwälzen, im Gegensatz zur arbeitenden Bevölkerung dieser Länder, die nun durch dramatische Absenkung ihres Lebensstandards für die Krise bezahlen müssen. Als Voraussetzung für die Gewährung von Hilfskrediten verlangt der IWF die Umsetzung von Maßnahmenpaketen, die in der Regel die Reduzierung von Staatsausgaben, den Abbau von Subventionen und Zinserhöhung bedeuten. Vorhersehbare Folgen der drakonischen Auflagen des

IWF sind weit reichende Arbeitsplatzverluste und Preissteigerungen.
Mit der Krise in Südostasien ist ein weiterer Aspekt der neoliberalen Verteilungspolitik sichtbar geworden, nämlich deren neokolonialistischer Charakter. Umverteilt wurde von der arbeitenden Bevölkerung in den Schwellenländern zu den Finanzanlegern in den Industriestaaten. Dieser neue neoliberale Imperialismus wird sich ohne politisches Gegensteuern im 21. Jahrhundert wesentlich verstärken.
Die zunehmende Privatisierung und Einschränkung der gesetzlichen umlagefinanzierten Pensionssysteme geht einher mit einem rasanten Anstieg des in privaten Pensionsfonds gebundenen Kapitals (siehe auch den Beitrag von Türk in diesem Band). Dieses Kapital muss sich ständig auf die Suche nach neuen Anlagemöglichkeiten begeben, denn für die Auszahlung der laufenden Pensionsansprüche müssen Pensionsfonds genügend neue Abnehmer für ihre Produkte am Markt finden. Aufgrund der Überalterung der Bevölkerung in den westlichen industrialisierten Ländern werden diese Abnehmer auf dem Inlandsmarkt in dreißig Jahren zunehmend schwieriger in ausreichender Zahl zu finden sein. In Hinblick auf die Demographieabhängigkeit unterscheidet sich nämlich die kapitalgedeckte Pensionsvorsorge nicht von der Umlagefinanzierung. Ohne Regulierung der Kapitalmärkte werden die ausschließlich nach marktwirtschaftlichen Mechanismen funktionierenden privaten Pensionsfonds versuchen, das Demographieproblem der industrialisierten Staaten auf Kosten der Schwellen- und Dritte Welt-Länder zu lösen.

Ausweg aus der Verteilungsfalle: ArbeitnehmerInnen als Shareholder?

Die weit gehende Ausschaltung des größten Teils der ArbeitnehmerInnen bei der Teilhabe am Produktivvermögen ist ein großes Defizit dieser Wirtschafts- und Gesellschaftsordnung. Wenn die Expansion der Aktien- und Kapitalmärkte zu einer immer ungleicheren Einkommensverteilung führt, wäre es dann nicht ein Ausweg, die ArbeitnehmerInnen an dieser Entwicklung partizipieren zu lassen?
Die Diskussion über eine Beteiligung der ArbeitnehmerInnen am Produktivvermögen wird seit 1949 immer wieder sehr gegensätzlich und emotional geführt. Durch die Währungsreform in der Nachkriegszeit haben die Sparer ihr Geldvermögen weitgehend verloren, während die Eigentümer des Unternehmenskapitals weitgehend ungeschoren davon kamen. Diese Gruppe von Privilegierten profitierte dann noch einmal von den umfangreichen staatlichen, steuerlichen und sonstigen Begünstigungen der Wirtschaft zur Unterstützung des Wiederaufbaues. Die dadurch in die Höhe getriebenen Unternehmensgewinne brauchten die Unternehmenseigentümer ebenfalls nicht mit der Arbeiterschaft zu teilen.
Dieser Prozess der Vermögensanhäufung führte zu einer immer stärker werdenden Konzentration der Eigentumsverhältnisse am Produktivvermögen. Vor allem in Deutschland ist diese Entwicklung auf große Kritik gestoßen. Im Jahre 1968 präsentierten deutsche Ökonomen im Auftrag des Arbeits- und Sozialministeriums eine viel diskutierte Studie. Diese Studie kam zum Schluss, dass nur 1,7 % der Bevölkerung über 70 % des Produktivvermögens besaßen.

Unter den Aspekten der Konzentration von Produktivvermögen in den Händen Weniger und der Zusammenballung von wirtschaftlicher Macht wurde die Diskussion über Mitarbeiterbeteilungungsmodelle in den Fünfziger- und Sechzigerjahren auch von gewerkschaftlicher Seite geführt. In den Siebzigerjahren wurde die Diskussion über Mitarbeiterbeteiligung um Selbstbestimmungs- und Selbstverwaltungskomponenten angereichert. Bis dahin standen Unternehmer einer Mitarbeiterbeteiligung weitgehend ablehnend gegenüber. Erst in den späten Achtziger- und Neunzigerjahren griff die Unternehmerseite dieses Thema auf, allerdings unter anderen Vorzeichen. Gefordert wurde und wird eine Beteiligung am eigenen Unternehmen, um über höhere Motivation und Identifikation die Produktivität zu steigern.
In jüngster Zeit wird von verschiedenen Ökonomen auch aus volkswirtschaftlicher Sicht für die Mitarbeiterbeteiligung geworben. Die Anreiz- und Motivationswirkung der Mitarbeiterbeteiligung hätte ein höheres Wirtschaftswachstum, höhere Beschäftigung und niedrigere Preise zur Folge. In einer solchen *Shareholder-Wirtschaft* würden letztlich alle profitieren. Statt einem „Fixlohn" erhalten die MitarbeiterInnen Beteiligungen, das würde dazu führen, dass in Konjunkturkrisen viel weniger Beschäftigte abgebaut werden müssten, weil das Beteiligungsmodell wesentlich flexibler sei als die starren Lohnsteigerungen.
Diese Shareholder-Economy-Theorie stützt sich auf den Glauben der Richtigkeit der neoklassischen Markttheorie. Demnach funktioniert der Arbeitsmarkt wie jeder andere Markt. Ist eine Ware nicht verkaufbar, ist eben nur der Preis zu hoch. Findet jemand keine Arbeit ist er/sie eben zu teuer. Vollbeschäftigung ist nur durch eine Anpassung der Löhne nach unten erreichbar. Eine Mitarbeiterbeteiligung wäre damit ein ideales Instrument, mit dem Lohnflexibilität optimal und ohne große Widerstände der ArbeitnehmerInnen erreichbar wäre.
Gegen den Einsatz von Mitarbeiterbeteiligung als Verteilungsinstrument gibt es gravierende Einwände. Aus praktischen Gründen wäre eine große Anzahl von ArbeitnehmerInnen ausgeschlossen, da es in kleinen oder kleinbetrieblich strukturierten Unternehmen (Handwerk) wesentlich schwieriger als in einer Aktiengesellschaft ist, geeignete Beteiligungsformen zu finden. Auch die Beschäftigten des öffentlichen Dienstes wären davon ausgeschlossen. Selbst in Aktiengesellschaften wird nur ein eingeschränkter Kreis, vor allem leitende Angestellte und das Topmanagement, für eine Mitarbeiterbeteiligung in Frage kommen.
Eine Beteiligung von breiten Belegschaftsteilen ist zwar vorstellbar und wird von manchen Unternehmern auch befürwortet, damit kommt es aber unweigerlich zu einem Konflikt zwischen dem Ziel der Maximierung des Vermögenswertes und lohnpolitischen Zielen. Ein weiteres Problem ergibt sich aus dem doppelten Risiko, das entsteht, wenn sich ArbeitnehmerInnen an ihrem eigenen Unternehmen beteiligen. Wenn Beschäftigte in die Miteigentümerrolle gedrängt werden, tragen sie sowohl das Arbeitsplatzrisiko als auch das Vermögensrisiko. Im schlechtesten Fall, nämlich dem Konkurs, ist beides weg: Arbeitsplatz und Vermögen.
Die aufgezählten Risiken könnten durch überbetriebliche Fondsmodelle (wie sie etwa der DGB seit längerem fordert) gemildert werden. Angesichts der niedrigen Lohn-

abschlüsse der letzten Jahre stellt sich allerdings die Frage, ob überhaupt genügend Spielraum für die Einzahlung in derartige Fonds besteht. In den Siebzigerjahren mit relativ hohen Zuwachsraten bei Wirtschaftswachstum und Einkommen wäre es aus ökonomischer Sicht günstig gewesen, überbetriebliche Mitarbeiterbeteiligungen tarifvertraglich zu regeln. Trotzdem wurde dieser Weg nicht eingeschlagen, offenbar auch deshalb, weil die Beschäftigten lieber das Geld im Börsel als die Aktie im Depot wollten.

Unter dem Eindruck der täglichen Börsenberichterstattung ist auf Seiten der ArbeitnehmerInnenschaft ein Einstellungswandel erkennbar, der die Gewerkschaften vor die Herausforderung stellt, sich Rahmenbedingungen für kollektivvertraglich abgesicherte Mitarbeiterbeteiligungsmodelle zu überlegen. Dennoch wäre es eine Illusion zu glauben, dass Mitarbeiterbeteiligung ein geeignetes Instrument zur Erreichung einer gerechteren Vermögensverteilung wäre.

Ansätze für eine neue Verteilungspolitik

Es ist unbestreitbar, dass zahlreiche Konjunkturkrisen der letzten Jahre, sowohl auf europäischer als auch globaler Ebene, ihren Ausgang auf den Finanzmärkten hatten bzw. durch die Reaktion der Finanzmärkte wesentlich verschärft wurden. Wenn man daher solche Entwicklungen und die damit verbundenen negativen verteilungs- und sozialpolitischen Konsequenzen vermeiden möchte, ist der erste Ansatzpunkt in einer stärkeren Regulierung der Finanzmärkte zu suchen. Vor allem für Schwellen- und Entwicklungsländer, ebenso wie für die neuen Beitrittswerber zur EU, ist es durchaus vorstellbar, den Zu- und Abfluss von kurzfristigen Kapitalströmen zu beschränken.

Die widersprüchlichen Interessen zwischen dem spekulierenden Finanzkapital und dem produktiven Kapital müssen durch verschärfte Aufsichts- und Sicherheitsmaßnahmen geglättet werden. Sowohl die supranationalen Organisationen wie der IWF als auch die Notenbanken und Regierungen müssen „Leitplanken" für das global agierende Kapital entwickeln. Dazu könnten etwa weltweit geltende Publikationsvorschriften für den Derivathandel, die Kontrolle von Devisentermingeschäften, einheitliche Vorschriften über die Höhe von Rücklagen bei Banken und das Verbot von Kapitaltransfers außerhalb des Börsengeschäftes beitragen. Allerdings würden solche Vorschriften und Kontrollen die Attraktivität der Globalisierung des Kapitalmarktes untergraben. Die eigentliche Profitquelle für das transnationale Kapital liegt gerade in der Ausnutzung der Differenz von unterschiedlichen Regeln, Steuern und Zinssätzen. Da es aber eine politische Entscheidung war, die Kapitalmärkte zu liberalisieren und zu deregulieren, liegt es auch an der Politik, sie wieder zu reregulieren.

Ein erster Schritt wäre die Umsetzung des bereits seit 1972 immer wieder diskutierten Vorschlags von James Tobin, eine Umsatzsteuer auf Devisentransaktionen einzuführen, um die negativen Effekte spekulativer Finanztransaktionen einzudämmen. Die *Tobintax* ist eine einfache Steuer mit einem fixen einheitlichen Prozentsatz, die kurzfristige Finanztransaktionen bestraft und auf langfristige Investitionen nur geringfügig wirkt.

Generell kann festgehalten werden, dass arbeitsloses Einkommen (zB Vermögenszuwächse) gegenüber Einkommen aus Erwerbsarbeit steuerlich privilegiert ist. (In

Österreich zB beträgt der Spitzensteuersatz bei der Lohn- und Einkommensteuer 50 %, während der Steuersatz bei Kapitalerträgen 25 % beträgt. 1994 wurde die Vermögenssteuer überhaupt abgeschafft und ein großzügiges Steuermodell für Privatstiftungen eingeführt.) Aktive Verteilungspolitik ist in reichen Volkswirtschaften nicht nur unter dem Gesichtspunkt der privaten Konsumnachfrage sinnvoll, sondern ermöglicht auch einen enormen Finanzierungs-, Verteilungs- und Gestaltungsspielraum in der Sozialpolitik.

Neue Finanzierungsspielräume werden auch nötig sein, um die bestehenden sozialen Sicherungssysteme um eine bedarfsorientierte Grundsicherung auf hohem Niveau zu ergänzen. Dies ist auch deshalb notwendig, um den ArbeitnehmerInnen einen gewissen Grad an Autonomie zu sichern, der verhindert, dass sie ihre Arbeitskraft unter der Rahmenbedingung von hoher Arbeitslosigkeit um *jeden* Preis verkaufen müssen.

Auf ein wesentliches Verteilungsinstrument, nämlich die Lohnpolitik, darf nicht vergessen werden. Die Umverteilung zwischen unselbständig Erwerbstätigen, vor allem aber die funktionale Einkommensverteilung (Verhältnis zwischen Lohneinkommen und Einkommen aus Vermögen und Kapital), muss Ziel der Lohnpolitik im dritten Jahrtausend werden. Neben der Abgeltung der Teuerung und des Produktivitätszuwachses muss es in der Lohnpolitik auch wieder eine Verteilungskomponente (zwischen Kapital und Arbeit) geben. Es ist klar, dass unter den herrschenden neoliberalen Bedingungen ein derart ehrgeiziges Ziel nur durch europaweite Koordinierung in der Lohnpolitik erreichbar ist.

Wenn es künftig gelingt, den volkswirtschaftlichen Reichtum gerechter zu verteilen, müssen breite Teile der Bevölkerung für die Erhaltung und Verbesserung ihres Lebensstandards nicht mehr so viel und so lange arbeiten. Damit wäre der Weg geebnet für eine deutliche Verkürzung der Arbeitszeit, die einen wesentlichen Beitrag dazu leisten könnte, die Gesellschaft des 21. Jahrhunderts von der Geißel der Arbeitslosigkeit zu befreien.

Literatur

Beirat für gesellschafts, wirtschafts- und umweltpolitische Alternativen (Hrsg.) (1996), Broschüre S. 14ff.

Farny Otto/Gall Franz/Predl Margit in: AK Wien (Hrsg.), Materialien zu Wirtschaft und Gesellschaft

Feldbauer Peter/Parnreiter Christian (1999), Mexiko: Krisen und Entwicklungschancen, in: Feldbauer Peter/Hardach Gerd/Melinz Gerhard (Hrsg.): Von der Weltwirtschaftskrise zur Globalisierungskrise (1929 – 1999), S. 205ff.

Geppert Walter/Ruland Franz/Türk Erik/Schulz-Weidner Wolfgang/Felix Ferdinand/Feistritzer Gert (1998), Soziale Sicherheit, Fachzeitschrift.

Gubitzer Luise (1997). Geld oder Leben?, in: Beirat für gesellschafts, wirtschafts- und umweltpolitische Alternativen (Hrsg.): Kurswechsel, Geld und Finanzmärkte, S. 7f.

Heise A., Wirtschafts- und Sozialwissenschaftliches Institut in der Hans-Böckler-Stiftung (Hrsg.) (1999), WSI Mitteilungen, Monatszeitschrift.

James Harold (1999). Im Teufelskreis der Depression, in: Feldbauer Peter/Hardach Gerd/Melinz Gerhard (Hrsg.), Von der Weltwirtschaftskrise zur Globalisierungskrise (1929 – 1999), S. 239.

Leitsmüller H., Arbeitnehmer als Eigentümer und Mitarbeiterbeteiligung – eine neue Renaissance, AK Wien (Hrsg.).

Moravec M., Immer mehr Millionäre in Österreich, Der Standard (Hrsg.) (9/1999).

Müller-Plantenberg Urs (1998). Zukunftsverbrauch, in: Heinrich Michael/Messner Dirk (Hrsg.): Globalisierung und Perspektiven linker Politik, S. 321ff.
Österreichisches Institut für Wirtschaftsforschung (Hrsg.) (9/1999) Monatsberichte, S. 622, 639ff.
Parnreiter Christof/Novy Andres/Fischer Karin (Hrsg.) (1999), Globalisierung und Peripherie, Umstrukturierung in Lateinamerika, Afrika und Asien.
Raffer Kunibert (1999), Unveröffentlichte Vortragsunterlage
Röttger Bernd (Hrsg.) (1997), Neoliberale Globalisierung und eurokapitalistische Regulation.
Schauer Helmut (1998). Anfragen zur Verteilungspolitik, in: Michael Heinrich/Dirk Messner (Hrsg.), Globalisierung und Perspektiven linker Politik, S. 275ff.
Schulmeister Stefan (1998). Der polit-ökonomische Entwicklungszyklus der Nachkriegszeit und Vom Bündnis Realkapital-Arbeit in der Prosperität zum Bündnis Realkapital-Finanzkapital in der Krise in: Friedrich-Ebert-Stiftung (Hrsg.), Internationale Politik und Gesellschaft, Artikel.
Türk E., Private indFrohe Weihnachten und ein erfolgreiches Jahr 2000 ividualisierte Vorsorge vs. solidarische kollektive Alterssicherungssysteme, Hauptverband der österreichischen Sozialversicherungsträger (Hrsg.).

Demographiebedingte Sozialstaatsdämmerung? Ist Kapitaldeckung und (Teil)Privatisierung der Alterssicherung tatsächlich das Gebot der Stunde?

Erik Türk

1) Einleitende grundsätzliche Bemerkungen

Sämtliche Industrienationen, aber auch viele„weniger entwickelte" Länder sehen sich im Laufe der nächsten Dekaden mit einer deutlichen Alterung der Bevölkerung konfrontiert. Für Österreich wird vom ÖSTAT bis 2030 ein Anstieg des Anteils der 60-Jährigen und Älteren an der Gesamtbevölkerung von derzeit rund einem Fünftel auf gut ein Drittel prognostiziert. Die „Alterslastquote" – also die Relation der 60-Jährigen und Älteren zu den 15- bis 59-Jährigen – wird sich in diesem Zeitraum in etwa verdoppeln. Während der Alterungsprozess bis etwa 2015 noch relativ langsam voranschreitet, wird sich dessen Dynamik in den darauf folgenden 15 Jahren deutlich beschleunigen. Die massiven, in allen Industriestaaten nahezu gleichzeitig stattfindenden Verschiebungen in der Altersstruktur und vor allem der daraus abgeleitete Bedarf an Reformen der bestehenden Alterssicherungssysteme stehen bereits seit mehr als einem Jahrzehnt international im Mittelpunkt der politischen und öffentlichen Diskussion.

Geprägt ist dieser Diskussionsprozess vor allem in den letzten Jahren durch eine breite und zum Teil bereits auch sehr erfolgreiche Offensive für eine weitgehende Substitution umlagefinanzierter Systeme durch kapitalgedeckte Eigenvorsorge und ein damit einher gehendes Zurückdrängen gesellschaftlicher Sicherungssysteme. Die Debatte um die Konsequenzen der Alterung der Bevölkerung ist damit gekennzeichnet durch eine Verengung auf eine Gegenüberstellung kapitalgedeckter (Eigen)Vorsorge[1] und umlagefinanzierter Pensionssysteme, im Wesentlichen wiederum reduziert auf eine Diskussion der Finanzierungsverfahren: Kapitaldeckungs- versus Umlageverfahren. Erst langsam öffnet sich die Diskussion scheinbar wieder einem breiteren Zugang.

Eine verengte Debatte mit weit reichenden Konsequenzen

Vordergründig handelt es sich bei der Frage „Kapitaldeckungs- versus Umlageverfahren" lediglich um ein Abwägen der Vor- und Nachteile unterschiedlicher Verfahren der Pensionsfinanzierung. De facto sind hiermit aber auch gleichzeitig weitere wesentliche Aspekte der konzeptionellen Ausgestaltung eines Alterssicherungssystems

[1] Auf eine Differenzierung zwischen kapitalgedeckter betrieblicher Vorsorge und individueller Altersvorsorge wird bewusst verzichtet, da die Unterschiede zwischen diesen beiden Formen der Altersvorsorge in dem hier behandelten Zusammenhang nur von untergeordneter Bedeutung sind und mit der wachsenden Gewichtung beitragsorientierter Systeme innerhalb der 2. Säule zunehmend gänzlich verschwinden.

mit ebenso weit reichenden gesellschafts- und sozialpolitischen Implikationen angesprochen, wie insbesondere die zukünftige Bedeutung gesellschaftlich garantierter Sicherheiten und des Solidarausgleichs innerhalb des Systems der Altersvorsorge.
In einem kollektiven Sicherungssystem übernimmt die Gesellschaft (begrenzt mit einem bestimmten Sicherungsniveau) explizit die Verantwortung für die Absicherung der nicht mehr erwerbstätigen Generationen. Die konkrete Systemausgestaltung sowie deren Veränderungen basieren – funktionierende demokratische Strukturen vorausgesetzt – auf einem gesellschaftlichen Konsens und gewährleisten typischerweise auch einen breiten sozialen Ausgleich zwischen und innerhalb der Generationen. Im Umlageverfahren findet dieses System grundsätzlich seine finanzierungstechnische Entsprechung.

Soziale Sicherungssysteme als natürliches Feindbild des Marktliberalismus
Der kollektive Aspekt der umlagefinanzierten Alterssicherung liegt in einer Absicherung der materiellen Teilhabe der nicht mehr erwerbstätigen Generationen auf gesellschaftlicher Ebene, ohne Umweg über die Finanzmärkte sondern in Form eines institutionalisierten, politisch gewollten Ausgleichs sozialer Risken. Das scheint vielfach das eigentliche Motiv politischer Forderungen nach einer deutlich stärkeren Gewichtung der Kapitaldeckung innerhalb der Alterssicherung zu sein. Derartige Forderungen laufen zumeist auch auf eine weitgehende Privatisierung der Altersvorsorge hinaus und schreiben dann der gesellschaftlichen Alterssicherung lediglich die Rolle einer Absicherung des Existenzminimums zu. Umlagefinanzierte Alterssicherungssysteme stehen demnach im Konflikt mit dem individualistischen Grundprinzip der Marktwirtschaft, weshalb auch aus ordnungspolitischen Gründen ein Zurückdrängen gesellschaftlicher Alterssicherung angesagt ist[2]. Dieser Einwand gilt jedoch nicht nur für sämtliche Formen des Solidarausgleichs, sondern dem Grunde nach für jedes demokratische System. Er lässt sich dementsprechend umkehren: Die dogmatisierende Verwendung des individualistischen Grundprinzips der Marktwirtschaft als Leitbild der Gesellschaftsordnung steht in krassem Widerspruch zum demokratischen Grundprinzip sowie zu den Prinzipien des sozialen Ausgleichs und der sozialen Gerechtigkeit. Die Realität wird damit auf den Kopf gestellt. Die weitgehend unbestrittene und wohl grundsätzlich auch unbestreitbare Überlegenheit marktwirtschaftlicher Systeme in allokativer Hinsicht mutiert zum gesellschaftspolitischen Leitbild mit durchaus „religiösen" Tendenzen. Der Weg zu einem Ziel wird zunehmend selbst zum eigentlichen Ziel und verengt die politischen Gestaltungsspielräume künstlich.
Fragen wie jene nach der Gewichtung der gesellschaftlichen Verantwortung für soziale Risken, der Bedeutung des Solidarausgleichs oder der Art und Breite der Beteiligung an der Lastenverteilung und den zugrundeliegenden Entscheidungsmechanismen werden jedoch in der Diskussion gewöhnlich nicht explizit behandelt, sondern vielmehr mit der Wahl der Gewichtung der Finanzierungsverfahren weitgehend verdeckt mitentschieden.

---

[2] Vgl. Neumann, „Ein Einstieg in die Kapitaldeckung der gesetzlichen Renten ist das Gebot der Stunde", Wirtschaftsdienst 1998/5, S. 259ff.

Dominierende Krisenrhetorik und boomende Eigenvorsorge

Die absehbare demographische Entwicklung dient hierbei als Sachzwang, der ein Forcieren der kapitalgedeckten Vorsorge zur Vermeidung sonst drohender massiver Einkommenseinbußen im Alter erfordert. Auf der ausschließlichen Basis des Umlageverfahrens könne demnach – angesichts deutlich steigender „Alterslastquotienten" – das heute gewährte Leistungsniveau nicht aufrecht erhalten werden. Umlagefinanzierte öffentliche Pensionssysteme würden aufgrund der massiven Verschiebungen in der Altersstruktur vielmehr unweigerlich in Richtung Unfinanzierbarkeit steuern. Deren Kollaps sei demnach vorprogrammiert und der Ausbau kapitalgedeckter Eigenvorsorge die einzige erfolgversprechende Antwort. In diesem Sinn ist eine verantwortungsbewusste Politik aufgefordert, die erforderliche Weichenstellung vorzunehmen, also den Ausbau kapitalgedeckter Eigenvorsorge konsequent zu fördern und das öffentliche Leistungsniveau deutlich zurück zu nehmen. Ein Festhalten am gegenwärtigen Leistungsniveau sei demgegenüber ausschließlich Ausdruck einer unverantwortlichen, kurzsichtigen Politik[3]. Der Ausbau der Kapitaldeckung zu Lasten der bestehenden Umlagesysteme ist in dieser Argumentationskette das Gebot der Stunde und die Wahl des geeigneteren Finanzierungsverfahrens die im Rahmen der Pensionspolitik zu treffende zentrale Grundsatzentscheidung.

Bilder von „tickenden demographischen Zeitbomben" und medienwirksame Prophezeiungen eines drohenden Kollaps umlagefinanzierter Pensionssysteme begleiten damit jede Reformdebatte und untergraben zunehmend das Vertrauen in die bestehenden Systeme der Sozialen Sicherheit. Das Resultat ist ein regelrechter Boom der kapitalgedeckten Eigenvorsorge, in Österreich und den meisten anderen kontinentaleuropäischen Staaten allerdings ausgehend von einem noch relativ bescheidenen Niveau.

Anders im angloamerikanischen Raum, wo sich die Pensions- und Investmentfondsbranche ungestört von einem gut ausgebauten System der Sozialen Sicherheit und mit massiver staatlicher Unterstützung in Form steuerlichen Förderungen[4] seit Beginn der Achtzigerjahre zu ei-

---

[3] Interessant ist in diesem Zusammenhang auch, dass diese Argumentation grundsätzlich unabhängig vom konkreten Sicherungsniveau des jeweils betrachteten Pensionssystems vorherrscht, was für sich bereits verdeutlicht, dass die Grenzen der Finanzierbarkeit im Wesentlichen *politisch* und nicht ökonomisch oder demographisch definiert werden.

[4] Die Notwendigkeit, mündige Bürger durch steuerliche Anreize zur Zusatzvorsorge zu motivieren, bleibt bei der häufig strapazierten Argumentation, eine Verschiebung in Richtung zweite und dritte Säule würde auch zu einer Entlastung öffentlichen Haushalte führen, gerne unerwähnt. Die Kosten der steuerlichen Förderung scheinen naturgemäß mangels Erfassung nicht zugeflossener Einnahmen auch nicht explizit als budgetäre Belastung auf, wodurch sich deren beträchtliches Ausmaß in Ländern mit starken zweiten und dritten Säulen weitgehend der Diskussion und damit der Kritik entzieht. Die entsprechende Belastung der öffentlichen Haushalte beträgt aber in Großbritannien etwa 3 % des BIP („Averting the Old Age Crises", Weltbank 1994) und in den USA rund 20 % der gesamten Aufwendungen für Soziale Sicherheit (Munnell, „Are Pensions Worth the Costs?", National Tax Journal, September 1991). Berücksichtigt man, dass in den USA trotz massiver Kapitaldeckung der Altersvorsorge die reichsten 5 % der Haushalte 77 % des Finanzvermögens besitzen, während die unteren 80 % über ganze 1,8 % des Finanzvermögens verfügen (Schlesinger Tom [1996]: „America's Restructured Financial System", Beitrag zum „Industrial Heartland Labour Investment Forum", Juni 1996), dann werden die mit einer großzügigen Förderung der Vermögensakkumulation verbundenen Einkommensumverteilungseffekte offenkundig. Im Vergleich dazu beträgt der Bundesbeitrag zur gesamten gesetzlichen Pensionsversicherung, der entgegen der häufig kolportierten angeblich explosionsartigen Entwicklung seit den späten Siebzigerjahren in Österreich gesunken ist, lediglich 2,2 % des BIP.

nem beträchtlichen wirtschaftlichen und politischen Machtfaktor entwickelt hat. In Großbritannien betragen allein die Vermögenswerte der Pensionsfonds (Werte jeweils 1996[5]) rund 75 % des BIP, in den USA knapp 60 %. Von den rund 8,7 Billionen $ Pensionsfondsvermögens im OECD-Raum[6] (Anfang der Achtzigerjahre noch rund 1 Billion $) entfallen fast zwei Drittel auf amerikanische und britische Pensionsfonds. In den USA waren bereits 1994 mehr als ein Drittel aller Unternehmensaktien und rund 40 % der Unternehmensanleihen im Besitz von Pensionsfonds[7].

Mit der enormen Konzentration von Vermögenswerten in den Händen der großen institutionellen Investoren ist auch deren Einfluss dramatisch gestiegen. Diese spielen heute vielfach die Schlüsselrolle im Finanzsystem. Ihr Einfluss nimmt weiter rasant zu. Die Auswirkungen der Anlageentscheidungen der Fondsmanager sind global nicht nur auf den Finanz- und Währungsmärkten, sondern zunehmend auch im realen Sektor – nicht zuletzt durch deren wachsenden Einfluss auf die Unternehmensführung – deutlich spürbar. Die Steigerung des Shareholder-Value und damit die Orientierung an der kurzfristigen Ertragsmaximierung treten dadurch zunehmend in den Vordergrund. Harvard Professor Micheal E. Porter sieht in der wachsenden Dominanz institutioneller Investoren und deren Hang zum „short termism" eine Gefährdung des langfristigen volkswirtschaftlichen Wachstumspotentials, denn die Ausrichtung der Unternehmensführung an der Maximierung des laufenden Aktienkurses führt auch zur Vernachlässigung langfristiger Strategien und Perspektiven[8].

Das Streben nach kurzfristiger Maximierung der Renditen der veranlagten Pensionsgelder von Arbeitnehmern bewirkt aber nicht nur eine Tendenz zur Vernachlässigung langfristiger Perspektiven, sondern auch einen massiven Druck in Richtung Lohnkürzungen, erhöhte Arbeitsplatzunsicherheit und Entlassungswellen. Die Interessen der Arbeitnehmer kollidieren daher mit der wachsenden Bedeutung des kapitalgedeckten Pensionsanteils zunehmend mit ihren Interessen als zukünftige Pensionisten, deren Pensionshöhe wesentlich davon abhängen wird, inwieweit sich die Interessen des Finanzvermögens dauerhaft durchsetzen können. Das erhöht wiederum die Wahrscheinlichkeit der Durchsetzung selbst wesentlich. Der weitere Bestand eines kooperativen Gesellschafts- und Wirtschaftsmodells europäischer Prägung wäre unter derart verän-

---

[5] Vgl. Blommestein Hans J., „Pensionsfonds and Financial Markets", The OECD Observer No. 212, S. 23ff.

[6] Diese Zahlen spiegeln die Auswirkungen des Bedeutungszuwachs kapitalgedeckter Altersvorsorge nur unzureichend wider. Der Boom kapitalgedeckter Altersvorsorge ist nicht nur die wichtigste Quelle des dramatischen Zuwachses der Vermögenswerte der Pensionsfonds, sondern auch anderer institutioneller Investoren (insbesondere Investmentfonds und Versicherungsunternehmen). 1995 betrugen die Vermögenswerte institutioneller Investoren im OECD-Raum bereits mehr als 24,4 Billionen $ bzw. 107 % des BIP (1981 noch rund 3,2 Billionen $ bzw. 38 % des BIP). Im Vergleich dazu betrug die Weltbörsenkapitalisierung 1993 rund 14,1 Billionen $. (vgl. Blommestein Hans, „Impact of Institutional Investors on Financial Markets", in: „Institutional Investors in the New Financial Landscape", OECD 1998, S. 30f.).

[7] Vgl. Ghilarducci Teresa, „U.S. Pension Investment Policy and Perfect Capital Market Theory", Challenge/ July – August 1994.

[8] Ebenda, S. 7.

derten Rahmenbedingungen schwer vorstellbar und der Weg in Richtung möglichst ungehemmten Marktkapitalismus nach angloamerikanischen Vorbild eingeschlagen. Ungeachtet dieser weit reichenden Auswirkungen der in erster Linie durch den Boom kapitalgedeckter Altersvorsorge ausgelösten zunehmenden Institutionalisierung der Finanzmärkte wird diese Entwicklung vielfach unkritisch zum Vorbild erhoben und der diesbezügliche Nachholbedarf Europas – geht es doch um die Absicherung zukünftiger Pensionen – heftig beklagt.

Ist die Bevölkerungsalterung aber tatsächlich ein starkes Argument für ein Zurückdrängen umlagefinanzierter Sicherungssysteme und ein Forcieren kapitalgedeckter Altersvorsorge? Lässt sich durch eine Neugewichtung der Finanzierungsverfahren wirklich das demographische Risiko vermindern? Diesen Fragen soll in weiterer Folge nachgegangen werden. Eine *Versachlichung* der Diskussionen ist jedenfalls dringend geboten, denn der Glaube an die Demographieimmunität kapitalgedeckter Altersvorsorge ist zwar weit verbreitet, aber nichtsdestotrotz falsch. Genauso wenig wie es einen eindimensionalen Zusammenhang zwischen vermeintlicher Unfinanzierbarkeit umlagefinanzierter Alterssicherungssysteme und der absehbaren demographischen Entwicklung gibt, lässt sich die Altersvorsorge durch Kapitaldeckung von den Konsequenzen massiver Verschiebungen in der Altersstruktur entkoppeln.

Wie die vermeintliche Demographieimmunität kapitalgedeckter Systeme sind jedoch auch die weiteren häufig strapazierten Vorzüge einer Kapitaldeckung der Altersvorsorge – wie insbesondere die erhofften positiven Wachstumsimpulse und der behauptete Renditevorsprung – kritisch zu hinterfragen, da sich diese bei näherer Betrachtung eher als Glaubenssätze denn als wissenschaftliche Erkenntnisse charakterisieren lassen, auch wenn in der Debatte gerne der Eindruck vermittelt wird, es handle sich eben um solche.

2) Demographie, Sachzwang oder Vorwand?

Die Lebenserwartung ist ein wichtiger Indikator der sozialen und wirtschaftlichen Entwicklung und deren Anstieg als Ergebnis verbesserter Gesundheits- und Sozialstandards damit auch Zeugnis eines der größten sozialpolitischen Erfolge der jüngeren Vergangenheit. Gleichzeitig resultiert aus der steigenden Lebenserwartung in Kombination mit der starken Reduktion der Fertilitätsraten seit den späten Sechzigerjahren ein deutlicher Trend zur Bevölkerungsalterung mit weit reichenden Konsequenzen für die sozialen Sicherungssysteme, den Arbeitsmarkt, den Bildungsbereich sowie für zahlreiche andere Politikbereiche und letztendlich für die Gesellschaft und Wirtschaft insgesamt.

Es steht außer Zweifel, dass sich durch die deutlichen Verschiebungen in der Altersstruktur nicht zuletzt die Rahmenbedingungen für die Systeme der Alterssicherung erschweren werden, denn die Aufrechterhaltung des Sicherungsniveaus einer in Relation zur Zahl der Erwerbstätigen größer werdenden Pensionistengeneration erfordert auch einen entsprechend größeren Ressourcenbedarf und zwar unabhängig vom zugrundeliegenden Finanzierungsverfahren. Es besteht aber ein wesentlicher Unterschied zwischen der – auch im Rahmen kapitalgedeckter Systeme nicht weniger geltenden –

Tatsache, dass sich durch Verschiebungen in der Altersstruktur die Rahmenbedingungen für die Alterssicherung zukünftig erschweren werden und der unqualifizierten Behauptung, dass aus der demographischen Entwicklung zwangsläufig die Unfinanzierbarkeit des bestehenden umlagefinanzierten Sicherungsniveaus resultiert.

Grenzen der Finanzierbarkeit

Um der zuletzt genannten Behauptung überhaupt einen Aussagewert zu verleihen, wäre es vorerst erforderlich, die Grenzen der Finanzierbarkeit zumindest näherungsweise zu definieren. Nachdem es sich hierbei vorrangig um eine *politische* Fragestellung handelt, lässt sich dies offensichtlich nicht in Form allgemein gültiger und vorweg bestimmbarer Grenzwerte durchführen[9]. Die Interpretation, dass jeder zusätzliche Finanzierungsbedarf bereits Ausdruck einer Unfinanzierbarkeit des Systems wäre, ist jedenfalls weder ökonomisch noch politisch begründbar. Zum einen dürfte angesichts der steigenden Lebenserwartung und der damit einher gehenden verlängerten Pensionsbezugsdauer durchaus eine gewisse (auch individuell rationale) Bereitschaft zu Beitragserhöhungen[10] bestehen, zum anderen ließen sich zusätzliche Finanzierungserfordernisse auch durch eine Verbreiterung der Beitragsbasis etwa mittels wertschöpfungsbezogener Finanzierungsformen oder einer Ressourcenbesteuerung aufbringen. Diese Verbreitung würde natürlich den Finanzierungsbedarf selbst nicht verringern, aber eine breitere und gerechtere Beteiligung an der Aufbringung und damit auch eine geringere Pro-Kopf-Belastung gewährleisten sowie eine einseitige Verteuerung des Faktors Arbeit vermeiden. Eine Wertschöpfungsabgabe wäre überdies die sich anbietende Antwort auf die Forderung nach einer Reduktion von Lohnnebenkosten.

Bevölkerungsalterung als Herausforderung und Chance

Vor allem aber besteht kein simpler eindimensionaler Zusammenhang zwischen Verschiebungen in der Altersstruktur einer Gesellschaft und der Finanzierbarkeit von Pensionssystemen auf der Basis eines Umlageverfahrens. Die demographische Entwicklung stellt eben nur eine – wenn auch wichtige – Rahmenbedingung für die Funktionsweise eines Alterssicherungssystems dar. Die Abhängigkeitsquoten in einer Gesellschaft und damit die aus der Sicherung der Teilhabe der nicht bzw. nicht mehr Erwerbstätigen resultierende relative Belastung der Erwerbstätigengenerationen werden nicht nur durch die gesellschaftliche Altersstruktur bestimmt, sondern vielmehr auch vom Verhalten der Menschen in den einzelnen Altersgruppen, insbesondere dem Erwerbsverhalten. Das wiederum hängt wesentlich von deren faktischen Chancen und Möglichkeiten einer unmittelbaren Beteiligung an der Einkommensentstehung und damit von den jeweils vorherrschenden gesellschaftlichen Rahmenbedingungen ab.

---

[9] Eine tendenzielle Verengung der Grenzen resultiert aber nicht zuletzt aus der Diskreditierung der gesetzlichen Pensionsversicherung und dem damit verbundenen Vertrauensverlust, was allerdings auch kein unbeabsichtigter Effekt dieser Diskreditierung sein dürfte.

[10] Im Übrigen würde selbst aus einem lediglich teilweisen Übergang zu einem kapitalgedeckten System durch die Doppelbelastung für die Übergangsgenerationen *jedenfalls* eine deutliche Beitragserhöhung resultieren, ohne dass sich für zukünftige erwerbstätige Generationen – bei Aufrechterhaltung des relativen Pensionsniveaus – daraus eine Reduktion in der relativen Belastung ergeben würde.

Je mehr es gelingen wird, innerhalb der nächsten 15 bis 20 Jahre einen Zustand der Vollbeschäftigung zu erreichen (das heißt nicht nur, das Problem der statistisch ausgewiesenen Arbeitslosigkeit zu überwinden, sondern auch die Masse der heute vielfach vom Erwerbsprozess faktisch ausgeschlossenen Menschen möglichst gleichberechtigt in den Prozess der Einkommensentstehung zu integrieren), desto geringer wird der zusätzliche Finanzierungsbedarf ausfallen, der zur Aufrechterhaltung der heute gegebenen Sicherungsniveaus erforderlich sein wird. Aus der Alterung der Gesellschaft resultiert hierbei nicht nur ein starker Druck, entsprechende politische Strategien forciert voranzutreiben, die demographische Entwicklung selbst wird deren Umsetzung (durch die tendenzielle Verknappung am Arbeitsmarkt und das Faktum älter werdender Belegschaften) auch wesentlich erleichtern. In diesem Sinne kann sich eine erfolgversprechende Pensionspolitik auch nicht auf parametrische Veränderungen – also auf die Anpassungen beitrags- und leistungsrechtlicher Bestimmungen des Pensionssystems – beschränken, sondern muss vielmehr das Hauptaugenmerk auf eine positive Beeinflussung der relevanten Rahmenbedingungen mit der Zielsetzung einer Erhöhung und Verbesserung von Teilhabechancen legen. Hierbei werden weiterhin begleitende Anpassungen der Pensionssysteme – im Sinne lebendiger, sich laufend an veränderte gesellschaftliche, ökonomische und demographische Bedingungen anpassender Systeme – einen wichtigen Bestandteil eines umfassenden Ansatzes darstellen.

Die Wirksamkeit derartiger Anpassungen, wie etwa der Anreizsetzung für eine Anhebung des faktischen Pensionsantrittsalters, wird jedoch wiederum wesentlich von den jeweils gegebenen Bedingungen außerhalb des Pensionssystems abhängen. Es geht also nicht darum, ob Anpassungen des Pensionssystems an geänderte Rahmenbedingungen (weiterhin) erforderlich sein werden oder nicht, sondern ob derartige Veränderungen auf eine schrittweise Demontage der gesetzlichen Alterssicherung hinauslaufen sollen oder vielmehr darauf abzielen werden, das bestehende Sicherungsniveau – im Sinne lebensstandardsichernder Nettoersatzraten – auch unter veränderten demographischen Rahmenbedingungen zu gewährleisten.

Die langfristige Absicherung des Pensionsniveaus im Rahmen der umlagefinanzierten gesetzlichen Pensionsversicherung trotz Bevölkerungsalterung ist keineswegs eine unrealistische Perspektive, bedarf aber jedenfalls eines deutlich breiteren, der gesellschaftlichen Herausforderung durch die demographische Entwicklung auch gerecht werdenden Zugangs. Die demographische Entwicklung stellt damit auch eine wesentliche Chance für die Durchsetzung einer auf Einbindung und Eröffnung gleichberechtigter gesellschaftlicher Teilhabechancen ausgerichteten Politik dar.

Dem gegenüber geht die plakative Forderung nach einem Forcieren kapitalgedeckter Eigenvorsorge zu Lasten der bestehenden gesetzlichen Alterssicherung mit dem Ziel, die zukünftigen Pensionen gegenüber der absehbaren demographischen Entwicklung unabhängig zu machen, an den eigentlichen Anforderungen gänzlich vorbei. Gesellschaftliche Alterssicherungssysteme wie die gesetzliche Pensionsversicherung unterscheiden sich – wie bereits dargestellt – in vielen Bereichen wesentlich von primär auf kapitalgedeckter Eigenvorsorge aufbauenden Systemen, aber wohl am aller wenigsten hinsichtlich der Betroffenheit von massiven Verschiebungen in der Altersstruktur, insbesondere dann, wenn sich diese nicht nur auf einige wenige Länder beschränken. Im Gegensatz zu den Verheißungen der Werbestrategen der Versicherungen, Banken und Investmentfondsbranche und den oftmals nahezu wortgleichen Aussagen jener weitsichtigen Politiker, die unter Hinweis auf die Bevölkerungsalterung für eine radikale Systemumstellung plädieren, ist die Art der Finanzierung der Pensionen hinsichtlich der Konsequenzen demographischer Verschiebungen grundsätzlich unerheblich.

Der Transfercharakter von Alterssicherungssystemen

Die zentrale Aufgabe jedes Alterssicherungssystems ist (unabhängig vom angewandten Finanzierungsverfahren) die Sicherstellung des erforderlichen Transfers von Gütern und Dienstleistungen von den Erwerbsgenerationen zur Pensionistengeneration. Ein Umlagesystem stellt offensichtlich und für jeden klar erkennbar ein Transfersystem dar, in dem die Kosten der Alterssicherung, also die Kosten für die Versorgung der nicht mehr erwerbstätigen Generationen unmittelbar von den jeweils erwerbstätigen Generationen getragen werden. Das Kapitaldeckungsverfahren zeichnet sich hingegen dadurch aus, dass während der Erwerbsphase ein Kapitalstock angesammelt wird, der dann in der Pensionsphase in Form von Zinserträgen und Entsparen ein angemessenes Alterseinkommen sicherstellen soll. In beiden Verfahren dient der Konsumverzicht der „aktiven" Generationen – in Form von Beitragszahlungen bzw. Erwerb von Vermögenstiteln – der jeweils eigenen Absicherung, also der Übertragung von Konsummöglichkeiten in die Zukunft. Während nun aber das Gelingen dieses Vorhabens in einem Umlageverfahren offensichtlich auch von der Bereitschaft zukünftiger Generationen abhängt, mittels Konsumverzicht die Kosten der Versorgung der Ruhestandsgeneration zu tragen, sind jene, die für die Kosten der Sicherung ihres Alterseinkommens durch den Aufbau eines Kapitalstocks vorgesorgt haben, von dieser Abhängigkeit scheinbar befreit.

Hierbei wird jedoch ein wesentlicher Zusammenhang übersehen[11]. Der Aufbau eines Kapitalstocks stellt lediglich aus einem individuellen Blickwinkel eine Übertragung von Einkommen in die Zukunft dar. Die Güter und Leistungen, die von der nicht mehr erwerbstätigen Generationen benötigt werden, um ihren Lebensstandard auch im Ruhestand sicherzustellen, sind aber – und zwar unabhängig vom gewählten Finanzierungsverfahren – notwendigerweise Bestandteil der laufenden Wertschöpfung, also der gesamtwirtschaftlichen Güter- und Dienstleistungsproduktion der jeweiligen Periode[12]. Die gesamtwirtschaftliche Produktion bzw. die Verfügungsmöglichkeiten darüber fließen in Form von Einkommen den unmittelbar am Produktionsprozess Beteiligten zu. Pensionierung bedeutet nun aber nichts anderes als das Ausscheiden aus dem Erwerbsprozess und damit den Wegfall der überwiegenden Einkommens-

[11] Eine sehr anschauliche Darstellung zu dieser Thematik findet sich in: Thompson Lawrence, „Older and Wiser, The Economics of Public Pensions", The Urban Institute Press, Washington D.C.(1998), S. 37ff.

[12] Genauer: „des verfügbaren Güter- und Leistungsvolumens". Auf die sich zusätzlich im Rahmen einer offenen Volkswirtschaft ergebenden Perspektiven wird gesondert eingegangen.

quelle. Um den Lebensstandard dennoch aufrecht erhalten zu können, bedarf es somit notwendigerweise eines zumindest teilweisen Ersatzes dieses Einkommensentfalls, der zwangsläufig nur in Form eines Einkommenstransfers zu Lasten der „aktiven" Generationen erfolgen kann.
Daraus folgt aber, dass der Aufrechterhaltung der Konsummöglichkeiten der nicht mehr erwerbstätigen Generationen immer ein entsprechender Konsumverzicht der jeweils „aktiven" Generationen gegenüberstehen muss. Daran ändert auch die Anhäufung von Vermögenswerten während der Erwerbsphase nichts, denn auch diese stellt keine Übertragung von Einkommen in die Zukunft dar, sondern lediglich den Versuch, sich einen Anspruch auf einen Anteil an der zukünftigen Produktion zu sichern. Das Einlösen dieses Anspruchs erfolgt im Kapitaldeckungsverfahren durch die Veräußerung der während der Erwerbsphase akkumulierten Vermögenswerte. Die Käufer sind in der Regel wiederum die Erwerbstätigen, die ihrerseits (in der Absicht, für den eigenen Ruhestand vorzusorgen) durch den Erwerb dieser Vermögenswerte letztendlich nichts anderes tun als einen Teil ihres Anspruchs auf die laufende Wertschöpfung auf die nicht mehr erwerbstätigen Generationen zu übertragen. Bei diesem Prozess handelt es sich somit ebenso wenig wie bei einem Umlageverfahren um das Erschließen neuer Einkommensquellen für die Altersvorsorge durch eine Ausweitung der verfügbaren Ressourcen, sondern lediglich um die Übertragung von Einkommen der „Aktiven" auf die Pensionistengeneration. Beide Systeme sind daher davon abhängig, dass die nachfolgenden Generationen den Kreislauf aufrecht erhalten, sei es in Form von Beitragsleistungen oder mittels Erwerb von Vermögenswerten.
Die Übertragung des Anspruchs auf jenen Teil der laufenden Produktion, der zur Absicherung des Lebensstandards und damit der Konsummöglichkeiten der nicht mehr erwerbstätigen Generationen infolge der Pensionierung und des damit verbundenen Wegfalls des Erwerbseinkommens erforderlich ist, muss daher stets durch einen Einkommenstransfer zu Lasten der unmittelbar am Produktionsprozess Beteiligten erfolgen. Eben darin, diesen notwendigen Einkommenstransfer sicherzustellen, besteht die grundlegende Aufgabe eines jeden Alterssicherungssystems.
Der wesentliche Unterschied zwischen Kapitaldeckungs- und Umlageverfahren liegt somit nicht im Transfercharakter des Umlageverfahrens begründet, sondern in den sehr unterschiedlichen Transfermechanismen. Die gesamtwirtschaftliche Funktion, durch eine Aufteilung der laufenden Wertschöpfung auf Erwerbstätige und Pensionisten auch nach dem Ausscheiden aus dem Erwerbsprozess eine angemessene Versorgung der nicht mehr erwerbstätigen Generationen sicherzustellen, ist letztendlich dieselbe. Die Anwendung unterschiedlicher Finanzierungsverfahren ändert somit nichts an der Tatsache, dass erst durch die Bereitschaft der „aktiven" Generationen zum Konsumverzicht eine angemessene Absicherung der nicht mehr erwerbstätigen Generationen erreicht werden kann. Die jeweils erwerbstätigen Generationen haben durch die Reservierung des hierfür erforderlichen Teiles der laufenden Produktion die Kosten der Alterssicherung zu tragen. Das Ausmaß dieser Kosten bzw. die relative Belastung der Erwerbstätigen hängen hierbei nicht von der Wahl des Finanzierungsverfahrens ab, sondern vom relativen Pensionsniveau (bezogen auf das Erwerbseinkommen der „Ak-

tiven") sowie vom Verhältnis der Zahl der Pensionisten zu jener der Erwerbstätigen. Die ebenfalls wesentliche und in diesem Beitrag noch zu behandelnde Frage nach den unterschiedlichen ökonomischen Auswirkungen umlagefinanzierter und kapitalgedeckter Systeme ist in Hinblick auf die Demographieabhängigkeit der Finanzierungsverfahren nur von untergeordneter Bedeutung, denn selbst wenn das äußerst umstrittene Argument, dass kapitalgedeckte Systeme aufgrund positiver ökonomischer Effekte zu einer Erhöhung der zukünftigen gesamtwirtschaftlichen Produktion beitragen, zutreffen würde, resultiert aus einem Anstieg der Wachstumsrate noch keine Dämpfung des demographiebedingten Anstiegs der relativen Belastung der „Aktiven"[13]. Steigt die Zahl der Pensionisten aufgrund der demographischen Entwicklung relativ zu jener der„Aktiven" deutlich an, dann bedarf es zur Aufrechterhaltung des relativen Pensionsniveaus notwendigerweise auch der Bereitstellung eines entsprechend größeren Anteils an der laufenden Produktion. Die erforderliche Voraussetzung hierfür ist in einem kapitalgedeckten System ebenso wie in einem Umlagesystem die Bereitschaft der Erwerbstätigen, die damit verbundene zusätzliche Belastung auch zu tragen.

Unterschiedliche Transfermechanismen als wesentliches Unterscheidungskriterium

Gerade für die in Hinblick auf die demographische Entwicklung zentrale Frage der realen Lastenverschiebung und deren Verteilung ist jedoch die mit der Wahl des Finanzierungsverfahrens verbundene Entscheidung, welche Transfermechanismen vorrangig zur Anwendung gelangen sollen, wesentlich. Während innerhalb einer umlagefinanzierten, gesellschaftlichen Altersvorsorge die Aufteilung der realen Lasten auf der Basis eines auf gesellschaftlichen Ausgleich bedachten, demokratisch legitimierten Entscheidungsprozesses erfolgt und damit auch Ergebnis eines politisch gewollten Ausgleichs ist, wird die Entscheidung über die Lastenverteilung im Rahmen einer privatisierten, kapitalgedeckten Altersvorsorge den Marktmechanismen überlassen. Die damit verbundene (teilweise) Entledigung der politischen Verantwortung ist die logische Konsequenz einer stärkeren Gewichtung privater kapitalgedeckter Vorsorge zu Lasten kollektiver Sicherungssysteme und der daraus resultierenden (partiellen) Privatisierung sozialer Risken.

Die übliche Darstellung, ein Forcieren der kapitalgedeckten Eigenvorsorge zu Lasten der umlagefinanzierten gesellschaftlichen Alterssicherung sei Ausdruck einer verantwortungsbewussten Politik, ist somit widersinnig, denn durch diese Verschiebung würde lediglich die politische Verantwortung für das Funktionieren des zukünftig erforderlichen Lastenausgleichs beschränkt, nicht aber das Ausmaß der zu verteilenden Lasten.

Unter diesem Blickwinkel stellt sich auch die Frage, inwieweit durch eine partielle

---

[13] Vgl. Gillion Collin, „Comments on the reform of pensions systems", in: „The Future of Social Security, The Stockholm Conference, 29th June – 1st July 1998", IVSS (1998); sowie zwecks Darstellung der möglichen Effekte eines Anstiegs der Wachstumsrate auf die relativen Kosten der Alterssicherung: Thompson Lawrence, S. 44ff.

Substitution des Umlageverfahrens durch kapitalgedeckte private Vorsorge und der damit verbundenen stärkeren Gewichtung der über Marktmechanismen erfolgenden Anpassungsprozesse eine Verringerung der Unsicherheit hinsichtlich des Niveaus zukünftiger Pensionsleistungen erreicht werden kann. Im Konkreten geht es hierbei um die immer wieder zu hörende Argumentation, individuelle Pensionsansprüche auf der Basis kapitalgedeckter Eigenvorsorge würden aufgrund ihrer Fundierung durch Vermögensbestände einen höheren Grad an Sicherheit aufweisen[14] als Ansprüche die „lediglich" auf einem Gesellschaftsvertrag basieren. Zukünftige Erwerbsgenerationen könnten demnach den Generationenvertrag aufkündigen und sich weigern, die zur Einlösung des zugesicherten Pensionsniveaus erforderlichen Beiträge zu leisten, während eine Enteignung von akkumulierten Pensionsvermögen schwer vorstellbar wäre. Es ist aber nicht nur müßig, sich über die Wahrscheinlichkeit zukünftiger Enteignungen der Pensionistengeneration den Kopf zu zerbrechen, sondern auch unnötig. Denn für eine (partielle) faktische Enteignung von Vermögenswerten bedarf es keines formellen Aktes, sondern lediglich einer Preiskorrektur durch nahe liegende Anpassungsreaktionen der Finanzmärkte auf Verschiebungen in der Altersstruktur.

Die Wirkungsweise derartiger Anpassungsreaktionen der Märkte, durch die eben die Demographieabhängigkeit des Kapitaldeckungsverfahrens zum Ausdruck kommt, lässt sich durch folgende Überlegung verdeutlichen[15]: Alternde Gesellschaften, in denen die kapitalgedeckte Vorsorge eine nicht lediglich ökonomisch vernachlässigbare Größenordnung aufweist, sind durch einen relativ großen Anteil von Personen, die kurz vor der Pensionierung bereits sehr viel Kapital akkumuliert haben bzw. knapp nach der Pensionierung immer noch einen großen Kapitalstock besitzen, gekennzeichnet. Dieses Kapital muss nun schrittweise aufgelöst werden. Aber aufgrund der nachfolgenden geburtenschwächeren Jahrgänge wird im entsprechenden Maße kein neues Kapital gebildet. Damit wächst aber der gesamtgesellschaftliche Kapitalstock langsamer als bisher, während sich die Güternachfrage beschleunigt. Die Folge sind eine Entwertung des bestehenden Kapitalstocks und Zinssteigerungen sowie Preissteigerungen auf der Güterseite, die eine zusätzliche Minderung der Kaufkraft der Alterseinkommen bewirken: Vom Alterungsprozess sind demnach auch massive Auswirkungen auf die Entwicklung der Preise für Vermögenswerte zu erwarten.

Darüber hinaus treten beim Ausreifen eines Kapitaldeckungsverfahrens weitgehend gleichgerichtete Effekte auf. Während in der Aufbauphase die Nachfrage nach Veranlagungsmöglichkeiten stark zunimmt und damit den Wert des Kapitalstocks erhöht, versiegt diese im Zuge der Phase des Ausreifens, da ihr zunehmend eine kompensierende Kapitalauflösung gegenübertritt. Trifft das Ausreifen eines Kapitaldeckungsverfahrens mit einer deutlichen Verschiebung in der Altersstruktur zusam-

---

[14] Für eine weiter gehende vergleichende Gegenüberstellung unter Risikoaspekten vgl. Türk Erik, „Private individualisierte Vorsorge versus solidarische kollektive Alterssicherungssysteme", in: Soziale Sicherheit 11/98, S. 820ff.

[15] Vgl. Krupp Hans-Jürgen, Weeber Joachim, „Pro und Kontra. Grundrente – Eine Analyse aus volkswirtschaftlicher Sicht", in: Deutsche Renten Versicherung, Heft 3 bis 4, März/April 1997, S 211.

men, was bei einem (teilweisen) Umstieg auf kapitalgedeckte Vorsorge zwecks „Abfederung" der absehbaren Bevölkerungsalterung der Fall wäre, würde dieser Effekt den demographiebedingten Druck auf den Wert der Vermögensbestände zusätzlich verstärken. Diese von Heller als „systemisches Risiko" kapitalgedeckter Systeme[16] bezeichnete Gefahr, dass sich massive Verschiebungen in der Altersstruktur zukünftig in einem deutlichen Trend sinkender Vermögenswerte äußern und damit zu einer systematischen Enttäuschung der in die kapitalgedeckte Vorsorge gesetzten Erwartungen führen könnten, ist letztendlich nichts anderes als eine mögliche und im Rahmen kapitalgedeckter Systeme auch nahe liegende Form des durch die Wahl des Finanzierungsverfahrens nicht aus der Welt zu schaffenden notwendigen "intergenerativen Ausgleichs" zwecks Verteilung der demographiebedingten zusätzlichen Lasten.

Die oben beschriebene Entwertung von Vermögensbeständen begrenzt damit das Ausmaß des Einkommenstransfers, der von den „Aktiven" zu Gunsten der Versorgung der nicht mehr erwerbstätigen Generationen erfolgt. Das Risiko trägt hierbei die Ruhestandsgeneration in Form von reduzierten Alterseinkommen. Unter diesem Blickwinkel ist es wohl gut möglich, dass zusätzlich zu der durch eine Systemumstellung bewirkten Doppelbelastung der Übergangsgeneration eine weitere Belastung hinzukommt, und zwar in dem Ausmaß, in dem sich die akkumulierten Vermögenswerte unter den veränderten Rahmenbedingungen als unzureichend für die Absicherung des angestrebten Pensionsniveaus erweisen und dies nicht durch einen nachträglichen politischen Lastenausgleich im Wege des Umlageverfahrens korrigiert wird[17].

Auch wenn sich die Auswirkungen von massiven Verschiebungen innerhalb der Altersstruktur im Rahmen kapitalgedeckter Systeme weit weniger offensichtlich darstellen als in umlagefinanzierten Systemen, bleibt somit auch das Kapitaldeckungsverfahren von der demographischen Entwicklung nicht unberührt. Das Faktum, dass die Aufrechterhaltung des Pensionsniveaus einer anteilsmäßig größer werdenden Pensionistengeneration auch einen entsprechend größeren Anteil an der laufenden Produktion und damit einen Anstieg der Belastung der "Aktiven" erfordert, lässt sich durch kein wie auch immer ausgestaltetes Finanzierungsverfahren beseitigen.

Verringerung der Demographieabhängigkeit durch Auslandsveranlagung

Natürlich kann gegen diese Darstellung der Zusammenhänge zwischen massiven Verschiebungen in der Altersstruktur und deren Auswirkungen auf kapitalgedeckte Alterssicherungssysteme der Einwand erhoben werden, dass diese Betrachtung auf einer geschlossenen volkswirtschaftlichen Sichtweise beruht und damit die Möglichkeiten einer Veranlagung von Kapital im Ausland vernachlässigt[18]. In dem Maße, in dem durch eine Kapitalveranlagung im Ausland eine Erhöhung des zukünftig verfügbaren

---

[16] Vgl. Heller Peter, International Monetary Fund, January 1998, "Rethinking Public Pension Reform Initiatives", S. 8f.

[17] Vgl. ebenda S. 15.

[18] Vgl. Holzmann Robert, Weltbank, in: „The Future of Social Security, The Stockholm Conference, 29th June to 1st July 1998", IVSS(1998), S. 116.

Güter- und Leistungsvolumens sowie die Finanzierung der Pensionen durch einen Re-Import von Kapital in Form von Kapitalerträgen und Tilgungen aus dem Ausland möglich wären, ließe sich theoretisch auch die Demographiesensibilität eines Pensionssystems und damit die zukünftige Belastung der „Aktiven" verringern.
Offensichtlich kann dies jedoch nicht durch eine Veranlagung in jenen Ländern gelingen, die sich selbst mit einer weitgehend gleichgerichteten demographischen Entwicklung konfrontiert sehen. Dies trifft jedoch für sämtliche Industrienationen aber auch für viele „weniger entwickelte" Länder zu[19], weshalb sich eine zwecks Dämpfung der Demographieabhängigkeit erfolgende Auslandsveranlagung auf jene Entwicklungsländer und Emerging Markets beschränken müsste, die nicht von einer deutlichen Alterung der Bevölkerung betroffen sind.
Des Weiteren bedarf die Umsetzung dieser Strategie jedoch auch einer realwirtschaftlichen Entsprechung in Form von dem Kapitalexport und späteren Kapitalreimport gegenüberstehenden gleichgerichteten Außenhandelsströmen. In dem Maße, in dem diese Voraussetzung nicht gegeben ist, wären demgegenüber aufgrund von kontraktiven Effekten in der Ansparphase und von Inflationsimpulsen in der Auflösungsphase im Gegenteil kontraproduktive Auswirkungen zu erwarten.
Auch drängt sich in diesem Zusammenhang natürlich die Frage auf, inwieweit die hiermit verbundenen beträchtlichen Risken mit dem hohen Sicherheitsbedürfnis jeder Altersvorsorge vereinbar sind. Investitionen in Emerging Markets sowie in Transformations- und Entwicklungsländern sind mit spezifischen Risken verbunden. Die Gefahr allgemeiner wirtschaftlicher und politischer Instabilitäten sowie die Inflationsgefährdung sind dort wohl ebenso deutlich stärker ausgeprägt wie das Problem der Wechselkursrisken. Die Möglichkeiten, sich gegen Wechselkursrisken abzusichern, nehmen aber mit zunehmender Größe der Veranlagung ab. Ein weiteres mit einem wachsenden Veranlagungsvolumen verbundenes Problem ergibt sich aus der geringeren Marktliquidität und der daraus resultierenden Gefahr selbstinduzierter Ertragseinbußen. Zusätzlich verschärft werden diese Risken durch eine geringe Markttransparenz und den erschwerten Zugang zu Informationen[20]. Das beträchtliche Ausmaß dieser Risken – sowohl die Kapitalmärkte als auch den Verfall der Wechselkurse betreffend – wurde durch die jüngste von Südostasien ausgegangene globale Finanzkrise mehr als deutlich vor Augen geführt.
Über diese Momentaufnahme hinausgehend muss man sich jedoch gerade in diesem Zusammenhang nochmals die Grundproblematik dieser Strategie vergegenwärtigen. Mit der Situation einer alternden Bevölkerung sind sämtliche Industrienationen und in zunehmendem Ausmaß auch viele „weniger entwickelte" Länder – nicht zuletzt im asiatischen Raum – konfrontiert[21]. Angesichts der nach wie vor großen Bedeutung

[19] So wird etwa China in rund 20 Jahren eine der am schnellsten alternden Bevölkerungen der Welt haben.

[20] Zu den Risken einer Kapitalveranlagung im Ausland vgl. etwa: Rürup Bert, „Perspektiven der Pensionsversicherung in Österreich", Gutachten im Auftrag des Bundesministeriums für Arbeit, Gesundheit und Soziales, Juni 1997, S 130ff.

[21] Vgl. Krupp Hans-Jürgen, Weeber Joachim, 1997, S. 212.

umlagefinanzierter Systeme in den meisten Industrienationen würden selbst eine partielle Umstellung der Umlagesysteme auf eine kapitalgedeckte Vorsorge, ebenso wie größere Umschichtungen zwecks stärkerer Gewichtung der jüngeren Volkswirtschaften in den Portefeuilles institutioneller Investoren, ein beträchtliches zusätzliches Potential von nach lukrativen Veranlagungsmöglichkeiten suchenden Kapitalströmen induzieren[22]. Der Aufnahmefähigkeit jener Kapitalmärkte, die für eine Kapitalveranlagung zwecks Dämpfung der Demographieabhängigkeit der Pensionssysteme der Industrieländer in Frage kommen, sind jedoch durch die Notwendigkeit, den Kapitalstrom auch in realwirtschaftlich rentable Investitionsprojekte umzuleiten, relativ enge Grenzen gesetzt. Interessant ist in diesem Zusammenhang, dass die durch die Suche institutioneller Investoren nach attraktiven Anlagealternativen induzierten massiven Kapitalzuflüsse in Emerging Markets und die unzureichende Berücksichtigung der damit verbunden Risken selbst zumindest eine Ursache für die jüngste Finanzmarktkrise und die daraus resultierenden schwer wiegenden sozialen und wirtschaftlichen Konsequenzen gewesen sind[23].

Die Erfahrungen der jüngsten Vergangenheit legen somit wohl eher die Notwendigkeit von Mechanismen zur Eindämmung exzessiver Kapitalbewegungen nahe als das Forcieren einer Strategie, die auf eine weitere wesentliche Vergrößerung dieser Ströme abzielt. Aber selbst wenn man die Meinung vertritt, dass eine weitere deutliche Ausweitung der internationalen Kapitalströme für die sich entwickelnden Volkswirtschaften förderlich wäre, erscheint es äußerst fraglich, ob gerade Beiträge für die Altersvorsorge angesichts der hiermit verbundenen beträchtlichen Risken die geeignete Quelle hierfür darstellen.

Die Möglichkeiten, zukünftige demographiebedingte reale Lastenverschiebungen durch Auslandsveranlagung im Rahmen kapitalgedeckter Systeme wirksam abzufedern, sind somit realistisch betrachtet deutlich begrenzt. Kapitalgedeckte Systeme der Altersvorsorge sind dementsprechend keineswegs resistent gegenüber demographischen Veränderungen, aber weit weniger in der Lage als ein gesellschaftlich organisiertes Sicherungssystem, unter deutlich veränderten demographischen Rahmenbedingungen eine angemessene Alterssicherung sicherzustellen. Aus einer Neuverteilung der Rollen innerhalb des Alterssicherungssystems resultiert damit in erster Linie eine Neuverteilung der Risken und Kosten, aber kein Beitrag zur Lösung der Herausforderung, die sich aus der Alterung der Gesellschaft ergibt – sofern diese darin besteht, das erreichte Sicherungsniveau auch unter deutlich geänderten demographischen Bedingungen aufrecht zu erhalten und nicht darin, dieses möglichst widerstandsfrei nach unten zu korrigieren.

Zusätzlich zur vermeintlichen Demographieimmunität kapitalgedeckter Systeme der Altersvorsorge werden vor allem zwei weitere Argumente zur Begründung der Forde-

---

[22] Zu den eingeschränkten Möglichkeiten einer Veranlagung in Emerging Markets vgl. auch: Blommestein Hans, „Ageing-Induced Capital Flows To Emerging Markets Do Not Solve OECD's Basic Pension Problem", in: „Institutional Investors in the New Financial Landscape", OECD1998, S. 349ff.

[23] Vgl. Fischer Stanley, 1998, „The Asian Crises: A View from the IMF" (Speech delivered on January 22nd) (IMF: Washington DC) zitiert in: Heller Peter (1998), S. 9.

rung nach einem Umbau der Altersvorsorge in Richtung Kapitaldeckung angeführt, die hier nicht gänzlich unbehandelt bleiben sollen. Zum einen wären mit einer Systemumstellung positive Impulse für die wirtschaftliche Entwicklung verbunden, woraus zumindest indirekt – durch die Ausweitung des zukünftig verteilbaren Sozialprodukts – auch ein Beitrag zur Sicherung zukünftiger Pensionen geleistet würde. Zum anderen bestünde ein weiterer grundlegender Vorzug des Kapitaldeckungsverfahrens im Renditevorsprung gegenüber der Umlagefinanzierung. Ebenso wie sich die Demographieimmunität kapitalgedeckter Systeme als lediglich *scheinbare* herausstellte, erweisen sich auch diese der Kapitaldeckung gerne zugeschriebenen Vorteile bei näherer Betrachtung als zumindest äußerst fragwürdig.

3) Kapitaldeckung der Altersvorsorge als Beitrag zu mehr Wachstum?

Während aus dieser Sichtweise mit einem Umlageverfahren negative Effekte auf die volkswirtschaftliche Sparquote, den realen Kapitalstock und damit auf die ökonomische Entwicklung verbunden wären, würden von einer Umstellung auf ein kapitalgedecktes System deutliche Wachstumsimpulse ausgehen. Diese erhofften Wachstumseffekte basieren im Wesentlichen auf zwei Wirkungsketten: einer Vergrößerung des gesamtwirtschaftlichen Spar- und Investitionskapitals und einer mittels Vertiefung und Erweiterung der Finanzmärkte erreichbaren Steigerung der Produktivität der Investitionen.

Ausweitung des gesamtwirtschaftlichen Spar- und Investitionskapitals durch forcierte Kapitaldeckung?

Bezogen auf die dem ersten Argument zugrundeliegende Kausalkette ist die Erfüllung zweier Voraussetzungen erforderlich[24]: Die Erhöhung der gesamtwirtschaftlichen Ersparnisbildung durch die (partielle) Umstellung auf ein kapitalgedecktes System und deren Investition in produktives Realkapital.

In der Argumentation der Befürworter eines Systemwechsels wird zwar in der Regel ein eindeutig positiver Zusammenhang zwischen einer Kapitaldeckung der Altersvorsorge und einer Ausweitung der Ersparnisbildung als gegeben vorausgesetzt, tatsächlich ist ein solcher Zusammenhang aber heftig umstritten und bereits seit langem Gegenstand einer sehr umfangreichen und kontroversiellen wissenschaftlichen Auseinandersetzung. Bereits hinsichtlich der Auswirkungen des Finanzierungsverfahrens auf die individuelle Spartätigkeit bestehen eine Reihe von Einwänden, die sowohl die behaupteten negativen Effekte des Umlageverfahrens als auch die positiven Effekte des Kapitaldeckungsverfahrens deutlich relativieren. Umso weniger lässt die theoretische Analyse eine eindeutige Aussage bezogen auf die für das Wachstumspotential relevante gesamtwirtschaftliche Nettoersparnisbildung zu. Berücksichtigt man die zusätzliche Belastung der aktiven Generationen durch eine Systemumstellung und

---

[24] Für eine ausführliche Darstellung und Bewertung der diesbezüglich existierenden umfangreichen Literatur vgl. Rürup Bert, S. 107ff.

den damit verbundenen Zwang zu Sparumschichtungen, so muss selbst in der Übergangsphase ein Anstieg der Nettoersparnisbildung als sehr ungewiss angesehen werden.

Ebenso unsicher wie die Erfüllung dieser grundlegenden Voraussetzung ist aber auch die erforderliche Investition in produktives Realkapital. Selbst wenn man eine deutliche zusätzliche Ersparnisbildung durch eine (partielle) Umstellung des Finanzierungsverfahrens unterstellt, ergibt sich daraus noch nicht deren notwendige Transformation in Produktivkapital. Investitionsentscheidungen der Unternehmen sind äußerst komplex und von einer Vielzahl von relevanten Faktoren bestimmt. Aus einer zusätzlichen Ersparnisbildung resultiert damit nicht zwangsläufig auch eine entsprechende Ausweitung der Investitionen in Realkapital, ebenso wenig ergibt sich automatisch eine Kompensation des hiermit primär verbundenen Nachfrageausfalls. Berücksichtigt man, dass zumindest eine Ursache der zu geringen beschäftigungswirksamen Investitionstätigkeit in der tendenziellen Schwäche der Binnennachfrage liegt und nicht in einer zu niedrigen Sparquote, dann wäre unter den gegebenen Voraussetzungen bei einer zusätzlichen Sparbildung wohl mit kontraktiven Effekten und nicht mit Wachstumsimpulsen zu rechnen[25].

In Zusammenfassung der theoretischen Analyse und der empirisch fundierten Antworten zur Frage der Auswirkungen auf die gesamtwirtschaftliche Ersparnisbildung gelangt Rürup zu der Schlussfolgerung, „... dass es bislang nicht möglich ist, begründet von negativen Effekten des Umlageverfahrens auf die gesamtwirtschaftliche Ersparnis und das Wirtschaftswachstum bzw. vice versa eindeutig positiven Effekten des Kapitalstockverfahrens auszugehen"[26].

Systemumstellung als Beitrag zur Förderung der Finanzmärkte

Zumindest in der ökonomischen Diskussion scheint die Überbewertung der mit einer möglichen Ausweitung des gesamtwirtschaftlichen Spar- und Investitionskapitals begründeten positiven Effekte kapitalgedeckter Systeme einer zunehmend nüchterneren Betrachtung zu weichen. Dementsprechend rückt das Argument der Erhöhung der Produktivität der Investitionen durch eine Vertiefung und Erweiterung der Kapitalmärkte verstärkt in den Vordergrund.

Von einer „gut konzipierten" Reform der Alterssicherung könnte diesem Ansatz zufolge ein wichtiger Beitrag zur Entwicklung der Finanzmärkte ausgehen und damit über eine Verbesserung der Investitionsentscheidungen eine Förderung des technologischen Fortschritts und des Wirtschaftswachstums erreicht werden[27]. Eine Reduktion des umlagefinanzierten Sicherungsniveaus und ein Forcieren der kapitalgedeckten Vorsorge wäre für die Entwicklung der Finanzmärkte und die Unternehmen der Finanzbranche zweifellos förderlich. Mit dem weiteren Bedeutungszuwachs von Pensionsfonds und anderen institutionellen Investoren wäre einerseits ein (vorerst) anhaltender

---

[25] Vgl. ebenda, S. 123f.
[26] Vgl. ebenda, S. 122.
[27] Vgl. Holzmann Robert, S. 116f.

Kapitalzufluss gesichert und andererseits auch eine zusätzliche Stärkung einer wichtigen Lobby für ein finanzmarktfreundliches Umfeld gewährleistet.
Ob diese Entwicklung aber auch den Interessen zukünftiger Pensionistengenerationen förderlich wäre und ob damit tatsächlich auch positive Wachstumsimpulse verbunden wären, muss allerdings bezweifelt werden. Abgesehen davon, dass die Förderung der Finanzmärkte nicht primäre Aufgabe eines Pensionssystems sein kann, ist es fraglich, ob in der Realität die Allokation der Finanzmittel durch die Kapitalmärkte tatsächlich so effizient erfolgt, wie dies im Rahmen dieser Argumentation vorausgesetzt wird. In einer ausführlichen Betrachtung der Zusammenhänge zwischen Reform der Alterssicherung, Aktienmarkt, Kapitalbildung und Wirtschaftswachstum zeigt Singh[28] , dass die positive Beurteilung der Auswirkungen der Aktienmärkte auf das Wirtschaftswachstum vielmehr als fragwürdig anzusehen ist. Demnach kann nicht davon ausgegangen werden, dass Aktienmärkte – insbesondere jene der Entwicklungsländer – in der Lage sind, die Aufgaben der Disziplinierung und sinnvollen Zuweisung der Kapitalflüsse einwandfrei zu erfüllen. So ergibt sich etwa aus der in Entwicklungsländern viel stärkeren Neigung zu Kursfluktuationen die Gefahr des Untergrabens des gesamten Finanzsystems. Starke Schwankungen nehmen den Kursen aber auch die Fähigkeit, nützlicher Wegweiser für eine effiziente Ressourcenallokation zu sein. Nicht zu vernachlässigen ist in diesem Zusammenhang auch deren unmittelbarer Einfluss auf die Risikoträchtigkeit kapitalgedeckter Pensionen. Singh stellt als Resümee seiner Untersuchung jedenfalls fest, „... dass die Thesen der Bank (Weltbankbericht 1994) auf diesem Gebiet bestenfalls von zweifelhafter Gültigkeit sind. Es ist möglich, dass die vorgeschlagenen Reformen nicht nur zu keinem Wirtschaftswachstum führen, sondern dieses sogar ernsthaft gefährden. Infolgedessen erreichen die Reformen vielleicht nicht einmal das angestrebte Hauptziel, nämlich die ausreichende Alterssicherung der älteren Bevölkerung"[29] .
Angesichts der – wohl nicht zuletzt aus dem massiven Zufluss von Pensionsgeldern in die Aktienmärkte resultierenden – vielfach deutlich überhöhten Kursniveaus, der mit der zunehmenden Institutionalisierung der Finanzmärkte einher gehenden Machtkonzentration, der wachsenden Bedeutung des „short termism", des wesentlich durch den Herdentrieb geprägten Anlageverhaltens der Fondsmanager, der zunehmenden Ansteckungsgefahr bei Finanzmarktkrisen, der daraus resultierenden wachsenden Instabilität des globalen Finanzsystems und der damit einher gehenden potentiellen Gefährdung der ökonomischen und sozialen Entwicklung fällt es jedenfalls schwer, sich dieser optimistischen Einschätzung anzuschließen.

[28] Vgl. Singh Ajit, „Rentenreform, Aktienmarkt, Kapitalbildung und Wirtschaftswachstum: Kritische Beurteilung der Weltbankvorschläge", in: Internationale Revue für Soziale Sicherheit, Bd. 49, 3/96, S. 25ff.

[29] Vgl. Singh Ajit, S. 26.

4) Renditevergleich – Ein taugliches Argument für einen Systemwechsel?

Ein weiterer grundlegender Vorzug kapitalgedeckter Systeme – so die Argumentation vieler Befürworter eines Systemumstiegs – wäre deren Renditevorsprung gegenüber einer Umlagefinanzierung. Das Kapitaldeckungsverfahren wäre demnach auch das effizientere Finanzierungsverfahren, da die höheren Ertragsraten es ermöglichen würden, ein gegebenes Pensionsniveau mit niedrigeren Beiträgen zu erreichen.

Das „Sozialversicherungs-Paradoxon"

Einen ersten vereinfachten Ansatz für einen Renditevergleich liefert das auf Aaron zurückgehende „Sozialversicherungs-Paradoxon"[30]. Demnach entspricht die Rendite des Umlageverfahrens der Wachstumsrate der Lohnsumme und setzt sich somit (näherungsweise) aus der Wachstumsrate der Beschäftigtenzahl und jener der Löhne zusammen. Das Kapitaldeckungsverfahren erweist sich daher dann als das rentablere Finanzierungsverfahren, wenn dessen Rendite – die interne Verzinsung des Kapitalstocks – höher ausfällt als die Summe der Wachstumsrate der Löhne und jener der Beschäftigtenzahl.

Hinsichtlich der Relation Zinssatz/Lohnwachstum sind die jeweils dominierenden wirtschaftspolitischen Prioritäten sowie die vorherrschenden wirtschaftstheoretischen Erklärungsansätze und die daraus abgeleiteten relevanten Politikempfehlungen von nicht unerheblicher Bedeutung[31]. Der Umstand, dass bis in die späten Siebzigerjahre die Zinsen niedriger waren als das Lohnwachstum, während seit Anfang der Achtzigerjahre durchwegs hohe Zinsen und geringe Lohnzuwächse vorherrschen, kann jedenfalls ebenso wenig wie die hohe Arbeitslosigkeit gänzlich losgelöst vom Kurswechsel ab 1978/80 hin zu einer monetaristischen Politik der wichtigsten Notenbanken und dem Vorherrschen einer vielfach einseitigen Stabilitätsorientierung gesehen werden. Wirtschaftspolitische Prioritäten ändern sich jedoch im Zeitablauf ebenso wie die jeweils dominierenden ökonomischen Ansätze, nicht zuletzt aufgrund geänderter Problemstellungen.

Folgt man der vorherrschenden Theorie, dann legt die ökonomische Analyse nahe, dass der Zinssatz in der langen Sicht über der Wachstumsrate (bzw. dem Lohnsummenwachstum) liegen dürfte. Die gleichen Kräfte die nach dieser Logik ein dauerhaftes Absinken des Zinssatzes unter die Wachstumsrate verhindern, beschränken aber auch dessen Abweichen nach oben. Ein derart begründeter Zinsvorsprung kann somit zwangsläufig nur eine moderate Größenordnung aufweisen[32], mit der sich kaum ein Renditevorteil der kapitalgedeckten Altersvorsorge glaubwürdig begründen lässt.

---

[30] Vgl. Aaron H.J. (1966), „The Social Insurance Paradox", in: „The Canadian Journal of Economics and Political Science", 32, S. 371 bis 374.

[31] Vgl. Schulmeister Stephan, „Die Irrtümer der Meistersparer", Über den Zusammenhang von „Stabilitätspakten" und „Arbeitslosigkeit", in: „Der Standard", 25. 9. 1996, S. 31.

[32] Vgl. Hemming Richard, International Monetary Fund, March 1998, „Should Public Pensions Be Founded?", IMF Working Paper, WP/98/35, S. 9ff.

Kostenbedingte Verringerung der Ertragsraten kapitalgedeckter Vorsorge

Die Rendite einer kapitalgedeckten Altersvorsorge kann nämlich nicht einfach mit dem Zinssatz bzw. mit am Kapitalmarkt erzielbaren Renditen gleichgesetzt werden. Zum einen resultiert aus den beträchtlich höheren Kosten privater kapitalgedeckter Systeme – Beattie und McGillivray sprechen in diesem Zusammenhang von Kosten im Ausmaß von bis zu 35 % der Beitragszahlungen[33] – offensichtlich eine nicht unbedeutende Renditeverminderung.

Zum anderen stellt eine bloße Kapitalveranlagung noch keinerlei Absicherung gegen das Risiko dar, dass sich aufgrund einer höheren individuellen Lebenserwartung der angesparte Kapitalstock als unzureichend erweisen könnte. Zu diesem Zweck müsste das akkumulierte Vermögen erst in einen Anspruch auf eine wertgesicherte lebenslange Auszahlung umgewandelt werden. Abgesehen von den in diesem Zusammenhang gegebenen Schwierigkeiten hinsichtlich einer ausreichenden Absicherung vor der Inflationsgefahr stellt sich der Ankauf von Annuitäten aufgrund des Problems der negativen Risikoauslese auch als äußerst kostspielig dar. Thompson beziffert die Kosten mit bis zu 25 % des Vermögenswertes[34].

Es ist offensichtlich, dass es eines beträchtlichen Renditevorteils der Kapitalanlagen bedürfen würde, um diese kostenseitigen Nachteile zu kompensieren. In diesem Sinn ist die hohe Anziehungskraft renditebezogener Argumente für eine Kapitaldeckung der Altersvorsorge wohl auch in erster Linie aus der seit Anfang der Achtzigerjahre vorherrschenden Haussephase auf den meisten Aktienmärkten zu erklären, welche die mit einer Kapitaldeckung verbundenen Ertragsphantasien deutlich beflügelt hat.

Beflügelte Renditeerwartungen durch Aktienhausse

Es ist bezeichnend für die gegenwärtige Situation, dass Politiker, die sich öffentlich zur langfristigen Finanzierbarkeit umlagefinanzierter Pensionssysteme bekennen, zunehmend das Risiko eingehen als unseriös dargestellt zu werden, während die Seriosität jener Anbieter von kapitalgedeckten Vorsorgeprodukten, die unter Hinweis auf jüngste Performanceentwicklungen auch langfristig mit zweistelligen Renditeaussichten werben, nicht angezweifelt wird.

Paul Krugman, der vom britischen Magazin „The Economist" zu einem der einflussreichsten Ökonomen unserer Zeit erkoren wurde, hat erst kürzlich zur spekulative Blase an der Wall Street festgehalten, dass die Kurse Höhen erreicht haben, die sich auch nicht durch noch so viele intellektuelle Saltos rechtfertigen lassen[35], ein Umstand, der ohnehin kaum noch von irgendjemandem ernsthaft bezweifelt werden dürfte. Das Argument, dass angesichts der anhaltenden massiven Nachfrage nach Aktien aufgrund der weiterhin stark anwachsenden Masse an zu veranlagenden Pensions-

[33] Vgl. Beattie Roger and McGillivray Warren, „Eine Strategie voller Risken: Reflektionen über den Rentenreformvorschlag der Weltbank", in: Internationale Revue für Soziale Sicherheit, Bd. 48, 3 bis 4/ 95, S. 18.

[34] Vgl. Thompson Lawrence, S. 106.

[35] Der Spiegel 33/1999, S. 86ff.

geldern Crash-Szenarien (vorerst) unwahrscheinlich wären, hat zwar einiges für sich, kann aber längerfristig gesehen kaum als beruhigend gewertet werden und betrifft letztlich wieder die demographische Komponente kapitalgedeckter Systeme.
Derzeit prägen noch die Baby-Boom-Generationen nachfrageseitig das Bild auf den Finanzmärkten und zwar im – mit der relativen Bedeutung kapitalgedeckter Vorsorge – zunehmenden Maße. Die Sparquote der mittleren Altersgruppe ist im Schnitt am höchsten und die Bereitschaft und Möglichkeit, risikoreichere Portefeuilles zu halten, am größten. Die Prime Savers Ratio, die für die Nettoersparnisbildung der Erwerbsgenerationen relevante Relation der 40- bis 60-Jährigen zu den 15- bis 60-Jährigen, steigt damit im OECD-Raum seit den frühen Achtzigerjahren deutlich an[36]. Dementsprechend führt der Alterungsprozess vorerst auch zu einem starken nachfrageseitigen Aufwärtsdruck der Preise für Vermögenswerte und begünstigt damit auch das Entstehen von spekulativen Blasen. Gleichzeitig kommt es – bezogen auf die Preise für Vermögenswerte – zu einer Reduktion der Renditen. Aufgrund der relativ stärkeren Nachfrage nach Aktien steigen deren Kurse auch deutlich stärker als jene alternativer Veranlagungsformen. In dem Maße, in dem Aktien dadurch allgemein als „winning asset" wahrgenommen werden, erhält dieser Aufwärtsdruck durch weitere Umschichtungen eine zusätzliche Eigendynamik.
Wenn die starken Geburtsjahrgänge das pensionsfähige Alter erreichen, ist demgegenüber – wie bereits im Zusammenhang mit der vermeintlichen Demographieimmunität der Kapitaldeckung erwähnt – mit einer Abnahme der Sparquote zu rechnen. Die Prime Savers Ratio beginnt, in den USA etwa ab 2007, im OECD-Raum insgesamt um 2015 zu fallen und wird mit einer Dämpfung der Nettoersparnisbildung der Erwerbsgenerationen einher gehen, während die stark besetzten Baby-Boom-Kohorten mit dem Übertritt in die Pension ihre Vermögensbestände aufzulösen beginnen. Der daraus resultierende Druck auf die Preise der Vermögensbestände wird aufgrund von Portefeuilleumschichtungen zu Ungunsten der Aktienanteile die Aktienmärkte voraussichtlich am stärksten treffen. In einer solchen anhaltenden Phase einer Aktienkursdeflation und deutlich gedrückter Perspektiven hinsichtlich der weiteren Kursentwicklung der Vermögenswerte werden sich selbst die vorsichtigsten unter den Anbietern kapitalgedeckter Vorsorgeprodukte mit zunehmenden Schwierigkeiten konfrontiert sehen, die von ihnen in Aussicht gestellten Leistungszusagen auch tatsächlich einzulösen. Einzelnen Anbietern mag dies zwar gelingen, aufgrund geänderter Rahmendaten kann dies aber nicht für die Masse zutreffen, diese wäre vielmehr von einer deutlichen Abweichung des tatsächlichen vom erwarteten Ruhestandseinkommen betroffen, ohne hierauf selbst noch in geeigneter Weise reagieren zu können[37].

---

[36] Vgl. Reisen Helmut, „Warning: Past Pension Funds Performance Is No Guarantee For Future Performance", in: Institutional Investors In The New Financial Landscape, OECD 1998, S. 333ff.

[37] Vgl. Blommestein Hans, „Pension Funds and Financial Markets", a. a. O., S. 25.

5) Resümee

Gesellschaftliche Alterssicherungssysteme unterscheiden sich in vielen Bereichen wesentlich von primär auf kapitalgedeckter Eigenvorsorge basierenden Systemen, aber wohl am wenigsten hinsichtlich ihrer Betroffenheit von massiven Verschiebungen in der Altersstruktur. Nicht der Transfercharakter unterscheidet das Kapitaldeckungs- vom Umlageverfahren, sondern die sehr unterschiedlichen, jeweils zur Anwendung gelangenden Transfer*mechanismen.* Auch ein kapitalgedecktes System der Altersvorsorge ist dementsprechend keineswegs resistent gegenüber demographischen Veränderungen, aber weit weniger in der Lage als ein gesellschaftlich organisiertes Sicherungssystem, auch unter deutlich veränderten demographischen Rahmenbedingungen eine angemessene Alterssicherung sicherzustellen. Die Möglichkeiten, den Einfluss der Alterung der Gesellschaft auf das Pensionssystem mittels Veranlagung im Ausland zu vermindern, sind hingegen deutlich begrenzt und mit beträchtlichen zusätzlichen Risken verbunden.

Aus einer Neuverteilung der Rollen innerhalb des Alterssicherungssystems resultiert damit in erster Linie eine Neuverteilung der Risken und Kosten. Während die Aufteilung der realen Lasten in einem kollektiven Sicherungssystem auf demokratisch legitimierten Entscheidungsprozessen basiert, wird die Entscheidung über die Lastenverteilung im Rahmen der privaten kapitalgedeckten Altersvorsorge den Marktmechanismen überlassen. Diese (teilweise) Entledigung der politischen Verantwortung ist die logische Konsequenz einer stärkeren Gewichtung privater kapitalgedeckter Vorsorge zu Lasten gesellschaftlich organisierter Sicherungssysteme und der damit verbundenen (partiellen) Privatisierung sozialer Risken. Das Forcieren der kapitalgedeckten Eigenvorsorge zu Lasten der umlagefinanzierten gesellschaftlichen Alterssicherung als Ausdruck einer verantwortungsvollen Politik zu werten ist insofern widersinnig, als dadurch lediglich die politische Verantwortung für des Funktionieren des zukünftig erforderlichen Lastenausgleichs beschränkt würde, nicht aber das Ausmaß der zu verteilenden Lasten. Der behauptete Renditevorteil kapitalgedeckter Systeme erweist sich bei näherer Betrachtung als ebenso fragwürdig wie die von einer Systemumstellung oftmals erwarteten Wachstumsimpulse, auch wenn in der Reformdebatte vielfach der Eindruck vermittelt wird, es handle sich dabei um unstrittige Vorzüge einer Kapitaldeckung.

Die langfristige Absicherung des Pensionsniveaus trotz Bevölkerungsalterung bedarf somit nicht einer Neuverteilung der Rollen innerhalb der Alterssicherung, die hierzu keinen Beitrag leisten würde, sondern vielmehr eines deutlich breiteren, der gesellschaftlichen Herausforderung durch die demographische Entwicklung auch gerecht werdenden Zugangs. Die Bevölkerungsalterung stellt damit auch eine wesentliche Chance für die Durchsetzung einer auf Einbindung und Eröffnung gleichberechtigter gesellschaftlicher Teilhabemöglichkeiten abzielenden Politik dar. So lange die demographische Entwicklung lediglich als Bedrohung wahrgenommen wird, wird es allerdings schwer fallen, diese auch zu nützen.

Literatur

Aaron, H. J.: „The Social Insurance Paradox", in: The Canadian Journal of Economics and Political Sience, S. 32, 1966.

Beattie, Roger, McGillivray, Warren: „Eine Strategie voller Risken: Reflektionen über den Rentenreformvorschlag der Weltbank", in: Internationale Revue für Soziale Sicherheit, Bd. 48, S. 3 bis 4/95.

Blommestein Hans J.: „Pensionsfonds and Financial Markets", The OECD Observer No. 212, June/July 1998.

Blommestein, Hans: „Impact of Institutional Investors on Financial Markets", in: „Institutional Investors in the New Financial Landscape", OECD 1998.

Blommestein, Hans: „Ageing-Induced Capital Flows to Emerging Markets Do Not Solve OECDs Basic Pension Problem", in: „Institutional Investors in the New Financial Landscape", OECD 1998.

Ghilarducci, Teresa: „U.S. Pension Investment Policy and Perfect Capital Market Theory", Challenge/July – August 1994.

Gillion, Collin: „Comments on the reform of pensions systems", in: „The Future of Social Security, The Stockholm Conference, 29 June – 1 July 1998", IVSS 1998.

Heller, Peter: „Rethinking Public Pensions Reform Initiatives", IMF Working Paper WP/98/61.

Hemming, Richard: „Should Public Pensions Be Founded?", IMF Working Paper WP/98/35.

Holzmann, Robert: Beitrag zu: „The Future of Social Security, The Stockholm Conference, 29th June – 1 July 1998", IVSS 1998.

Krugman, Paul: in: Der Spiegel 33/1999.

Krupp, Hans-Jürgen, Weeber, Joachim: „Pro und Contra Grundrente – Eine Analyse aus volkswirtschaftlicher Sicht", in: Deutsche Renten Versicherung, Heft 3 bis 4, März/April 1997.

Munnell, A.: „Are Pensions Worth the Costs?", National Tax Journal, September 1991.

Neumann, Manfred J.M.: „Ein Einstieg in die Kapitaldeckung der gesetzlichen Renten ist das Gebot der Stunde", Wirtschaftsdienst 1998/V.

Reisen, Helmut: „Warning: Past Pension Funds Performance Is No Guarantee For Future Performance", in: „Institutional Investors in the New Financial Landscape", OECD 1998.

Rürup, Bert: „Perspektiven der Pensionsversicherung in Österreich", Gutachten im Auftrag des Bundesministerium für Arbeit, Gesundheit und Soziales, Juni 1997.

Schlesinger, Tom: „Americas Restructured Financial System", Beitrag zum "Industrial Heartland Labour Investment Forum", Juni 1996.

Singh, Ajit: „Rentenreform, Aktienmarkt, Kapitalbildung und Wirtschaftswachstum: Kritische Beurteilung der Weltbankvorschläge", in: Internationale Revue für Soziale Sicherheit, Bd. 49, 3/96.

Schulmeister, Stefan: „Die Irrtümer der Meistersparer", in: Der Standard, 25. 9. 1996.

Thompson, Lawrence: „Older and Wiser, The Economics of Public Pensions", The Urban Institute Press, Washington D. C., 1998.

Türk, Erik: „Private individualisierte Vorsorge versus solidarische kollektive Alterssicherungssysteme", in: Soziale Sicherheit 11/98.

Weltbank. 1994: „Averting the Old Age Crises: Policies to Protect the Old and Promote Growth".

Zur Zukunft des Pensionssystems

Karl Wörister

Das Pensionssystem ist in allen Industriestaaten vom finanziellen Volumen her gesehen das bedeutendste Geldleistungssystem im Bereich der sozialen Sicherung. Es hat schließlich die Aufgabe, alle „Alten" zu versorgen, deren Zahl aufgrund der steigenden Lebenserwartung und nicht zuletzt aufgrund der anhaltenden Arbeitsmarktprobleme bei Älteren immer größer wird. Darüber hinaus werden meist auch noch Personen im Erwerbsalter (Invalide, Hinterbliebene; in Österreich ca. 350.000) sowie im Kindes- bzw. Jugendlichenalter (Waisenpensionen; in Österreich ca. 30.000) aus dem System versorgt.
In diesem Beitrag werden kurz charakteristische Merkmale des österreichischen Pensionssystems beschrieben und es wird auf die aktuelle Reformdiskussion eingegangen. Danach werden wichtigste Ziele für künftige Reformmaßnahmen formuliert und auf einige Detailfragen eingegangen (Verteilung, eigenständige Absicherung von Frauen, Sockelmodelle, Frühpensionen).

Charakteristika des österreichischen Pensionssystems

1998 wurden in Österreich über ATS 370 Mrd. (26,89 Mrd. €) für Pensionen (inkl. Beamte) aufgewendet. Demgegenüber sind die Aufwendungen Arbeitslosenversicherung (inkl. Sonderunterstützung) mit rund ATS 33 Mrd. (2,4 Mrd. €) vergleichsweise gering. Insgesamt werden in Österreich rund 15 % des BIP für Pensionen aufgewendet. Dieser Anteil erscheint im internationalen Vergleich sehr hoch (siehe Grafiken am Ende des Beitrages).
Allerdings werden dabei jedoch immer wieder sehr unzulängliche Vergleiche gemacht, in denen etwa nicht berücksichtigt wird, dass in Österreich – im Unterschied zu einigen anderen Ländern – die InvaliditätspensionistInnen im Erwerbsalter vom Pensionssystem versorgt werden[1]. Insgesamt ist auch zu berücksichtigen, dass in Österreich durch vorzeitige Alterspensionen auch viele (potentiell und tatsächlich) Arbeitslose versorgt werden, was sich in einer relativ geringen Erwerbsquote in den entsprechenden Altersgruppen niederschlägt (vor allem innerhalb der 60- bis 64-Jährigen)[2]. Aber auch die Arbeitslosenquote liegt vergleichsweise niedrig.
In der öffentlichen Diskussion werden die Frühpensionen gerne als ein zentrales Problem des österreichischen Pensionssystems gesehen. In einer Gesamtbetrachtung des Sozialleistungssystems wird dieses Problem jedoch relativiert. Letztlich geht es aufgrund der Gegebenheiten auf dem Arbeitsmarkt vor allem um die Frage, ob die betroffenen Personen im Grenzbereich zwischen Erwerbs- und Pensionsalter eher wie Arbeitslose oder eher wie PensionistInnen versorgt werden sollen. Auf diese Frage wird weiter unten eingegangen.

---

[1] So wurde in einem Bericht der Weltbank dieser Umstand übersehen.

[2] Andererseits ist in Österreich die Jugendarbeitslosigkeit besonders niedrig.

Eine weitere Besonderheit unseres Pensionssystems stellt die vergleichsweise geringe Bedeutung weiterer „Säulen" dar. Was manche (vor allem die Versicherungswirtschaft) als Systemmangel sehen, kann aber auch positiv gesehen werden. Das österreichische Pensionssystem kommt insgesamt mit weniger Verwaltungskosten aus als die Mehrsäulensysteme. Schließlich ist für die einzelnen Gruppen von Versicherten (bzw. Beamten) nur jeweils ein einziger Verwaltungsapparat erforderlich[3]. Im Übrigen hat es in einem System wie dem österreichischen keinen erkennbaren Sinn, zusätzliche Vorsorgemaßnahmen über die bestehenden Möglichkeiten (Pensionskassen, Lebensversicherungen) hinaus steuerlich stärker zu fördern. Schließlich orientiert sich die österreichische Pensionsversicherung – ähnlich den privaten Versicherungen – sehr stark am Versicherungsprinzip und garantiert dadurch zum Teil sogar BezieherInnen überdurchschnittlicher Einkommen eine angemessene Alterssicherung.
Im Unterschied dazu sind alle Mehrsäulensysteme in Europa[4] durch stark nivellierte (bzw. einheitliche) Leistungen im öffentlichen Basissystem gekennzeichnet. Diesen Systemen ging eine andere historische Entwicklung voran; sie haben ihre ursprünglich auf eine bloße Grundsicherung ausgerichteten Leistungen in den Sechziger- und Siebzigerjahren durch eine zusätzliche Komponente ergänzt, mit der ein gewisses Ausmaß an Einkommenskontinuität im Alter garantiert wurde[5]. Grundsätzlich hätten sie das Element der „Lebensstandardsicherung" aber auch im Basissystem (Umlageverfahren) verankern können, wie in Luxemburg, wo die Pension einen sozial ausgleichenden Sockelbetrag enthält. Österreich konnte in dieser Zeit des starken Wirtschaftswachstums unter anderem über Beitragserhöhungen den Standard in der Pensionsversicherung verbessern[6]. Diesem seit Beginn stark am Versicherungsprinzip orientierten System eine zusätzliche – nach ähnlichen Prinzipien funktionierende – Säule hinzuzufügen, hätte – abgesehen von den höheren Verwaltungskosten – auch sonst wenig Sinn.
Ein besonderes Merkmal des österreichischen Pensionssystems kann auch in der relativ großen Bedeutung der Witwen(r)pensionen gesehen werden[7]. Den im internationalen Vergleich großzügigen Regelungen für diese Pensionen steht wiederum eine relativ schlechte Altersversorgung bei Frauen (vor allem jener mit Kindern) gegen-

---

[3] Sicher kann dieser auch noch ökonomischer ausgestaltet werden als der bestehende. Insgesamt liegt die Pensionsversicherung aber mit einem Verwaltungskostenanteil von 2 bis 3 % wesentlich günstiger als die „zweiten" Säulen anderer Staaten; hier werden Zahlen bis zu 25 % genannt. Auf die damit zusammenhängende Frage Umlage- oder Kapitaldeckungsverfahren wird im Folgenden nicht eingegangen (siehe dazu den Beitrag von Türk in diesem Band). Die Leistungen beider Systeme hängen jeweils von der wirtschaftlichen Entwicklung ab.

[4] Im Bereich der EU: Dänemark, Finnland, Frankreich, Großbritannien, Niederlande und Schweden, weiters in Westeuopa Schweiz und Norwegen.

[5] In den ehemals sozialistischen Ländern wurden in den letzten Jahren die bereits sehr nivellierten Basissysteme durch obligatorische Zusatzversicherungen ergänzt (Ungarn, Polen) bzw. wird diese Variante auch in übrigen Staaten in der laufenden Diskussion stark präferiert.

[6] Letztlich kam auch die Errichtung einer weiteren Säule in den Ländern mit bloßer Basissicherung einer Beitragserhöhung gleich.

[7] BMAGS 1996.

über. Diese ergibt sich aus dem Fehlen universeller eigenständiger Ansprüche (40 % der Frauen im Alter sind ohne eigene Pension!) und nivellierender Regelungen (kein Sockelbetrag, keine Mindestpension etc). Hingegen haben fast alle Männer im Alter einen eigenen Pensionsanspruch und können damit in der Regel sogar für den Unterhalt der Partnerin aufkommen. Mehr als die Hälfte der Männer muss tatsächlich einen Teil der Pension für die Existenzsicherung der Frauen verwenden. Das österreichische Pensionssystem hat also noch einen stark patriarchalen Charakter.

Hinsichtlich der Finanzierungsquellen unterscheidet sich das österreichische Pensionssystem nicht sehr wesentlich von jenem der meisten Staaten (Mischfinanzierung durch Beiträge und Steuern). Besonders hoch ist jedoch der Anteil der Steuerfinanzierung im Bereich der Selbständigen und der Beamten. Neben strukturellen Gründen sind hierfür die niedrigen Beiträge (Selbständige) bzw. das günstigere Leistungsrecht (Beamte) verantwortlich.

Reformen zur Sicherung des Systems

Österreich hat wie die anderen europäischen Länder etwa seit Beginn der Achtzigerjahre eine Reihe von Reformen beschlossen, die die Funktionsfähigkeit des Systems angesichts der wachsenden Arbeitslosigkeit und auch der steigenden Lebenserwartung garantieren sollten. Zugleich waren diese Maßnahmen auch von Leistungsausweitungen begleitet (zB Witwerpension, Frühpensionen, stärkere Berücksichtigung von Kindererziehung).

Aufgrund der zu erwartenden demographischen Entwicklung in den nächsten Jahrzehnten dürften weitere Maßnahmen notwendig sein. Wenngleich die Prognosen eine deutliche Sprache sprechen, erscheint aber eine Panik nicht angebracht. Bedeutende zusätzliche Mittel zur Finanzierung der Pensionen (Beitragserhöhung, Bundesbeitrag etc.) sind zwar kaum zu erwarten. Es besteht jedoch ein gewisser Spielraum für Sparmaßnahmen, in denen soziale Härten vermieden werden können.

Diesem Druck auf Leistungseinschränkungen steht nun verstärkt auch die Forderung nach einer eigenständigen Absicherung von Frauen im Alter und bei Invalidität gegenüber. Anders als bei den zu erwarteten steigenden Aufwendungen aufgrund der Demographie geht es hier im Wesentlichen um eine Umverteilung der Mittel innerhalb der Familien, nämlich von den Männern zu den Frauen. Mehr eigenständige Ansprüche der Frauen können jedenfalls mit einer Verringerung der Ausgaben für Witwenpensionen verbunden werden. Aufgrund der damit auch verbundenen geringeren Unterhaltsverpflichtungen der männlichen Pensionisten gegenüber ihren Partnerinnen ergibt sich ein Spielraum für Leistungsverringerungen, die im Familienverband zu keinem Wohlstandsverlust führen müssen. Vielfach wird diese Option jedoch nicht gesehen, so dass eine derartige Reform als Kostenproblem erscheint.

Neben dieser grundsätzlich aufwandsneutralen strukturellen Veränderung innerhalb und insgesamt zugunsten der Frauen stellt sich für Maßnahmen mit dem Ziel der Einsparung auch die Frage, nach welchen Grundsätzen diese erfolgen sollen. Sollen vor allem FrühpensionistInnen und Personen getroffen werden, die im Erwerbsalter längere Zeit arbeitslos waren? Die Reformdiskussion zielt jedenfalls sehr stark auf diese beiden Gruppen ab. Oder sollen jene größere Opfer bringen, die nach geltendem Recht Pensionen erwarten können, die über dem Durchschnitt liegen? Ein solcher Reformansatz wäre jedenfalls mit dem Widerstand politisch starker Gruppen konfrontiert. Eher müssen jene, die frühzeitig wegen Invalidität und/oder Arbeitslosigkeit aus dem Erwerbsleben ausscheiden (meist ArbeiterInnen) und/oder aufgrund ihres geringen Marktwertes länger arbeitslos waren (meist weniger qualifizierte ArbeiterInnen) und daher wohl insgesamt zu den Niedrigverdienern gehören, die größten Einbußen hinnehmen. In der Pensionsversicherungsmathematik der sich am lautesten artikulierenden Gruppen gehören sie nicht zu den „Fleißigen und Tüchtigen". Erschwerend kommt noch hinzu, dass diese Gruppe im Laufe ihres Erwerbslebens im Schnitt weniger Ersparnisse für das Alter sammeln konnte.

Eine derartige Entwicklung wird nicht leicht zu verhindern sein. Schließlich verstehen es die politisch stärkeren Gruppen sehr gut, ihre Interessen als Interesse aller darzustellen. Hierzu kommt noch, dass Vorschläge oft in einem Pensionsversicherungskauderwelsch präsentiert werden, dem normale StaatsbürgerInnen – und auch JournalistInnen – kaum mehr folgen können. Wird dann auch noch Druck ausgeübt, alles müsse schnell beschlossen werden, kann so ziemlich alles durchgesetzt werden. Wer mit Einwänden kommt, wird als Verhinderer diffamiert, wie zuletzt der ÖGB. Bei einer derartigen Kultur ist es schwierig, eine Diskussion zu führen, in der die sozialen Auswirkungen von Reformen deutlich werden. Trotz alledem sollte es versucht werden. Die Gewerkschaften und alle sozial engagierten Gruppierungen dürfen hier nicht zu früh aufgeben.

Widerstand setzt aber voraus, dass einigermaßen klare Vorstellungen bestehen, wie es weiter gehen könnte. Leider setzen sich jene, denen der Sozialstaat ein großes Anliegen ist, nicht gerne konstruktiv mit der Zukunft der sozialen Sicherheit auseinander. Statt eigene Ideen einzubringen, wird lieber defensiv reagiert. Der Hauptgrund hierfür dürfte – neben der Komplexität des Systems – vor allem darin liegen, dass die meisten angesichts der Prognosen nur mehr an einen Sozialabbau glauben, an dem sie sich eben nicht mehr beteiligen wollen. Das Feld wird neoliberalen Gruppierungen überlassen. Die Verwaltungsbeamten, die danach die „schmutzige" Kleinarbeit machen müssen, können dabei auf keine Orientierungslinien aus den verschiedenen politischen Lagern zurückgreifen[8].

Im Folgenden wird versucht, einige Perspektiven zu skizzieren. Nicht wiederholt werden hier Forderungen des ÖGB, wie etwa eine Angleichung der Pensionsbeiträge der Selbständigen an jene der unselbständig Erwerbstätigen und die stärkere Heranziehung von Kapitaleinkommen zur Finanzierung der Pensionen (Wertschöpfungsabgabe). Es versteht sich von selbst, dass hier Fortschritte notwendig sind. Nicht zuletzt sei auf die große Bedeutung der Vollbeschäftigung hingewiesen.

---

[8] Relativ deutlich haben sich nur die Grünen deklariert.

Zielsetzungen künftiger Reformen

Vorerst muss jedenfalls Klarheit bestehen, welches Ziel die Reformen haben sollen. Meines Erachtens müssten vier Ziele im Vordergrund stehen:

- Erstens muss das Vertrauen in die Zukunft des Pensionssystems wiederhergestellt und gestärkt werden.
- Zweitens muss Armut im Alter verhindert werden.
- Drittens muss das System so ausgestaltet werden, dass auch alle Frauen im Alter mit einer eigenständigen und ausreichenden Absicherung rechnen können.
- Viertens soll bei der Pensionsberechnung der bisherige Lebensstandard berücksichtigt werden. Damit in Zusammenhang steht auch eine gewisse Beziehung zwischen der Höhe der geleisteten Beiträge und der späteren Pension. Dies hat schließlich auch eine große Bedeutung für die Finanzierung des Systems. Eine nicht allzu lose Beziehung zwischen erbrachten Beiträgen und Leistung garantiert die Beitragsbereitschaft und damit die Finanzierung der laufenden Pensionen.

Diese vier Ziele stehen in einem engen Zusammenhang.
Ein Pensionssystem, das in Teilbereichen Nettoersatzraten bis zu 100 % vorsieht und in dem 80 % und 90 % sehr häufig sind (vor allem auch bei Gutverdienern), bietet zweifellos Spielraum für Maßnahmen. Die Betroffenen haben meist auch Ersparnisse angesammelt und/oder Eigentum (Haus, Eigentumswohnung) erworben. Es kann nicht einfach davon ausgegangen werden, dass alle Menschen von der Hand in den Mund leben und am Ende ihres Erwerbslebens mittellos sind. Darüber hinaus sind Menschen beim derzeitigen Pensionszugangsalter meist noch mehr oder weniger arbeitsfähig, oft selbst dann, wenn sie wegen Erwerbsminderung in Pension gehen. Es gibt also ein Potential an Leistungsfähigkeit, das grundsätzlich genutzt werden kann, wenn nur alters- und behindertengerechte Arbeitsplätze geschaffen werden.
Wenn sich Leistungseinschränkungen auf jene konzentrieren, die hohe Einkommen erzielen, und wenn für ältere Menschen und Menschen mit Leistungseinschränkungen wieder mehr Gelegenheiten geschaffen werden, durch Erwerbstätigkeit Einkommen zu erzielen (auch etwa durch Teilzeitarbeit oder befristete Beschäftigungen), kann das finanzielle Gleichgewicht im Pensionssystem auf soziale Weise abgesichert werden. Wenn darüber hinaus besonderes Augenmerk auf eine gute Mindestsicherung (ergänzt durch ein effizientes System von Wohnbeihilfen) gelegt wird, kann Angst vor Verarmung im Alter entgegengewirkt werden. Dabei darf nicht auf jene vergessen werden, die derzeit für den Rest des Lebens völlig oder überwiegend von einem Partner ökonomisch abhängig sind. In der Regel sind davon Frauen betroffen, welche ständig den Launen eines Menschen ausgesetzt sein können oder – im Falle einer Trennung – nicht wissen, wie sie alleine über die Runden kommen sollen. Wer diese Aspekte berücksichtigt und nicht nach einer kalten Versicherungsmathematik die zur Verfügung stehenden Mittel verteilt, wird eher Vertrauen schaffen können.
Ein Beispiel für eine gelungene Reform ist zweifellos jene in *Schweden*. Ausgangspunkt

für die Reform war ein System, das gesetzliche Zusagen für die Zukunft nicht mehr garantieren kann (Schwäche der zweiten Säule). Das bestehende System in Schweden ist durch eine starke soziale Orientierung gekennzeichnet. Daran wird auch nach der Reform nicht gerüttelt. Die Volkspension wird – nach dem Muster Finnlands – durch eine „Garantiepension"[9] ersetzt, die allen Menschen im Alter, unabhängig vom Familienstand, eine eigenständige Absicherung garantiert. Das System von Wohnbeihilfen ergänzt dieses System wie bisher. Entgegen dem scheinbaren Trend hat sich Schweden aber für das Umlageverfahren entschieden. Die zweite Säule, die derzeit einem Kapitaldeckungsverfahren entspricht und aufgrund der wirtschaftlichen Probleme Anfang der Sechzigerjahre dahingeschmolzen ist, wird im Wesentlichen auf ein Umlageverfahren umgestellt[10]. Im Unterschied zu früher garantiert das neue System allerdings keinen bestimmten Prozentsatz vom letzten Einkommen mehr. Die Höhe der Leistungen hängt in Hinkunft neben dem Ausmaß der erbrachten Beiträge auch von den ökonomischen Gegebenheiten und der Lebenserwartung ab. Geht es mit der Wirtschaft aufwärts und ist die Zahl der PensionistInnen nicht zu hoch, wirkt sich dies günstig auf das Pensionsniveau aus (höhere Ersatzrate). Ist die Situation umgekehrt, werden die Pensionen niedriger ausfallen. Insofern funktioniert dieses System im Ergebnis ähnlich wie ein Kapitaldeckungsverfahren, aber ohne dessen Nachteile. Weiters sichert die Garantiepension eine Untergrenze.
Im Prinzip funktioniert auch jedes Umlagesystem so. Verbesserungen im Leistungsniveau können – je nach Wirtschaftslage – auch wieder von Sparpaketen zurückgenommen werden. Es macht Sinn, dies gleich explizit vorzusehen. Alle wissen damit, wie sie dran sind. In Verbindung mit einem garantierten Minimum schafft dies Vertrauen in das System. Ein derartiges System, in dem das Versicherungsprinzip eine große Bedeutung hat, kann – neben einem garantierten Minimum – auch Elemente der Umverteilung enthalten, etwa zugunsten jener, die wegen Kinderbetreuung oder Pflegearbeit weniger Beiträge leisten können. Es ist dabei nicht wesentlich, ob dies innerhalb der Versichertengemeinschaft erfolgt (als „Sozial-Versicherung") oder entsprechende Beiträge gesondert aus allgemeinen Steuermitteln oder anderen Töpfen geleistet werden.

Eigenständige Absicherung von Frauen

Weiters muss bei Reformen auch bedacht werden, dass sich der Arbeitsmarkt verändert, der durch eine Zunahme von Teilzeitbeschäftigungen und neuerdings auch durch einen Rückgang der Vollzeitbeschäftigung gekennzeichnet ist. Darüber hinaus werden Unterbrechungen bzw. Phasen der Arbeitslosigkeit immer häufiger. Bei Frauen kommt noch aufgrund der steigenden Scheidungswahrscheinlichkeit zusätzlich erschwerend hinzu, dass die Ehe immer weniger eine Alterssicherung über die Ehe garantiert. Selbst bei dauerhaften Ehen wird der (teilweise oder gänzliche) Unterhalt durch den Partner als entwürdigend erlebt. Nicht wenige Ehemänner nutzen ihre ökonomische

[9] Dieses besondere Modell wird weiter unter genauer beschrieben.

[10] Nur ein kleiner Teil der Beiträge wird einem Fonds zugeführt, mit dem kleinere Schwankungen bei Einnahmen bzw. Ausgaben kurzfristig ausgeglichen werden können.

Position zu Lasten der Frauen, die es schließlich mit zunehmendem Alter schwerer haben, aus einer schlecht funktionierenden Beziehung auszubrechen. Einige Fakten hinzu: Rund vier von zehn Frauen innerhalb der 60-Jährigen haben in Österreich keinen eigenen Pensionsanspruch (Bundesarbeitskammer 1999). Die neuen Eigenpensionen der Frauen sind nur halb so hoch wie jene der Männer.
In einer Studie der Frauenministerin (siehe auch G. Schmid in diesem Band) wurden verschiedene Optionen zur Verbesserung der Alterssicherung von Frauen diskutiert bzw. Berechnungen durchgeführt. Alle Modelle waren so ausgestaltet, dass keine zusätzlichen Kosten anfallen (also aufwandsneutral). Gemeinsam war diesen Modellen auch eine Einschränkung der Witwenpension; die dadurch frei werdenden Mittel sollen für höhere Eigenpensionen der Frauen verwendet werden. Zur Diskussion standen darüber hinaus folgende Modelle:

a) Ein fester Sockelbetrag, auf den alle Einwohner im Alter Anspruch haben und dessen Höhe von der Wohnsitzdauer in Österreich abhängt. Dadurch würde allen Menschen eine eigenständige Mindestsicherung garantiert werden können. Anders als bei der Ausgleichszulage spielen Einkommen des Partners keine Rolle[11], so dass alle Frauen eine eigenständige Existenzsicherung gesichert hätten[12]. Zusätzlich ist ein fester Sockelbetrag auch mit einer Umverteilung von Einkommensstärkeren zu Einkommensschwächeren verbunden. Je nachdem, wie hoch dieser Sockelbetrag ausgestaltet ist bzw. welcher Anteil der zur Verfügung stehenden Mittel für diesen Sockelbetrag verwendet wird, kann die Umverteilung gering (zB Frankreich) oder sehr beachtlich sein (Dänemark, Niederlande). Der Sockelbetrag kann aus Beiträgen oder/und Steuermitteln[13] finanziert werden.

b) Stärkere Berücksichtigung von Kinderbetreuung und Pflegearbeit bei der Pensionsberechnung. In der Studie der Frauenministerin wurde davon ausgegangen, dass die frei werdenden Mittel aus der Reduzierung der Witwenpension für entsprechende Beiträge aus der öffentlichen Hand verwendet werden. Damit sollen Lükken im Versicherungsverlauf geschlossen werden. Ergänzend sieht dieses Modell vor, dass für Zeiten der Kinderbetreuung bzw. Nichterwerbstätigkeit der Frau, die über das standardisierte Ausmaß hinausgehen, der Ehepartner den entsprechenden Beitrag zu leisten hat. Im Sinne dieser allgemeinen Beitragspflicht hätten alle Menschen bis zum Pensionsalter einen durchgehenden Versicherungsverlauf. Dieses Modell, wenn es nicht mit anderen Modellen kombiniert wird, ist mit einer Reihe von Problemen verbunden. Abgesehen, dass die Bemessungs-

---

[11] In den realen Systemen ist der feste Sockelbetrag bei Verheirateten etwas niedriger als bei Alleinstehenden. Zusätzlich sehen jene Systeme, bei denen der Sockelbetrag alleine nicht für eine Existenzsicherung ausreicht, eine Art Ausgleichszulage ähnlich wie in Österreich vor.

[12] Die meisten europäischen Staaten haben derartige Regelungen. Neben Sockelbeträgen (alle skandinavischen Staaten, Niederlande, Schweiz, Großbritannien, de facto Frankreich) erfüllen auch *Mindestpensionen* (ohne Einkommensanrechnung) eine ähnliche Funktion (Spanien, Portugal, Griechenland, Luxemburg, Belgien, ehemals sozialistische Staaten).

[13] zB über den Bundesbeitrag.

grundlage aufgrund der begrenzten Mittel niedrig ausfällt, erscheint vor allem die Beitragsbelastung für die Haushalte meist jüngerer Menschen mit Kindern problematisch. Viele werden selbst bei einem ausgebauten System von Kinderbetreuungseinrichtungen und bei günstigeren Arbeitsmarktbedingungen nicht in der Lage sein, einer Erwerbstätigkeit nachzugehen[14]. Was bei den Proponenten dieses Modells nicht beachtet wird, ist die an sich allgemein bekannte Tatsache, dass Unterbrechungen der Erwerbstätigkeit die weiteren Einkommenschancen verschlechtern; meist folgen den mit diesem Modell erfassten Zeiten auch Teilzeitbeschäftigungen mit dem entsprechenden geringen Einkommen. Dieser Einkommensverlust wird mit diesem Modell in keiner Weise abgegolten. Während jener Elternteil, der nicht unterbricht, sehr oft eine mehr oder minder große Karriere macht, bleibt der kinderbetreuende Elternteil weit hinten nach[15].

c) Splitting der Beiträge innerhalb der Ehe bzw. Lebensgemeinschaft. Ein Modell sieht vor, dass die geleisteten Pensionsbeiträge zusammengerechnet und dann zwischen den Partnern jeweils 50:50 aufgeteilt werden. Obwohl dieses Modell naturgemäß die größte Umverteilung zwischen Männern und Frauen bewirken würde und auch relativ rasch umgesetzt werden könnte, wird es vor allem von den sozialdemokratischen Frauen abgelehnt[16]. Als gewichtigstes Argument dagegen wird die Eheabhängigkeit angeführt und der Umstand, dass allein stehende Frauen nichts davon profitieren. Die Gegnerinnen dieses Modells, die durchwegs das Modell b) bevorzugen, nehmen dabei auch in Kauf, dass Verbesserungen erst für jene Frauen wirksam werden, die erst in Jahrzehnten (voll wirksam etwa in 40 Jahren für Neuzugänge!) in Pension gehen, und dass die Umverteilung zwischen den Geschlechtern überdies geringer ist.

In der Diskussion innerhalb der Frauenvertreterinnen, die zu diesen Modellen Stellung beziehen, fällt auf, dass das Splitting im sozialdemokratischen Lager abgelehnt wird und das Modell einer Sockelpension völlig ignoriert wird.

---

[14] Es fällt auf, dass die große Bedeutung von zusätzlichen Betreuungspersonen (vor allem Großeltern) und auch die Lage des Wohnortes (Stadt – Land) für die Erwerbstätigkeit unterschätzt wird. Vielfach stellt die Kombination ungünstiger Bedingungen (zusätzlich etwa geringe Ausbildung, Mehrkinderhaushalte, ungünstige regionale Arbeitsmarktsituation, Kinder mit leichten oder gar schweren Behinderungen etc.) ein oft unüberwindbares Hindernis für die (Voll)Erwerbstätigkeit beider Elternteile dar. Es wurde daher auch erwogen, Arbeitslose ohne Geldleistungsanspruch besonders zu begünstigen. Allerdings ergäbe sich das Problem, die Motive der Nichterwerbstätigkeit administrativ zu identifizieren.

[15] So verdienten Männer 1998 innerhalb der 20- bis 24-Jährigen um 25 % mehr als Frauen und innerhalb der Fünfjahresaltersgruppen zwischen 35 und 54 Jahren um jeweils 55 bis 60 % mehr als Frauen (Vergleich der Medianeinkommen nach den neuesten Daten des Hauptverbandes der österreichischen Sozialversicherungsträger). Entsprechende Daten für Frauen mit und ohne Kinder liegen nicht vor; es kann wohl mit Sicherheit davon ausgegangen werden, dass bei Frauen mit Kindern (steigend mit der Zahl der Kinder) der Unterschied gegenüber Männern noch viel größer ist.

[16] Besonders exponiert haben sich hier Helga Hieden und Helene Klaar.

Es wäre jedoch ernsthaft zu erwägen, die einzelnen Modelle zu *kombinieren* und jedes Element maßvoll zu berücksichtigen. So könnte etwa ein kleiner Sockelbetrag in Verbindung mit einer etwas verstärkten Anrechnung von Kindererziehung bzw. Pflegearbeit und einer allgemeinen Beitragspflicht mit niedrigen Beiträgen ein guter Weg sein. Wenn dann auch noch ein Splitting Unterschiede zwischen Geschlechtern ausgleicht, würde dieses Modell eine dreifache Umverteilung bewirken können:

- Von Personen mit hohem Einkommen zu jenen mit niedrigem,
- von Personen, die im Erwerbsalter keine Einkommenseinbußen durch Kinderbetreuung und/oder Pflegearbeit haben hin zu denjenigen, die aufgrund der Unterbrechungen Einkommen und derzeit auch mögliche Ansprüche gegenüber der Pensionsversicherung verlieren und
- von Personen, die aufgrund der ungleichen Arbeitsteilung im Haushalt durchgehend vollzeitbeschäftigt sein können zu denjenigen, die dies dem Partner durch Nicht- oder Teilerwerbstätigkeit ermöglichen.

Ein derartiges Kombi-Modell wäre kein Unikum. Die Schweiz, die an sich ein sozialpolitischer Nachzügler ist, hat sich in einer jahrzehntelangen Entwicklung bzw. nach langen intensiven Diskussionen in den Neunzigerjahren für diese Kombination entschieden[17]. Das Schweizer Pensionssystem hat jedenfalls eine hohe Akzeptanz in der Bevölkerung. Die Kritik von Seiten der Frauen richtet sich dort vor allem gegen die Angleichung des Pensionsalters von Frauen und Männern (Brechbühl 1979).

Varianten einer Sockelung

Ein System mit Sockelbetrag wird in Österreich immer wieder als Feindbild bzw. als nicht wünschenswerte Alternative zum bestehenden System gesehen. Zugleich hört man spätestens am Ende einer Diskussion sehr oft, dass wir in einigen Jahren/Jahrzehnten „nur mehr" eine Volkspension haben werden. Mit den existierenden Varianten will sich aber kaum jemand vertraut machen. Im Folgenden werden anhand ausländischer Beispiele verschiedene Modelle dargestellt. Es soll damit gezeigt werden, dass es sich hier durchaus um keinen Gegensatz zum österreichischen Pensionssystem handelt; die eine oder andere Variante könnte auch in das System integriert werden.

Ein Vorurteil gegen Grundpensionssysteme lautet, dass diese den Lebensstandard nicht sichern können. In den europäischen Ländern, die einen Pensionssockel kennen, existieren allerdings überall einkommensbezogene Zusatzsysteme, die entweder Teil des öffentlichen Pensionssystems oder zumindest staatlich geregelt sind. Nur die Republik Irland hat noch ein sehr lückenhaftes System im Bereich der zweiten Säule. Insgesamt können diese Systeme daher auch im Alter eine gewisse Einkommenskontinuität garantieren.

---

[17] Anzumerken wäre jedoch, dass dies nur für die erste Säule gilt. Die zweite Säule, die vom Volumen her (gemessen an den Beitragssätzen) ähnlich groß ist wie die erste Säule, sieht derartige Umverteilungen nicht vor. Die sozialistischen Frauen aus der Schweiz fordern dort daher auch einen Ausbau der ersten Säule zu Lasten der zweiten.

Ein weiteres Vorurteil lautet, dass Sockelbeträge dem Versicherungsprinzip widersprechen. Dagegen wäre erstens einmal festzuhalten, dass das Element der Lebensstandardsicherung in Österreich ebenfalls eine Abweichung vom Versicherungsprinzip darstellt, etwa durch die Begrenzung des Bemessungszeitraumes auf 15 Jahre. Zweitens hängt die Höhe des Sockelbetrages in den Systemen in der Regel entweder von der Wohnsitzdauer im jeweiligen Land oder von der Versicherungsdauer ab, wie etwa in der Schweiz und in Großbritannien. Soweit sich die Höhe nur an der Wohnsitzdauer (Jahre im Erwerbsalter) orientiert, stellt die Steuerpflicht ein Äquivalent zu Sozialversicherungsbeiträgen dar (etwa in Dänemark).
Vielen scheint auch die Umverteilung unvertretbar hoch. Dagegen kann eingewendet werden, dass es Systeme sowohl mit hohen als auch Systeme mit niedrigen Sockelbeträgen gibt. Es besteht also ein Spielraum, der sinnvoller Weise etwa zwischen ATS 2.000,- (145,35 €) und ATS 8.000,- (581,38 €) liegen könnte[18].
Um die Umverteilung in Grenzen halten zu können, besteht auch noch ein zusätzlicher Spielraum bei der konkreten Ausgestaltung des Sockels. Besonders interessant erscheint hier das Sockelmodell in Finnland, das nun auch in Schweden übernommen wurde („Garantiepension"). Die Höhe dieser Pension hängt vom eigenen Einkommen ab, konkret vor allem von der Höhe der zusätzlichen Pension aufgrund eigener Beiträge (zweite Säule). Die Versicherungspension wird in Finnland zu 50 % auf den Sockelbetrag angerechnet. Wird diese Grundpension etwa mit ATS 6.000,- (436,04 €) festgesetzt und wurde zusätzlich aufgrund einer Erwerbstätigkeit (inkl. Ersatzzeiten) eine Versicherungspension von ATS 3.000,- (218,02 €) erworben, reduziert sich diese Pension um die Hälfte dieses Betrages. In diesem Fall beträgt die Grundpension ATS 4.500,- (327,03 €) und die gesamte Pension ATS 7.500,- (545,05 €). Beträgt die Versicherungspension ATS 12.000,- (872,07 €) oder mehr, fällt keine Grundpension mehr an. Insgesamt enthält dieses System einen Anreiz zur Entrichtung der Beiträge. Es garantiert auch allen Frauen eine unabhängige Existenz. Beim angeführten Niveau müsste jedoch für allein stehende Personen mindestens ein zusätzliches Element der Mindestsicherung vorgesehen werden (eine Art Ausgleichszulage, Wohnbeihilfen).
Eine weitere sehr verbreitete Variante ist die vom Familienstand abhängige Grundpension. In Partnerschaft lebende Personen erhalten zB nur 80 % der Grundpension.
Die angeführten Varianten können zum Teil auch kombiniert werden, etwa indem die Höhe der Grundpension sowohl von der Versicherungs(Wohnsitz)dauer als auch vom Familienstand und auch von der Höhe der eigenen Versicherungspension abhängt.
Pensionssysteme mit einem Sockelbetrag kommen weitaus überwiegend Frauen (eigenständige Absicherung) zu Gute. Abstriche bei der Versicherungspension zugunsten der Grundpension stellen daher keine soziale Härte dar, da das so neu verteilte Geld ohnehin in großem Ausmaß in den Familien verbleibt (etwas weniger Pension für den Durchschnittsmann, etwas mehr für die Durchschnittsfrau).

---

[18] Siehe Wörister, K.: Die Volkspension – eine Alternative? In: Materialen zur Pensionsversicherung, Band 2, hrsg. vom Institut für Gesellschaftspolitik, Wien 1990.

Insgesamt könnte das Modell einer Sockelpension in Hinblick auf die zu erwartenden Herausforderungen an das Pensionssystem das Vertrauen in die Zukunft der Alterssicherung fördern. Dies ganz besonders dann, wenn das öffentliche System auch zur Sicherung des bisherigen Lebensstandards beiträgt. Wenn Besserverdienende dann auch noch individuelle Vorsorgemaßnahmen treffen, besteht eigentlich kein Grund mehr, Armut bzw. größere Einkommenseinbußen im Alter fürchten zu müssen.

Frühpensionen gesondert behandeln?

Etwa acht von zehn der neu anfallenden Eigenpensionen werden *vor* Erreichung der Altersgrenze für die „normale" Alterspension angetreten. Dabei ist zwischen den verschiedenen Gründen zu unterscheiden. Das Gesetz unterscheidet im Wesentlichen drei Gründe: Erwerbsminderung bzw. Invalidität, Arbeitslosigkeit oder die Erfüllung einer längeren Versicherungsdauer. Diese drei Gründe können im – wohl nicht seltenen – Einzelfall gleichzeitig auftreten. So kann etwa jemand aufgrund seines gesundheitlichen Zustandes seinen Arbeitsplatz verlieren. Wenn der/die Betroffene die erforderlichen 37,5 Versicherungsjahre und das entsprechende Alter erreicht hat, kann die Pension problemlos angetreten werden. Die Einführung der vorzeitigen Alterspension wegen langer Versicherungsdauer Anfang der Sechzigerjahre wurde auch damit begründet, dass bei Personen mit langer Versicherungsdauer auch häufig gesundheitliche Probleme auftreten und daher eine Pauschalregelung – ohne lange Überprüfung des Gesundheitszustandes – sinnvoll erscheint. Nach Berechnungen des Bundesministeriums für Arbeit, Gesundheit und Soziales waren 1997 44 % der der ehemals unselbständig Erwerbstätigen unmittelbar vor Antritt dieser Pension nicht mehr erwerbstätig, bei Frühpensionen insgesamt 54 %[19].

Ende 1998 bezogen insgesamt 373.000 Personen eine "Frühpension" aus der Pensionsversicherung. Davon entfielen
60 % auf Pensionen wegen geminderter Arbeitsfähigkeit (224.000),
34 % auf die vorzeitige Alterspension wegen langer Versicherungsdauer (128.000),
5 % auf die vorzeitige Alterspension bei Arbeitslosigkeit (20.000),
0,3 % auf Gleitpensionen (1.000).

Einschließlich der Beamten sind mehr als 400.000 Personen in „Frühpension" (Hauptverband der österreichischen Sozialversicherungsträger und eigene Berechnungen).

Aufgrund des großen Stellenwertes gesundheitlicher Beeinträchtigungen bei Frühpensionen erscheint es daher höchst fragwürdig, wenn die Pensionshöhe vom Pensionsantrittsalter abhängt, unabhängig davon, was die Gründe hierfür sind. Abschläge für Frühpensionen sind nur vertretbar, wenn das Ausscheiden aus dem Arbeitsmarkt auf einer völlig freien Entscheidung basiert. Offensichtlich werden die Fakten nicht wahrgenommen.

Da nun aber Frühpensionen als Problem existieren, nicht nur in Hinblick auf die Finanzierbarkeit des Pensionssystems, sondern auch als Folge der Diskriminierung älterer ArbeitnehmerInnen am Arbeitsmarkt, besteht ein gewisser Reformbedarf. Ant-

[19] Laut Berechnungen von Hans Stefanits bzw. eigenen Berechnungen aus diesen Daten.

worten auf das Problem der Altenarbeitslosigkeit außerhalb des Pensionssystems waren bisher (abgesehen von den neuerdings beschlossenen Regelungen) die Modelle der Sonderunterstützung, das Sonderruhegeld und das längere Arbeitslosengeld (ab einem bestimmten Alter in Verbindung mit einer längeren Versicherungsdauer) und spezielle Regelungen im Bereich der Notstandshilfe. All diesen Regelungen ist gemeinsam, dass das faktisch frühere Ausscheiden aus dem Erwerbsleben zu keinen Leistungsverringerungen bei der anschließenden Pension führt. Es handelt sich um gesonderte Leistungen, die in der Regel etwas niedriger liegen als die anschließende Pension[20] . In Hinblick auf die geringen Arbeitsmarktchancen dieser Personen und einen möglichen Verdrängungseffekt zu Lasten Jüngerer haben sich die Bemühungen um eine Integration in den Arbeitsmarkt bis jetzt sehr in Grenzen gehalten. Das im Sommer 1999 beschlossene Paket und die Bonus-Malus-Regelung stellen hier eine erste Wende dar. Man hätte die entsprechenden Geldleistungen ebenso gut als vorzeitige Alterspensionen bezeichnen können, deren Berechnung eben auf eine ganz besondere Weise erfolgt. Dabei ist die Bezeichnung dieser Leistung alleine schon von Bedeutung, da sie auch den sozialen Status bestimmen kann. PensionistIn zu sein, ist – im Unterschied zum Arbeitslosenstatus – kaum diskriminierend. Die Zuordnung zum Pensionssystem schließt auch nicht aus, dass vorzeitige Alterspensionen anders berechnet werden als die später anfallende normale Alterspension. Dahingehende Vorschläge hierfür wurden auch bereits vor einigen Jahren gemacht, als es um Maßnahmen gegen Frühpensionierungen ging. So wurde eine De-facto-Kürzung über die Entrichtung eines Pensionsversicherungsbeitrags bei Frühpensionen zur Diskussion gestellt.

Derartige Varianten (Kürzung nur in der Frühpensionsphase) stellen grundsätzlich eine Alternative zu Abschlägen dar, die mit einer Leistungsverringerung bis zum Lebensende verbunden sind. Wichtig ist aber, dass Möglichkeiten für eine Erwerbstätigkeit geschaffen werden. Dies setzt wohl voraus, dass hier nicht die rigorosen Wegfallbestimmungen gelten[21] .

Jedenfalls sollte die Politik der Abschläge überdacht werden. Vielfach werden hier ausländische Beispiele mit viel höheren bzw. versicherungsmathematisch kalkulierten Abschlägen (5 bis 6 % pro Jahr) angeführt, an denen man sich orientieren sollte. Übersehen wird hier, dass diese Länder in der Regel keine vorzeitigen Alterspensionen wie in Österreich (nach langer Versicherungsdauer oder bei Arbeitslosigkeit) kennen und der vorzeitige Pensionsantritt meist nur wegen Invalidität erfolgt. Die Abschläge sind derart hoch, dass in diesen Ländern kaum jemand diese Option einer stark reduzierten Altersversorgung wählt. Diese Regelungen kommen einem Ausschluss vorzeitiger Alterspensionen gleich. Wer die in Österreich traditionellen vorzeitigen Alterspensionen jedoch trotzdem mit hohen Abschlägen anbietet, legt eine Rutsche in die Altersarmut. Betroffen wären schließlich vor allem jene, die eine schlechte Position auf dem Ar-

---

[20] Im internationalen Vergleich (EU) liegt die Versorgung der Arbeitslosen eher unter dem Durchschnitt, bei Pensionen darüber. Diese große Spanne stellt nicht zuletzt einen Anreiz zur Inanspruchnahme einer Pension dar.

[21] Diese sehen vor, dass derzeit bei Erwerbseinkommen über der Geringfügigkeitsgrenze die gesamte Pension wegfällt.

beitsmarkt haben; dies sind eher Arbeiter. So gingen in Österreich männliche Arbeiter 1998 im Schnitt 9,5 Jahre vor dem regulären Pensionsalter (65 Jahre) in Pension (ohne jene mit zwischenstaatlichen Leistungen), männliche Angestellte nur um 6,7 Jahre. Weiters nutzen auch viele Frauen aus „familiären" Gründen häufig die Möglichkeit einer vorzeitigen Alterspension, um Enkelkinder oder pflegebedürftige Angehörige zu betreuen. Sie ermöglichen dadurch häufig ihren Kindern eine (Voll)Erwerbstätigkeit und entlasten auch noch öffentliche Haushalte. Abschläge sind daher auch verteilungspolitisch bedenklich, da gerade Personen mit niedrigen Einkommen oft keine Alternative außer der sehr bescheidenen Versorgung aus der Arbeitslosenversicherung haben. Sie führen also zu einer Entnivellierung der Pensionen (Kürzungen vor allem bei niedrigen Pensionen).

Stattdessen sollten besser die Chancen der allgemeinen Flexibilisierung auf dem Arbeitsmarkt genutzt werden. So werden Teilzeitbeschäftigungen nicht nur von Frauen in der Phase der Kinderbetreuung genutzt und damit überhaupt die Verbindung von Kinderbetreuung und Erwerbstätigkeit ermöglicht. Auch bei Jüngeren und Älteren stellen sie eine Art „bridge-jobs" dar, als Einstieg in das Arbeitsleben oder als eine Art Gleiten in den endgültigen Ruhestand. Altersteilzeit könnte in Zukunft eine wesentlich größere Bedeutung erlangen.

Eine Alternative zu Abschlägen wäre auch eine breite öffentliche Kampagne, in der ein moralischer Druck gegenüber Dienstgebern ausgeübt wird, Menschen nicht wegen ihres Alters bzw. einer Behinderung zu diskriminieren. Es geht einfach nicht an, dass ältere Menschen zunehmend als Ausschussware betrachtet werden[22].

Zusammenfassung und Ausblick

Das österreichische Pensionssystem bietet große Spielräume, um es den Herausforderungen der Zukunft anzupassen. Dieser Anpassungsprozess kann über permanente Reformen erfolgen, indem alle paar Jahre da und dort rechtliche Ansprüche reduziert werden. Der Preis hierfür ist allerdings ein schwindendes Vertrauen in die Pensionsversicherung. Dies gibt jenen Kräften Auftrieb, die das System weitgehend privatisieren wollen.

Eine Alternative hierzu ist die Festlegung von klaren Reformzielen. In Hinblick auf die zu erwartenden demographischen Veränderungen und auch auf die einfach unsichere Zukunft muss jedoch damit gerechnet werden, dass die vorhandenen Mittel auf einen größeren Personenkreis aufgeteilt werden müssen. Daraus ergibt sich ein vorrangiges Ziel: Die Vermeidung von Altersarmut. Da noch viele offene Ansprüche der Frauen einzulösen sind, bedürfen Reformen einer zusätzlichen Umverteilung zwischen den Geschlechtern.

Auf Basis des bestehenden Pensionssystems (Umlageverfahren, Kombination von Sozial- und Versicherungsprinzip) sind Reformen möglich, die den Herausforderungen der Zukunft gerecht werden und zugleich Vertrauen in die Zukunft des Systems schaffen. Voraussetzung hierfür ist jedoch, dass nicht nur über eher "technische" Änderungen da und dort nachgedacht wird, sondern auch größere Perspektiven entwickelt werden.

---

[22] Vgl. Wörister, K., Ausschussware Invalide? In Zukunft 1981 (Juli/August).

Ausgaben für Alter 1994 - % des BIP

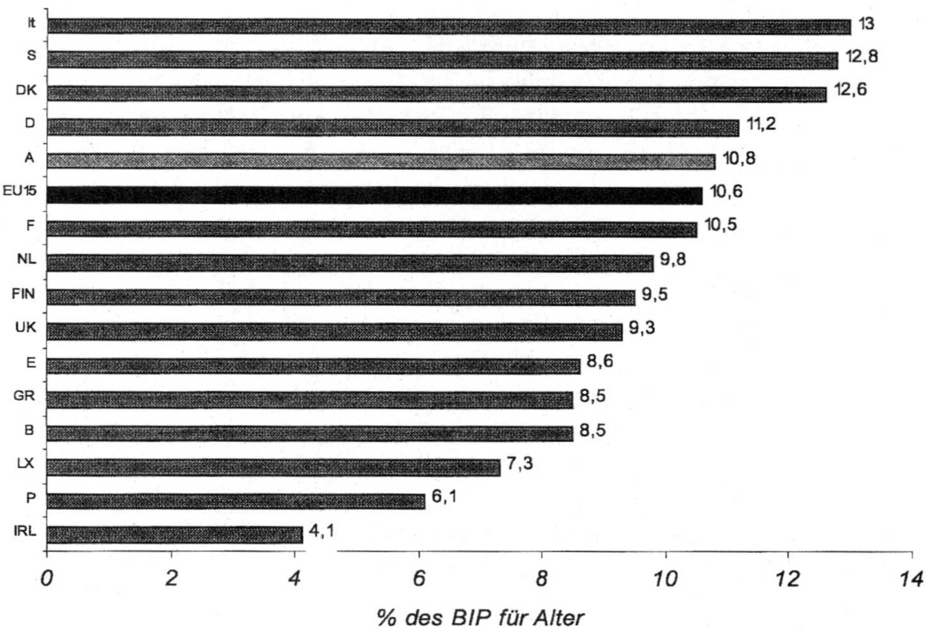

Ausgaben für Hinterbliebene 1994 - % des BIP

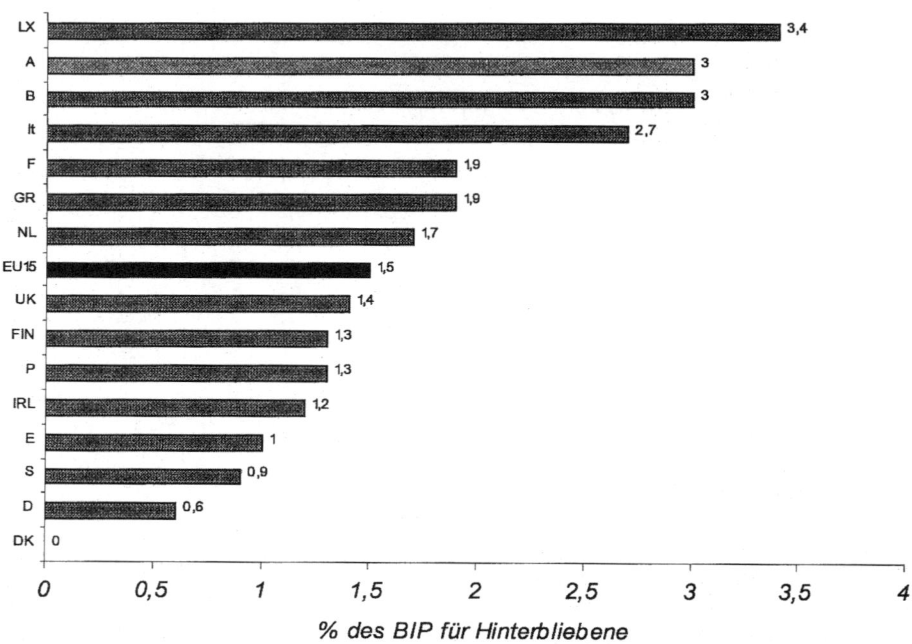

Ausgaben für Invalidität/Gebrechen 1994 - des BIP

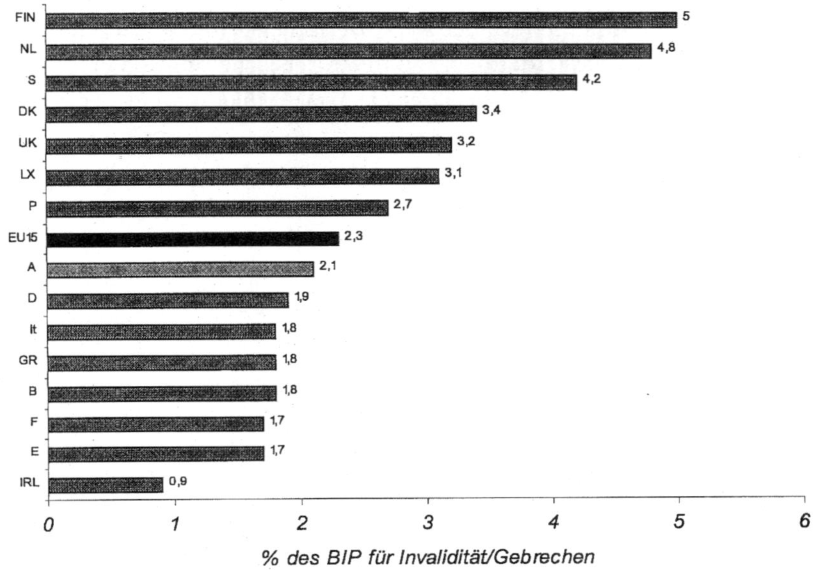

Ausgaben für Alter/Invalidität/Hinterbliebene 1994 in % des BIP

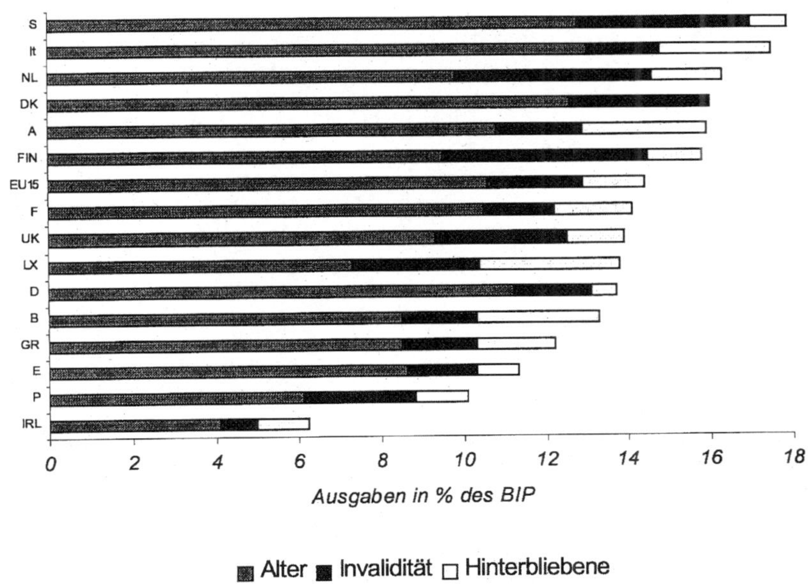

Literatur

Brechbühl, Jürg: Die 10. AHV-Revision – ein neuer Weg zur Gleichberechtigung von Frauen und Männern in der schweizerischen Alters-, Hinterlassenen- und Invalidenversicherung, in: Eigenständige Alterssicherung von Frauen, hrsg. von der Bundesministerin für Frauenangelegenheiten und Verbraucherschutz (Schriftenreihe, Band 14, August 1997). S. 79 bis 88.

Bundesarbeitskammer, Statistische Informationen (November 1999).

Bundesministerium für Arbeit, Gesundheit und Soziales (BMAGS), Sozialbericht 1996 (Wien).

Mairhuber, Ingrid, Hinterbliebenenversorgung im System der staatlichen Alterssicherung international, Bestandsaufnahme und Perspektiven, in: Soziale Sicherheit 12/1993, S. 707 bis 711.

Hauptverband der österreichischen Sozialversicherungsträger.

Wörister, Karl, Ausschußware Invalide?, in: Zukunft 1981 (Juli/August).

Wörister, Karl, Die Volkspension – eine Alternative? In: Materialien zur Pensionsversicherung, Band 2, hrsg. vom Institut für Gesellschaftspolitik, Wien 1990.

Die gesetzliche Pensionsversicherung frauengerecht entwickeln

Gabriele Schmid/Helmut Ivansits

Der Zeitgeist geht um. Dieser Wind weht wo er will, unter anderem gegen die gesetzliche Pensionsversicherung. Allein die Bezeichnung „gesetzliche Pensionsversicherung" klingt in vielen Ohren verstaubt, denn wir alle haben das Dogma bis zum Überdruss gehört: Die künftigen Pensionen seien nicht mehr gesichert; die gesetzliche Pensionsversicherung läge in den letzten Zügen; die PensionistInnen frässen uns heute und wieviel mehr noch in Zukunft die Haare vom Kopf[1] .
Die gesetzliche Pensionsversicherung erfährt in den letzten Jahren eine überaus einseitige mediale Darstellung. Gegengewichte – so überhaupt vorhanden – werden kaum nachhaltig hörbar[2] . Dies ist wiederum nicht weiter verwunderlich: Seit Mitte der Achtzigerjahre folgt eine Pensionsreform – einmal größer, einmal kleiner – der anderen. Diese Reformen haben eines gemeinsam: Sie machen selbst den Uninteressiertesten klar, dass dieses Pensionssystem wohl nicht von Dauer sein dürfte, wenn es ständiger, immer tiefgehender Einschnitte bedarf. Zudem sind diese Einschnitte vorrangig Leistungskürzungen oder auch Zugangsbeschränkungen.
Folglich ist das Vertrauen der Bevölkerung in die gesetzliche Pensionsversicherung tief erschüttert. Daraus ergeben sich einerseits Folgewirkungen wie der anhaltende Trend zu vorzeitigen Pensionierungen, andererseits sehen wir ein deutliches Anwachsen des Ausweichens auf die private Altersvorsorge. Ein Ausdruck davon ist, dass Privatversicherungen boomen[3] . Ein anderer: Alle maßgeblichen politischen Parteien setzen – wenn auch mit unterschiedlicher Vehemenz auf den Ausbau der zweiten und dritten Säule[4] . Ein Ausbau der kapitalgedeckten zweiten und dritten Säule der Al-

---

[1] Siehe etwa „Pensionssystem als tickende Zeitbombe" in: Standard vom 20. 9. 1999.

[2] Siehe etwa die medial stark rezipierte Studie von B. Rürup: „Perspektiven der Pensionsversicherung in Österreich", Darmstadt 1997, die die künftige Finanzierbarkeit der Pensionen – nach gewissen Anpassungen – ausführlich und nachvollziehbar – darlegt.

[3] Siehe etwa „Das Potential der Baby-Boomer – Run auf Pensionsfonds könnte eine Korrektur der Börsen verhindern" in: Standard vom 20. 9. 1999.

[4] Wahlprogramm der SPÖ: „Das funktionierende, solidarische System der Pflichtversicherung, das auf der Umlagefinanzierung und dem Generationenvertrag basiert, darf nicht gefährdet werden. Ergänzende Formen der Eigenvorsorge, wie Pensionskassen oder Zusatzversicherungen, unterstützen wir durch das sozial gerechte Prämienmodell im Rahmen der Steuerreform 2000". Zitat nach: „Der richtige Weg, Wahlprogramm der SPÖ für die Nationalratswahlen, August 1999".
Wahlprogramm der ÖVP: „Weitere steuerliche Erleichterungen für die private Altersvorsorge. Erste Schritte sind in der Steuerreform 2000 gesetzt worden, die jetzt ausgebaut werden müssen. Die Eigenvorsorge muss in zunehmendem Maß das öffentliche Sozialsystem ergänzen, damit es die soziale Grundsicherung auch tatsächlich sicherstellen kann. Zitat in: „Der bessere Weg – Programm der ÖVP am Beginn des 21. Jahrhunderts".
Wahlprogramm der FPÖ: „3-Säulen-Modell mit einer staatlichen Pension für alle Erwerbstätigen und einer verpflichtenden betrieblichen Pensionskasse und eine selbstfinanzierte Eigenvorsorge vor allem für Besserverdienende". Zitat nach „FPÖ-Wahlprogramm 1999 ‚Einer, dessen Wort zählt'".

terssicherung (Betriebspensionen und Eigenvorsorge) als Ergänzung zur umlagefinanzierten Pensionsversicherung als Regelsicherung ist sicherlich nicht abzulehnen. Dabei bleibt jedoch ein wesentliches Fundament all dieser Zukunftsstrategien im Hintergrund: Den gesellschaftlich gewünschten, sozialen Ausgleich im Alter kann nur die gesetzliche Pensionsversicherung sicherstellen[5] . Einkommensschwächere Personen und hier viele Frauen sind langfristig auf die erste Säule angewiesen. Nur eine starke erste Säule kann die Generationensolidarität langfristig sicherstellen und vor allem die gesellschaftlich gewünschten verteilungspolitischen Aufgaben erfüllen. Bricht die erste Säule wirklich ein, sind die zweite und dritte Säule für die Mehrheit der Bevölkerung keinesfalls in der Lage, einen Ausgleich zu schaffen.

All diese skizzierten, ineinander verschränkten und verwobenen Entwicklungen führen uns zu einem Schluss: Die gesetzliche Pensionsversicherung bedarf der zeitgemäßen Fortentwicklung. Um eine zeitgemäße Fortentwicklung in Gang bringen zu können, muss als erstes überprüft werden, ob die Grundlagen des Alterssicherungssystems noch zielkonform – nämlich als ein ausgewogenes Verhältnis zwischen Beitrags- und Verteilungsgerechtigkeit – ausgestaltet sind.

Tomandl charakterisiert die österreichische Pensionsversicherung als auf den Grundsatz der familienbezogenen Erwerbstätigensicherung orientiert: „Das österreichische Pflichtversicherungssystem erfasst nahezu alle in Österreich Erwerbstätigen und bestimmte ihrer Angehörigen. Es geht davon aus, dass derjenige, der seine Arbeitskraft zu Erwerbszwecken einsetzt, in der Regel zur Bestreitung seines Daseins auf den aus dem Arbeitskrafteinsatz gezogenen Erwerb angewiesen ist und dass dieser Erwerb meist nicht ausreicht, vorübergehende oder endgültige Störungen im Einsatz der Arbeitskraft (Krankheit, Unfall, Mutterschaft, Alter, Tod) finanziell zu meistern. Der Erwerbstätigenschutz wäre jedoch unvollkommen, würde er nicht auch auf jene erstreckt, für die die Erwerbstätigen zu sorgen haben. Das Pflichtversicherungssystem wird somit vom Grundsatz der familienbezogenen Erwerbstätigensicherung geprägt"[6] .

Ehe und *Erwerbsarbeit* sind die zentralen Säulen der Alterssicherung. Während die Ehe als Alterssicherungsinstrument für Männer nahezu bedeutungslos ist, ist die Witwenpension für einen großen Teil der älteren Frauen die einzige Existenzsicherung im Alter; für einen weiteren bedeutenden Teil der Frauen ist sie notwendig, um ein existenzsicherndes Pensionsniveau aus dem Zusammentreffen von Eigen- und Witwenpension zu erreichen. In Zahlen ausgedrückt: Von den 966.000 Frauen, die 1997 60 Jahre oder älter waren, bezogen 24 % nur eine Witwenpension, 16 % keine Pension[7] . Die Männerpensionshöhe hingegen ist in der Regel existenzsichernd; ihr durchschnittliches Eigenpensionsniveau wird von Frauen beim Zweitpensionsbezug nicht einmal erreicht (siehe auch den Beitrag von Streissler in diesem Band).

---

[5] Für eine gänzliche Abschaffung der ersten Säule spricht heute keine maßgebliche politische Partei. Der kleinste gemeinsame Nenner ist die Mindestversorgung im Alter durch die gesetzliche Pensionsversicherung.

[6] Zitat nach Tomandl (Hrsg.) „System des österreichischen Sozialversicherungsrechts", Wien 1980.

[7] Karl Wörister „Anzahl der Frauen ohne eigenen Pensionsanspruch" Oktober 1999, AK-Wien, Manuskript.

Um das Problem gleich vorweg zu nehmen: Beide Säulen bröckeln. Das Alterssicherungsinstrument Ehe – vorrangig für Frauen gedacht – bröckelt. Nicht allein deshalb, weil bereits 38 % aller Ehen scheitern[8] , sondern weil die Vielfalt an Lebensformen insgesamt zunimmt und zur Regel zu werden scheint, dass verschiedene Lebensformen einander innerhalb eines Lebenszyklus abwechseln.
Die Witwenpension[9] hatte die sozialpolitische Funktion, Frauen ohne eigenen Pensionsanspruch im Alter „ehegemäß"[10] abzusichern. Dass sich diese Konzeption sukzessive überlebt, wird daran deutlich, dass zum einen grobe sozialpolitische Lücken in der Absicherung bei Frauen nach Scheidung entstanden sind. Zum anderen auch dadurch, dass Frauen zwar das Alterssicherungsinstrument Witwenpension nicht mehr so dringlich und in einem derartig flächendeckendem Ausmaß brauchen, wie es in der Vergangenheit der Fall war, weil immer mehr Frauen eigene Pensionsanwartschaften erarbeiten. Die eigene Erwerbsarbeit sichert Frauen aber ungleich schlechter ab als Männer und ist in der Regel auch mit einer Mehrfachbelastung aus Beruf und Familie verbunden. Die deutlich niedrigeren Erwerbseinkommen der Frauen schlagen sich in deutlich niedrigeren Eigenpensionen nieder[11] . So kann sich etwa die merkwürdige (!) Situation ergeben, dass eine Frau als Witwe eines gut verdienenden Mannes mehr an Pension erhält als sie durch eigene langjährige Erwerbstätigkeit hätte erarbeiten können. Das Bröckeln der Säule „Ehe" ist sozialpolitisch bislang nur sehr marginal wahrgenommen worden. Zwar wurden erste Antworten auf das herannahende Problem gesucht; die politische Auseinandersetzung um die gesellschaftspolitische Ausrichtung verschiedener Alternativvorschläge steht aber aus.
Weitaus mehr Beachtung fand in der Vergangenheit das Bröckeln der Säule „Erwerbsarbeit" in der Pensionsversicherung. Dass mit einer rasanten Zunahme „sozialversicherungsloser" Erwerbstätigkeit (Werkverträge, freie Dienstverträge, geringfügige Beschäftigung) eine Reihe negativer Folgen verbunden sind, ist dennoch in der Öffentlichkeit zu wenig bekannt geworden. An erster Stelle sind es die Beschäftigten selbst, die zur „Eigenvorsorge" gezwungen, wählen (können?) zwischen unterlassener Vorsorge, teilweisen „Mitnaschens" an der gesetzlichen Sozialversicherung über die Familienstandsform (prominentes Beispiel: Die Mitversicherung in der Krankenversicherung als EhepartnerIn oder LebensgefährtIn) oder Beitragspflicht, die ein großer Teil der Auftraggeber voll auf die AuftragnehmerInnen überwälzt. Dennoch ist im Rahmen der Pensionsreform 1997 ein sozialpolitisch überaus wichtiges Projekt begonnen worden: Die vom Verdorren bedrohte Wurzel der Pensionsversicherung – die

---

[8] ÖSTAT, Ehescheidungen nach Ehedauer und Kinderzahl, 1997.
[9] Hier wird bewusst allein die weibliche Form gewählt, weil die Versorgungsfunktion der Ehe eine für Frauen angelegte ist.
[10] Die Witwenpension ist bekanntlich ein Prozentsatz zwischen 40 und 60 % der Pension des Verstorbenen. Sie ist in der Pensionsversicherung der Unselbständigen und Selbständigen in der Höhe bei derzeit ATS 16.835.- (1.223,45 €) begrenzt. Die BeamtInnenwitwenpension erlebt eine Begrenzung nur durch die vorangegangene Einkommenshöhe.
[11] Im Jahr 1998 beispielsweise liegt die durchschnittliche Neuzugangspension von Frauen bei ATS 8.932,- (649,11 €), die der Männer bei ATS 17.277,- (1.251,93 €). K. Wörister, AK-Wien, Manuskript.

Pensionsversicherungspflicht – über die potentielle Einbeziehung aller Erwerbsformen zu festigen und auszuweiten. Über die unmittelbar Betroffenen hinaus ist diese Einbeziehung auch für die übrigen Pensionspflichtversicherten von großer Bedeutung: Eine wesentliche Quelle zur Finanzierung des Umlageverfahrens wird wiedereingegliedert – wenn auch noch nicht umfassend.

Eine wahre sozialpolitische Lücke jedenfalls ist dann entstanden, wenn keine der beiden Säulen mehr intakt ist. Das Zusammentreffen von sozialversicherungsloser Erwerbstätigkeit mit einer Familienstandsform außerhalb der Ehe heißt: „Im Alter keine Alterssicherung". Hier schließt sich der Kreis: Die grundlegende Anforderung an die gesetzliche Alterssicherung ist, dass sie vor Armut im Alter schützt, dass sie gesellschaftlich notwendige Arbeit wie Kindererziehung oder Pflege im Leistungsrecht anerkennt und schließlich, dass sie rechtzeitig Vorkehrungen trifft, so dass jeder Mensch sein Alter in Würde verbringen kann.

Die geforderte Weiterentwicklung der gesetzlichen Pensionsversicherung muss in einer Ausgestaltung erfolgen, die zwei Hauptelemente in den Vordergrund rückt: Sie muss so ausgestaltet sein, dass sie als Altersgrundversorgung für alle offen steht – unabhängig von Familienstandsform, Staatsbürgerschaft, Erwerbsform – und sie muss ihr eigenes Überleben über verpflichtende Beitragszahlung im Sinne der politisch gewünschten Verteilungsgerechtigkeit, Beitragsgerechtigkeit und Generationensolidarität gewährleisten.

Das Konzept der„eigenständigen Alterssicherung" versucht, allen Ansprüchen gerecht zu werden.

Die frauengerechte Weiterentwicklung unseres Pensionssystems: Die eigenständige Alterssicherung für alle BürgerInnen[12]

Die Darstellungen des Status Quo von Versorgungsproblematiken und -differenzen dienen als Ausgangspunkt für die Formulierung von Zielen einer Pensionsreform, die die eigenständige Absicherung von Frauen in den Mittelpunkt stellt.

In aller Kürze

Drei Ziele kristallisieren sich als zentral in Hinblick auf die eigenständige Alterssicherung für alle Frauen heraus:

- eine eigenständige, familienstandsunabhängige Sicherung
- Armutsvermeidung
- eine ausreichende Lebensstandardsicherung

Der Zielsetzung "Eigenständigkeit im Alter" kann vorrangig über drei Zugänge erreicht werden:

- die Einbeziehung aller in Österreich lebenden Personen in die gesetzliche Altersvorsorge

---

[12] Vergleiche auch Barbara Prammer „Eigenständige Alterssicherung für Frauen – Weißbuch der SPÖ Bundesfrauenvorsitzenden" September 1997.

- eine über der Armutsgrenze befindliche Mindesthöhe der Eigenpension für jede/jeden Einzelne/n (Richtgröße: Ausgleichszulagenrichtsatz für Einzelpersonen)
- eine angemessene Berücksichtigung von gesellschaftlich notwendiger, unbezahlter Versorgungsarbeit (Kindererziehung, Pflege) in der Pensionsversicherung

Das Ziel der Eigenständigkeit im Alter ist dann gewährleistet, wenn jede Person mit Erreichen der Altersgrenze eine eigene Pension erhält, die zumindest so hoch ist wie das Existenzminimum, für das häufig der Ausgleichszulagenrichtsatz für Einzelpersonen (1999: ATS 8.112.- bzw. 589,52 €) als Richtwert herangezogen wird.
Grundsätzlich sind alle Beitragsleistungen in die Pensionsversicherung geeignet, einen eigenständigen Anspruch zu begründen, gleichgültig, ob sie aus individuell entrichteten Beiträgen stammen oder ob die Beiträge vom Ehepartner, vom Staat oder von einem Sozialleistungsträger für ein Individuum eingezahlt werden. Dazu kommen auf das individuelle „Pensionskonto" Ersatzzeiten, die ohne individuell zuordenbare Beitragszahlung wirksam werden.
Wie bereits mehrfach in der Öffentlichkeit diskutiert, lässt sich ein eigener Pensionsanspruch – selbstredend nur im Fall einer aufrechten bzw. geschiedenen Ehe – auch durch eine Teilung der Pension zwischen (Ex)Ehepartnern bewerkstelligen. Es ist somit für die Höhe des resultierenden Pensionsanspruches das Einkommen der Ehepartner ausschlaggebend. Problematisch ist diese Lösung jedenfalls, wenn zwei Personen mit niedrigem Einkommen zusammentreffen, weil damit die Existenzsicherung beider gefährdet werden kann.
Ganz wesentliches Entwicklungselement einer frauengerechten Pensionsversicherung ist das Bestreben, dass eine zeitgemäße Pensionsversicherung der zunehmenden Pluralität an Lebensformen neutral gegenübersteht; in anderen Worten *keine* Familienstandsform (Stichwort: Ehe) subventioniert oder bestraft.

Armutsvermeidung

Die Zielsetzung „Armutsvermeidung" kann über eine verpflichtende Mindestbeitragspflicht für alle in Österreich lebenden Personen erreicht werden. Somit kommt es aufgrund einer individuell zuordenbaren Beitragsleistung jedenfalls zu einer Mindestpension.
Einen gänzlich anderen Weg haben insbesonders die skandinavischen Ländern beschritten: Hier wurde Armutsvermeidung über Basispensionsleistungen bewirkt, die unabhängig von individueller Beitragsleistung im Alter gewährt werden.

Lebensstandardssicherung

In Österreich wird gemäß der Bismarckschen Tradition der Erwerbszentrierung dem Lebensstandardsicherungsaspekt in der gesetzlichen Pensionsversicherung besondere Aufmerksamkeit geschenkt. Im Blickpunkt steht dabei die männliche Erwerbsbiographie, denn für Frauen zählt – wie eingangs ausgeführt – als Lebensstandardssicherung häufig die abgeleitete Hinterbliebenenversorgung.
Auf diese Weise entstehen über die Witwenpension ausgeprägte System-

ungerechtigkeiten: Eine durchgehend erwerbstätige Frau, die selbst nur ein geringes Einkommen bezogen hat, dazu Kinder betreut hat, die Doppelbelastung auf sich genommen hat und schließlich mit einem schlechtverdienenden Mann verheiratet war, ist deutlich schlechter versorgt als eine andere, die nie erwerbstätig war und keine Kinder betreut hat, wenn sie über einen gutverdienenden Ehegatten versorgt ist. Aufgrund des erwähnten Wandels in den Lebensformen erscheint zudem eine Umverteilung zu den Verwitweten immer weniger gerechtfertigt.

Diesem Problem kann insofern entgangen werden, als durch einen Übergang von abgeleiteten zu eigenständigen Ansprüchen die Hinterbliebenenversorgung ihrer Funktion als Mindestversorgungsinstrument für Personen ohne eigenständigen Pensionsanspruch verlustig geht. Wenn jeder Mensch einen eigenständigen Mindestpensionsanspruch erworben hat, hat die Witwenpension als Mindestsicherung im Alter ausgedient. Eingangs wurde bereits ausführlich dargelegt, was die gesetzliche Pensionsversicherung unbestritten heraushebt unter allen anderen Pensionsversicherungsformen: Im Unterschied zu einer Privatversicherung orientiert sich die gesetzliche Pensionsversicherung nicht ausschließlich am Kriterium der individuellen Beitragsleistung. Ein geschlechtsspezifischer Ausgleich im Alter hat daher angemessen zu berücksichtigen, was an nichtbezahlter, gesellschaftlich gewünschter Betreuungsarbeit (Betreuung von Kindern und pflegebedürftigen Angehörigen) von Betreuungspersonen (nahezu ausschließlich Frauen) geleistet wird.

Zusammenfassend sollen also zukünftige Reformen der Pensionsversicherung das gesetzliche Pensionsversicherungssystem „individualisieren", das heißt es langfristig auf Ansprüche aus eigener Pensionsversicherung umstellen. Wichtig ist dabei, es auch zu „universalisieren"; das bedeutet, auch Personen in die Pflichtversicherung mit einzubeziehen, die bisher weder Beitrags- noch Ersatzzeiten erwerben konnten. Ziel ist dabei eine eigenständige Alters- und Invaliditätssicherung der Bevölkerung, die die soziale Lage von Personen mit „perforierten" Versicherungsverläufen durch höhere Eigenpensionen nachhaltig verbessert. Die Voraussetzung hierfür sind „geschlossene" Versicherungsverläufe. Die idealtypische Versicherungskarriere – nach 40 Jahren Erwerbstätigkeit erreicht die Pension 80 % des letzen Aktivbezuges (was in der Regel von Männern realisiert wird) – soll in Hinkunft zum Normalfall werden.

Wie könnte die Reform der Alterssicherung für Frauen nun konkret aussehen?

- Das Splitting von Pensionsansprüchen für geschiedene und/oder verheiratete Ehepaare in Ergänzung des gegenwärtigen Systems (Systemergänzung).
- Ein Zwei-(oder Mehr)Säulen-System mit Versorgungs- und Versicherungselementen (Systemänderung).
- Die individuelle Pflichtversicherung (Systemerweiterung).

Jeder der drei Reformwege ist variabel hinsichtlich der konkreten Ausgestaltung und um weitere „Bausteine", die auf die Erfüllung einzelner Zielvorstellungen abstellen, ergänzbar.

Das Splitting von Pensionsansprüchen für geschiedene und verheiratete Ehepaare

Pensionssplitting bedeutet die aliquote Teilung von Pensionsansprüchen (ehemaliger) Ehepartner für die Zeit der aufrechten Ehe. Je nachdem, ob eine Teilung zum Zeitpunkt des Pensionsantritts oder während der Ehezeit erfolgt, kommt der Einkommenshöhe während der Ehe unterschiedlich große Bedeutung zu. Das Pensionssplitting führt definitionsgemäß zu einer bedeutenden Umverteilung von (geschiedenen oder verheirateten) Ehemännern zu ihren Ehefrauen.

Ein (nachträgliches) Splitting führt zu ausreichenden Eigenpensionsansprüchen von verheirateten und geschiedenen Frauen, wenn eine Ehe mit einem gut oder durchschnittlich verdienenden Partner bestanden hat. Das Pensionssplitting sichert demnach den Lebensstandard auf einkomensabhängigem Niveau. Bei NiedrigeinkommensbezieherInnen ist das Ergebnis ungenügend, denn wenn zwei Partner mit niedrigerem bzw. ein mittleres und ein niedrigeres Einkommen zusammenfallen, fallen beide Teile unter die Armutsgrenze, weil keine zusätzlichen Ansprüche entstehen. Das Pensionssplitting ist eine von der Ehe abgeleitete Sicherung; der individuelle Familienstand bleibt zentral für das Versorgungsniveau. Ledige Personen (wie viele AlleinerzieherInnen) erfasst die Reform nicht.

Das Pensionssplitting sichert den Lebensstandard auf einkommensabhängigem Niveau. Das Pensionssplitting ist nicht armutsvermeidend (wenn zwei Partner mit niedrigem bzw. ein mittleres und ein niedriges Einkommen zusammenfallen, fallen beide Teile unter die Armutsgrenze). Das Pensionssplitting ist eine von der Ehe abgeleitete Sicherung; der individuelle Familienstand bleibt zentral für das Versorgungsniveau. Ledige Personen (etwa viele AlleinerzieherInnen) erfasst die Reform nicht.

Lediglich die Einkommenssituation geschiedener Frauen würde sich im Alter deutlich verbessern. Würde das Pensionssplitting um eine angemessene Berücksichtigung nichtbezahlter Betreuungsarbeit ergänzt, käme dies Frauen mit Kindern unabhängig vom Familienstand zugute. Verteilungsunzulänglichkeiten in Abhängigkeit vom Einkommen im Haushalt bleiben ungelöst.

Der wesentliche Unterschied zwischen Splittingmodellen und individuellen Pflichtversicherungsmodellen besteht darin, dass beim Splitting zwischen Ehegatten ein Ausgleich der Anwartschaften entweder nach Beendigung der Ehe oder bei der Pensionierung stattfindet. Während beim Pflichtversicherungsmodell vorweg Beiträge entrichtet werden, verliert beim Splitting der Ausgleichsverpflichtete gegenüber dem Ausgleichsberechtigten (zumeist der Frau!) Pensionsanwartschaften bzw. Pensionsleistungen. Die Mindestpflichtversicherung sorgt vor, während das Splitting nachbessert und ausgleicht.

Das Zwei-(Mehr-) Säulen-System mit Versorgungs- und Versicherungselementen

Die grüne und die liberale Partei votieren für die Einführung einer erwerbsunabhängigen Grundpension, die durch weitere Säulen (pensionsversicherungspflichtige Erwerbstätigkeit, Betriebspension, private Altersvorsorge) ergänzt wird. Eine allen

EinwohnerInnen zustehende Mindestpension gewährleistet demnach ausreichende Existenzsicherung für jede/n Einzelne/n.
Eine Grundpension erfüllt eine Reihe der zur Verbesserung der Altersversorgung von Frauen erhobenen Zielsetzungen. Insbesondere drei kritische Punkte sind hinsichtlich der Grundpension zu nennen:

- mangelnde Transparenz (gesellschaftlich notwendige, aber unbezahlte Arbeit bleibt unsichtbar, die Quelle der Beitragsleistungen bleibt unbestimmt)
- ungewisse Nachhaltigkeit (Leistungshöhe ist aufgrund fehlender Beitragsäquivalenz einfach variierbar, keine langfristige Sicherung aufgrund von Beitragszahlungen)
- grundlegender Systemwandel

Konsequenz eines Zwei-(oder Mehr-) Säulen-System-Modells:

- Weitreichende Abkoppelung der Pensionsversicherung von Erwerbstätigkeit. Folglich: Umverteilung von Erwerbstätigen zu Personen, die aus äußerst heterogenen Gründen nicht ins Erwerbsleben eingebunden waren.
- Reduzierung der Pensionsleistung für höhere Einkommensgruppen zugunsten von individueller Grundsicherung für alle unabhängig vom Erwerbsverlauf (Es profitieren nicht ins Erwerbsleben einbezogene Personen; Personen mit zu erwartender niedriger Pension profitieren desto mehr, je niedriger die Zahl der Erwerbsjahre war).
- Arbeitsmarktpolitische Folgewirkungen: Anreiz zur Nicht-Erwerbstätigkeit für Frauen, Anreiz für Arbeitgeber und ArbeitnehmerInnen, nicht oder schlecht abgesicherte Arbeitsverhältnisse zu akzeptieren.
- Die Kindererziehungszeitenanrechnung, die weibliche Erwerbsverläufe und gesellschaftlich notwendige Arbeit berücksichtigt, entfällt zugunsten einer voraussetzungslosen Grundsicherung.
- Die Transparenz, warum eine Leistung in einer bestimmten Höhe gebührt, wird zugunsten einer voraussetzungslosen Grundsicherung aufgegeben.
- Von individueller Bedürftigkeit wird zugunsten von Eigenständigkeit in der Alterssicherung abstrahiert: Die gewünschte Gratwanderung zwischen individueller Mindestsicherung anhand sich verändernder Familienstandsformen und sozialpolitischer Ausgewogenheit kippt ins Gießkannenprinzip.
- Ungewissheit über die Höhe der zu erwartenden Pensionsleistung für Erwerbstätige: Je nach Beitragsaufkommen verändert sich die Erwerbspension für PensionistInnen.

Die individuelle (Mindest)Pflichtversicherung

Durch die Pflichtversicherung verfügt jede Person über ein individuelles „Pensionskonto" und erwirbt auch als nichterwerbstätige/r „Hausfrau/mann" Versicherungszeiten. Die Pflichtversicherung führt zu einer eigenständigen Pension für alle Personen ab einem festzulegenden Lebensjahr. Die Pflichtversicherung setzt Anreize zur individuellen Erwerbstätigkeit aufgrund der Beitragsleistungspflicht. Mittels Pflichtversicherung wird (gesellschaftlich notwendige) Versorgungsarbeit wahrgenommen und bewertet.

Die Pflichtversicherung bezieht alle Personen unter der Vorgabe der Leistung eines individuellen Mindestbeitrags in die gesetzliche Pensionsversicherung ein. Für (durchgängige oder zeitweilige) Nichterwerbstätige wird der Beitrag nach Zuständigkeit entrichtet. Der Mindestbeitrag ist dabei entweder vom Staat (für Zeiten der Kleinkinderbetreuung, etwa bis zum 4. Lebensjahr eines Kindes), vom zuständigen Sozialleistungsträger (bei Arbeitslosigkeit, längerer Krankheit etc.) oder vom Ehepartner (bei Erwerbsunterbrechung über die Kindererziehungszeit hinaus) zu übernehmen.

Dieses Modell führt zu ähnlichen Umverteilungsmechanismen wie das Zwei-Säulen-System, jedoch ohne das gegenwärtige System in seiner Struktur in Frage zu stellen. Im Gegenteil: Durch Einbeziehung aller Personen wird das Versicherungsprinzip und damit auch die Beitragsgerechtigkeit wesentlich gestärkt. Das Pflichtversicherungssystem garantiert eine armutsvermeidende, eigenständige und familienstandsunabhängige Mindestsicherung im Alter für alle. Die Bewertung und Anerkennung von gesellschaftlich notwendiger Kinderbetreuung erfolgt für festgelegte Zeitspannen durch den Staat. Die Pensionsleistungen an Erwerbstätige (in der Regel Männer) erfahren keine Kürzung (im Unterschied zu Pensionssplitting und Zwei-Säulen-System). Ehepartner werden gleichzeitig aber verpflichtet, für die Alterssicherung ihrer nichterwerbstätigen Ehepartner vorzusorgen.

Es gibt eine Reihe weiterer Gründe, warum das Modell einer „Mindestpflichtversicherung" der Vielfalt der gesetzten Ziele am besten entspricht:

- Eine eigenständige, familienstandsunabhängige Alterspension für alle Menschen wird erreicht.
- Eine ausgeglichene Verteilung der Pensionsleistung über die Alterslebensspanne (jede Frau hat Anrecht auf eine eigenständige, lebensstandardsichernde Pension mit Erreichung der Altersgrenze und nicht erst mit dem Tod des Ehemannes) ist gesichert.
- Die gesellschaftlich notwendige Versorgungsarbeit (die Kinderbetreuung) wird für erwerbstätige und nichterwerbstätige Frauen und Männer gleichermaßen angemessen berücksichtigt.
- Nur im Fall, wenn über innerfamiliäres Übereinkommen eine nichterwerbstätige Ehefrau ausschließlich den Ehemann versorgt, ist dieser verpflichtet, für die Alterssicherung seiner Frau in Form eines Mindestpflichtbeitrages vorzusorgen.

- Altersarmut wird durch eine beitragsgerechte Mindestpension familienstandsunabhängig vermieden.
- Alle BürgerInnen sind im Sinne einer Solidargemeinschaft verpflichtet, zur Alterssicherung beizutragen.
- Das gegenwärtigen Pensionsversicherungssystems wird systemkonform und frauengerecht weiterentwickelt.
- Die langfristige Sicherung unseres Pensionsversicherungssystems wird über Beiträge nachhaltig garantiert.

Ein gewichtiger Vorteil eines Mindestpflichtversicherungsmodells ist, dass es beträchtlichen Gestaltungsspielraum – je nach Schwerpunktsetzung und Detailregelung – eröffnet.
Als Variablen können verschiedene diskussionswürdige Ansatzpunkte herangezogen werden:

- die Höhe des Mindestbeitrags
- der Umgang und die Unterscheidung von freiwillig gewählter und unfreiwilliger erzwungener Arbeitslosigkeit
- die Bewertung und Bemessung von Kindererziehungszeiten und Pflegezeiten in der Pensionsversicherung
- das Ausmaß und Höhe einer Hinterbliebenenversorgung

Eine individuelle Mindestpflichtversicherung, kombiniert mit Elementen aus den Vorschlägen zu Splitting und Grundpension, wäre unserer Meinung nach in der Lage, die Versorgungsengpässe von Frauen in der gegenwärtigen Pensionsversicherung aufzulösen. Versicherungslücken können geschlossen werden, über die Bewertung und Berücksichtigung gesellschaftlich notwendiger Versorgungsarbeit kann das Pensionsniveau gerechtfertigt angehoben werden. Schließlich ist über eine Umschichtung der Mittel von einer ehezentrierten Lebensstandardsicherung hin zu eigenständigen Ansprüchen eine zufrieden stellende Alterssicherung für alle möglich, die zudem dem Wandel der Lebensformen adäquat Rechnung trägt.

Literatur

Mairhuber, I.: „Eigenständige Alterssicherung für Frauen", Schriftenreihe der Frauenministerin, Band 14, Wien 1997.

Prammer, B.: „Eigenständige Alterssicherung für Frauen – Weißbuch der SPÖ Bundesfrauenvorsitzenden", Wien 1997.

Prinz, Chr. unter anderem: „Neue Wege der eigenständigen Alterssicherung für Frauen", Wien 1996.

Rürup, B.: „Perspektiven der Pensionsversicherung in Österreich", Darmstadt 1997.

Tomandl, Th. (Hrsg.): „System des österreichischen Sozialversicherungsrechts", Wien 1980.

Wörister, K.: „Anzahl der Frauen ohne eigenen Pensionsanspruch", AK Wien, Manuskript, Wien 1999.

Einbinden statt ausgrenzen – neue Strategien gegen die Armut

Agnes Streissler

Der vorliegende Beitrag stellt im Wesentlichen eine Zusammenfassung zweier neuer Arbeiten zum Thema „Grundeinkommen/Mindestsicherung" dar. Einerseits hat eine ExpertInnenarbeitsgruppe, bestehend aus Fachleuten aus Wohlfahrtsverbänden, aus öffentlichen Institutionen und aus dem wissenschaftlichen Bereich im Auftrag von Sozialministerium und Armutsnetzwerk im Mai 1999 einen Bericht mit dem Titel „Einbinden statt ausgrenzen – Neue Strategien gegen die Armut" veröffentlicht. Andererseits habe ich selbst im Juli 1999 in der Reihe „Arbeit-Recht-Gesellschaft" eine Arbeit mit dem Titel „Grundsicherung im erwerbsfähigen Alter" veröffentlicht, die versucht, an die Thematik von einer ökonomischen Perspektive heranzugehen. Die politische Zielrichtung beider Arbeiten ist sehr ähnlich, Unterschiede gibt es vor allem in den Problemanalysen.

Armut in Österreich

Einkommensarmut

Die einfachste bzw. gebräuchlichste Art, statistisch an die Analyse des Armutsproblems heranzugehen, ist eine monetäre Armutsgrenze festzulegen. Personen oder Haushalte, deren Einkommen unter dieser Grenze liegt, sind als arm einzustufen. Bereits bei Festlegung einer derartigen Grenze ergeben sich aber mannigfaltige Schwierigkeiten: Was soll sie ausdrücken? Geht es um die Festlegung eines absoluten Mindeststandards oder sollte es nicht eher darum gehen, Armut im Vergleich zur Einkommenssituation der Gesamtbevölkerung zu definieren? In wohlhabenderen Gesellschaften wie zB im EU-Raum sind relative Armutsdefinitionen üblich. Die Armutsgrenze wird von EUROSTAT, dem statistischen Amt der EU, dabei üblicherweise als 50 % des Medianeinkommens definiert – wer weniger als die Hälfte des Durchschnittseinkommens eines Landes zur Verfügung hat, gilt als arm. Die Berechnung wird dabei auf Haushaltsebene durchgeführt, so dass die jeweilige Haushaltsgröße berücksichtigt werden kann. 1995 lag die durchschnittliche Armutsquote in der EU bei 14 %, Österreich lag mit 12 % leicht unter dem Durchschnitt, deutlich unter dem Durchschnitt lagen lediglich Dänemark (mit einer Armutsquote von 4 %) und die Niederlande (mit einer Armutsquote von 5 %).

Für Österreich betragen dabei zur Illustration die Armutsgrenzen für einen Einpersonenhaushalt ATS 7.500,- (545,05 €), für zwei Erwachsene mit zwei Kindern ATS 20.400,- (1.482,53 €). Über eine Million Menschen fallen unter die derart definierten Armutsgrenzen. Es wäre aber falsch, diese Gruppe undifferenziert als „arm" zu bezeichnen, da Vermögen, Vermögenszuwächse oder Unterhaltsansprüche nicht oder nur unzureichend erfasst sind. Die Beträge eignen sich allenfalls für den internationalen Vergleich, sie berücksichtigen aber jedenfalls zu wenig die tatsächliche individuelle Situation.

Spezielle Problemlagen – Soziale Ausgrenzung
Um diesem Problem zu begegnen hat Hans Steiner bereits in den beiden letzten Sozialberichten und wiederum im ExpertInnenbericht eine eingeschränkte Armutsdefinition gewählt: Ein Haushalt gilt dann als arm, wenn er neben dem geringen Haushaltseinkommen zumindest einen der folgenden drei Mangelindikatoren aufweist:

- Schlechte Wohnverhältnisse
- Zahlungsrückstände bei Miete und Strom
- Finanziell bedingte Einschränkungen im Ernährungsbereich

Diese Definition berücksichtigt neben der reinen Einkommensarmut auch die Tatsache, dass Armut viel mit sozialer Ausgrenzung zu tun hat. Sind die Lebensverhältnisse einer Person oder eines Haushalts so depriviert, dass die ganze Aufmerksamkeit darauf gerichtet werden muss, die lebensnotwendigen Rahmenbedingungen aufrechtzuerhalten, kann nicht davon ausgegangen werden, dass eine gleichberechtigte Teilnahme am sozialen Leben der Gesellschaft möglich ist.
Immerhin 420.000 Personen leben auch nach dieser Definition in Österreich in Armut. 140.000 davon sind Kinder, 180.000 Personen im Erwerbsalter und 100.000 Personen sind Ältere. Hier zeigt sich eine Änderung der Armutsstruktur seit den Siebzigerjahren: Waren damals vor allem Ältere armutsgefährdet, so sind es heute die Haushalte mit Kindern. Dies ist zwar, wie im nächsten Abschnitt gezeigt werden wird, durchaus auch auf Erfolge des österreichischen Sozialstaates zurückzuführen (Zunahme der Eigenpensionen sowie Armutsvermeidung bei Älteren durch die Ausgleichszulage), zeigt aber deutlich einen neuen Problemdruck: Armut bei Kindern verstärkt die Gefahr von vererbten Armutskarrieren. Trotz im internationalen Vergleich sehr hohen Ausgaben für Familienpolitik gibt es in Österreich nach wie vor Familien, die armutsgefährdet sind.

Die Faktoren, die zu Armut und Armutsgefährdung führen, sind im Wesentlichen:

- *Mangelnde Qualifikation:* Sie reduziert (vor allem für Frauen) deutlich die Einstiegsmöglichkeiten in den Arbeitsmarkt.
- *Unzureichende Erwerbschancen:* Der Zugang zum Arbeitsmarkt stellt für einen Großteil der erwerbstätigen Bevölkerung die wichtigste Voraussetzung für ein ausreichendes Haushaltseinkommen und für gesellschaftliche Teilhabe dar. Fehlende Arbeitsplätze ebenso wie mangelhafte Rahmenbedingungen (sowohl was die Vereinbarkeit von Beruf und Familie betrifft als auch beispielsweise was die Einbindung Personen mit teilweiser Erwerbsunfähigkeit betrifft) führen hier zu Armutsgefährdung.
- *Zunahme prekärer Arbeitsverhältnisse:* Diskontinuierliche Erwerbskarrieren, unzureichend arbeitsrechtlich abgesicherte Beschäftigungsverhältnisse, Niedriglohnjobs etc. sind auch in Österreich im Zunehmen. So gibt es auch in Österreich das Phänomen der „working poor" – immerhin rund 150.000 der Armen sind unselbständig beschäftigt und rund 30.000 sind selbständig beschäftigt. Da im öster-

reichischen Sozialstaat auch die soziale Absicherung in weiten Bereichen an das Erwerbseinkommen angebunden ist, stehen diese Personen vor der Problematik, dass sie bei Aufgabe dieser Erwerbstätigkeit auch vom sozialen Netz nur unzureichend aufgefangen werden (siehe auch den Beitrag von Tálos in diesem Band).

Armutsvermeidung im österreichischen Sozialstaat

Damit ist bereits die Frage angesprochen, wieviel der österreichische Sozialstaat dazu beiträgt, die Armutsproblematik zu verringern.

Der österreichische Sozialstaat ist weitgehend nach dem Versicherungsprinzip aufgebaut. Die meisten der allgemeinen Risiken (Krankheit, Unfall, Arbeitslosigkeit, Alter) sind durch erwerbsabhängige Versicherungsleistungen abgedeckt. Nur wenige Bereiche sind durch allgemeine (so genannte universelle) Sozialleistungen erfasst, vor allem Familie und Pflege. All jene, deren materielle Notlage nicht auf einem der genannten Tatbestände beruht oder wo diese Sozialleistung nicht ausreicht, sind auf das so genannte zweite soziale Netz, die Sozialhilfe, verwiesen.

In den vergangenen Jahren (seit Anfang der Siebzigerjahre) hat dieses System recht gut funktioniert. Die Armut in Österreich konnte auf einem europäischen Durchschnittswert gehalten werden, es gab bei den Sozialleistungen eine Umverteilung von oben nach unten. In letzter Zeit zeigen sich aber zunehmend Probleme. Die Zunahme von Scheinselbständigkeit und die Abnahme der Normalerwerbsbiographien führen dazu, dass nicht mehr alle standardisierbaren Risiken im ersten sozialen Netz abgedeckt werden. Gleichzeitig ist aber die Sozialhilfe nicht in der Lage, diese Notlagen aufzufangen. Von allen Seiten werden hier erhebliche Mängel im Vollzug festgestellt (beispielsweise wird die Sozialhilfe länderweise geregelt, so dass es keine bundesweiten Standards gibt), die dazu führen, dass Personen, die grundsätzlich anspruchsberechtigt wären, erst gar nicht um Hilfe ansuchen, da sie das aufwendige und willkürliche Verfahren abschreckt.

Dieser Trend zur Armutsverstärkung und zum Entstehen neuer Armutslagen ist auch international feststellbar und signalisiert einen dringenden Handlungsbedarf. Daher sind in den vergangenen Monaten wieder vermehrt Diskussionen um Grundeinkommen und Grundsicherung als mögliche Lösungsmodelle laut geworden. Diese sollen im folgenden Abschnitt kurz einander gegenübergestellt werden.

Strategien in Diskussion: Bedarfsorientierung versus Grundeinkommen

Grundeinkommensmodelle

Grundeinkommensmodelle stellen eine völlige Abwendung von den derzeitigen sozialstaatlichen Prinzipien (Versicherung, Versorgung und Fürsorge) dar. Sie garantieren, meist unabhängig von der Erwerbstätigkeit, jedenfalls aber unabhängig von individuellen Bedürfnissen, eine bestimmte Einkommenshöhe.

Nur wenige Gruppierungen erheben ernsthaft die Forderung nach einem Grundeinkommen zusätzlich zum bestehenden Sozialstaat. Am ehesten entsprechen die Ideen von André Gorz und im österreichischen Kontext von Lieselotte Wohlgenannt dieser Forderung. Sie gehen meist von einer drastischen Arbeitszeitverkürzung aus, mit der

Vorstellung, dass alle Menschen ihr Leben in einer Mischung von Erwerbsarbeit und nichtentlohnter, aber durch Grundeinkommen abgesicherter, gesellschaftlich wertvoller Tätigkeit verbringen sollen. Diese Ideen sind nicht nur aufgrund der heutigen budgetären Rahmenbedingungen, sondern meines Erachtens vor allem aufgrund der sozio-kulturellen Gegebenheiten aus heutiger Sicht als Utopien zu bezeichnen.
Mehr Rückhalt in der internationalen Diskussion haben hingegen die neoliberalen BefürworterInnen von Grundeinkommen bzw. negativer Einkommensteuer. Einer der bekanntesten Vertreter dieser Idee ist Milton Friedman (wenngleich bereits Thomas Morus oder Francis Bacon ähnliche Überlegungen anstellten), in Österreich propagiert vor allem das Liberale Forum derartige Ideen (siehe den Beitrag von Kier in diesem Band). Hier geht es um einen Umbau des Sozialstaates derart, dass bestehende Sozialleistungen abgeschafft werden und nur mehr das Grundeinkommen garantiert wird. Diese Idee ist selbstverständlich stark individualistisch und leistungsorientiert ausgerichtet – wer dazu in der Lage ist, muss sich durch eigenes Einkommen absichern, wer dies nicht kann, erhält ein (bescheidenes) Grundeinkommen.

Die Kritik an solchen Modellen ist mehrfacher Natur

Zunächst kommen sie viel zu teuer. Dies mag auf den ersten Blick erstaunen, lässt sich aber unter anderem dadurch erklären, dass auch aus ökonomischer Sicht der Sozialversicherungsstaat die effizienteste Lösung des Problems der sozialen Sicherheit darstellt. Das massenhafte Poolen von Risiken gepaart mit einer schlanken Verwaltung (die nicht durch Werbebudgets, Lockangebote etc. überfrachtet wird) stellt entgegen aller von neoliberaler Seite immer wieder geäußerten Kritik die kostengünstigste Form der sozialen Absicherung dar. Auch die Tatsache, dass Grundeinkommensmodelle nicht auf den tatsächlichen individuellen Bedarf abstellen, sondern im unteren Einkommensbereich gleichsam gießkannenartig Geld ausbezahlen, verteuert die Modelle. Für das Modell des Liberalen Forums wurde errechnet, dass es etwa ATS 200 Mrd. (14,54 Mrd. €) an Mehrkosten erzeugen würde. Für Großbritannien hat Atkinson Ende der Achtzigerjahre berechnet, dass der Einkommensteuersatz allgemein über 50 % liegen müsste, um ein derartiges Modell finanzieren zu können.
Daraus lässt sich bereits ableiten, dass diese Modelle politisch sehr unstabil sind und ungünstige Verteilungswirkungen generieren: Wer legt denn die Armutsgrenze fest und wer finanziert die Modelle? Das sind die Steuerzahler, also jene, die von dem Modell nicht profitieren. Es liegt in ihrem Interesse, die Armutsgrenze möglichst niedrig zu halten, damit das Modell nicht zu viel kostet. Dies führt zu einer völligen Segregation der Gesellschaft in Arme und Reiche und es ist anzunehmen, dass die Armutsvermeidung nur unzureichend sein wird.
Schließlich sind auch am Arbeitsmarkt ungünstige Effekte zu erwarten. Modelle, die unabhängig von der Arbeitswilligkeit Geldleistungen ausbezahlen, laufen Gefahr, eine Armutsfalle zu erzeugen. Das gilt auch für Modelle, die zusätzliches Erwerbseinkommen vollständig auf die Sozialleistung anrechnen – es kann attraktiver sein, eine Sozialleistung ohne Erwerbsarbeit zu beziehen als für wenige Tausend Schilling mehr arbeiten zu gehen. Ausserdem erzeugen solche Modelle ungewünschte Mitnahmeeffekte:

Selbst wenn die Arbeitswilligkeit vorausgesetzt wird, bedeuten Grundeinkommensmodelle eine Subventionierung der Unternehmen - Personen, die trotz Grundeinkommensbezug arbeiten gehen, stellen nicht so hohe Lohnforderungen, da das Erwerbseinkommen nicht mehr fürs Überleben notwendig ist. Die Unternehmen ersparen sich dadurch einerseits für diese ArbeitnehmerInnen Geld, andererseits wird dadurch die gesamte Lohnstruktur nach unten gedrückt werden.

In-work-benefits

Vor allem im angloamerikanischen Bereich wird eine besondere Art der Grundsicherung nicht nur diskutiert, sondern auch mittels verschiedener Instrumente in die Praxis umgesetzt: Es handelt sich dabei um die so genannten *„in-work-benefits"*, das sind Sozialleistungen, die nur bei Erwerbstätigkeit ausbezahlt werden. Hintergrund dieser Modelle ist die Zunahme der „working-poor", also derjenigen Gruppe, die trotz Erwerbseinkommen arm ist.

Es gibt dabei mehrere Möglichkeiten: So können die Löhne direkt subventioniert werden, es können die Lohnnebenkosten subventioniert werden oder es können Steuererleichterungen gewährt werden. Welche Variante gewählt wird und wie sie genau ausgestaltet wird, hängt stark davon ab, ob die Armutsvermeidung oder die Stützung des Niedriglohnsegments im Vordergrund steht.

Im angloamerikanischen Raum am weitesten verbreitet sind „in-work-benefits" als Steuererleichterungen. In den USA heißen sie „Earned Income Tax Credit" und in Großbritannien„Family Credit", in Kanada, Irland und Neuseeland gibt es ähnliche Modelle. Voraussetzung ist jeweils, dass in einem Haushalt Erwerbseinkommen vorhanden sind, diese aber unter einer bestimmten Grenze liegen und dass Kinder vorhanden sind. Daraus leitet sich bereits der erste Kritikpunkt an diesem Instrument ab: Es wird die Grenze zwischen arbeitsmarktpolitischem, familienpolitischem und armutsvermeidendem Instrument verwischt, so dass die beabsichtigte Zielrichtung des Instruments nicht völlig klar ist und damit auch Evaluationen erschwert werden.

Besonders häufig zitiert wird der US-amerikanische „Earned Income Tax Credit". Seine Besonderheit liegt darin, dass die Sozialleistung drei Stufen hat: Eine Eingangsphase, wo zwischen Erwerbseinkommen von Null und einer bestimmten Grenze die Leistung zunimmt, eine mittlere Phase, wo unabhängig vom Einkommen eine Pauschalleistung gewährt wird und eine Ausgangsphase, wo mit weiter steigendem Einkommen die Leistung allmählich abnimmt. Der Sinn dieser Stufenregelung ist, genügend Anreize zu geben, eine Erwerbsarbeit aufzunehmen – erst wenn ein bestimmtes Einkommen erreicht wird, kommt die volle Subventionierung zur Geltung. Problematisch dabei ist selbstverständlich, dass gerade die Allerärmsten die geringste Sozialleistung erhalten.

Ein weiteres Problem dieser Steuererleichterungen ist, dass sie meist erst im Wege einer Jahresveranlagung geltend gemacht werden können – gerade Arme bräuchten aber unmittelbare Unterstützung.

Gibt es keine begleitenden bedarfsangepassten Aktivierungsmaßnahmen, so können derartige Modelle auch zu Armutsfallen werden – es gibt zu wenig Anreiz, aus dem subventionierten Bereich herauszukommen (ökonomisch gesehen spricht man hier von zu hohen Grenzsteuersätzen am Übergang zwischen subventionierter und nicht-subventionierter Arbeit). Schließlich passen derartige Modelle, die ja mit dem Steuersystem gekoppelt sind, nicht in ein System der Individualbesteuerung, da die Abstellung aufs Haushaltseinkommen einen Systembruch darstellt.

In Frankreich wie auch in anderen Ländern wurde versucht, die Lohnnebenkosten zu senken. Dies geschah allerdings weniger mit dem Ziel der Armutsvermeidung, sondern um bestimmte benachteiligte Gruppen (im französischen Fall handelt es sich um arbeitslose Jugendliche) in den Arbeitsmarkt zu (re)integrieren. Diese klar zielgruppenorientierte Politik zeigte auch durchaus Erfolg, allerdings wird von vielen Seiten darauf hingewiesen, dass sie sich nicht verallgemeinern lässt, da sie zu marktverzerrenden Subventionierungen des Niedriglohnbereichs führte.

Wie erwähnt, ist die dritte Form von „in-work-benefits" die Lohnsubventionierung. Hier wird abhängig vom Stundenlohnsatz das Unternehmen subventioniert, wenn es in einem bestimmten Lohnsegment Arbeit anbietet. Fraglich ist, ob derartige Anreize ausreichen, um nachhaltig neue Arbeitsplätze zu schaffen, oder ob hier nicht der Illusion aufgesessen wird, es gäbe ohnehin genügend Arbeitsplätze. Selbst Neoliberale kritisieren an diesem Modell, dass dadurch unter Umständen notwendige strukturelle Anpassungen unterlassen werden können. Auch hier stellt sich die Frage, ob nicht die Instrumente einer mit dem Sozialsystem abgestimmten und auf spezielle Problemlagen ausgerichteten aktiven Arbeitsmarktpolitik effektiver wären.

Schließlich soll ein Instrument der „in-work-benefits" erwähnt werden, dass schon lange von Gewerkschaftsseite propagiert wird, in letzter Zeit aber auch beispielsweise von der OECD gute Noten erhält: Es handelt sich dabei um Mindestlöhne (wobei es im Wesentlichen unerheblich ist, ob sie kollektivvertraglich oder gesetzlich geregelt sind). Lange Zeit nahm man an, Mindestlöhne würden den Arbeitsmarkt unflexibler machen und die Arbeitslosigkeit erhöhen. Tatsache ist, dass die Empirie weitgehend dieser Hypothese widerspricht. Stehen Mindestlöhne in einem „vernünftigen" Verhältnis zur Lohnstruktur und werden sie auch nicht zu plötzlich bzw. zu drastisch erhöht, so haben sie Vorteile:

- Frauen profitieren überdurchschnittlich von Mindestlohnregimes, da in den Jobs, in denen diese zur Anwendung kommen, überdurchschnittlich viele Frauen zu finden sind – Mindestlöhne können also zum Abbau des geschlechtsspezifischen Lohndifferentials beitragen.

- Mindestlöhne können allgemein zu einer Verringerung von Einkommensunterschieden in einer Gesellschaft beitragen – sie dienen also der Armutsvermeidung, sowohl im absoluten wie im relativen Sinn.

Mindestlöhne stellen somit ein Instrument dar, das zielgerichtet zur Vermeidung von „working-poor" und auch Familienarmut eingesetzt werden kann. Es muss dabei klar sein, dass sie langfristig zu einer Verbesserung der Lage nur beitragen können, wenn sie in ein breiteres Sozialsystem integriert sind. Im Gegensatz zu anderen „in-work-benefits" sind sie aber auch in ein Sozialsystem, das Maßnahmen der aktiven Arbeitsmarktpolitik ebenso wie Sozialversicherungsleistungen kennt, implementierbar.

Bedarfsorientierte Mindestsicherung

Weniger von der Ideologie als vielmehr von der Pragmatik geleitet sind die Modelle der „bedarfsorientierten Mindestsicherung". Sie stellen einen Kompromiss mit dem gesamten Sozialsystem dar und wie alle Kompromisse müssen sie auch gewisse Abstriche machen. Bedarfsorientierte Mindestsicherung gibt es in der einen oder anderen Form in praktisch allen westlichen Industriegesellschaften – es wird das erste soziale Netz durch ein zweites, eben bedarfsorientiertes, ergänzt. Je nach Ausgestaltung und Umfang des gesamten Sozialsystems variiert auch dieses zweite soziale Netz.

Bedarfsorientierung bedeutet dabei, dass nicht rein auf das Einkommen abgestellt wird, sondern dass die allgemeine Bedürftigkeit in Betracht gezogen wird. Die österreichische Sozialhilfe entspricht in ihren Prinzipien (Menschenwürdigkeit, Selbsthilfefähigkeit, Individualität, Subsidiarität, Familiengerechtigkeit und Antragslosigkeit) durchaus einer bedarfsorientierten Mindestsicherung. Die hauptsächlichen Probleme ergeben sich hier im Vollzug – einerseits bedingt durch die Aufsplitterung auf die einzelnen Ländern, so dass es zu Ungleichbehandlungen zwischen EinwohnerInnen verschiedener Bundesländer kommt, andererseits bedingt durch Willkür, Stigmatisierung und unbestimmte Rechtsbegriffe. Im Idealfall müsste eine bedarfsorientierte Mindestsicherung im Gegensatz zu den Sozialversicherungs- und Versorgungsleistungen, die auf verallgemeinerbare Risiken Bedacht nehmen, die individuelle Situation des oder der Betroffenen berücksichtigen. Ein Bündel aus Geld-, Sach- und Beratungsleistungen ist hier gefragt, um die Armutssituation so kurz und schmerzlos wie möglich zu halten. Unabdingbar dafür sind ausgebildete SozialarbeiterInnen, denen das Wohl ihrer KlientInnen am Herzen liegt und die den einzelnen Antragsteller nicht lediglich als bürokratischen Akt betrachten.

Es wurde eingangs erwähnt, dass für das reibungslose Zusammenspiel mit dem restlichen Sozialsystem gewisse Abstriche gemacht werden müssen. Dies betrifft im Wesentlichen zwei Punkte: Haushaltsprinzip und Arbeitsverpflichtung. In der ideologischen Diskussion sind diese beiden Punkte stark umstritten. Aus einer pragmatischen Sicht heraus muss gesagt werden, dass in einem bedarfsorientierten, zweiten sozialen Netz das Haushaltsprinzip zur Einkommensermittlung sinnvoller ist. Während im ersten sozialen Netz und im Steuersystem das Individualprinzip unantastbar sein sollte (da nur so ein gleichberechtigter Zugang zum Arbeitsmarkt unterstützt werden kann), muss bei der Bedarfsorientierung einerseits nicht nur das eigene Einkommen, sondern auch das Einkommen eines Partners/einer Partnerin in Betracht gezogen werden, andererseits erhöhen natürlich Kinder den Bedarf.

Wichtig bei der konkreten Ausgestaltung ist selbstverständlich, dass bei Uneinbringbarkeit von eventuellen Unterhaltszahlungen rasch und unbürokratisch ein Vorschuss geleistet wird – das Haushaltsprinzip darf nicht dazu führen, dass armutsgefährdete Frauen zu stark in die Abhängigkeit von ihrem Ehemann gedrängt werden. Auch hier ist das Einfühlungsvermögen von SozialarbeiterInnen gefragt, um Missstände sofort zu beheben. Ähnliches gilt für die Arbeitsverpflichtung. Es wird hier nicht einem allgemeinen Arbeitszwang das Wort geredet – in Zeiten steigender Arbeitslo-

sigkeit wäre dies noch dazu eine unglaubliche Arroganz gegenüber den Tatsachen. Notwendig ist es aber, die Selbsthilfefähigkeit zu fördern und aktivierende Maßnahmen zu setzen. In unserer Gesellschaft bedeutet sozialen Teilhabe auch aktive Teilhabe am Erwerbsleben und es wurde auch bereits darauf hingewiesen, dass einer der wichtigsten Faktoren der Armutsvermeidung das eigene Erwerbseinkommen ist. Die passive Abspeisung mit sozialen Geldleistungen führt zu weiterer Ausgrenzung und gesellschaftlich zu unerwünschten Folgekosten. Es bedarf hier einer genauen Abwägung der individuellen Arbeitsfähigkeit, um eine rasche Reintegration zu ermöglichen, ohne die/den Betroffenen zu überfordern bzw. sie/ihn vor neue Probleme zu stellen (zB aufgrund fehlender Kinderbetreuungsplätze, etc.).
Im folgenden Abschnitt wird versucht zu skizzieren, wie eine derartige bedarfsorientierte Mindestsicherung in Österreich aussehen könnte.

Internationale Erfahrungen
Nach einer häufig verwendeten Klassifizierung von Esping-Andersen lassen sich Sozialstaaten in folgende drei Typen aufteilen:

- Liberale Sozialstaaten betonen die individuelle Freiheit und die freien Marktmechanismen. Soziale Absicherung gibt es nur für die Ärmsten der Gesellschaft – die einkommensabhängige Sozialhilfe steht im Vordergrund, Sozialversicherungsleistungen sind bescheiden, private Vorsorge wird unterstützt.
- Konservative Sozialstaaten betonen klassen- und statusunterscheidende Sozialversicherungsleistungen und kennen nur zu einem geringeren Teil einkommensabhängige Sozialleistungen.
- Sozialistische Sozialstaaten betonen Umverteilung und das Prinzip des Universalismus. Klassenstrukturen sollen weitgehend ausgeglichen werden und Aktivierung wird stark betont. Trotz universeller und breiter Zugangsmöglichkeiten zum Sozialsystem sind die Anreize zur Erwerbstätigkeit hoch: Diese sind einerseits sozialer Natur, andererseits ist den Menschen aber auch bewusst, dass längere Absenzen vom Arbeitsmarkt eine Dequalifizierung und damit Einbußen der Verdienstmöglichkeiten bedeuten.

Selbstverständlich lassen sich einzelne Staaten nur bedingt klar einem Typ zuordnen und es gibt immer wieder Überschneidungen und Verwischungen zwischen den einzelnen Gruppen. Prototypisch könnte man aber sagen, dass Großbritannien am ehesten zu den liberalen Sozialstaaten zählt, Deutschland und Österreich zu den konservativen und die skandinavischen Länder zu den sozialistischen Sozialstaaten.
Dieser Klassifizierung folgend sind auch die Grundsicherungssysteme unterschiedlich ausgestaltet bzw. haben sie einen unterschiedlichen Stellenwert im allgemeinen Sozialsystem.
Insgesamt hat es allerdings den Anschein, als ob die Sozialmodelle Europas konvergierten. Budgetäre Gründe führen dazu, dass Leistungen eher gekürzt werden. Gleich-

zeitig führt die hohe Arbeitslosigkeit dazu, dass die Erwerbsorientierung der Sozialsysteme steigt. Selbst in den konservativen Staaten ist das Ernährermodell im Rückzug. An „best-practice"-Methoden scheinen sich bei dem Vergleich aber doch einige Faktoren herauszukristallisieren, die für eine nachhaltige Armutsvermeidung wichtig sind:

- Erwerbsbeteiligung von Frauen.
- Ein tragfähiges erstes soziales Netz, das auch neue Lebensentwürfe berücksichtigen kann.
- Universelle Absicherung im Gesundheitswesen.
- Aktivierende Maßnahmen in der Arbeitslosenversicherung.
- Weitgehend unbürokratische Abwicklung der Sozialhilfe.

Darüber hinaus lassen sich kaum allgemein gültige Maßnahmen finden, da kulturelle Besonderheiten und Systemunterschiede zu unterschiedlichen Ergebnissen führen.

Reformoptionen für Österreich

Integrale Sozialsysteme – Organisation

Es wurde bereits darauf verwiesen, dass sinnvollerweise Grundsicherungsmodelle mit dem gesamten Sozialsystem abgestimmt werden sollen. Bei einer genaueren Betrachtung des ersten sozialen Netzes zeigt sich nämlich, dass bereits hier Reformen möglich sind, die verhindern können, dass Menschen Sozialfälle im zweiten sozialen Netz werden. Versucht man also, das gesamte soziale System zu betrachten und auf die Zusammenhänge und Übergänge zwischen einzelnen Institutionen zu achten, so spricht man von „integralen Sozialsystemen". Effektive Armutsvermeidung kann am ehesten über eine derartige integrale Betrachtung erreicht werden.

Integrale Sozialsysteme haben zwar mehrere Säulen bzw. Bereiche, sind aber klar problemorientiert: Der Mensch mit seinen sozialen Bedarfslagen steht im Vordergrund. Nicht Bürokratie und Willkür dominieren das System, sondern die Kundenorientierung. Dennoch ist es notwendig, klare Zuordnungen zu einzelnen Bereichen zu haben (so macht es beispielsweise wenig Sinn, die Arbeitslosenversicherung mit KundInnen zu belasten, die gar nicht oder nur sehr eingeschränkt arbeitsfähig sind). Gleichzeitig muss es eine gut funktionierende Kommunikation und Zusammenarbeit zwischen den einzelnen Säulen geben (Macht man sich beispielsweise die Tatsache bewusst, dass Arbeitslosigkeit häufig zu chronischen Krankheiten führt, könnten Arbeitslosenversicherung und Krankenkassen in diesem Bereich effektiv zusammenarbeiten).

Die Unterteilung in einzelne Bereiche ist für eine klare Organisationsstruktur notwendig, sie dürfen aber nicht dazu führen, dass sich KundInnen in einem Ämterdschungel zurechtfinden müssen. Für die KundInnen sollte das so genannte „one-desk"-System gelten: Eine Anlaufstelle steht allen zur Verfügung und leitet dann an die zuständigen Stellen weiter. Dadurch könnten auch unnötige Stigmatisierungen vermieden werden, da alle Sozialleistungsanspruchsberechtigten (Arbeitslose, Invalide, KarenzgeldbezieherInnen, aber auch Sozialhilfe- bzw. bedarfsorientierte MindestsicherungsbezieherInnen) sich an diese Erstinformationsstelle wenden.

Integrale Sozialsysteme – Bestandteile

Wie erwähnt, bestehen integrale Sozialsysteme aus verschiedenen Bestandteilen. Die wichtigsten innerhalb des österreichischen Sozialstaates sind:

- *Aktive Arbeitsmarkt-Politik:* In einem erwerbsorientierten System ist eine der wichtigsten Aufgaben, über Qualifikation, Sonderprogramme, beschränkt subventionierte Beschäftigung etc. den Einstieg und den Wiedereinstieg in den Arbeitsmarkt zu fördern. Über aktive Arbeitsmarktpolitik können längerandauernde Arbeitslosenphasen vermieden werden, die häufig das Risiko einer anhaltenden Armutskarriere in sich bergen.

- *Mindestlohn:* Von allen Instrumenten, die Armut trotz Erwerbstätigkeit („working poor") vermeiden wollen, entspricht unserem Sozialsystem am besten ein Mindestlohn. Er sichert jene ab, die erwerbstätig sind und bietet gleichzeitig jenen, die nicht erwerbstätig sind, genügend Anreize, ebenfalls erwerbstätig zu werden. In der österreichischen Situation wäre die Forderung nach einem Mindestlohn von zumindest ATS 12.000,- (872,07 €) realistisch. Zuständig hierfür sind vor allem die Gewerkschaften, deren Anliegen sein sollte, möglichst flächendeckend Kollektivverträge (die ja Mindestlöhne beinhalten) abzuschließen.

- *Erstes soziales Netz:* Wie bereits dargestellt, sind zur Armutsvermeidung auch Reformen im ersten sozialen Netz erforderlich: Wo fallen regelmäßig Menschen durch die Maschen? Wie könnte dem abgeholfen werden? Gibt es „normale" Lebensrisiken, die nur unzureichend im ersten sozialen Netz abgefangen werden? In Abschließend werden hierzu konkrete Reformvorschläge gemacht.

- *Zweites soziales Netz:* Daneben ist es aber unbedingt notwendig, das zweite soziale Netz, die Sozialhilfe zu reformieren. Um diese Änderung auch sichtbar zu machen, wird hier der Vorschlag gemacht, auch eine sprachliche Umbenennung in „bedarfsorientierte Mindestsicherung" (BMS) vorzunehmen. Wie eine derartige BMS aussehen könnte, wird in weiter unten dargestellt.

- *Rahmenbedingungen:* Schließlich darf nicht auf die weiteren notwendigen Rahmenbedingungen und infrastrukturellen Reformen vergessen werden. Beratungseinrichtungen für spezielle Problemfälle (von Drogenberatung über Familienberatung bis hin zu Schuldnerberatung und Haftentlassenenberatung) sind ebenso wichtig wie der Ausbau von Kinderbetreuungseinrichtungen, um die Erwerbstätigkeit von Frauen zu fördern (die Armutsforschung zeigt nämlich, dass eines der wichtigsten Mittel zur Armutsbekämpfung in Familien die Berufstätigkeit beider Elternteile ist). Aber auch im Bildungswesen können rechtzeitig Reformen gesetzt werden, um Chancengleichheit zu verwirklichen und Armutskarrieren nicht vererbbar zu machen.

Reformen im ersten sozialen Netz

- *Gesundheit:* Die große Mehrheit der ÖsterreicherInnen ist über eigene oder Mitversicherung im Gesundheitswesen versichert. Hier bedarf es nur kleiner Korrekturen, um einen 100 %igen Schutz zu gewährleisten. Denkbar wäre hier eine universelle (also vom Erwerbsverhältnis unabhängige) Grundversorgung, die über eine allgemeine Beitragspflicht finanziert wird.

- *Invalidität bzw. Behinderung:* Wesentlichstes Manko im Falle der Invalidität ist weniger die mangelnde materielle Versorgung (hier gibt es im Prinzip eine ganze Anzahl von Geldleistungen), sondern die schlechte Integration behinderter Menschen in unsere Gesellschaft. Vorrangig wären hier also Anstrengungen in Richtung besserer Einbindung behinderter Menschen in das allgemeine gesellschaftliche Geschehen. Armut kann auch durch verbesserte „Teilhabechancen" bekämpft werden – Ausgrenzung kann, auch wenn keine materielle Armut vorliegt, ebenso Entbehrung bedeuten wie Geldarmut. Bereits in der Schule sollte es vermehrt Integrationsmodelle geben und am Arbeitsmarkt müssten Modelle wie die Arbeitsassistenz (begleitetes und betreutes Arbeiten behinderter Menschen) verstärkt eingesetzt werden.

- *Arbeitslosigkeit:* Ebenso wie es einen Mindestlohn geben sollte, müsste es auch ein Mindestarbeitslosengeld geben. Es ist nicht im Sinne integraler Sozialsysteme, wenn ein Teil der Unterstützung für Arbeitslose aus der Arbeitslosenversicherung und der lebensnotwendige Rest aus der Sozialhilfe kommt. Um die Aufnahme von Erwerbstätigkeit zu fördern, wären für Langzeitarbeitslose degressive Freibeträge vorstellbar: Bei Aufnahme einer Arbeit verliert man nicht sofort das gesamte Arbeitslosengeld, sondern es kommt für einige Zeit zu Einschleifregelungen. In Diskussion sollte auch ein Teilzeitarbeitslosengeld gestellt werden. Dieses gibt es in manchen anderen Ländern, es besteht allerdings die Gefahr, dass dies zu langfristigen Subventionierungen von Beschäftigungen führen kann, wovon die Arbeitgeber und nicht die Bedürftigen profitieren. Schließlich sollte es zu einem Umbau der Notstandshilfe kommen: Personen, die auf Dauer nicht in den Arbeitsmarkt reintegrierbar sind, sind in einem System der bedarfsorientierten Mindestsicherung besser aufgehoben. Dafür müsste aber einerseits das Arbeitslosengeld, das keine Bedarfsorientierung vorsieht, zeitlich ausgedehnt werden und andererseits das zweite soziale Netz deutlich gegenüber heute verbessert werden, um keine Schlechterstellung gegenüber der heutigen Situation zu verursachen.

- *Familie:* Wie erwähnt, ist das beste Rezept, Familienarmut zu vermeiden, die Erwerbstätigkeit beider Elternteile zu unterstützen. In der Kleinkindphase, wo dieses schwer möglich ist, sollte die Familienbeihilfe höher sein (beispielsweise könnte die Altersstaffel umgedreht werden) und anschließend sollten familienpolitische Instrumente überlegt werden, die einen starken Anreiz zur Erwerbsorientierung beinhalten. Ein Vorschlag ist hier ein einkommensabhängiges, dafür kürzeres Karenzgeld, das auch Anreize für Väter bietet, vermehrt in Karenz zu gehen. Daneben müssen Modelle wie die Teilzeitkarenz stärker gefördert werden, Kinderbetreuungseinrichtungen ausgebaut und allgemein die Arbeitsbedingungen für kinderbetreuende Elternteile verbessert werden. Statt eines „Karenzgeldes für alle", das Anreize zur Nichterwerbstätigkeit bietet, sollten jene wenigen Personen, die keinen Anspruch auf Karenzgeld oder Teilzeitbeihilfe haben, durch die bedarfsorientierte Mindestsicherung „aufgefangen" werden.

Bedarfsorientierte Mindestsicherung

Bei der Gegenüberstellung verschiedener grundsichernder Modelle zeigte sich, dass ein Modell der bedarfsorientierten Grundsicherung aus verschiedenen Aspekten am sinnvollsten wäre:

- Es wäre eine Verbesserung gegenüber der heutigen Sozialhilfe.
- Es hätte nach unten umverteilende Wirkung, ohne den Solidarzusammenhalt zu gefährden.
- Es wäre mit dem heutigen österreichischen Sozialsystem gut vereinbar.
- Es würde dem internationalen Trend zu bedarfsorientierten Modellen entsprechen.
- Seine Kosten lägen innerhalb budgetär vorstellbarer Grenzen.

Wie könnte ein derartiges Modell aussehen? Wesentlichster Unterschied zur heutigen Sozialhilfe wäre die Organisation: Eine bedarfsorientierte Mindestsicherung (BMS) wäre bundeseinheitlich geregelt und würde die bürokratischen Barrieren so gering wie möglich halten (*„one-desk-service"*). Gleichzeitig würde sie (bei entsprechender Reform des Arbeitslosengeldes) eine Vereinheitlichung bestehender bedarfsorientierter Leistungen bedeuten: Notstandshilfe, Sozialhilfe und andere kleinere bedarfsorientierte Leistungen würden in eine bedarfsorientierte Mindestsicherung übergeführt werden.

Über die konkrete Höhe müsste noch diskutiert werden. Vorstellbar wäre ein Betrag in der Höhe von ATS 7.000,- (508,71 €) pro Kopf (gewichtet nach der Haushaltsgröße), bis zu dem es Unterstützung durch die BMS gibt. Für zwei Erwachsene ohne Kinder wäre damit die Unterstützungsgrenze ATS 11.900,- (864,81 €), für eine Familie mit zwei Erwachsenen und drei Kindern würde bis zu einem Nettohaushaltseinkommen von ATS 22.400,- (1.627,87 €) Unterstützung aus der BMS gewährt werden. Damit die Übergänge zwischen Sozialleistung und Arbeitseinkommen nicht zu abrupt erfolgen, wären auch Freibeträge und Einschleifregelungen notwendig (zB ein Freibetrag in der Höhe der Geringfügigkeitsgrenze und dann ein Einschleifsatz von 90 %, das heißt bei ATS 100,- (7,27 €) zusätzlichem Arbeitseinkommen fallen ATS 90,- (6,54 €) der Sozialleistung weg).

Diese Unterstützung stünde aber nur zu, wenn Arbeitswilligkeit vorliegt, wobei die Arbeitsfähigkeit weniger restriktiv als heute beurteilt werden sollte. Kinderbetreuung, Pflegetätigkeit, aber auch ehrenamtliche Tätigkeiten sollten in gewissem Ausmaß als Verhinderungsgründe zur Aufnahme einer regulären Tätigkeit gelten.

Das Modell der BMS ist im derzeitigen Stadium erst in Diskussion, daher sind auch die hier genannten Vorschläge nur als Diskussionsbeiträge zu betrachten. Dennoch gilt es bereits in diesem Stadium auch von ArbeitnehmerInnenseite eine klare Position zur Thematik zu beziehen.

In Verbindung mit den oben genannten Reformen im ersten sozialen Netz könnte eine derartige bedarfsorientierte Mindestsicherung einen wesentlichen Beitrag zur Erhaltung unseres Sozialsystems leisten. Es würde stärker als bisher auf Aktivierung gesetzt, wobei auch der Sozialstaat selbst einen aktiven Beitrag gegenüber seinen KlientInnen zu leisten hätte. Nicht bürokratische Fälle, sondern Menschen stehen im Vordergrund dieser sozialpolitischen Überlegungen.

Literatur

Atkinson, Anthony B., Incomes and the Welfare State (Cambridge 1995).

Atkinson, Anthony B., Poverty and Social Security (Hertfordshire 1989).

Büchele, Herwig; Wohlgenannt, Lieselotte, Grundeinkommen ohne Arbeit – auf dem Weg zu einer kommunikativen Gesellschaft (Wien 1985).

Giorgi, Liana; Steiner, Hans, Armutsgefährdung in Österreich, in: Bundesministerium für Arbeit, Gesundheit und Soziales (Hrsg.), Bericht über die soziale Lage 1997 (Wien 1998) 119 bis 125.

Gorz, André, Wege ins Paradies (Berlin 1983).

Esping-Andersen, Gøsta, The three worlds of welfare capitalism (Cambridge 1990).

EUROSTAT, Untersuchung der Einkommensverteilung in 13 EU-Mitgliedstaaten, in: Statistik kurz gefasst – Bevölkerung und Soziale Bedingungen 11/98 (Luxemburg 1998).

OECD, Employment Outlook (Paris 1998).

Steiner, Hans; Giorgi, Liana, Armut und Armutsbekämpfung in Österreich, in: Bundesministerium für Arbeit, Gesundheit und Soziales (Hrsg.), Bericht über die soziale Lage 1996 (Wien 1997).

Streissler, Agnes, Grundsicherung im erwerbfähigen Alter (Wien 1999).

Die Instrumente der Länder im Kanon öffentlicher Sozialpolitik

Nikolaus Dimmel

1. Regelungskompetenzen

Im Kernbereich der wohlfahrtsstaatlichen Einrichtungen der Länder und Gemeinden liegen die Systeme der Sozialhilfe, der Behindertenhilfe, der Jugendwohlfahrt sowie des (Landes)Pflegegeldes[1]. Diese vier Aufgabenfelder ergeben sich aus den in den Art. 10, 12, 15 und 15a B-VG verankerten Zuständigkeitsverteilungen.

Gem. Art. 12 Abs. 1 Ziff. 1 B-VG ist der Bund zur Grundsatzgesetzgebung in Sozialhilfeangelegenheiten berufen. Mangels Erlassung eines Bundesgrundsatzgesetzes zur Sozialhilfe allerdings fiel selbige faktisch in die alleinige Zuständigkeit der Länder. In den Jahren 1972 bis 1977 traten Landessozialhilfegesetze in Kraft, welche die bis dahin noch in Geltung stehenden deutschen Fürsorgevorschriften ablösten. In jüngster Zeit war die „Sozialhilfe-Landschaft" durch eine ausgeprägte Novellierungstätigkeit (Kärnten – LGBl. 30/1996, Steiermark – LGBl. 29/1998, Oberösterreich – LGBl. 82/1998) geprägt; in Tirol, dem Burgenland und Niederösterreich wird an Novellierungen gearbeitet.

Die Regelungsvoraussetzungen des Behindertenrechts sind demgegenüber ungleich komplizierter. Da es einen Kompetenztatbestand „Behindertenwesen" nicht gibt, fällt selbiges gem. Art. 15 Abs. 1 B-VG in die subsidiäre Generalkompetenz der Länder, sofern nicht bundesgesetzlich geregelte Behindertenhilfeleistungen vorgesehen sind. Nur dort, wo behinderungsspezifische Leistungen systematisch nicht auf dem Sozialversicherungs-, Fürsorge- oder Armenwesen gründen, ergibt sich demnach eine Regelungsbefugnis der Landesgesetzgeber[2]. Auch das Behindertenwesen der Bundesländer weist in den Neunzigerjahren eine hohe Novellierungsdynamik (Oberösterreich – LGBl. 113/1991; Vorarlberg LGBl. 9/1994) auf – in Salzburg ist eine Ablösung des geltendes Behindertenrechts durch ein „Eingliederungshilfegesetz" in Vorbereitung.

---

[1] Darüber hinaus wären auch noch die Agenden der Familienpolitik, Frauenförderung, Seniorenförderung und Flüchtlingshilfe/Entwicklungshilfe als Bestandteil des Sozialwesens der Länder zu erwähnen.

[2] Behindertengesetze existieren derzeit in sieben Bundesländern (Wien, Burgenland, Oberösterreich, Salzburg, Steiermark, Tirol [Rehabilitationsgesetz] und Vorarlberg); in Kärnten und Niederösterreich wird diese Materie im Rahmen des Sozialhilfegesetzes geregelt.

Der pflegebedingte Aufwand wurde mit dem 1993 in Kraft getretenen Bundespflegegeldgesetz als eigenständiges soziales Risiko anerkannt[3]. Diese Pflegegeldregelung begünstigte allerdings nur diejenigen Personen, welche bereits bisher einen bundesgesetzlichen Anspruch auf pflegebezogene Geldleistungen hatten. Eine bundesweit einheitliche Regelung für nicht durch das Bundespflegegeldgesetz begünstigte (weder sozialversicherte noch beim Bund bedienstete) Personen wurde durch die 1994 in Kraft getretene Pflege-Vereinbarung zwischen Bund und Ländern gem. Art. 15 a B-VG geschaffen. Das Pflegerisiko wird seither bundesweit nach gleichen Zielsetzungen und Grundsätzen („Homogenitätsgebot") geregelt.
Die Mutterschafts-, Säuglings- und Jugendfürsorge wiederum fällt hinsichtlich der Gesetzgebung über die Grundsätze gem. Art. 12 Abs. 1 Ziff. 1 B-VG in die Kompetenz des Bundes hinsichtlich der Erlassung von Ausführungsgesetzen und die Vollziehung in die Kompetenz der Länder. 1989 hat der Bund ein diesbezügliches Jugendwohlfahrtsgesetz (BGBl. 161/1989) erlassen – in den Jahren 1990 bis 1993 sind in den Ländern entsprechende Ausführungsgesetze in Kraft getreten. Das Grundsatzgesetz wurde zuletzt durch die Novelle 1998 (BGBl. 53/1999) abgeändert, welche unter anderem eine Durchbrechung der Verschwiegenheitspflicht der Professionisten in Sozial- und Gesundheitsberufen im Falle der Misshandlung bzw. des Missbrauchs vorsieht und die „street-work" als Form aufsuchender Sozialarbeit etabliert.
Die Entwicklung dieser vier Felder ist weder politisch noch soziotechnisch – die Methoden wohlfahrtsstaatlicher Intervention betreffend – aufeinander abgestimmt. Dies betrifft die Handhabung unbestimmter Rechts- und Ermessensbegriffe ebenso wie die Sozialplanung oder das Professionalitätsgebot. Während sich etwa im Feld der Jugendwohlfahrt und der Behinderten- bzw. Eingliederungshilfe verhältnismäßig klare Kriterien zur formalen Beschreibung sozialpädagogischer und/oder sozialarbeiterischer Eingriffe und Kompetenzen herausentwickelt haben, bleibt der Einsatz von Sozialarbeit im Rahmen der Sozialhilfe diffus.

2. Erfasste Risiken

Insofern nun die Risikoerfassung in den Subsystemen des Wohlfahrtsstaates der Länder über keine klaren Abgrenzungen verfügt, sind diese Systeme praktisch vielgestaltig miteinander verflochten. In der Tat kommt es zu Co-Finanzierungen, positiven und negativen Zuständigkeitskonflikten, Zuständigkeitslücken, unklaren Fallübergängen von einem System ins andere. Die mangelhafte Abstimmung zwischen den jeweiligen „Leistungstöpfen" führt deshalb unvermeidlich oftmals zu „garbage-can-decisions", das heißt Verwaltungsentscheidungen, die andere Verwaltungsentscheidungen neutralisieren, also Kosten ohne sozialen Integrationsnutzen darstellen.

[3] Vor 1993 wurde das Risiko der Pflegebedürftigkeit auf Bundesebene mehrfach erfasst: durch den Hilfslosenzuschuss der Pensionsversicherung, die Anstaltspflege und medizinische Hauskrankenpflege der Krankenversicherung, durch die Rehabilitationsleistungen der Unfall-, Kranken- und Pensionsversicherung, das Öffentliche Dienstrecht (Hilflosenzulage) sowie das Versorgungsrecht (Pflegezulage). Auf Ebene der Länder wurde das Pflegerisiko im Behinderten-, Blindenbeihilfen- und Sozialhilferecht erfasst.

2.1 Sozialhilfe

Sozialhilfe verkörpert „ex definitione" die Hilfe zur Führung eines menschenwürdigen Lebens für diejenigen, welche dazu öffentlicher Hilfe bedürfen. Ihr kommt die Aufgabe zu, denjenigen Personen, welche aus eigener Kraft den ausreichenden Unterhalt für sich und die ihnen gegenüber unterhaltsberechtigten und im gemeinsamen Haushalt lebenden Angehörigen nicht zu erwirtschaften vermögen, ein menschenwürdiges Leben zu ermöglichen. Als „Zweites soziales Netz" soll sie diejenigen auffangen, welche durch das „Erste soziale Netz", der Sozial- und Arbeitslosenversicherung, des Familienlastenausgleichs oder der Versorgungsleistungen des Bundes entweder nicht bedarfsdeckend oder überhaupt nicht sozial abgesichert werden.

Im System der Sozialhilfe werden vor allem die Risiken nicht vorhandener oder unzureichender Erwerbseinkommen, mangelnder Unterkunft oder im Verhältnis zum Haushaltseinkommen zu hoher Wohnkosten, fehlender Sozialversicherungsverhältnisse sowie individueller Notlagen (Scheidung, Desertion, Verunfallung, chronifizierte Erkrankung, Delogierung) erfasst. Dort, wo zwar Ansprüche auf Versicherungstransfers erworben wurden (Arbeitslosengeld, Pensionsbezug), wo diese aber zu niedrig sind, kommt der Sozialhilfe die Aufgabe zu, das Einkommensniveau der KlientInnen bedarfsorientiert zu sockeln.

2.2 Behindertenhilfe

Im System der Behindertenhilfe werden subsidiär zu den Systemen der Sozialversicherung Risiken der behinderungsbedingten Benachteiligung erfasst. Behindertenhilfe wird dabei denjenigen Personen gewährt, welche nicht in der Lage sind, aufgrund ihrer körperlich-organischen, geistigen und/oder psychischen Leiden und Gebrechen entweder eine angemessene Erziehung, Schul- und Berufsbildung zu erhalten, ihre Persönlichkeit zu entwickeln, sich in die Gesellschaft einzugliedern oder eine jeweils zumutbare Beschäftigung zu erhalten oder beizubehalten. Die gegenständlichen Leiden und Gebrechen müssen dauernd, erheblich oder im Falle von Kleinkindern zumindest absehbar sein. Altersbedingte Leiden und Gebrechen gelten in diesem Zusammenhang nicht als Behinderung. Während die Maßnahmen der Behindertenhilfe auf Bundesebene eher arbeitsmarktzentriert sind, orientieren die Behindertenhilfeleistungen der Länder stärker auf die soziale Integration der Betroffenen.

2.3 Pflegegeld

Im System des Landespflegegeldes haben subsidiär zur Pflegegeldregelung des Bundes all diejenigen Personen einen Anspruch, welche keinen Grundleistungsanspruch nach dem Bundespflegegeldgesetz und ihren Hauptwohnsitz im jeweiligen Bundesland haben. Doppelleistungen sind aufgrund einer Rangordnung der Leistungsträger ausgeschlossen. Die landesgesetzlichen Regelungen entsprechen inhaltlich denjenigen auf Bundesebene. Dabei handelt es sich um pauschalierte Geldleistungen zur Abgeltung eines durch Pflegebedürftigkeit verursachten Mehraufwandes.

2.4 Jugendwohlfahrt

Der Jugendwohlfahrt kommt neben der Mutterschafts- und Säuglingsfürsorge vor allem die Aufgabe zu, die Entwicklung Minderjähriger durch das Anbot von Hilfen zur Pflege und Erziehung zu fördern und/oder durch die Gewährung von Erziehungsmaßnahmen nachhaltig zu sichern. Dabei werden insbesondere die Problemlagen fehlender bzw. beeinträchtigter Erziehung, familiärer und sexueller Gewalt sowie physischer bzw. psychischer Vernachlässigung erfasst. Öffentliche Jugendwohlfahrt ist allen Personen zu gewähren, welche ihren Aufenthalt im Inland haben.

3. Leistungen und Grundsätze

Die Leistungen des Wohlfahrtsstaates der Länder gliedern sich grundsätzlich in Sach-, Transfer- bzw. Geld- und soziale Dienstleistungen. Diesbezüglich kommt den leistungserkennenden Behörden, wenn die Leistung dem Grunde nach als Rechtsanspruch eingeräumt ist, in der Regel ein Auswahlermessen zu[4]. Die Leistungen werden gemeinhin nach den Grundsätzen/Kriterien der Prävention, Nachsorge, Hilfe zur Selbsthilfe, Individualität, Familiengerechtigkeit und Subsidiarität (Nachrangigkeit im Verhältnis zu unterhalts- bzw. leistungspflichtigen Dritten) erbracht. Die Empfänger von Leistungen bzw. die KlientInnen der Hilfesysteme haben gegebenenfalls ihre eigene (Arbeits)Kraft sowie ihr Vermögen einzusetzen und ihre Bedürftigkeit glaubhaft zu machen. Sie sind zur Mitwirkung an der Feststellung ihrer Hilfsbedürftigkeit sowie an der Erbringung der Hilfeleistung selbst verpflichtet und haben allenfalls soziotechnische Eingriffe in ihre individuelle Lebensführung zu dulden.

3.1 Sozialhilfe

Die Sozialhilfe umfasst die Hilfe zur Sicherung des Lebensbedarfes (mit Rechtsanspruch), soziale Dienste und die Hilfe in besonderen Lebenslagen (ohne Rechtsanspruch) sowie in einigen Bundesländern auch die Behindertenhilfe (mit Rechtsanspruch). Dabei treten erhebliche Differenzen zwischen der Rechtsstellung von In- und Ausländern auf[5].

Zum Lebensbedarf zählen der Lebensunterhalt, die Pflege, die Krankenhilfe, die Hilfe

---

4 Eine detaillierte Darstellung der vielfältigen begrifflichen und systematischen Unterschiede zwischen den Systemen der einzelnen Bundesländer ist hier nicht möglich.

5 Auf die Hilfe zur Sicherung des Lebensbedarfes hat der Hilfe Suchende „de lege lata" im Burgenland (§ 7) einen unspezifierten Rechtsanspruch, wenn Hilfsbedürftigkeit vorliegt. In Tirol ist dies für die Hilfe zur Sicherung des Lebensunterhaltes (§ 1 iVm § 4) der Fall. In Oberösterreich hat der Hilfsbedürftige gemäß § 6 iVm § 16 Abs. 9 dann einen Rechtsanspruch, wenn er sich tatsächlich und rechtmäßig im Lande aufhält und darüber hinaus von einer sozialen Notlage bedroht bzw. betroffen ist; Hilfsbedürftigen ohne rechtmäßigen Aufenthalt kann gem. § 6 Abs. 2 im Härtefall soziale Hilfe geleistet werden. Nicht gleichgestellte Ausländer haben auch in Kärnten (§ 3) und Salzburg (§ 6) keinen Rechtsanspruch, sondern erhalten nur im Falle sozialer Härten ausgewählte Leistungen, insbesondere Lebensunterhalt und Krankenhilfe. In Niederösterreich (§ 7) und Wien (§ 7a) besteht für nicht gleichgestellte Ausländer ein beschränkter Rechtsanspruch (Lebensunterhalt, Krankenhilfe). In der Steiermark schließlich hat einen Rechtsanspruch auf die Gewährleistung des Lebensbedarfes, wer zu einem mehr als dreimonatigen Aufenthalt berechtigt ist; wer sich kürzer aufhält, hat einen demgegenüber eingeschränkten Leistungsanspruch.

für werdende Mütter, die Hilfe zur Erziehung und Erwerbsbefähigung, die Anstalten- und Heimunterbringung sowie der Bestattungsaufwand. Der Lebensunterhalt umfasst darin Unterkunft, Nahrung, Bekleidung, Körperpflege, Hausrat, Beheizung und persönliche Bedürfnisse, etwa die Teilnahme am kulturellen Leben. Er wird mit Hilfe von monatlichen Richtsätzen bemessen, die allerdings nur *Richtgrößen* darstellen, also sowohl über- als auch unterschritten werden können. Diese Richtsätze sollen im Wesentlichen den Aufwand für Nahrung, Körperpflege, Wäschereinigung und kulturelle Beziehungen abdecken. Alle anderen Bedarfe, insbesondere Wohnen, Hausrat, Beheizung und Bekleidung sind durch zusätzliche Leistungen zu bedecken.
Handlungsleitende Vorgaben der Sozialhilfegewährung sind vor allem die individuelle und familiengerechte Hilfe, die Befähigung zur nachhaltigen Selbsthilfe, das Präventions- und Nachsorgegebot, der Zwang zum Einsatz der eigenen Arbeitskraft und des eigenen Vermögens sowie das Prinzip der Subsidiarität. Das heißt, dass bei der Gewährung von Sozialhilfe auf die Eigenart und die Ursache der Notlage, insbesondere auf den physischen und psychischen Zustand, den Grad der sozialen Anpassung sowie die persönlichen und familiären Lebensverhältnisse des Hilfe Suchenden Rücksicht zu nehmen ist. Die Hilfe hat bereits vor Ausbruch einer Notlage einzusetzen und soll nachsorgend so lange erfolgen, bis der Antragsteller von öffentlicher Hilfe unabhängig werden kann. Sie soll indes nur insoweit gewährt werden, als nicht andere Personen und Einrichtungen aufgrund gesetzlicher, statutarischer oder vertraglicher Verpflichtungen den Lebensbedarf sichern. In jedem Falle sind eigene Mittel bzw. das verwertbare Vermögen einzusetzen, wenn dadurch die Notlage nicht verschärft wird. Art und Ausmaß der Hilfe sind zudem davon abhängig, dass der Hilfsbedürftige bereit ist, seine Arbeitskraft in zumutbarer Weise („Bemühungspflicht") zur Beschaffung des Lebensunterhaltes einzusetzen. Dabei ist auf den gesundheitlichen Zustand, das Lebensalter, die berufliche Qualifikation sowie auf Haushalts- und Erziehungspflichten Rücksicht zu nehmen.
Auf Hilfe zur Sicherung des Lebensbedarfes haben die Hilfe Suchenden einen Rechtsanspruch. Die Zuerkennung hat dementsprechend durch Bescheid zu erfolgen. Auf eine bestimmte Form der Hilfe besteht allerdings kein Rechtsanspruch; hier kommt der zuerkennenden Behörde ein Auswahlermessen zu. Die Hilfen in besonderen Lebenslagen wiederum erstrecken sich im Wesentlichen auf die Überbrückung außergewöhnlicher Notlagen sowie die Schaffung und Beibehaltung von Wohnraum (praktisch: Anmietungskosten, Übernahme von Mietrückständen). Hierauf ist kein Rechtsanspruch eingeräumt.

3.2 Behindertenhilfe

Als Maßnahmen bzw. Leistungen der Behindertenhilfe kommen die Eingliederungshilfe, die Hilfe zur geschützten Arbeit, die Beschäftigungstherapie, Hilfen zur Unterbringung und persönliche Hilfen in Betracht. Voraussetzung der Gewährung von Maßnahmen sind die Rehabilitationsfähig- und -willigkeit der behinderten Person sowie die Berücksichtigung des Subsidiaritätsprinzips, wonach die behinderte Person nur insoweit Ansprüche auf Leistungen hat, als sie aufgrund anderer Rechtsvorschriften über keine Möglichkeit verfügt, entsprechende Leistungen von Dritten zu erlangen. Bei der Hilfegewährung werden analog zur Sozialhilfe das Gesamteinkommen sowie bestehende Unterhaltsverpflichtungen berücksichtigt. Die Leistungen der Behindertenhilfe sollen vergleichbar der Sozialhilfe präventiv (Früherfassung, Meldepflichten) und nachgehend gewährt werden.

Grosso Modo sind Voraussetzung für die Erlangung von Leistungen der Behindertenhilfe die österreichische Staatsbürgerschaft oder eine Gleichstellung (Wien, Burgenland) sowie der jeweils unterschiedlich befristete ordentliche Wohnsitz im jeweiligen Bundesland. Zudem ist eine „Härten"-Regelung vorgesehen, demnach diese Voraussetzungen im Falle besonderer sozialer Härte nachgesehen werden können.

Maßnahmen der Eingliederungshilfe werden als Hilfe zur sozialen und beruflichen Eingliederung in Gesellschaft und Erwerbsleben gewährt[6]. Es handelt sich dabei neben der Heilbehandlung und Prothetik um Hilfen zur Schulbildung, Erziehung, beruflichen Eingliederung[7] sowie zum Lebensunterhalt[8]. Maßnahmen zur beruflichen Eingliederung sind vornehmlich solche der Berufsausbildung, Um- oder Nachschulung in Lehrwerkstätten sowie der Arbeitsplatzerprobung. Maßnahmen zur sozialen Eingliederung sind vornehmlich solche, welche die psychische Instabilität und soziale Beeinträchtigung der behinderten Person überwinden helfen sollen.

Hilfe zur geschützten Arbeit besteht entweder in der Hilfe auf einem geschützten Arbeitsplatz vorwiegend in einem regulären Betrieb oder in einer geschützten Werkstätte, in welcher sich überwiegend oder ausschließlich Arbeitsplätze für Behinderte befinden. Geschützte Arbeit wird Personen gewährt, deren Arbeitsleistung nicht weniger als 50 % vergleichbarer nicht-behinderter Personen beträgt. Die Hilfeleistung der geschützten Arbeit besteht darin, dass für den Behinderten, der in einer geschützten Werkstätte das volle kollektivvertragliche Arbeitsentgelt erhält, dem Träger der geschützten Werkstätte der Unterschied zwischen dem Wert der tatsächlichen Arbeitsleistung des Behinderten und dem kollektivvertraglichen Arbeitsentgelt ersetzt wird[9].

Zweck der Beschäftigungstherapie ist es, bei Behinderten, die beruflich nicht (re)integrierbar sind, die vorhandenen Fähigkeiten zu stabilisieren und zur Eingliederung in die Gesellschaft beizutragen. Aufgabenstellung der Hilfen zur Unterbringung ist es, Personen, welche an Maßnahmen der geschützten Arbeit und Beschäftigungstherapie teilnehmen, in Anstalten oder Wohnheimen unterzubringen, wenn dadurch der Erfolg ermöglicht oder sichergestellt werden kann. Persönliche Hilfen

---

[6] Eingliederungshilfe ist dann nicht zu gewähren, wenn das Ziel der Schulbildung, Berufsausbildung bzw. Beibehaltung des Berufes absehbar nicht erreicht werden kann und ist, wenn bereits gewährt, nach denselben Kriterien einzustellen.

[7] Im Einzelfall soll dasjenige Maßnahmenbündel gewährt werden, welches der Eigenart der Behinderung am besten Rechnung trägt.

[8] Im Rahmen der Gewährung von Lebensunterhalt werden in der Regel 150 % des Sozialhilferichtsatzes veranschlagt.

[9] Auch hier existieren bestimmte Ausschluss- und Einstellungskriterien, zB wenn der Behinderte den Anforderungen der geschützten Arbeit nicht gewachsen ist oder den Zweck der geschützten Arbeit grob fahrlässig gefährdet.

schließlich umfassen die Beratung und Betreuung der behinderten Person und ihrer Familie zur Überwindung der psychischen Probleme und Gestaltung von Lebensverhältnissen.

3.3 Pflegegeld

Das Pflegegeld wird als pauschalierte Abgeltung von den durch körperliche, geistige oder psychische Behinderungen verursachten Mehrbedarfen in sieben Pflegestufen, abhängig vom jeweiligen Pflegebedarf, indes unabhängig von Einkommen oder Vermögen der betroffenen Person zwölfmal jährlich gewährt. Die Pflegegeldleistungen umfassen zudem auch Taschengeldleistungen und Ausgleichszahlungen. Pflegegeld wird entweder direkt an die zu pflegende Person oder an die Pflegeleistung erbringende Einrichtung (die auch ein Sozialhilfeträger sein kann) geleistet. Dabei ist die Art und Weise der Entstehung der Pflegebedürftigkeit für das Bestehen des Anspruchs auf Pflegegeld unerheblich. Im Gegensatz zum Bundespflegegeld sieht das Landespflegegeld in der Mehrzahl der Länder kein Mindestalter der zu pflegenden Person vor.

3.4 Jugendwohlfahrt

Im Zentrum der Jugendwohlfahrt stehen die Hilfen zur Erziehung. Sie gliedern sich in die ambulante Unterstützung zur Erziehung durch Beratungs- und Betreuungseinrichtungen sowie in die stationäre volle Erziehung bei Pflegeeltern, in einer Wohngemeinschaft oder einem Heim[10]. Darüber hinaus sind die Aufgaben der Jugendwohlfahrt breit gestreut: Sie reichen von der Mutterberatung und Elternschulung über die Jugendgerichtshilfe, die Vermittlung der Annahme an Kindes statt (Adoption) bis hin zur niedrigschwelligen ambulanten Sozialarbeit („street-work").

Die Unterstützung der Erziehung zielt insbesondere auf die Steigerung der pädagogischen Kompetenzen des/r Erziehungsberechtigten sowie die Gewährleistung einer gewaltlosen Erziehung. Während nun der Minderjährige bei der Unterstützung der Erziehung in seiner familiären Umgebung verbleibt, wird er im Falle der vollen Erziehung von seiner bisherigen Umgebung getrennt. Dabei hat die Unterbringung in einer Pflegefamilie entsprechend dem Primat der Familienerziehung grundsätzlich Vorrang – dies gilt insbesondere für Kleinkinder und unmündige Minderjährige. Nur wenn sie sozialpädagogisch-therapeutisch indiziert ist, soll eine Unterbringung in einem Heim bzw. einer betreuten Einrichtung erfolgen – dies kommt insbesondere bei mündigen Minderjährigen in Betracht.

Beide Formen der Hilfen zur Erziehung können entweder freiwillig, auf Basis einer Vereinbarung zwischen einem Jugendamt und den Eltern eines Jugendlichen oder gegen den Willen der Erziehungsberechtigten, dann aber nur auf Grundlage eines gerichtlichen Beschlusses, erbracht werden. Grundsätzlich ist dabei jeweils die gelindeste, noch zum Ziel führende Maßnahme zu treffen.

---

[10] Vergleichbar der Sozial- und Behindertenhilfe trifft auch hier die Länder eine Institutionengarantie, dernach sie zur Erfüllung der Aufgaben der Jugendwohlfahrt soziale Dienste, Pflegekindplätze, Heime und sonstige Einrichtungen einzurichten bzw. sicherzustellen haben.

Vergleichbar der Sozial- und Behindertenhilfe sind auch hier die Begünstigten und die ihnen gegenüber Unterhaltsverpflichteten zur anteiligen Kostentragung gegebenenfalls (rückwirkend für drei Jahre) heranzuziehen, soweit sie dazu nach ihren Lebensverhältnissen imstande sind.

4. LeistungsempfängerInnen

Die Entwicklung der Empfänger- bzw. KlientInnenzahlen legt bemerkenswerte Unterschiede zwischen den Hilfesystemen offen; allerdings müssen bei der Darstellung dieser Entwicklung erhebliche Unschärfen in Kauf genommen werden.

4.1 Sozialhilfe

1993 betrug die Gesamtzahl der SozialhilfebezieherInnen[11] noch 112.830 einschließlich der einmaligen Aushilfen. Dies entsprach einem Rückgang der Bezieherzahlen im Zeitraum 1987 bis 1993 um 1,9 %. 1996 wurden indes nur mehr 69.360, davon 29.271 DauerleistungsbezieherInnen, das ist der zentrale Indikator für das Ausmaß der Sozialhilfebelastung, erfasst. Dies entsprach einem weiteren Rückgang im Ausmaß von 39 %. Die Statistik für 1997 erfasste 32.336 BezieherInnen von Leistungen zur Sicherung des Lebensunterhaltes in der offenen Sozialhilfe (außerhalb von Anstalten und Heimen), davon 11.302 Männer und 16.046 Frauen. Der Großteil davon, nämlich 26.673, waren DauerleistungsbezieherInnen. In der geschlossenen Sozialhilfe wurde 36.164 Personen erfasst. Insgesamt erreichte die Zahl der SozialhilfebezieherInnen 1997 also 68.500. Dies entspricht einem neuerlichen Rückgang in Höhe von 1,3 %[12]. Bedauerlicherweise sind die dem Österreichischen Statistischen Zentralamt seitens der Bundesländer zugemittelten Daten äußerst fragwürdig[13] und ermöglichen es deshalb nur, die *ungefähre Richtung* der Entwicklung zu erfassen.

4.2 Behindertenhilfeempfänger

Österreichweit sind für 1997 keine Angaben über die Anzahl der durch die Behindertenhilfe der Länder unterstützten Personen möglich. Eine Schätzung für das Jahr 1996 beläuft sich auf 78.000 Personen. 1991 haben nachweislich 17.086 Personen Blindenbeihilfe und 72.223 Personen Behindertenhilfe einschließlich Pflegegeld empfangen.

---

[11] Vom Risiko her gesehen erhalten 2/3 der KlientInnen aufgrund von Pflege- und Anstaltsbedürftigkeit sowie einer Behinderung Sozialhilfe, 10 % erhalten Sozialhilfe als Ergänzung zum (falls überhaupt vorhandenen) Arbeitslosengeld und in weniger als 10 % der Fälle liegt kein eigenes Einkommen vor. 60 % der Klientel sind weiblich.

[12] Berücksichtigt man hier allerdings die 55.567 einmaligen Aushilfen, welche indes nach Fällen und nicht nach Unterstützten erfasst sind, zumal die Aushilfen in der Regel ja oftmals auch zusätzlich zu den Dauerleistungen gewährt werden, dann liegt die Gesamtzahl der Unterstützten beträchtlich höher.

[13] So meldete das Amt der Salzburger Landesregierung für das Land Salzburg (1997) insgesamt 4.082 Fälle; die Stadt Salzburg aber meldete ihrerseits für 1997 an das Land 4.728 Fälle mit 6.556 unterstützten Personen.

4.3 Pflegegeldbezieher

1997 haben 44.565 Personen Landespflegegeld empfangen; davon 6.821 in Stufe 1, 12.110 in Stufe 2, 9.660 in Stufe 3, 3.930 in Stufe 4, 3.994 in Stufe 5, 2.352 in Stufe 6 und 1.100 in Stufe 7, 4.598 Personen erhielten sonstige Leistungen.

4.4 Betreute Minderjährige

1997 wurden 22.349 Kinder und Jugendliche im Rahmen der Jugendwohlfahrt betreut[14], davon waren 5.386 Neuaufnahmen; 1994 waren es 26.250 gewesen. 1997 waren 12.079 der Betreuten männlich und 10.270 weiblich, 13.030 älter als zehn Jahre; 1.679 (8 %) von ihnen waren Ausländer – der Ausländeranteil an den Neuzugängen ist damit doppelt so hoch wie an den bereits bestehenden Fällen. 1.188 Betreute wurden 1997 im Status „behindert" erfasst, 35 % von ihnen waren in Heimen untergebracht.

In 14.908 Fällen (von 22.349) blieben die Minderjährigen in ihrer Herkunftsfamilie; in 7.043 Fällen wurden sie bei Pflegeeltern, in einem Heim oder in einer betreuten Wohngemeinschaft untergebracht. 31 % der Fälle voller Erziehung basierten auf gerichtlichen Verfügungen.

Als Gründe für die Hilfen bzw. Maßnahmen der Jugendwohlfahrt wurden vor allem Erziehungsprobleme (10.902 Fälle), ungünstige wirtschaftliche Verhältnisse (8.945), Scheidung, Trennung, Krankheit oder Tod der erziehenden Person (6.154), Verhaltensauffälligkeit des/r Minderjährigen (6.348) sowie Alkoholmissbrauch der erziehenden Person (3.011) genannt.

5. Wohlfahrtsaufwand

Die Bruttoausgaben der Länder für soziale Wohlfahrt und Wohnbauförderung stiegen von 1990 bis 1996 um 45,5 % von ATS 35,43 Mrd. auf ATS 51,54 Mrd. (bzw. von 2,57 Mrd. € auf 3,75 Mrd. €). Zugleich sind auch die korrespondierenden Einnahmen von ATS 27,7 Mrd. auf ATS 40,56 Mrd. (bzw. von 2,01 Mrd. € auf 2,95 Mrd. €) um 46,4 %, also etwas stärker als die Ausgaben, angewachsen. Netto waren daher 1990 ATS 7,73 Mrd. (0,56 Mrd. €) und 1996 ATS 10,97 Mrd. (0,8 Mrd. €) aufzuwenden.

1997 wurden für Sozialhilfe-, Behindertenhilfe und Pflegegeldleistungen brutto ATS 27,79 Mrd. (2,02 Mrd. €) aufgewendet; davon entfielen ATS 5,07 Mrd. (370 Mio. €) auf die offene Sozialhilfe, ATS 8,89 Mrd. (650 Mio. €) auf die geschlossene Sozialhilfe in Altenwohn- und Pflegeheimen, ATS 2,91 Mrd. (210 Mio. €) auf soziale Dienste, ATS 6,66 Mrd. (480 Mio. €) auf die Behindertenhilfe, ATS 3,308 Mrd. (240 Mio. €) auf Pflegegeld, ATS 0,39 Mrd. (28,9 Mio. €) auf das Flüchtlingswesen und ATS 0,57 Mrd. (41,5 Mio. €) auf sonstige Maßnahmen.

---

[14] 1997 existierten demgegenüber 33.025 Wohnplätze für Minderjährige, 10 Mutter-Kind-Heime, 33 Mutter-Kind-Wohnungen, 105 betreute Wohngemeinschaften, 1.341 Kinderbetreuungseinrichtungen, 38 Einrichtungen der sozialpädagogischen Familienhilfe, 87 Eltern-Kind-Zentren und 73 Heime bzw. Krisenzentren.

Dem entsprachen Einnahmen im Ausmaß von ATS 7,5 Mrd. (540 Mio. €), wobei die Einnahmen den jeweiligen Ausgaben nicht exakt gegengerechnet werden können. Netto wurden also ATS 20,3 Mrd. (1,47 Mrd. €) aufgewendet. Die Aufwendungen für die Jugendwohlfahrt betrugen 1995 netto ATS 1,908 Mrd. (140 Mio. €) Unter Fortschreibung der allgemeinen Budgetsteigerungsraten der nachfolgenden Jahre (Gruppe 4) wird hier der Jugendwohlfahrtsaufwand für 1997 mit ATS 2,2 Mrd. (160 Mio. €) angesetzt. Der Nettoaufwand der Bundesländer für die vier hier untersuchten Wohlfahrtsfelder beläuft sich damit auf ATS 22,5 Mrd. (1,63 Mrd. €)[15].

5.1 Sozialhilfeaufwand

Dem mittelfristigen Rückgang der Empfängerzahlen in der Sozialhilfe entspricht zugleich eine signifikante Verschiebung im Leistungsaufwand.

Im Jahr 1997 wurden ATS 1,1 Mrd. oder 80,1 Mio. € (brutto) für Richtsätze bei Dauerleistungen ausgegeben; weitere ATS 0,34 Mrd. (24,6 Mio. €) für Mietbeihilfen; ATS 0,61 Mrd. (44,6 Mio. €) für (einmalige) Geldaushilfen zur Sicherung des Lebensbedarfes, ATS 2,19 Mrd. (158,9 Mio. €) für die Krankenhilfe, davon alleine ATS 1,22 Mrd. (88,4 Mio. €) für die Unterbringung in psychiatrischen Anstalten. Insgesamt erreichten die Bruttoausgaben der offenen Sozialhilfe sohin eine Größenordnung von ATS 5,07 Mrd. (368,1 Mio. €). Hinzu kommen die Aufwendungen für die Unterbringung in Altenwohn- und Pflegeheimen in Höhe von ATS 8,89 Mrd. (645,9 Mio. €), die sozialen Dienste in Höhe von ATS 2,91 Mrd. (211,7 Mio. €), die Flüchtlingshilfe in Höhe von ATS 0,389 Mrd. (28,3 Mio. €) sowie die Aufwendungen für Obdachlosenwohnheime, Wohnprojekte und Ähnliches in Höhe von ATS 0,57 Mrd. (41,5 Mio. €). Diesen Bruttoaufwendungen in Höhe von ATS 14,91 Mrd. (1,08 Mrd. €) stehen Einnahmen in Höhe von ATS 6,31 Mrd. (458,3 Mio. €) gegenüber, so dass von einem Nettoaufwand in Höhe von ATS 8,61 Mrd. (625,4 Mio. €) auszugehen ist. Eine Aufschlüsselung der Brutto-Aus-

---

[15] In diesem Zusammenhang müssten freilich auch noch (unter Inkaufnahme erheblicher Unschärfen) die Nettoaufwendungen der *Gemeinden,* welche ja an der Kostentragung des Wohlfahrtsaufwandes der Länder beteiligt sind, sowie der *Sozialhilfeverbände,* zugeschlagen werden. Die Gemeinden wiesen konkret 1996 einen Nettoaufwand in Höhe von ATS 21,868 Mrd. oder 1,59 Mrd. € (ATS 33,54 Mrd. oder 2,44 Mrd. € Ausgaben/ATS 11,68 Mrd. oder 850 Mio. € Einnahmen) für soziale Wohlfahrt einschließlich Wohnbauförderung aus; hochgerechnete 62 % davon stellten Transferzahlungen an die Länder als Leistungsträger dar. Somit sind nochmals ATS 13,56 Mrd. (990 Mio. €) in den Nettoaufwand hineinzurechnen, wobei allerdings die Abgrenzung zur allgemeinen Familien- und Seniorenpolitik erhebliche Probleme bereitet. Schließlich hatten auch noch die Sozialhilfeverbände einen Nettoaufwand in Höhe von ATS 1,942 Mrd. (141,1 Mrd. €) zu tragen. Insgesamt belaufen sich die wohlfahrtsstaatlichen Nettoaufwendungen der Länder und Gemeinden also auf ATS 38 Mrd. (2,76 Mrd. €).

gaben zeigt nun, dass die inkriminierten Richtsatz-/Dauerleistungen 7,4 % des gesamten Sozialhilfeaufwandes erreichen. Als kostenintensivste Hilfeleistung ist mit 59,6 % aller Leistungen der Aufwand in den landeseigenen und privaten Altenwohn- und Pflegeheimen ausgewiesen.

Ein längerfristiger Vergleich (1991 bis 1997) zeigt, dass im Gegensatz zur öffentlichen Sparzwangrhetorik der Sozialhilfe-Nettoaufwand der Länder gesunken ist. Augenfällig wurden einerseits die Gemeinden und Sozialhilfeverbände stärker in die Finanzierungspflicht genommen, andererseits die Einnahmen von Leistungsbeziehern und verpflichteten Dritten gesteigert. Besonders auffällig ist, dass die in der öffentlichen Missbrauchsdebatte inkriminierten Leistungen für Dauerunterstützte (Richtsatzleistungen) tatsächlich stagnieren, wogegen die Kosten für die geschlossene Sozialhilfe in Anstalten und Heimen sprunghaft angestiegen sind.

Ausgaben in ATS Mrd.	1991	91 (€)	1997	97 (€)
Dauerleistungen/Richtsätze	1,021	74,2	1,102	80,1
Einmalige Leistungen, inkl. Mietaufwand, Wohnprojekte und Krankenhilfe	2,464	179,1	4,101	298,0
Ausgaben für Personen in Heimen und Anstalten	6,917	502,7	8,887	645,8
Nicht personenbezogene Ausgaben	0,968	70,35	0,822	59,7
Sozialhilfeausgaben insgesamt	11,372	826,4	14,912	1.083,7
Einnahmen	2,606	188,4	6,538	475,1
Nettoaufwand	8,766	637,1	8,374	608,6

Versucht man eine grobe Aufwandsverteilung, so fließen im Beobachtungszeitraum ca. 80 % des Sozialhilfeaufwandes in die stationäre Versorgung in Heimen und Anstalten sowie in die ambulante Pflegeversorgung. Der Aufwand für ein- und mehrmalige Geldleistungen in der offenen Sozialhilfe (auf Basis von Richtsätzen) liegt bei knapp 12 % des Sozialhilfebudgets – der durchschnittliche Sozialhilfe-Richtsatz entspricht 1993 im Übrigen 35 % des Pro-Kopf-Durchschnittskonsums. Knapp 2/3 dieser Geldleistungen werden für behinderte oder ältere arbeitsunfähige Menschen aufgewendet. *Sozialhilfe ist sohin in erster Linie Altersversorgung:* 1995 wurden 72 % aller Wohlfahrtsaufwendungen für Personen über 65 aufgewendet. Andere Untersuchungen (Gantner 1994) wiederum kommen zum Schluss, dass 71 % der Sozialhilfeausgaben im Bereich Heime/Anstalten, 21 % als offene Sozialhilfe und 8 % im Bereich sozialer Dienste verausgabt werden.

5.2 Behindertenhilfeaufwand

Die Ausgaben für die Behindertenhilfe erreichten 1997 ein Volumen von ATS 6,66 Mrd. (483,8 Mio. €), denen Einnahmen in Höhe von ATS 1,11 Mrd. (80,8 Mio. €) korrespondierten. Dies entspricht einem Nettoaufwand in Höhe von ATS 5,55 Mrd. (403,0 Mio. €). Die (brutto) teuersten Maßnahmen waren dabei die Unterbringung von Behinderten in Heimen und Anstalten einschließlich tagesstrukturierender Maßnahmen mit ATS 2,16 Mrd. (157,1 Mio. €) sowie die Beschäftigungstherapie mit ATS 1,82 Mrd. (132,1 Mio. €). Für Förderungsmaßnahmen zur sozialen Eingliederung waren ATS 0,84 Mrd. (61,0 Mio. €), für die geschützte Arbeit ATS 490 Mio. (35,6 Mio. €), für die Suchtkrankenhilfe ATS 0,13 Mrd. (9,3 Mio. €) und für sonstige Leistungen ATS 1,22 Mrd. (81,4 Mio. €) zu veranschlagen.

Ausgaben in Mrd. ATS	1991	91 (€)	1997	97 (€)
Unterbringung, Betreuung, Tagesstrukturierung	n.e.	n.e.	2,161	157,1
Beschäftigungstherapie inkl. berufliche Eingliederungsmaßnahmen	2,549	185,2	1,817	132,1
Geschützte Arbeit	0,765	55,6	0,490	35,6
Suchtkrankenhilfe	n.e.	n.e.	0,128	9,3
Förderungsmaßnahmen soziale Eingliederung	n.e.	n.e.	0,839	61,0
Sonstige Leistungen	1,722	125,1	1,220	81,4
Bruttoaufwand	5,036	386,0	6,657	438,8
Einnahmen	0,601	43,7	1,112	80,8
Nettoaufwand	4,435	322,3	5,545	403,0

Hier zeigt die Entwicklung einen deutlichen Kostenanstieg, berücksichtigt man, dass 1991 Pflegegeld in Höhe von ATS 0,92 Mrd. (67 Mio. €) und Blindenbeihilfen in Höhe von ATS 1,55 Mrd. (112,9 Mio. €) zur Auszahlung gelangten, die 1997 nicht mehr im Rahmen der Behindertenhilfe budgetiert werden. Zugleich wird deutlich, dass sich das Schwergewicht der Behindertenhilfe der Länder auf die Maßnahmen der schulischen und sozialen Eingliederung konzentriert, während die auf die Arbeitsmarktintegration der Betroffenen gerichteten Maßnahmen budgetär an Gewicht verloren haben. Dies entspricht weitgehend Befunden, welche darauf hindeuten, dass die Integration behinderter Personen in den Regelarbeitsmarkt zusehends erschwert wird.

5.3 Pflegegeldaufwand

Der Pflegegeldaufwand erreichte 1997 ein Volumen in Höhe von ATS 3,31 Mrd. (240,4 Mio. €), wobei die höchsten Aufwendungen für die Pflegestufen 2 und 3 zu verbuchen waren. 1994, dem ersten Jahr der gesonderten Erfassung des Pflegegeldaufwandes, erreichte der Aufwand ATS 3,39 Mrd. (246,3 Mio. €). Folglich ist ein leichter Anstieg der Ausgaben in Höhe von 2,4 % zu verzeichnen.

5.4 Jugendwohlfahrtsaufwand

Die Aufwendungen der Länder für die Jugendwohlfahrt lassen sich nur aus den Rechnungsabschlüssen der Länder ersehen[16]. 1995 erreichte der Bruttoaufwand für die Jugendwohlfahrt im aggregierten Rechnungsabschluss aller Bundesländer ein Volumen von ATS 3,28 Mrd. (238,2 Mio. €) – bereinigt um die Einnahmen in Höhe von ATS 1,369 Mrd. (99,5 Mio. €) lag der Netto-Aufwand bei ATS 1,91 Mrd. (138,7 Mio. €). Dabei lag der Aufwand der anstaltlichen Jugendwohlfahrt in Heimen und vergleichbaren Einrichtungen bei ATS 0,42 Mrd. (30,8 Mio. €), derjenige für die übrigen Maßnahmen einschließlich des Pflegeelternwesens bei ATS 1,48 Mrd. (107,9 Mio. €). Mittelfristig gesehen stieg der Nettoaufwand zwischen 1991 und 1995 um 47,9 %.

6. Gegenwärtige Entwicklungstendenzen

Die Entwicklungstendenzen des Wohlfahrtsstaates der Länder und Gemeinden sind im Wesentlichen durch einen Anstieg des durchschnittlichen Lebensalters seiner Klientel gekennzeichnet: Knapp 72 % aller Leistungen gehen an Personen über 65. Ferner prägen eine sehr hohe Kostensteigerungsdynamik im anstaltlichen bzw. geschlossenen Bereich und ein anhaltender Ausbau der sozialen Dienste sowie der ambulanten Leistungen sein Erscheinungsbild. Was die Typenwahl zwischen Geld-, Sach- und Dienstleistungen betrifft, so ist festzustellen, dass hier zwei gegenläufige Trends vorfindlich sind: Einerseits einen selektiven Ausbau von Geldleistungen (Pflegegeld), andererseits eine Rücknahme von Geldleistungen zugunsten von Sach- und Dienstleistungen.
Unübersehbar sind in den letzten Jahren die Finanzierungs- und Zuständigkeitskonflikte zwischen Ländern und Gemeinden bzw. Sozialhilfeverbänden im Bereich der Sozial- und Behindertenhilfe aber auch der Jugendwohlfahrt eskaliert. Eine Ursache hierfür ist die spezifische Mobilität sozialer Probleme, die zu einer überproportionalen Kostenbelastung urbaner Zentralräume führt.

6.1 Sozialhilfe

Die jüngere Entwicklung des Sozialhilfesystems ist, einmal abgesehen von den durch den EU-Beitritt erforderlich gewordenen Anpassungsleistungen, durch *vier Momente* gekennzeichnet: Zum Ersten durch den Ausschluss von Drittstaaten-Ausländern aus dem Pflichtleistungsbereich; zum Zweiten von einer tendenziellen Verlagerung der

[16] Dabei melden einige Jugendwohlfahrtsabteilungen in den Ländern allerdings andere Zahlen als sich im jeweiligen Landesrechnungsabschluss finden lassen.

Leistungserbringung aus dem Pflicht- in den Kannleistungsbereich, zum Dritten durch eine vertiefte Polarisierung zwischen den moralisch anerkannten Risiken etwa der älteren Dauerleistungsbezieher einerseits und den moralisch illegitimen Risiken etwa der jüngeren Einzelleistungsbezieher und zum Vierten durch ein enormes Anwachsen der Nichtinanspruchnahme.

Die Problemlagen der Klientel verschieben sich aufgrund der massiven Zunahme von Niedrigeinkommensbezügen und Arbeitsersatzeinkommen (Arbeitslosenversicherung, Pension); zugleich verengen sich die Arbeitsmarktzugänge für Behinderte, Unqualifizierte, Wiedereinsteigerinnen, allein erziehende Frauen, problematische Jugendliche und Langzeitarbeitslose. Neue Armutsfallen wie Schuldentürme, Scheinselbständigkeit und sukzessive Arbeitslosigkeitspassagen entstehen. Im Zuge der anhaltenden Missbrauchsdebatte bildet sich eine Differenzierung zwischen sozial integrierbaren und sozial ausgegrenzten Personen heraus. Im behördlichen Rechtsvollzug setzt sich eine Dynamik der Ökonomisierung und Rationalisierung wohlfahrtsstaatlicher Leistungen, der „wirtschaftlichen Inwertsetzung" sozialer Arbeit durch.

6.2 Behindertenhilfe

Die jüngere Entwicklung der Behindertenhilfe ist durch einen verstärkten Ausbau der ambulanten sozialen Dienste, gesteigerte Anforderungen an die Arbeitsmarktintegration Behinderter, zugleich durch eine stärkere Konturierung der Zielsetzungen der sozialen Stabilisierung und soziokulturellen Integration Behinderter gekennzeichnet. Insofern zeichnet sich ein Funktionswandel der Landes-Behindertenhilfe ab: Sie grenzt ihre Schwerpunktbildung deutlicher ab von der Zielsetzung der Arbeitsmarktintegration und konzentriert sich auf Maßnahmen der lebensweltlichen Integration (zB selbständig Wohnen). Allerdings zeigen sich zugleich auch Elemente einer sozialen Polarisierung der Risikoerfassung: Dabei werden jüngere Behinderte ohne soziale Auffälligkeit gegenüber älteren mit soziopathischen Verhaltensformen begünstigt.

6.3 Landespflegegeld

Dem Pflegegeldsystem werden soziale Treffsicherheit und hohe Akzeptanz attestiert (Badelt 1997). Dies spiegelt sich auch darin, dass die Länder, anders als im von moralischen Delegitimationsrisiken bedrohten Bereich der offenen Sozialhilfe[17], auf Grundlage der Vereinbarung zwischen Bund und Ländern gem. Art. 15 a B-VG über die gemeinsamen Maßnahmen für pflegebedürftige Personen zwischen 1996 und 1998 zwecks Sicherstellung von Mindeststandards Bedarfs- und Entwicklungspläne verabschiedet haben. Zudem wird mit der Bundespflegegeldgesetz-Novelle 1999 (BGBl. 111/1998) der für die Einstufung in Pflegestufe 4 erforderliche Stundenaufwand von 180 auf 160 gesenkt. Dadurch wird die Nachfragefähigkeit schwer pflegebedürftiger Menschen nach sozialen Diensten gesteigert – die Einstufungsverordnungen der Bundesländer haben diese Anpassung zwischenzeitlich nachvollzogen.

Im Landespflegegeldbereich zeigt sich so einerseits eine relative Stabilität der Klienten-

[17] Wiederum anders verhält sich die Situation in den sozialen Diensten – vgl. Hofer 1996.

entwicklung und Budgetlastzahl – ein Stagnieren der Empfängerzahlen bei geringfügigem Anstieg der Brutto-Aufwendungen und einem Sinken des Nettoaufwands, andererseits ein hohes Tempo der Systementwicklung. Die Verteilung der Klientel über die Skala der Pflegestufen zeigt, dass sich die höheren Stufen (4 bis 7) stabilisiert haben, wogegen in den niedrigeren Stufen vergleichsweise höhere Fluktuation vorfindlich ist.

6.4 Jugendwohlfahrt

Der 1996 vorgelegte Bericht an den Nationalrat über die Auswirkungen des Jugendwohlfahrtsgesetzes 1989 führte zu seiner Novelle 1998 (BGBl. 53/1999). Darin wurden unter anderem Maßnahmen zur Professionalisierung der in der Jugendwohlfahrt Tätigen, die Ausweitung des Angebotes an sozialen Diensten, die Erweiterung des Pflegegeldanspruches (der Pflegeeltern) auf verwandte Personen, die Legitimation der Erlebnispädagogik als zulässiger methodischer Ansatz, die Durchbrechung der Verschwiegenheitspflicht von Angehörigen der Gesundheitsberufe im Falle der Gefährdung des Kindeswohls sowie ein Kostenersatz der Eltern bei Maßnahmen zur Unterstützung der Erziehung beschlossen.

Diese Maßnahmen, die binnen Jahresfrist von den Ländern im Wege der Ausführungsgesetzgebung umzusetzen sind, vertiefen die bereits vorhandene Tendenz zum Ausbau des Pflegeelternwesens bei gleichzeitiger Reduzierung der anstaltlichen Unterbringungen sowie auch die Tendenz zur Belassung von Minderjährigen im Haushalt der Eltern. Unbeschadet der Professionalisierung und Standardisierung jedoch zeigt sich eine soziale Polarisierung der Maßnahmen der Jugendwohlfahrt. Denn die Logik einer diskursiven „Vertragsjugendwohlfahrt", in der zwischen Eltern und Jugendamt (relativ) freie Vereinbarungen über Maßnahmen der Erziehungshilfe und Fremdunterbringung geschlossen werden, in der dem Jugendamt also keine hoheitliche Gewalt mehr der Familie gegenüber zukommt, begünstigt vor allem diejenige Klientel, welche überdurchschnittlich verbal und sozial kompetent ist. Diejenigen Eltern (Unterhaltsverpflichteten) hingegen, welche nicht in der Lage sind, ihre lebensweltlichen Interessen gegenüber dem jeweiligen Jugendwohlfahrtsträger und seinen Behörden zu plausibilisieren bzw. durchzusetzen, laufen eher Gefahr, Adressaten eines pflegschaftsgerichtlichen Beschlusses und damit eines hoheitlichen Eingriffes zu werden. Insofern trennt das System der Jugendwohlfahrt seine Klientel auf, nämlich in eine verbal und sozial kompetentere Gruppe, welche sich mit den behördlichen Vertretern auf diskursive Weise ins Einvernehmen setzen kann und in eine Gruppe, die nach wie vor ein Objekt wohlfahrtsstaatlicher Zurichtungen ist.

7. Reformperspektiven im Wohlfahrtsstaat

Reformen des Wohlfahrtsstaates wurden in jüngerer Zeit vor allem in Hinblick auf eine bedarfsorientierte Grundsicherung (BMAGS 1999, siehe auch der Aufsatz von Agnes Streissler in diesem Band) diskutiert. Im Folgenden sollen im Lichte dieser Debatte Reformoptionen unterschiedlicher Reichweite auf drei Ebenen verhandelt werden, nämlich a) die Verabschiedung eines Bundessozialhilfegrundsatzgesetzes, b) die Kodifikation des Landeswohlfahrtsrechts und c) die Verwirklichung des "one-desk"-Prinzips.

7.1 Vereinheitlichung der Rechtslage durch ein Bundessozialhilfegesetz

Zweifellos verfügen die Länder über eine ganze Reihe gleichartiger Rechtsgrundlagen im Bereich der Sozialhilfe. Dies betrifft einmal die allgemeinen Grundlagen und Zwecksetzungen der Sozialhilfe (Hilfe zur Selbsthilfe, Subsidiarität, Individualisierungsgrundsatz, Familienorientierung, Einsatz der eigenen Arbeitskraft und Mittel), aber auch das Richtsatzprinzip, die innere Aufgliederung in spezifische Leistungsformen und anderes mehr[18].

Vor allem geht es im Rahmen eines Bundessozialhilfegrundsatzgesetzes um die Schaffung von einheitlichen Mindeststandards. Diese Mindeststandards könnten bzw. sollten mehrere Elemente umfassen, insbesondere

- die Vorgabe einheitlicher Richtsätze, um eine regionale Differenzierung von Lebenshaltungsniveaus zu verhindern und eine klare Regelung in Hinblick auf die Richtsatzfortschreibung (Anpassung) zu ermöglichen;
- die Festschreibung des Umfangs der Leistungen, auf welche unbedingt ein Rechtsanspruch besteht;
- die Gewährleistung eines möglichst gleichförmigen Zugangs zum Recht (zB Antragsbindung, Amtswegigkeit, Weitergewährung von Hilfe, Sanktionen);
- die Festlegung eines regulär monatlichen Bezugszeitraums;
- die Festsetzung einheitlicher Vorgaben für die Pauschalierung von (bisher einzeln und unsystematisch gewährten) Leistungen in Form von pauschalierten Mehrbedarfszuschlägen je nach Haushaltsgröße und Bedarfslage;
- die Vereinheitlichung von Bestimmungen über das Erfordernis des Einsatzes der eigenen Arbeitskraft, die Zumutbarkeit des Einsatzes der eigenen Arbeitskraft sowie die Etablierung des Bestandsschutzes im Sozialhilferecht (kein Zwang zu atypischer, nachhaltig dequalifizierender Arbeit);
- die Vereinheitlichung von Bestimmungen zur Beschränkung der Verwertbarkeit von Vermögen und zur Festlegung von Schonvermögen (zB in Form des zehnfachen dem jeweiligen Haushalt zustehenden Richtsatzes);
- den Ausschluss des Regresses bei laufendem Bezug in der offenen Sozialhilfe sowie genauere Voraussetzungen für den Abgleich zwischen dem Nachsorgegebot einerseits und dem Regressprinzip andererseits.

Insbesondere erscheint in diesem Zusammenhang die Schaffung eigener *Sozialhilfe-Verfahrensbestimmungen* zweckmäßig. Diese sollten insbesondere Antrags- und

---

[18] Zweifellos lassen sich Unterschiede in der Rechtslage im Bundesländervergleich ausfindig machen. Diese scheinen indes nicht derart gravierend, dass ein Bundesgrundsatzgesetz („Bundessozialhilfegesetz") a limine verworfen werden müsste. Ganz im Gegenteil überwiegen die demokratie- und inklusionspolitischen Vorteile einer bundesgrundsatzgesetzlichen Regelung allfällige zusätzliche Aufwendungen in Hinblick auf die Vereinheitlichung der Rechtslage.

Vertretungsformen, Mitwirkungspflichten und Rechtsschutzmechanismen entsprechendes Augenmerk widmen. Beispielhaft seien hier genannt: Die Verkürzung der Erledigungsfristen, die Verlängerung der Rechtsmittelfrist, die verpflichtende Beiziehung von sozialpädagogisch-sozialarbeiterischen ExpertInnen im Ermittlungsverfahren, die Etablierung einer Beratungs- und Informationspflicht durch die Behörden oder auch die Einrichtung einer Soforthilfemöglichkeit in Form von Teilleistungsbescheiden (Mandatsbescheid).

7.2 Kodifikation des Landeswohlfahrtsrechts

Die Komplexität des Zusammenspiels zwischen den vier skizzierten Teilmaterien des Landessozialrechts (Sozialhilfe, Behindertenhilfe, Jugendwohlfahrt, Pflegegeld) wird zusätzlich gesteigert durch zielgruppenbezogene Bestimmungen wie etwa diejenige der Seniorenförderung (NÖ Senioren-G.), der Arbeitnehmerförderung (Ktn. Arbeitnehmerförderungs-G.), der Familienförderung (Ktn. Familienförderungs-G.), der anstaltlichen Unterbringung (Stmk. Pflegeheim-G.), der Flüchtlingshilfe sowie des Wohnbeihilfenwesens. All diese Materien sind weder systematisch miteinander verknüpft, noch werden sie von akkordierten Behörden/Institutionen vollzogen. Dies hat zur Folge, dass Zielsetzungen der Prävention, Planung, Evaluation, Qualitätssteuerung, Vernetzung oder „welfare-mix"-Strategien, welche die Eigenleistungs- und Selbsthilfepotentiale nutzen und/oder steigern, oftmals nicht sinnvoll angesetzt werden können. Mit Hilfe einer Kodifikation des Landeswohlfahrtsrechts, etwa in Form eines „Landessozialgesetzbuches", könnte man nun jene unsystematisch angelagerten Materien des Wohlfahrtsrechts auf Länderebene nach einheitlichen Maßgaben zusammenfassen, etwa durch

- die Festlegung einheitlicher Leistungsgrundsätze (zB Prävention, Krisenintervention, Nachsorge, Amtswegigkeit der Hilfe, Integration, Planungsprinzip, Grundsatz der Qualitätssicherung, Schutz der Integrität von Individuum und Familie, Konsumentenschutz der Bezieher sozialer Dienstleistungen etc.);
- die Schaffung einheitlicher Strukturen (Zuständigkeit, Aufbau- und Ablauforganisation, Qualifikation des Personals, Personalschlüssel je Einheit der Klientel, Kostentragungspflichten);
- die Vereinheitlichung von Leistungs- und Eingriffsvoraussetzungen (Aufenthalt, Staatsbürgerschaft, Bedürftigkeit, Erfordernis der Intervention, Subsidiarität);
- die Auslagerung von regelhaften Risiken (zB Wohnen, Überschuldung, Kindertagesbetreuungsbedarf, Heimaufenthalt etc.) aus der Sozial- und Behindertenhilfe in risikospezifische Regelungen;
- die Festlegung jeweiliger Standards, welche Leistungen (Geldleistung, Sachleistung, Beratung, Betreuung, Dienstleistung, Therapie, Anleitung und Koordination zur/von Selbsthilfe) mit Hilfe welcher Techniken (sozialpädagogisch-sozialarbeiterische Methoden) erbracht werden;

- die einheitliche Gestaltung des Zugangs zum Recht (Erstanlaufstellen, Soforthilfen, Informations- und Manuduktionspflichten);
- die Schaffung eines eigenen Verfahrensteils (siehe Bundesgrundsatzgesetz zur Sozialhilfe), in dem insbesondere Antragsformen, Vertretungsformen, Mitwirkungspflichten und Rechtsschutzmechanismen verregelt sind.

7.3 „One-desk"-Prinzip

Die dritte Reformperspektive eröffnet einen Blick auf eine Effizienzsteigerung der soziotechnischen Praktiken, zugleich damit auch der Aufbau- und Ablauforganisation der Wohlfahrtsverwaltung (Dimmel 1997). Dabei folgt die Idee des „one-desk"-Prinzips der Annahme, dass die Zugangsschwellen zum Wohlfahrtsrecht möglichst niedrig eingezogen, dass die Verfahren möglichst konzentriert sein und die vollziehenden Stellen möglichst zentralisiert eingerichtet sein sollen. Sie folgt zugleich der Einsicht, dass die Ressourcen und Potentiale des Wohlfahrtsstaates zur Hilfestellung und sozialen Kontrolle des Verhaltens seiner Klientel vielfach soziotechnisch sowie wirtschaftlich unsinnig bzw. kontraproduktiv zum Einsatz gelangen. Wohlfahrtsstaatliche Hilfe wird nicht selten in Form einer unkoordiniert ablaufenden „sozialen Krisenfeuerwehr" erbracht. Es würde demgegenüber die Treffsicherheit, die sozialpädagogisch-sozialarbeiterische Professionalität, das Tempo sowie die Effizienz wohlfahrtsstaatlicher Interventionen steigern, wenn soziale Unterversorgungs- und Bedarfslagen womöglich nur durch einen einzigen Ansprechpartner (deshalb: „one-desk") in einer möglichst gemeindefernen Behörde bearbeitet werden. Interventionsfeld wäre jeweils der lebensweltliche Familienverbund, wo die Lebens-, Bedarfslagen und Risiken aller Generationen bzw. Akteure zusammenspielen. Eine einzige Stelle wäre dann für diese alle Lebenslagen als „Verteiler" zuständig, welcher Detailaufgaben jeweiligen Spezialisten zur Aufarbeitung ordnet[19].

Augenfällig kollidiert das „one-desk"-Prinzip vielgestaltig mit gegenwärtigen verfassungsrechtlichen Kompetenzzuteilungen und einfach-gesetzlichen Bestimmungen. Nichtsdestotrotz gibt es einen Hinweis, wohin sich eine professionelle, soziotechnische Qualitätsstandards erfüllende Wohlfahrts-„performance" bewegen könnte.

Die Realisierung des „one-desk"-Prinzips erfordert zudem die Schaffung folgender stichwortartig skizzierter Rahmenbedingungen:

- Die Verpflichtung der Administration auf den Grundsatz der Amtswegigkeit, demgegenüber die Mitwirkungs-, Bemühungs- und „compliance"-Pflichten der Klientel nachrangig sind.
- Kooperationsvereinbarungen zwischen öffentlicher Wohlfahrtsverwaltung und freien Wohlfahrtsträgern.

---

[19] Eine derartige Konstruktion trägt zugleich der Erfahrung Rechnung, dass es für den Antragsteller unerheblich ist, *woher*, also aus welchem Rechtstitel oder in welcher Organisationsform sich die jeweilige Hilfe gründet; ihn interessiert primär die Bedeckung des Bedarfs nach Geld, Sach- oder Dienstleistung.

- Eine konzentrierte Aufbau- und Ablauforganisation wohlfahrtsstaatlicher, insbesondere existenzsichernder Hilfen. Diese Hilfen sollten weder im sozialen Nahraum der Gemeinde lokalisiert noch den Strukturen der derzeitigen Sozial- und Behindertenhilfeverwaltung verhaftet sein[20].
- Geeignete Präventions- und Nachsorgestrukturen (aufsuchende Sozialarbeit, niedrigschwellige Beratungseinrichtungen, Sozialsprengelprinzip).
- Obligatorische standardisierte sozialpädagogisch-sozialarbeiterische Befunde (Sozialanamnese) über die geeignete Mittelwahl (Geld-, Sach-, Dienstleistungen, Wohlfahrtsmix) als operativer Ausgangspunkt der Hilfe.
- Die Institutionalisierung von Hilfeplänen und Helferkonferenzen als Instrumente der Sozialhilfe („case-management").
- Die Etablierung einer umfassenden Beratungs- und Informationspflicht durch die Behörden sowie die Statuierung eines Rechts auf ein soziokulturell selbstbestimmtes Leben und die angemessene Teilnahme am sozialen und kulturellen Leben ungeachtet der Risikogenese.
- Die Durchsetzung einheitlicher Leistungsgrundsätze (zB Prävention, Krisenintervention, Nachsorge) und Zielsetzungen (Problembewältigung, soziale Integration, Schutz der Integrität von Individuum und Familie) für sämtliche Hilfeformen (Geldleistung, Sachleistung, Beratung, Betreuung, Dienstleistung, Therapie, Anleitung und Koordination zur/von Selbsthilfe).
- Eine einheitliche Gestaltung des Zugangs zum Recht (Soforthilfen, Informations- und Manuduktionspflichten).
- Eine systematische Trennung zwischen regelhaften Risiken (zB Wohnen, Kosten des Kindertagesbetreuungsbedarfs etc.) und irregulären Risiken – dies mit dem mittelfristigen Ziel, etwa Sozialhilfe nur mehr im Falle außergewöhnlicher Bedarfs- und Notlagen zu gewähren, während regelhaft auftretende Risiken durch vorgelagerte Systeme aufgefangen werden sollen.

Diese Elemente sind vielfach bereits geltendes Recht bzw. Vollzugspraxis, so etwa das Prinzip der Verfahrenskonzentration im Recht der Behindertenhilfe oder die Institution der Helferkonferenz im Bereich der Jugendwohlfahrt. Indes geht es darum, diese Elemente in gleichförmiger und standardisierter Weise in allen Subsystemen der Wohlfahrtsstaates zu entwickeln.

[20] Denkbar wäre es etwa, zur Realisierung des „one-desk"-Prinzips mehrere Verwaltungsagenden zusammenzuführen, sämtliche existenzsichernden Geld-, Sach- und Dienstleistungen des Wohlfahrtsstaates der Länder einschließlich des Arbeitslosengeldbezuges organisatorisch zu konzentrieren. Eine derartige „Grundsicherungsverwaltung" müsste allerdings als eigenständige Institution eingerichtet werden.

8. Strukturwandel des Wohlfahrtsstaates

Fassen wir zusammen, dann sind gegenwärtig Entwicklungen hin zu jeweils zielgruppenbezogenen Formen der Re-Moralisierung von Risiken (Vorwurf des Selbstverschuldens), der De-Professionalisierung der Verwaltungsakteure (keine systematische Aus- und Fortbildung; „burn-out"-Erscheinungen) sowie der Ökonomisierung von Leistungskalkülen (Kosten-Nutzen-Rechnungen) der wohlfahrtsstaatlichen Leistungserbringung zu erkennen. Diese Gemengelage spiegelt im Grunde genommen eine tief greifende Polarisierung zwischen „guten" (moralisch-integren) und „schlechten" (unmoralischen) sozialen Risiken; also eine „Aschenputtel-Strategie" bzw. einen „gentrification-deal" (Dimmel 1999), dem Motto folgend: Zum einen diskursive Verhandlungsspielräume gegenüber unteren Mittelschichten eröffnen („Die Guten ins Töpfchen"), zum anderen repressive soziale Kontrollstrategien gegenüber stigmatisierten bzw. auffälligen Randgruppen verfolgen. Während die Rechte von Alten, Pflegeheiminsassen und KlientInnen Gegenstand weit reichender Reformdebatten werden (Evers/Leichsenring/Strümpel 1995; Barta/Ganner 1998), werden die Risiken von jüngeren Erwachsenen mit Symptomen verfestigter Randständigkeit im wohlfahrtspolitischen Diskurs ausgeblendet oder verzerrt dargestellt. Genauer betrachtet ziehen sich durch die jeweiligen Subsysteme des Wohlfahrtsstaates neue Trennlinien. Sie scheiden etwa in der Sozialhilfe die Jüngeren, Sozial-Auffälligen, Fordernd-Renitenten, längere Zeit über Arbeitslosen von den Älteren, sich regelkonform Verhaltenden, in Bittstellerhaltung Eingeübten, denen man schlecht Arbeitsscheu vorwerfen kann. Sie scheiden in der Behindertenhilfe die jüngeren Risikoträger aus sozial-integrierten Milieus von den älteren Risikoträgern mit hohem Kontrollverlustpotential. Sie scheiden in der Jugendwohlfahrt die Sozialberatungsstellen aufsuchenden, diskursiv-verständigungsorientierten Eltern von denjenigen, die nur die „Sprache der Amtsfürsorge" verstehen, die aus Erziehungsheimen entfernten „crash-kids" von den sozial-integrierten Kindern in Pflegefamilien.

Vieles deutet darauf hin, dass der Wohlfahrtsstaat seine Klientel zusehends nach dem Grad ihrer prognostischen Wiedereingliederungsfähigkeit, ihrer „compliance", ihrer Selbstdisziplinierungs- bzw. Unterwerfungsbereitschaft, dem Grad der Moralisierbarkeit ihrer Risiken und der Rentabilität investierter Sozialleistungen auffächert bzw. selektiert. Die nicht mehr zu vertretbaren Kosten reintegrierbaren Klientelgruppen werden dann entweder abgeschreckt oder repressiv beamtshandelt. In besonderer Weise wird dies deutlich am gegebenenfalls abgeforderten Nachweis der Bereitschaft zur individuellen Arbeitsmarktteilnahme.

Vor allem die Akteure der Sozialhilfe müssen zur Kenntnis nehmen, dass der von ihnen ausgeübte Druck hin zur selbstdisziplinierenden Bereitschaft, die eigene Lohnarbeitskraft zu veräußern, die sozialen Probleme oftmals nicht behebt, sondern noch weiter vertieft. Unübersehbar ist inzwischen, dass den Risikobetroffenen nur prekäre und dequalifizierende Erwerbsarbeitsmöglichkeiten angeboten werden, aus welchen keine bedarfsdeckenden Einkommen mehr lukriert werden können. Daran vermögen auch Anreizsysteme, bei der Integration am Arbeitsmarkt mitzuwirken (Freibetragsregelungen), wenig zu ändern.

Noch immer stehen die Subsysteme der Wohlfahrt vor dem (bekannten) Problem, zwar die Auswirkungen extremer sozialer Ungleichheit (familiäre Gewalt, mangelnde Erwerbschancen, fehlende (Aus)Bildung oder unzureichende Einkommen), nicht aber deren Ursachen zu behandeln.
Die deutlicher denn je zu Tage tretende Polarisierung der jeweiligen Klientelgruppen mit unterschiedlichen Reintegrationschancen und –kosten könnte ein Anhaltspunkt dafür sein, das Wagnis einer „Entkopplung von Arbeit und Essen" einzugehen und zumindest diejenigen durch eine materiellrechtlich verbürgte Grundsicherung zu begünstigen, welche absehbar keine Integrationschancen am Arbeitsmarkt mehr haben.

Literatur

Arnoldner, B.: Geschützte Werkstätten GesmbH – Unternehmen mit sozialpolitischem Auftrag, Forschungsberichte des BMAGS aus Sozial- und Arbeitsmarktpolitik Nr. 57, Wien 1996.

Badelt, C. et. al.: Analyse der Auswirkungen des Pflegevorsorgesystems, broschiert, Wien 1997.

Blumberger, W.: Berufsverläufe und Lebensbedingungen von begünstigten behinderten Frauen und Männern, Forschungsberichte des BMAGS aus Sozial- und Arbeitsmarktpolitik Nr. 59, Wien 1997.

BMAGS: Seniorenbericht, Wien 1995.

BMAGS: Bericht des Arbeitskreises Pflegevorsorge 1997, Wien 1998.

BMAGS: Bericht über die soziale Lage 1997, Wien 1998.

BMAGS: Einbinden statt ausgrenzen. Neue Strategien gegen die Armut. Bericht einer ExpertInnenarbeitsgruppe, Wien 1999.

BMUJF: Bericht an den Nationalrat: Die Auswirkungen des Jugendwohlfahrtsgesetzes 1989 auf die Ausführungsgesetze und deren Vollziehung in den Bundesländern, Wien 1996.

Dimmel, N.: Nichtinanspruchnahme von Sozialhilfe – Ursachen, Strukturen, Lösungsmöglichkeiten; in: Weg und Ziel 1 (1996), S. 38ff.

ders.: Vom Nutzen eines Landessozialgesetzbuchs. Zur Kodifikation des Wohlfahrtsrechts; in: JRP 1(1997), S. 31ff.

ders.: Sozialmanagement oder Wohlfahrtsverwaltung, Frankfurt 1997.

ders.: Drohen – Betteln – Verhandeln, Frankfurt 1999.

Gantner, M.: Finanzwissenschaftliche Analyse des Salzburger Sozialhilfegesetzes mit besonderer Berücksichtigung der Kostenverteilung gemäß § 40 SbgSHG, Stellungnahme des Instituts für Finanzwissenschaften der Universität Innsbruck, Innsbruck 1994.

Hofer, K.: Zufriedenheitsstudie soziale Dienste. Evaluierung der Hauskrankenpflege und Weiterführung des Haushalts im Bundesland Salzburg, broschiert, Salzburg 1996.

Hörndler, M.: Sozialstaat Österreich. Sozialleistungen im Überblick. Lexikon der Ansprüche und Leistungen, Wien 1997.

Österreichisches Statistisches Zentralamt: Statistisches Handbuch, Wien (jeweilige Jahrgänge).

Pfeil, W.: Neuregelung der Pflegevorsorge in Österreich, Wien 1994.

ders.: Bundespflegegeldgesetz und landesgesetzliche Pflegegeldregelungen, Wien 1996.

Pratscher, K./B. Stolitzka: Sozialhilfe 1996; in: StatNR 4 (1998), S. 284ff.
dies.: Sozialhilfe und sonstige Sozialleistungen der Bundesländer 1997; in: StatNR 4 (1999), S. 264ff.
Stolitzka, B.: Jugendwohlfahrt 1997; in: StatNR 7 (1999), S. 535ff.
Streissler, A.: Familienrelevante Ausgaben der Gebietskörperschaften; in: C. Badelt (Hrsg): Zur Lage der Familien in Österreich, Wien 1998, S. 25ff.

Pflegesicherung zwischen Armutsvermeidung und "Selbstbestimmtem Leben"

Heinrich Schmid

Ich wurde wie viele andere eingeladen, an diesem Buch mitzuarbeiten und aufgefordert, den vorgeschlagenen Titel durch eine „prägnante, griffige und eindrucksvolle Neufassung" zu ersetzen. Da ich spontan zu dem vorgeschlagenen Titel nur sagen konnte „weder-noch", finde ich ihn für das, was ich erläutern möchte, nämlich die Diskrepanz zwischen den Erwartungen, die viele in das Bundespflegegeldgesetz (BPGG) gesetzt haben, und dessen Verwirklichung hervorragend geeignet.
Es gibt wenige Gesetze, die so emotionsgeladen waren bzw. noch sind, wie dieses; so wird wohl die eine oder andere Bestimmung bzw. Änderung im Rahmen der StVO heftig diskutiert, aber sicher nicht so ausdauernd und so breit gestreut wie hier. Liegt es daran, dass das BPGG einerseits nicht so ganz in das uns vertraute Rechtssystem passt und andererseits auf eine in Österreich unübliche Art entstanden ist? Oder sind die unermüdlichen Kritiker ganz einfach Neider, die ohne sich richtig zu informieren, anderen, insbesondere Außenseitern, nicht zusätzliche Mittel gönnen, da sie meinen diese viel besser verwenden zu können?

Wie kam's nun zu diesem Gesetz?

Die meisten österreichischen Autoren berichten etwas verschwommen, dass zu Ende der Achtzigerjahre die zuständigen Politiker und Verwaltungsbeamten die missliche Lage behinderter Menschen in unserem Land erkannten und, um hier Abhilfe zu schaffen, dieses „Jahrhundert-Gesetz" einbrachten und beschlossen. Man neigt hier zu Lande dazu, politische Prozesse-Interessenkämpfe, die weder von den politischen Parteien, noch von den Sozialpartnern geführt werden, zu ignorieren. Ergebnisse werden als Erledigung von Sachzwängen beschrieben.
Lediglich die Autoren des Kommentars zum BPPG, Gerd Gruber und Manfred Pallinger, berichteten die Vorgeschichte zu diesem Gesetz getreu den tatsächlichen Ereignissen. Auch Ute Behning, eine Sozialwissenschaftlerin aus Osnabrück, recherchierte in Österreich zu ihrem Buch: „Zum Wandel der Geschlechterrepräsentation in der Sozialpolitik" und kam im Zusammenhang mit ihrem Thema auch auf die Entstehungsgeschichte des BPGGs zu sprechen – es lohnt sich, dieses Buch zu lesen.
Das österreichische Sozialrecht ist überaus vielgestaltet, uneinheitlich und unübersichtlich, zum Teil widersprechend. Es verweist auf die Geschichte dieses Landes in diesem Jahrhundert: Der opferreiche Weg aus der Monarchie zu einem ersten, bald gescheiterten Demokratieversuch, über einen autoritär geführten „Ständestaat" schließlich ins III. Reich und nach dessen Zertrümmerung endlich in ein echtes demokratisches Staatswesen. Alle diese Stationen haben in unserem Rechtssystem Spuren hinterlassen, die offensichtlich nicht leicht zu löschen sind. Überdies verteilte und verteilt die Bundesverfassung Kompetenzen scheinbar willkürlich auf Bund und Länder. Es

ist schon allein ein Kuriosum, dass acht Millionen Einwohner aufgrund noch älterer aristokratischer und kirchlicher Traditionen sich zehn Regierungen leisten, Regierungen, die sich mittels ihrer Verwaltungsapparate dauernd voneinander abgrenzen müssen. Folge dieses territorialen Individualismus ist es, dass sowohl der Bund als auch jedes Land eigene Methoden der Verwaltungspraxis, insbesondere der Ressortzuteilungen und der Widmung von Geld- und Sachleistungen, sowie der Berichterstattung haben. In den Fünfzigerjahren versuchte Bundesminister Proksch ein bundeseinheitliches Behindertengesetz zu verwirklichen. Nachdem es von allen Ländern vehement abgelehnt wurde, entstanden nach diesem Muster Landesgesetze, die sich aber von einander, besonders hinsichtlich der Höhe der Geldleistungen, unterscheiden.
Österreicher lieben offenbar nicht nur in ihrer staatlichen Wirklichkeit die Vielfalt, sondern auch im Privaten. Sie organisieren sich gerne in Vereinen, sei es nun aus Gründen der Geselligkeit, sei es aus einem Schutzbedürfnis. So gab und gibt es eine Unzahl von Vereinigungen von und für behinderte Menschen, die lange Jahre, meist unabhängig von einander, mitunter auch gegeneinander, mit mehr oder weniger Erfolg um die Erfüllung ihrer Anliegen kämpften. Da diese Zersplitterung für den politischen Dialog nicht sehr förderlich war, schlossen sich im Herbst 1975 einige Vereine zur Österreichischen Arbeitsgemeinschaft für Rehabilitation (ÖAR) zusammen. Heute, nach fast 25 Jahren, sind praktisch alle überregionalen Verbände hier vertreten. Die ÖAR versteht sich als Dachorganisation, das heißt, die einzelnen Mitgliedsverbände betreiben ihre eigene Politik, informieren die anderen und helfen, wenn notwendig, einander. Neben den vereinsbedingten regelmäßigen Treffen bei Vorstands- und Präsidiumssitzungen kommen die Vertreter der Verbände bei gemeinsamen Tagungen und Seminaren zusammen. Hier werden gemeinsam mit Fachleuten, Beamten und Politikern Bedürfnisse geortet und Strategien erarbeitet.
Die vom VQÖ (Verband der Querschnittgelähmten Österreichs) begonnenen Tagungen in Strebersdorf wurden von der ÖAR fortgesetzt und durch entsprechende Seminare ergänzt. 1981 arbeiteten Vertreter der ÖAR in allen Arbeitskreisen des Nationalkomitees zum „Jahr der behinderten Menschen" mit und wurden 1984, nach der Präsentation eines Zwischenberichtes zur Dekade der Behindertenarbeit mit der Weiterführung des Komitees betraut. 1986 startete der Österreichische Zivilinvalidenverband (ÖZIV) vorerst im Alleingang eine Unterschriftenaktion, um die Gleichbehandlung aller in Österreich lebenden behinderten Menschen zu fordern. Als konkrete Wünsche wurden in diesem Papier angeführt:

- Für alle schwer behinderte Menschen eine 50 % Ermäßigung der Fahrtspesen auf allen öffentlichen Verkehrsmitteln.
- Pflegegeld in gleicher Höhe für alle.
- Förderung aller Behindertenorganisationen analog der Sportförderung.

Am Karfreitag, dem 17. 4. 1987 leitete der damalige Präsident des ÖZIV, Generalanwalt Dr. Karl Marschall, die mit über 60.500 Unterschriften abgesicherte Petition an den Nationalrat. Vorerst schien die Petition keine Beachtung zu finden, erst als unsere Freunde im Parlament, in erster Linie Manfred Srb vom Grünen Klub, sich

vehement für die Bearbeitung dieser Materie einsetzten, wurde nach fast 18 Monaten vom Nationalrat eine Entschließung verabschiedet, in der die Bundesregierung ersucht wurde, zur Vorbereitung einer gesetzlichen Regelung der Pflegevorsorge eine Arbeitsgruppe einzuberufen. Die konstituierende Sitzung fand noch unter Bundesminister A. Dallinger am 19. 11. 1988 statt, die Arbeit in den drei Untergruppen dauerte bis zum 22. 5. 1990. Die ÖAR erreichte es, mit 9 Vertretern an den Verhandlungen teilnehmen zu können, so konnten wir alle drei Untergruppen beschicken und das Geschehen weitgehend mitgestalten.
Nach Abschluss der gemeinsamen Verhandlungen war wieder einmal Ruhe angesagt, man meinte vor den Wahlen im Oktober 1990 könne man im Parlament nichts mehr Sinnvolles beginnen. Als jedoch nach der Konstituierung des neuen Nationalrates nichts weiterging, trat Manfred Srb mit seinen Freunden aus dem Club Handikap in der Säulenhalle des Parlamentes in einen Hungerstreik. Die ÖAR, beunruhigt über die zögerliche Haltung der Regierung, veranstaltet ihrerseits zwei Großkundgebungen, die erste am 7. 10. 1991 vor dem Finanzministerium und die zweite am 27. 10. 1992 am Ballhausplatz vor dem Bundeskanzleramt. Offensichtlich haben unsere kontinuierlichen Bemühungen Eindruck gemacht, denn die Bundesregierung beschloss anlässlich ihrer Festsitzung zum Nationalfeiertag am 26. 10. 1992 – also einen Tag vor der angekündigten Demonstration, als einzigen Tagesordnungspunkt das BPGG zur parlamentarischen Arbeit frei zu geben. Bemerkenswert daran war, das dies ohne Rücksprache mit den Vertretern der Sozialpartner geschah und die Bundeswirtschaftskammer verärgert und vehement ablehnend reagierte. Als das Gesetz endlich mit 1. 7. 1993 in Kraft trat, waren 7 Jahre seit Beginn der Unterschriftenaktion des ÖZIV vergangen, heute, im Winter 1999, ist dieses Gesetz nun mehr als 6 Jahre alt.
Hat sich die Mühe gelohnt?
Vorerst einmal zum Inhalt des BPGG:

- Im § 1 wird der Zweck des Pflegegeldes definiert. Es soll dazu beitragen, dass die pflegebedingten Mehraufwendungen abgedeckt werden, damit die notwendige Betreuung und Hilfe gesichert und die Möglichkeit, ein selbstbestimmtes, bedürfnisorientiertes Leben zu führen, verbessert wird.
- Anspruch auf eine Leistung nach diesem Gesetz haben mit Ausnahme der Landes- und GemeindepensionistInnen alle PensionistInnen und die Bezieher einer Vollrente aus der Unfallversicherung (§ 3).
- Der Pflegebedarf muss mindestens 6 Monate bestehen (§ 4).
- Entsprechend des Pflegebedarfes wurden 7 Stufen eingeführt (§ 4).
- Eine vom Bundesminister zu erlassende Verordnung soll die näheren Bestimmungen für die Beurteilung des Pflegebedarfes festlegen. Insbesondere sollen hier die Begriffe „Betreuung" und „Hilfe" definiert und Richtlinien für den zeitlichen Betreuungsaufwand festgelegt werden. Weiters sollen hier Mindesteinstufungen für bestimmte Gruppen von behinderten Personen mit einem weitgehend gleich-

artigen Pflegebedarf festgelegt werden.

- § 5 legt fest, dass das Pflegegeld zwölfmal jährlich gebührt und bestimmt die Höhe der den 7 Stufen zugeordneten Geldbeträge.

- Während einer stationären Krankenbehandlung ruht das Pflegegeld, dem Betroffenen wird jedoch ein Taschengeld ausbezahlt (§ 12).

- Wenn der durch das Pflegegeld angestrebte Zweck nicht erreicht wird, kann der Pflegebedarf durch Sachleistungen abgedeckt werden (§ 20).

- Die Entscheidungsträger haben den Anspruchsberechtigten bzw. dessen gesetzlichen Vertreter über den Zweck des Pflegegeldes zu informieren. Sie sind berechtigt, die zweckmäßige Verwendung des Geldes zu kontrollieren und gem. § 20 entsprechende Sanktionen zu setzen (§ 29).

Das BPGG ist an sich ein gutes Gesetz, jedoch wie jedes Gesetz ein Instrument und wie jedes Werkzeug ge- und missbrauchbar. So wurde in verschiedenen Durchführungsverordnungen und aufgrund von Gerichtserkenntissen der Grundgedanke dieses Gesetzes weitgehend geschmälert, wenn nicht überhaupt ignoriert. Eine der Ursachen hierfür dürfte wohl die schon bei der Vorarbeit zu diesem Gesetz beginnende Missbrauchsdebatte gewesen sein. Viele PolitikerInnen, besonders jene, die in ihrem Ressort Sozialdienste leiten oder kontrollieren, sowie solche Politikerinnen, die Frauen vertreten, meinen dieses viele Geld gehe an dessen echten Adressaten vorbei:

- Es wird gehortet, wenn nicht gerade unterm Kopfpolster, so doch am Sparkonto.

- Es bekommt der Enkel – natürlich für sein Moped!

Letztere Vermutung ist uns wohlvertraut, wurde sie doch schon gebraucht, um den notorischen Missbrauch des „üppigen" Taschengeldes der Wohn- und Pflegeheimbewohner aufzudecken. Das Üble dabei ist, dass diese Kritiker ihrer Sache so gewiss sind, dass sie meinen, es bedürfe keiner Überprüfung und lauthals Abhilfe verlangen, sie denken wohl wie Josef Hader es einmal treffend formulierte:

> *„Es geht nicht darum, das Sozialsystem aufzuheben, man muss es nur vor denen schützen, die es in Anspruch nehmen."*

Erwarten diese Kritiker, dass Pflegegeldempfänger ein Mitglied ihrer Familie zum Pflegebeauftragten ernennen, dieser in doppelter Ausführung einen Pflegeplan erstellt, die Familienmitglieder entsprechend einteilt und beteilt, schließlich die entsprechende Dokumentation an die auszahlende und kontrollierende Dienststelle leitet? Das mag übertrieben klingen, es ist aber nicht ärger als die pauschale Rundum-Diffamierung der Pflegegeldbezieher und ihrer Familien. Trotz aller Emanzipierung von engen Zwängen innerhalb der Familie, trotz scheinbarer Individualisierung halten die Menschen innerhalb dieser Kleingruppe zusammen. Das ergaben einige uns vor Beginn der Beratungen uns zur Verfügung gestellten Untersuchungen über die Praxis von Pflege. Hier wurde übereinstimmend festgehalten, dass auch ohne Aussicht auf eine entsprechende Entlohnung untereinander geholfen wird, ohne Rücksicht auf eigene Notsituationen.

Nun kam plötzlich das Pflegegeld, natürlich wurde und wird es als Bereicherung des Familieneinkommens betrachtet und entsprechend der vorhandenen Bedürfnisse verwendet. Es wird nicht sehr oft vorkommen, dass nur eine Person die Pflegearbeit trägt. In der Kriegsopferversorgung ist man von offenbar von dieser Annahme ausgegangen, die damals wohl auch gestimmt haben mag, dass überwiegend die Ehepartnerin des Schwerversehrten die Last der Pflege auf Kosten einer eigenen Berufstätigkeit trägt. Sie hat daher nach den Bestimmungen des KOVGs als Witwe einen Teilanspruch auf das Pflegegeld. Heute ist es wohl etwas anders, es ist weniger oft ein plötzliches einschneidendes Ereignis der Anlass zur Pflege, sondern weit mehr das Ergebnis eines langen Siechtums. Die Menschen, die der Pflege bedürfen, sind überwiegend alt und zumeist ohne Ehepartner.
Wenn jemand nicht im Rahmen der Familie pflegt, sondern gegen Entgelt in der Nachbarschaft, stellt man dann auch die bange Frage, wer aller von diesem Geld profitiert, ob ein Teil davon gar gespart wird.

Nun etwas zum Titel des Gesetzes selbst, zum Wort PFLEGE

Manche von uns, die bei den Vorarbeiten zum BPGG dabei waren, waren über den Titel nicht glücklich. Das Wort Pflege drückte so gar nicht das aus, was wir anstrebten, nämlich die Ermöglichung eines *selbstbestimmten Lebens*. Wir dachten etwa an die damals hier noch sehr wenig bekannte Institution der persönlichen Assistenz. Leider fanden wir keine bessere Bezeichnung, so blieb's dabei, obwohl wir wussten, dass dieses schwammige, mehrdeutige Wort Anlass zu vielen Irrtümern geben wird.
So stellte in der Zeitschrift für Arbeitsrecht und Sozialrecht, Heft 1/1999 Prof. Dr. Tomandl einige grundsätzliche Überlegungen zum Pflegegeldanspruch an. Bei einer möglichen in Anspruchnahme der Hauskrankenpflege auf Kosten eines KV-Trägers nach § 151 ASVG bei gleichzeitigem Bezug eines Pflegegeldes meint er, müsse analog zur stationären Pflege das Pflegegeld zumindest zum Teil ruhen. Nun meine ich, es kann gar nicht zu so einem sich überschneidenden Zusammentreffen kommen. Das Pflegegeld wird erst nach einer mindest 6-monatigen Dauer der diese Leistung begründenden Behinderung wirksam, die Leistung der Krankenkasse „Hauskrankenpflege" ist nur im Akutstadium einer Erkrankung möglich und zeitlich beschränkt.
Sollte ein Pflegegeldbezieher eine mit seinem ursprünglichen Zustand nicht idente Erkrankung bekommen, ist die Leistung des KV-Trägers sicher gerechtfertigt. Denken wir zu Beispiel an einen blinden Menschen, wenn dieser erkrankt und vorübergehend Pflege braucht, werden die Kosten hierfür sicher nicht vom bestehenden Pflegegeld abzudecken sein. Wenn dieses neuerliche Leiden jedoch bestehen bleibt und zu einer Erhöhung des Pflegegeldes führen sollte, ist eine Pflegeleistung des KV-Trägers nicht mehr erforderlich. Dass es zu dieser Meinung überhaupt kommen konnte, beruht darauf, dass im ASVG nicht von einer Hauskrankenpflege die Rede sein sollte, sondern von dem, was tatsächlich gemeint ist und von einem KV-Träger finanziert werden kann, nämlich die Hauskrankenbehandlung.
Ich habe es immer wieder erlebt, dass man in das Wort Pflege auch andere Inhalte,

insbesondere Rehabilitationsmaßnahmen, einschließt. Ich kann daher durchaus der Kritik an der Einstufungsverordnung zustimmen.
Aber bevor ich mich mit der Einstufungsverordnung nach § 4 beschäftige, möchte ich noch etwas zum Personenkreis (§ 2) und zu den Entscheidungsträgern (§ 22) sagen. Das Unbehagen, das manche wegen dieses Gesetzes empfinden, kommt sicher auch daher, dass es nicht so ganz in unser gewohntes System des Sozialrechtes passt. Es ist weder eine Versicherungsleistung noch eine Leistung der Sozialhilfe, es werden keine Beiträge gezahlt noch werden vorhandene Einkommen angerechnet. Es wurde ausdrücklich die Frage der Kausalität verneint und dennoch hat man die Pflegegeldbezieher mühevoll aufgeteilt und mit der Durchführung des BPGG in erster Linie die Sozialversicherungsträger betraut und mit den Bundesländern Vereinbarungen gem. § 15a B-VG geschlossen, damit Menschen, die weder unter den Schutz der SV-Träger, noch unter den entsprechender Bundeseinrichtungen fallen, ebenfalls ein Pflegegeld in der selben Höhe erhalten.
Ich habe zu Beginn der Verhandlungen im damaligen Bundesministerium für Arbeit und Soziales gehofft, man werde mit der Durchführung entweder die Bezirkshauptmannschaften als mittelbare Bundesverwaltung oder die Bundessozialämter betrauen. Letzteres brachte mir nur böse Blicke meiner Freunde aus den Ländern ein, dennoch bin ich auch heute noch der Auffassung, dass eine dieser beiden Zuordnungen geeigneter wäre; die Bundessozialämter haben nicht nur aufgrund der Betreuung von Pflegegeldempfängern nach dem KOVG, sondern auch aus ihrer Arbeit im Rahmen des BEinSG und des Nationalfonds Erfahrung mit der Betreuung schwer behinderter Menschen. Die Bezirkshauptmannschaften als Träger des Vollzuges des Pflegegeldgesetzes ermöglichten es, dass wirklich beide Gruppen der Pflegegeldbezieher gleichartig behandelt würden, weiters wäre hier die Nähe zwischen der Dienststelle, den Wohnorten der Empfänger und aller helfenden Institutionen gegeben. Überdies haben diese beiden Institutionen genügend Sozialarbeiter, die nicht nur verständnisvoll die geforderte Kontrolle, sondern auch die noch viel nötigere Information und Betreuung übernehmen könnten.
Aus den Richtlinien für eine einheitliche Anwendung des Bundespflegegeldgesetzes des Hauptverbandes der SV-Träger, die entsprechend der Einstufungsverordnung nach § 4 Abs. 5 des BPGG erstellt wurde, geht deutlich hervor, dass die Sozialversicherungsträger nicht so recht wissen, wie sie mit den schwer behinderten Menschen umgehen sollen. Der Mensch wird trotz des Hinweises auf die Führung eines selbsbestimmten, bedürfnisorientierten Lebens hier eher als physiologischer Apparat verstanden, für dessen Service gesorgt werden soll. Es ist hier wohl die Rede davon, wann Sanktionen zu erfolgen haben, jedoch keine von Beratung und Betreuung durch Organe des Rechtsträgers. Vor allem werden die Ansätze von Selbstbestimmung nicht gefördert, wenn für die Mobilitätshilfe im weiteren Sinn pro Monat lediglich 10 Stunden, das sind 20 Minuten pro Tag, vorgesehen sind. Wobei in den Richtlinien nicht vergessen wird zu betonen, diese Mobilitätshilfe gehöre in erster Linie zum hygienischen und medizinischen Außer-haus-Service. Bei der Erstellung dieser Einstellungsverordnung haben sich wohl die Gutachterärzte voll durchgesetzt, die in der Mobilität nur den Weg zum medizinischen Service sehen und nicht wie Tomandl berücksichtigen, dass Mobilität ein soziologischer Begriff ist und mit anderen Kriterien zu bemessen ist.

Zur Armutsvermeidung

Ich glaube nicht, dass dieses Gesetz (nicht vom Inhalt her, sondern aufgrund seiner Anwendung und der Rahmenbedingungen) etwas zur Armutsvermeidung beiträgt, es fördert eher Armut. Hat ein sachbezogenes Gesetz, wie es die Pflegesicherung sein sollte, überhaupt etwas mit Armutsbekämpfung zu tun? Die Vertreter der ÖAR haben von Anfang an gefordert, die Höhe der Geldleistungen nicht vom Einkommen abhängig zu machen. Obwohl dies vom Gesetzgeber berücksichtigt wurde, verstummt die Armutsdiskussion nicht mehr. Menschen, die nur die Endsummen der Beträge sehen, sich aber keine Vorstellung machen, wie teuer das Leben eines schwer behinderten Menschen wirklich ist, verlangen „gerechte" Anpassungen, die natürlich nicht die Erhöhung der Leistungen für ärmere Personen zum Ziel haben.

Armutsvermeidung war es wohl kaum, was die Träger sozialer Dienste veranlasste, nach in Kraft treten des BPGG die Preise ihrer Dienstleistungen drastisch zu erhöhen, es war wohl auch nicht Armutsbekämpfung, was den Finanzminister veranlasste, das Pflegegeld nicht zu valorisieren und den Betrag der Pflegestufe 1 drastisch zu kürzen. Nimmt man die im BPGG vorgesehene Stundenaufteilung ernst, es gibt auch angesichts der peniblen fachärztlichen Begutachtung keinen Grund sie zu bezweifeln. Rechnet man anhand der zugeordneten Höhe des Pflegegeldes den jeweils verfügbaren Stundenwert aus, merkt man, dass nur sehr gut verdienende Pflegegeldbezieher, die wie man weiß, in der Minderzahl sind, die versprochene Wahlfreiheit zwischen Familie und fremden Pflegepersonen haben. Das heißt, schwer behinderte Menschen müssen trotz des PGG improvisieren und auf vieles, insbesondere auf eine mögliche persönliche Entfaltung verzichten.

Ein Leben selbstbestimmt zu leben setzt mehr voraus, als es dieses Gesetz allein bieten kann. Wenn man bedenkt, dass über die Hälfte der Leistungsbezieher über 80 Jahre alt sind, also fast die gesamten politischen und wirtschaftlichen Wirrnisse dieses Jahrhunderts miterlebt haben, wenn man weiters den hohen Anteil von Frauen beachtet, die in einer Zeit aufwuchsen, in der von Emanzipation wenig, wenn überhaupt die Rede war, braucht es mehr als dieses Gesetz. Beachten wir bitte, dass dieses Gesetz behinderten Menschen das Leben erleichtern und nicht vordergründig dazu dienen soll, auf Kosten dieser Menschen und deren Bedürfnisse für andere Arbeitsplätze zu schaffen. Selbstverständlich brauchen wir neue Arbeitsplätze, selbstverständlich ist der Pflegebereich ein Hoffnungsgebiet, aber bitte nicht nur auf Kosten behinderter Menschen und deren Familien.

Abschließend möchte ich noch einmal hervorheben, dass das Gesetz ein gutes Instrument sein könnte, wenn es in seinem ursprüngliche Sinn angewandt würde und die es beeinflussenden Verordnungen nicht so einschränkend und sinnverändend formuliert und benützt würden. Vor allem gehört Rehabilitation als Begriff erweitert. Sie soll nicht nur dazu dienen, behinderte Menschen wieder in den Arbeitsprozess einzugliedern, sondern sie soll in erster Linie bewirken, diese Menschen zu befähigen ihre Angelegenheiten möglichst selbst zu organisieren, um aktiv an ihrer Umwelt teilnehmen zu können. Notwendig erscheint mir auch, dass Vertreter der behinderten Menschen in die Gremien der Entscheidungsträger stimmberechtigt eingebunden werden. Die

derzeitige Stellung der Beiräte im Rahmen der Sozialversicherung als einzige Vertretung der Leistungsempfänger ist viel zu schwach. Meiner Meinung nach gehören, insbesondere bei notwendigen Erweiterungen der Rehabilitation, die Vertreter behinderter Menschen neben den Vertretern der Sozialpartner in die Rehabilitationsausschüsse. In einer so komplexen Welt, wie es nun einmal die unsere ist, geht soziales Handeln nur überinstitutionell, das heißt, es ist Teamarbeit angesagt. In einer offenen Gesellschaft ist es überdies notwendig, informelle Gruppen in öffentliches Handeln mit einzubeziehen. Durch das Phänomen, dass Menschen immer älter werden, die moderne Technologie aber immer mehr Arbeitsplätze einspart, erleben sich viele Menschen als abgeschoben, sie drängen danach Funktionen zu übernehmen.
1999 im „Jahr der älteren Generation" ist in den diesen Problemen gewidmeten Arbeitsgruppen viel von Integration und ehrenamtlichem Wirken die Rede gewesen. Nun soll man dieses ehrenamtliche Tun nicht dazu verwenden, bestehende oder mögliche Arbeitsplätze zu vernichten. Es ist aber durchaus vorstellbar, dass diese Menschen motiviert werden, mit zu helfen, kulturelle und gesellschaftliche Bedürfnisse schwer behinderter Menschen zu befriedigen. Natürlich sind solche Aktivitäten öffentlich zu unterstützen, denn sie helfen mit, den inneren Gehalt des BPGG zu erfüllen, denn auch eine geistige und soziale Verarmung führt zur Verwahrlosung, nicht nur ein ungepflegter Körper.

Literatur

Behning, U.: Zum Wandel der Geschlechterpräsentation in der Sozialpolitik, Leske und Budrich, Obladen 1999.
Gruber, G./Pallinger, M.: BPGG, Bundespflegegesetz Kommentar, Springer Verlag Wien 1994.
Berichte des Arbeitskreises für Pflegevorsorge 1993, 1994, 1995, 1996, 1997, 1998.
Unterlagen von Gesprächen innerhalb und außerhalb einschlägiger Tagungen, sowie Berichte und Kommentare aus Zeitungen und Zeitschriften.

IV. Experiment oder Regelinstrument – die Methoden der Sozialpolitik

Die experimentelle Arbeitsmarktpolitik – eine Erfolgsstory mit Moral

Karl Fakler

Die Bezeichnung „experimentelle Arbeitsmarktpolitik" ist untrennbar mit der Ministerschaft Alfred Dallingers verbunden. Für viele ist sie sogar heute noch – im Guten wie auch als Symbol negativer Entwicklung – Markenzeichen der Dallinger-Ära.
Dabei ist der Kerngedanke gar keine Erfindung Alfred Dallingers, sondern eine „Uraltversion" des Gedankens, dass es menschlicher und gesellschaftlich und ökonomisch günstiger sei, Arbeit statt Arbeitslosigkeit zu finanzieren. Dieser Gedanke stand schon hinter den „Erdarbeiten", die die Regierung im Revolutionsjahr 1848 organisiert hat. Er war gemeinsam mit dem Versuch, dadurch in der Arbeitschaft populärer zu werden und der „sozialistischen Agitation" den Boden zu entziehen, treibendes Element für „Notstandsarbeiten" in den Jahren des Ständestaates, die Arbeitslose zum Beispiel durch den Bau der Höhen- oder der Glocknerstraße beschäftigt hat. Er steht – auch wenn es mir und vielen anderen nicht gefällt und das Motiv nicht humanitär, sondern rein utilitaristisch-politisch geprägt war – hinter dem Reichsarbeitsdienst (RAD) des NS-Staates. Übrigens war es immer wieder überraschend, wie viele Menschen, die mit Alfred Dallinger in kaum einen Punkt überstimmten und auch zum Thema Faschismus eine prononciert andere Haltung hatten als er (um es sehr vornehm auszudrükken), zum Beispiel der „Aktion 8000" wegen dieser ungewollten „Verwandtschaft" mit dem RAD begeistert zugestimmt und ihr ihre Referenz erwiesen haben. Manche dürften allerdings die „schöne" braune Uniform und paramilitärische Disziplin der Arbeitsdienstmänner und das blonde Haar der Arbeitsmaiden vermisst haben. Auch in der *Produktiven Arbeitsplatzförderung,* kurz PAF genannt, die bis Anfang der Neunzigerjahre DienstgeberInnen Zuschüsse zu den Lohnkosten gewährte, wenn sie Arbeitskräfte im Bau und in der Landwirtschaft in den weniger ertragreichen (wegen der höheren Produktionskosten) Wintermonaten weiterbeschäftigen, kam diese Idee zum Vorschein.
Dieser historische Rückblick soll nicht Alfred Dallingers Verdienste für die experimentelle Arbeitsmarktpolitik schmälern und auch keinen Urheberrechtsstreit beginnen, denn Alfred Dallinger hat niemals den Anspruch erhoben, dieses Prinzip erfunden bzw. gefunden zu haben. Was ihm aber eindeutig zuzuschreiben ist, dass er diese Gedanken aufgegriffen, ihn als „eigenständigen" politischen Topos formuliert und zum Gegenstand politischer Diskussion gemacht hat.

Alfred Dallinger steht für mehr als nur für die experimentelle Arbeitsmarktpolitik

Dass ein einschränkendes und eingeschränktes Verständnis der Dallinger-Ära, das in ihr nur die experimentelle Arbeitsmarktpolitik sieht, viel zu kurz greift, bedarf keiner besonderen Erläuterung. Der kurze Hinweis auf seine grundsätzlichen und verteilungspolitischen Beiträge zur Diskussion über die Pensionsversicherung (Stichwort „Wertschöpfungsabgabe"), aber auch an konkrete Reformen im Bereich des Arbeitsrechtes und der Sozialversicherung sollte genügen, um klarzustellen, dass das politische Programm und die historische Person Alfred Dallinger nicht auf die experimentelle Arbeitsmarktpolitik reduziert werden kann und darf.

Die experimentelle Arbeitsmarktpolitik als gelungenes Beispiel für die erfolgreiche Durchsetzung einer „anständigen" Politik

Obwohl also Alfred Dallinger für viel mehr steht als nur diese eine Facette der österreichischen Arbeitsmarktpolitik, wird sich dieser Aufsatz mit diesem schmalen Aspekt der Arbeitsmarktpolitik zwischen 1982/83 bis Anfang der Neunzigerjahre befassen. Und zwar deswegen, weil die Geschichte dieser experimentellen Arbeitsmarktpolitik – meiner Ansicht nach (und die folgenden Ausführen sollen das beweisen) – ein inhaltlich wie formal interessantes und gelungenes Beispiel für die erfolgreiche Überführung von neuen, innovativen und experimentellen Ansätzen und Modellen in ein Regelsystem darstellt. Wir können an Hand dieses Beispiels sehen und untersuchen, was die Erfolgsfaktoren dafür waren, dass aus „wirklich wilden" Ansätzen und massiver politischer Ablehnung, aus einem Skandalon der österreichischen Arbeitsmarktpolitik Instrumente entwickelt und implementiert wurden, die heute zum Kanon der „normalen" arbeitsmarktpolitischen Instrumente, zum arbeitsmarktpolitischen Regelinstrumentarium gehören.
Dieses Beispiel kann als Lehrbild und Vorbild für all jene dienen, die heute vor der Frage stehen, wie neue Modelle von der aufwendigen und meist stets prekären Avantgardeposition ins Regelsystem übergeführt werden können. Das ist besonders für jene interessant, denen es darum geht, Veränderung (ich meine natürlich positive Veränderungen) dauerhaft durch- und umzusetzen.
Um Missverständnisse vorweg zu vermeiden: Experimentelle Arbeitsmarktpolitik als Produkt der Dallingerschen Ära interessiert hier primär als Beispiel für die gelungene und nachhaltige Integration einiger (am Anfang nur für zuwenige) in der politischen Öffentlichkeit wie auch in der sie „vollziehenden" Arbeitsmarktverwaltung (AMV)[1] sehr umstrittenen arbeitsmarktpolitischen Instrumente. Experimentelle Abeitsmarktpolitik steht hier nicht als Ikone eines umfassenden arbeitsmarktpolitischen Ansatzes, mit dessen Hilfe die Arbeitsmarktprobleme der Achtziger- und schon gar nicht der Neunzigerjahre zur Gänze gelöst werden sollten bzw. konnten und könnten. Ebenso aber ist – um Missverständnisse zu vermeiden – anzumerken, dass die Konzentration auf den formalen und organisatorischen Aspekt zwei Dinge nicht zum Aus-

[1] seit 1994 in das AMS überführt

druck bringt. Sie entspringt nicht der anscheinend immer verbreiteteren Ansicht – besonders in den Kreisen der Politikberatung –, dass es auf Inhalte nicht ankommt, dass mit einer guten Verkaufs- bzw. Marketingstrategie „alles" (quasi unbeschadet seines Inhaltes) verkauft bzw. an die Menschen gebracht werden kann. Ganz im Gegenteil bin ich überzeugt, dass der langfristige Erfolg der experimentellen Arbeitspolitik nur eintreten konnte, weil ihr Inhalt sinnvoll und gut war, ganz im Sinne des – meines Wissens – Winston Churchill zugeschrieben Diktums, dass es gelingen könne, einige einige Zeit hinter's Licht zu führen, nicht aber alle die ganze Zeit. Auch wenn man/frau manchmal daran (ver)zweifeln könnte, wie *viele* „Einige" sein können und wie lange „einige Zeit" dauern kann, so dürfte es langfristig doch nicht gelingen, den Menschen „die volle Beliebigkeit" als Sinn einzureden. Oder anders formuliert, es scheint doch zu sein, dass es ohne inhaltliche Qualität (sie muss aber nicht immer jener Meinung allein zukommen, die man selber hat) nicht möglich ist, eine Idee dauerhaft durchzusetzen.

Die Konzentration auf die formalen Aspekte der Umsetzung ist auch keine inhaltliche Distanzierung vom Dallingerschen Konzept der experimentellen Arbeitsmarktpolitik nach dem Motto, egal welchen Inhalt sie hat, wir beschränken uns auf den formalen Erfolg der Umsetzung und damit ersparen wir uns, darüber zu reden oder persönlich Stellung zu nehmen.

Daher eine persönliche Anmerkung

Ich bin überzeugt, dass die experimentelle Arbeitsmarktpolitik nur deswegen so gut und dauerhaft erfolgreich umgesetzt werden konnte, weil sie inhaltlich sinnvoll war und ist und weil die Kombination von Inhalt und Umsetzungsform gut gepasst hat, weil Inhalt und Form einander kongruent waren (auch wenn andere erfolgreiche Umsetzungsformen denkbar wären). Die experimentelle Arbeitsmarktpolitik in Niederösterreich war lange Zeit mein Hauptarbeitsfeld im Rahmen des AMS und ich habe mich bemüht, dieses Konzept – so wie ich es verstanden habe und verstehe – mit Unterstützung meiner Vorgesetzten und der Hilfe vieler KollegInnen und MitarbeiterInnen seit Mitte der Achtzigerjahre in die Praxis umzusetzen. Ich verdanke – so sehe ich es jedenfalls – dieser Arbeit meinen beruflichen Aufstieg und den Großteil meiner Anerkennung im AMS. Ich habe durch die Arbeit mit der „Aktion 8000", den daraus resultierenden Einzelfallmaßnahmen und Beschäftigungsprojekten, den selbstverwalteten Betrieben und den Beratungsstellen sehr viel lernen können und diese Arbeit hat mir Spaß gemacht – auch das ist nichts Schlechtes bei der Arbeit. Wir (das AMS-NÖ) haben diese Projekte, auch als sie politisch weniger „Konjunktur" hatten, weiter betrieben und auch noch ausgeweitet, da sie nützliche arbeitsmarktpolitische Instrumente waren und sind, die uns geholfen haben, Probleme zu lösen, die mit anderen Instrumenten nicht so effizient gelöst werden konnten. Aus diesem Grund setzen wir diese Instrumente auch heute noch im großen Umfang ein. Dementsprechend ersuche ich die Beschränkung auf die „Umsetzungsseite" als *Methode* und nicht als Distanz zur experimentellen Arbeitsmarktpolitik zu sehen und die folgenden Bemerkungen nicht als nachträgliche, sich einem vermuteten Zeitgeist anbiedernde Kritik und Distanzierung zu verstehen, sondern als meine originäre Position, die meinem Verständnis von experimenteller Arbeitspolitik entspringt.

Experimentelle Arbeitsmarktpolitik als partielle Antwort auf bestimmte Probleme

Die experimentelle Arbeitsmarktpolitik war auch (und gerade) nicht von Alfred Dallinger als umfassender arbeitsmarktpolitischer Ansatz gedacht. Sie war eine partielle Antwort für einen schmalen Bereich der Arbeitsmarktprobleme: sich ausweitende Langzeitarbeitslosigkeit, Segmentierungstendenzen am Arbeitsmarkt, Arbeitsplatzmangel etc. Nicht mehr aber auch nicht weniger. Sie konnte – und sollte auch im Dallingerschen Konzept – ihre Wirksamkeit nur eingebettet in das breite Spektrum der Arbeitsmarktpolitik der Achtzigerjahre neben Arbeitsvermittlung und Qualifizierung entfalten.

Die Anfänge – experimentelle Arbeitsmarktpolitik polarisiert

Sie war aber auch – und das unzweifelhaft – eine politische Wetterscheide. Sie zog eine klare Trennlinie – auch in der AMV – zwischen Befürwortern und Gegnern. Die Befürworter haben sie teilweise zu einem eigenständigen arbeitsmarktpolitischen Ansatz (der sie meines Erachtens nie war, sondern immer nur ein AMV-Instrument unter vielen) überhöht. Die Gegner haben sie oft – bewusst oder unbewusst – politisch ebenfalls als „Paradigma" einer neuen Arbeitsmarktpolitik (miss)verstanden, zu einem „Popanz" hochstilisiert und dann entsprechend angegriffen und diskreditiert.

Skepsis und Widerstände in der AMV

Teilweise wurde sie in den ersten Jahren innerhalb der damaligen Arbeitsmarktverwaltung (AMV) wegen ihrer neuen Zugangsweise – einer verstärkten Einbindung der Betroffenen (Arbeitslose) – und wegen des Umstandes, dass die „Anwendungsregeln" noch nicht so klar definiert waren, von den „gestandenen" AMV-MitarbeiterInnen und von Teilen der AMV-Bürokratie in den Ländern und den Bezirken mit Skepsis bis Ablehnung betrachtet. Teilweise war auch manchen AMV-MitarbeiterInnen, die mit dem Instrument an sich durchaus hätten umgehen können, die politische Konnotation, die der experimentellen Arbeitsmarktpolitik von Gegnern und „radikalen" Befürwortern zu Unrecht gegeben wurde, suspekt. Zum Beispiel Selbstverwaltungsbetriebe, das waren für manche AMV-KollegInnen die neuen Kolchosen; dass Arbeitslose sich selber helfen sollten und konnten, ließ für manche die Besorgnis bis Angst aufkommen, dass die „Bürokratie" (und damit ihr Arbeitsplatz) überflüssig werden könnte und dass sie deswegen oder weil die experimentelle Arbeitsmarktpolitik die bisherige Arbeitsmarktpolitik ersetzen könnte, zumindest an Funktion und damit Macht und Einfluss verlieren könnten. Teilweise hatte die – vornehm gesagt – offene Zurückhaltung mancher leitender Funktionäre und vieler MitarbeiterInnen auf Landes- und Bezirksebene auch damit zu tun, dass die experimentelle Arbeitsmarktpolitik in der ersten Zeit sehr stark von den BeamtInnen des damaligen BMAS getragen und – teilweise – „neben" den und vielfach sogar gegen die regionalen Einrichtungen der AMV durchgesetzt und umgesetzt wurde. Dass diese Vorgangsweise der BMAS-MitarbeiterInnen – im Sinne eines circulus vitiosus – teilweise wieder die fast „logische" Reaktion auf die Skepsis bis Ablehnung dieser AMV-MitarbeiterInnen war, sei ebenfalls nicht verschwiegen.

Vom Skandalon zum Regelinstrumentarium

Es interessiert nun die Frage, wie es gelingen konnte, die experimentelle Arbeitsmarktpolitik von dieser alles anderen als erfolgreichen Ausgangsposition zu einem anerkannten Teil der österreichischen Arbeitsmarktpolitik zu machen und dass nicht nur innerhalb der AMV bzw. des Arbeitsmarktservice (AMS), sondern auch in der politischen Diskussion, im Rahmen der Sozialpartner, in der Öffentlichkeit und in der veröffentlichten Meinung. Ein Bericht über einen „sozialtherapeutischen Würstelstand" oder die „skandalös hohen Gehälter" von Arbeitskräften im Rahmen der „Aktion 8000" wird heute nicht mehr geschrieben und veröffentlicht und würde auch keine politischen Skandale mehr auslösen. Hier fungieren die Medien als gute Gradmesser der Akzeptanz, die die experimentelle Arbeitsmarktpolitik gefunden hat. Sie ist – im positiven Sinn – kein Thema mehr, sie ist kein Thema mehr, mit dem man „skandalisieren" kann. Sie ist kein Thema für Skandale, weil ihre Grundsätze heute zu den Prinzipien der Arbeitsmarktpolitik gehören. Das konnte nur passieren, weil einerseits diese Prinzipien sinnvoll und nützlich sind und weil sie den Menschen verständlich gemacht werden konnten. Das Publikum oder mit Bruno Kreisky gesprochen, „die Menschen draußen", konnten verstehen und haben verstanden, was der Nutzen dieser arbeitsmarktpolitischen Instrumente ist. Das war aber nur möglich, weil die experimentelle Arbeitsmarktpolitik trotz der massiven Anfeindungen zu Beginn die Chance erhalten hat, ihre Stärke zu zeigen und sich zu bewähren.

Alfred Dallingers Beitrag – Meinung, Position, Charakter und Konsequenz

Das war und ist unzweifelhaft das Verdienst und die Leistung Alfred Dallingers. Gerade in der Anfangszeit hat Alfred Dallinger die angefeindeten Ideen gegen politische Einwände oder Gelächter auch aus den eigenen Reihen weiterhin vertreten und unterstützt. Er hat das – so glaube ich – aus seiner (politischen) Überzeugung heraus und aus der Überzeugung, dass die Ansätze der experimentellen Arbeitsmarktpolitik richtig sind, getan, ohne täglich auf Meinungsumfragen und Beliebheitswerte zu schielen. Er hat sie im Kleinen (Sektionsabende der SPÖ, Gespräche mit Betriebsräten) wie im Großen (Parlament, Pressekonferenzen, ÖGB-Kongresse) erklärt und verteidigt. Er ist (dafür schulden Leute wie ich ihm persönlichen Dank) auch nicht – gegen viele bohrende Versuche – von den VerfechterInnen dieser Idee im Apparat des Sozialministeriums und der AMV abgerückt und hat sie (trotz ihrer Fehler, die sie in ihrem Überschwang gemacht haben) unterstützt. Er hat uns auch Gelegenheit gegeben, die Konzepte in der Praxis weiterzuentwickeln – keine doktrinäre Versteinerung des Modelles (solche Tendenzen gab es nur von einigen wenigen Adepten, aber nicht bei und

von ihm) – und die Inhalte dieser Konzepte sowie ihre rechtliche und technische Umsetzung flexibel aufeinander abzustimmen.
Damit hat Alfred Dallinger nicht nur die (meist bloß in Sonntagsreden gepriesene, aber schon viel seltener konkret gezeigte) Zivilcourage bewiesen, er hat auch politische Klugheit und Weitsicht demonstriert. Er hat gezeigt, dass sich politische Stand- und Charakterfestigkeit (auch in dieser Welt) auszahlen können. Besonders dieser letzte Punkt ist es, der mich weiter oben davon sprechen ließ, dass das als Vorbild für andere, die Änderungen wollen, als gutes Beispiel dienen kann, dass sie machbar sind und wie man/frau sie durchsetzen könne.

Exkurs – wie es hätte kommen können

Vielfach werden interessante Neuerungen abgebrochen, bevor sie ihre Vor- und Nachteile zeigen können, (nur) weil ein Pressebericht nicht gut läuft, weil ein paar wichtige Funktionäre der eigenen Partei (gleichgültig welcher) gegenüber „Zeit in Bild" oder der Kronenzeitung meinen „das müsse nochmals in den ‚Gremien' besprochen werden, wäre noch etwas unausgereift und überhaupt ...", einfach weil nicht alle von Anfang an begeistert sind.
Als Reaktion darauf wird von den enttäuschten AnhängerInnen oft das Bild von der Mediokratie (im zweifachen Sinn: einmal Medienherrschaft und einmal Herrschaft der Mittelmäßigkeit) heraufbeschworen, die verhindere, dass sich das „Wahre und Gute" durchsetzen könne. Nicht, dass die Gegnerschaft der Kronenzeitung oder anderer Medien eine Idee automatisch adelt (nichts was die „Krone" oder andere Medien kritisieren, ist allein deswegen klug oder gut, auch die „Krone" kann Unsinn erkennen) und sie über sachliche Kritik erhebt.
Es machen es sich aber auch die zu leicht, die bei den ersten schlechten Kritiken, beim ersten Widerstand das Handtuch werfen, die Umstände beklagen und sich beleidigt und selbstmitleidig zurückziehen und meinen, dass das „Gute und Kluge" in dieser Welt ohnehin keine Chance hätte. Nicht dem Michael Kohlhaas, dem/r politischen MärtyrerIn sei das Wort geredet, der/die ungeachtet der Stimmung und vorhandener bzw. findbarer Mehrheiten die oft nur ihm/r zugängliche reine Lehre vertritt, ohne auf die Meinung der anderen Menschen zu achten. Das Plädoyer gilt jenen, die nicht vorschnell aufgeben, die nicht das „negative Medienecho" zur Camouflage der fehlenden Standfestigkeit und/oder der eigenen Angst verwenden. Ich meine aber auch nicht jene, die stur gegen die Mehrheit „anschwimmen" und die schon fast masochistisch die Rückschläge und Watschen erwarten bzw. brauchen, um sich selbst und der Welt zu beweisen, dass die Welt zu dumm für die (ihre) Wahrheit sei. Aus der Kritik ziehen sie einen weiteren Beweis, dass sie im Besitz eben dieser Wahrheit sein müssten. Weil die „dumme Welt" sie nicht verstehe, wäre bewiesen, dass sie Recht hätten, den die Welt wäre zu dumm, um die „Wahrheit" zu erkennen und da sie die (dumme) Welt nicht verstünde, wäre das ein klarer Beweis dafür, dass sie recht hätten.
Wenn auch in der Praxis die Grenze zwischen Sturheit und Charakterfestigkeit bzw. Konsequenz ebenso wie zwischen notwendiger Flexibilität, ängstlicher Konfliktvermeidung und schlichter Anpassung des persönlichen Vorteiles wegens (wer „kuscht"

der bleibt) schwieriger zu ziehen ist, als hier theoretisch (und ein wenig besserwisserisch) darüber zu reden, dürften wir doch alle wissen, was damit gemeint ist.

Zurück zu Alfred Dallinger

Alfred Dallinger hat jedenfalls gezeigt – und darum geht es – wie man mit Charakter und Schlauheit auch ideologisch „sperrige" Dinge umsetzen kann. Gerade ihm als erfahrenen Politiker wäre es am „Höhepunkt" der Angriffe gegen die „Aktion 8000" ein Leichtes gewesen, die Idee zB der „Aktion 8000" zu entlasten, in dem den KritikerInnen und der Presse ein paar persönlich Schuldige (kleine Beamte) präsentiert und „zum Fraße" vorgeworfen woren wären, um damit von der Kritik an der Idee und an ihm abzulenken. Ich glaube nicht, dass Alfred Dallinger dieses Muster unbekannt war, zu oft wird es in der Politik (und nicht nur dort) angewendet.
Meine Bewunderung gilt ihm dafür, auch in der schwierigsten Zeit der experimentellen Arbeitsmarktpolitik in der Mitte und in der zweiten Hälfte der Achtzigerjahre nicht darauf zurückgegriffen zu haben. Dafür hat er auch die Loyalität dieser MitarbeiterInnen geerntet. Nicht dass Alfred Dallinger nun zum Heiligen stilisiert werden soll – Hagiographien liegen mir nicht und auch er wäre (so glaube ich) damit nicht einverstanden. Nicht, dass er immer das tat, was seine „Jünger" von ihm erwartet und erhofft haben. Nicht, dass er keine Kompromisse mit der „Macht" einging und durchaus auch seinen Vorteil im Kopf und Auge haben konnte. Es gelang ihm aber dabei immer, die Balance zwischen persönlicher Überzeugung, Programm, persönlicher Integrität, Loyalität zu seinen MitarbeiterInnen und politischer Klugheit zu halten.

Zur Geschichte der experimentellen Arbeitsmarktpolitik gehören auch andere Namen – Alfred Dallinger war nicht alleine

Auf die wichtige Rolle, die dabei und in vielen anderen Punkten sein „Chefsekretär" Gerfried Schultheiß gespielt hat, sei nur kurz, aber umso nachdrücklicher verwiesen. Kommt dem damaligen Sektionschef Günther Steinbach die beachtenswerte und positive Rolle zu, die experimentelle Arbeitsmarktpolitik in weiten Bereichen inhaltlich formiert und legistisch ausformuliert zu haben, sie administrativ zugelassen und „von oben" und „aus dem Hintergrund" unterstützt zu haben (zB durch die Einstellung der „richtigen Leute" denen er die notwendigen Freiräume verschaffte bzw. gab), ist Gerfried Schultheiß der „gute Geist" der experimentellen Arbeitsmarktpolitik. In dieser Bewertung mag viel Ungerechtigkeit anderen Menschen gegenüber liegen, die sich ebenfalls um dieses Konzept verdient gemacht haben, aber Gerfried Schultheiß war der, der immer wieder für den Flankenschutz für die Idee und die „UmsetzungsbeamtInnen" gesorgt hat, der sie „aufgemuntert" und auch ideell wie real (Zuteilung von Mitteln aus dem „Ministerbudget", wenn es sonst keine Mittel gab) unterstützt hat, der seine Hand über sie, über uns hielt. Ich glaube (so etwas lässt sich kaum beweisen), dass er seinem „Herrn und Meister" an manchen Tagen den möglichen „Rückzugsweg", sich von „dem Ganzen" zu distanzieren (um endlich Ruhe zu haben) im positiven Sinn verbaut hat.

Als Soziologe, der in dieser Zeit seine Laufbahn in der AMV begonnen hatte und schon bald mit diesem Thema in Berührung kam und der ab dem Jahr 1986 als Leiter der Abteilung für Grundsatzfragen und experimentelle Arbeitsmarktpolitik im (damaligen) Landesarbeitsamt Niederösterreich einen Teil des Weges mitgehen durfte, frage ich mich natürlich, ob nicht meine persönliche Betroffenheit das Bild, das ich zeichne, färbt oder gar verfälscht. Als Mensch und als Soziologe kann ich mir gut vorstellen, dass auch Alfred Dallinger „in mancher Stunde" lieber Ruhe von den Vorwürfen gegen die experimentelle Arbeitsmarktpolitik gehabt hätte, dass er zornig war über Fehler, die bei der Umsetzung gemacht wurden, dass er manchmal wahrscheinlich auch verzagt war, weil die Fortschritte langsam, die Gegnerschaft und die Angriffe heftig waren, dass er sich vielleicht ab und zu gedacht haben mag, warum er sich das angetan hat, dass er manchmal ganz gerne seinen Frieden mit dem „Establishment" gemacht hätte.

Hätte es solche Phasen nicht gegeben, wäre ich sehr erstaunt, denn dann wäre Alfred Dallinger kein vernünftiger und denkender Mensch, sondern entweder ein verblendeter Eiferer mit Realitätsverlust oder ein „moralischer Heros", nahe den Heiligen gewesen. Dass er beides nicht war, bezeugen die, die ihn erlebt und mit ihm gearbeitet haben. Er war kein ausgeklügelt Buch, er war ein Mensch mit seinem Widerspruch, um es mit Ulrich von Hutten zu sagen. Gerade das macht einerseits seine Verdienste um die experimentelle Arbeitsmarktpolitik umso größer, da er den Abbruch der Experimente und den Rückzug auch denken konnte und sich trotzdem für das Weitertun entschieden hat.

Das macht ihn auch als Vorbild geeignet. Außergewöhnliche Menschen werden zwar gerne als Vorbilder herangezogen, sie haben aber den Nachteil, dass sie die Chance bieten, ihre Leistungen mit dem simplen Hinweis abzutun, dass sie eben nur jener seltenen Disposition zu verdanken seien und wir „Normalsterblichen" halt nicht das Potential bzw. die Kraft hätten das zu erreichen. Sie bieten uns damit die Chance, uns nicht wirklich angesprochen und aufgefordert zu fühlen. Dort wo gezeigt werden kann, dass es „ganz normale Menschen" geschafft haben, besteht diese Ausrede nicht und kann es uns mehr Mut machen, es auch zu probieren.

In diesem Sinn ist Alfred Dallinger ein wichtiges Vorbild für die heutige und jede kommende PolitikerInnen-Generation, aber auch für jeden von uns. Er verkörpert mit seinem Eintreten für die experimentelle Arbeitsmarktpolitik die richtige Analyse von Problemen, die Entwicklung sinnvoller Lösungsstrategien und politische wie persönliche Standfestigkeit ohne doktrinäre Scheuklappen. Mich beeindruckt dabei nicht die Standfestigkeit per se (standfest sind auch Neo-Nazis, die vor Gericht ihren monströsen Geschichts- und Weltbildern nicht abschwören), mich beeindruckt jene lernende und kritische Konsequenz, die ihre Meinung nicht (billig) nach dem Wind hängt, die ihre Urteile diskursiv begründet, die die Debatte nicht scheut und die ihrer Meinung widersprechende Erfahrungen ernst nimmt und versucht, in ihr System einzubauen und das System entsprechend zu adaptieren, die einfach gesagt, offen und lernfähig bleibt.

Alfred Dallinger hätte aufgrund seiner Beliebtheit bei vielen seiner Adepten gute

Chancen gehabt, eine "Schule" zu errichten und seine Ausgangsüberlegungen dogmatisieren zu lassen. Solche Versuche gab es zu seinen Lebzeiten und stärker noch nach seinem tragischen Tod, der in sich schon das Potential hatte, seine Gedanken und seine Politik zu ikonisieren und zu Dogmen gerinnen zu lassen. Zu seinen Lebzeiten hat er es nicht zugelassen – obwohl ihm Eitelkeit nicht fremd war.

Der Übergang vom Experiment zum Regelsystem

Im Sinne eines Rezeptes stellt sich die Sache recht einfach dar: Eine vernünftige Idee mit einem eher einfachen als zu komplizierten Konzept, die zu einem klaren Programm formuliert wird, klare politische Ansichten (ohne doktrinäre Scheuklappen), eine „gute Truppe" von interessierten MitarbeiterInnen, die auch etwas unkonventionell denken können und deren Arbeitszeit nicht von 8:00 bis 16:00 Uhr geht und – das Beste zuletzt – etwas Standfestigkeit und Loyalität den MitarbeiterInnen gegenüber, auch wenn einem manchmal der Wind ins Gesicht bläst.

Keine heroische Leistung eines Einzelnen, sondern Team-Work rund um eine starke Persönlichkeit

In diesem Sinne möchte ich meine These, dass die erfolgreiche Umsetzung der experimentellen Arbeitsmarktpolitik, der Turn-over von den umstrittenen Anfängen zu den etablierten arbeitsmarktpolitischen Instrumenten, viel der Persönlichkeit und dem politischen Geschick Alfred Dallingers verdankt, nicht als „heroische" These von einer „geschichtsmächtigen" Person, die durch persönliches Charisma und „im Bunde mit der Geschichte" Geschichte schreibt und gestaltet – das würde Alfred Dallinger auch weit von sich gewiesen haben – verstanden wissen, sondern als Anerkennung dafür, dass er als Kristallisationspunkt und „fester Turm in der Schlacht" fungiert hat.

Nicht alles konnte sich durchsetzen

Wenn bisher von der erfolgreichen Umsetzung des Konzeptes der experimentellen Arbeitsmarktpolitik die Rede war, muss doch darauf hingewiesen werden, dass ein kleiner Bereich, eine bestimmte Facette sich „nicht wirklich" durchsetzen konnte, die der „Selbstverwaltungsbetriebe". Zwar ist ihre Förderung durch das BMAGS nicht ausgeschlossen und sie könnten auch im Rahmen des Arbeitsmarktservicegesetzes (AMSG) durch das AMS – Förderungsvariante „Gemeinnützige Beschäftigungsprojekte" oder „Sozialökonomische Betriebe" – in ihrer Anfangsphase unterstützt werden, in ihrer „ideologischen Reinkultur" fanden sie aber nicht Eingang in die AMS(Standard)Förderinstrumente. Das ist inhaltlich gesehen – aus meiner Sicht – kein großer Schaden, da dieses Instrument – meiner Erfahrung und Meinung nach – mehr einer ideologischen Fiktion nachhing, als es „greifbaren Bedürfnislagen von Werktätigen" entsprach. Das hat sich schon zu Dallingers Lebzeiten abgezeichnet und es ist ihm hoch anzurechnen, dass er dieses Scheitern einer Idee, mit der er zumindest deutlich sympathisiert hat, zugelassen und diese Variante nicht „ministeriell gepusht" und damit künstlich am Leben gehalten hat. Das zeigt, dass Alfred Dallinger den Begriff „experimentelle Arbeitsmarktpolitik" (auch in der Praxis) ernst genommen hat.

Die Innovationswirkung der experimentellen Arbeitsmarktpolitk

Ich glaube auch, dass gerade durch die *„Experimentelle"* die Arbeitsmarktpolitik und insbesondere die AMV einen Innovationsschub in inhaltlicher, methodischer, personeller und motivatorischen Hinsicht erfahren hat, der noch heute im AMS – in positiver Hinsicht – nachwirkt. Die Idee, Dinge auszuprobieren und nicht doktrinäre Spielfechterei von Schreibtischen aus zu betreiben, der Zwang bei der Umsetzung immer wieder neue Verfahren und Regeln zB im Bereich der haushaltsrechtlich-budgetären Abwicklung von neuen Projekten, der Information der Öffentlichkeit und der Politik zu erfüllen, hat einerseits „junge Wilde" dazu gebracht, in die „Bürokratie" einzutreten und ihre Regeln zu erlernen (teilweise sogar lustvoll, weil dadurch ihre „Wunschvorhaben" Realität werden konnten) und sie als einen möglichen Hebel für Veränderungen zu erkennen. (Ich glaube, dass Günther Steinbach ein Teil dieser „List der Geschichte" war, der „ReformerInnen" am System lernen und das System durch eben diese ReformerInnen verändern und weiterentwickeln ließ.) Das hat aber andererseits auch dazu geführt, dass erstens „Typen" von MitarbeiterInnen in das System kamen, die mit Begriffen wie „Veränderung" und „Innovation" viel besser umgehen konnten als viele ihrer VorgängerInnen.

Weiters konnte gezeigt werden, dass Veränderungen machbar sind und keineswegs nur negative Folgen für alle Beteiligten haben müssen – vorerst nur top-down, bald aber auch horizontal in den damaligen Landesarbeitsämtern (heute Landesgeschäftsstellen) und Ende der Achtziger, Anfang der Neunzigerjahre durch die Delegation der „Aktion 8000" an die Arbeitsämter (heute Regionale Geschäftsstellen). Das alles hat neben der Weiterentwicklung und Verbesserung der inhaltlichen und formalen Regelungen und Umgangsweisen auch zu einem anderen, innovationsfreudigeren Klima geführt und teilweise Leute in untere und mittlere Führungspositionen gebracht, die diese Ideen vertreten haben. Das hat die Modernisierung der AMV inhaltlich, methodisch und personell beachtlich beschleunigt und das hat meines Erachtens auch die Überführung der AMV ins AMS wesentlich erleichtert und die Erfahrung gebracht, dass Neues auch Gutes bringen kann, dass „Experimente" nichts per se Negatives sind. Auch hat sie den Boden dafür aufbereitet, wenn ein Nachfolger Dallingers das auch etwas anders sah und wenn viele von uns dann von *"innovativer"* statt *"experimenteller"* Abeitsmarktpolitik sprachen, blieb der Begriff im Kern unverändert.

Nicht, dass die experimentelle Arbeitsmarktpolitik geradewegs (und womöglich im Sinne „logischer Folge" – das wäre zu viel der ehrenden Unterstellungen) in die Ausgliederung der AMV geführt hätte – das Verdienst (ich sehe es jedenfalls als eines an) gehört Jolly Hesoun. Der durch die Experimentelle Arbeitsmarktpolitik ausgelöste Innovationsschub hat aber den Übergang wesentlich erleichtert und (unwissentlich) vorbereiten geholfen. So musste zum Beispiel *Überzeugung* an Stelle einfacher Kommandostrukturen treten, um neue Ideen wie zB die „Aktion 8000" zu verbreiten. Überall dort, wo das nicht geschah, wo diese Innovationen – des schnellen Vorteiles wegen – nicht erklärt und mit Überzeugung eingeführt wurden, sondern stattdessen mit Macht und Zwang, gab es nach dem tragischen Tod von Alfred Dallinger Rückschläge. Dort wo die neuen Inhalte mit den ihnen angemessenen Verfahren eingeführt wurden, nämlich durch Information über die Hintergründe und Vorteile sowie durch Überzeugung (manchmal war sicher auch etwas Überredungskunst dabei), konnten die „AnwenderInnen" die Vorteile ohne den negativen Beigeschmack des Oktroi kennen lernen und blieb daher – unabhängig davon, dass Alfred Dallinger nicht mehr Minister war – die „Experimentelle" als Instrumente anerkannt und eingesetzt.

Der „innere Kreis" muss bald erweitert werden, ohne die Männer und Frauen der „ersten Stunde" aber zu vergrämen

Auch deswegen ist die Geschichte der experimentellen Arbeitsmarktpolitik ein interessantes Lehrstück. Sie zeigt, dass relativ bald nach der „Einführung" mit der Überzeugungsarbeit der AnwenderInnen auf der untersten Ebene begonnen werden muss und dass die Beschränkung auf eine kleine Elite von Adepten zu wenig ist, um einem derartigen Vorhaben zum Durchbruch zu verhelfen. Sie zeigt auch, dass ein wenig Langsamkeit, ein wenig Rücksichtnahme auf das Tempo der „anderen" für die nachhaltige breite Durchsetzung der neuen Ideen besser ist als „angeordnete Erfolge", die von einer kleinen schlagkräftigen Elite rasch erzielt werden können. Sie zeigt aber auch, dass die Unterstützung von oben ebenso wichtig ist wie ein „flottes Tempo" in der Anfangsphase, das nur durch eine kleine Gruppe von „InnovatorInnen" getragen werden kann. Die erfolgreiche Umsetzung braucht beides. Es kommt darauf an, den richtigen Zeitpunkt des Übergangs vom elitären Kleingruppenprogramm zum Standardregelsystem nicht zu verpassen, ohne die bisherigen Innovatoren, die weiterhin als tragende Säulen der Weiterentwicklung und Verbesserung eine wichtige Funktion erfüllen, zu verletzen. Wer zu lange zögert, die Idee den bisher Skeptischen anzuvertrauen und nicht versucht, ihre Köpfe und Herzen zu gewinnen, verschenkt die Chance, neue UnterstützerInnen zu bekommen. Wer seine neuen Modelle und Konzepte ohne Vorbereitung dem „Regelsystem", der Bürokratie überlässt, darf sich über Missverständnisse, die zu Misserfolgen werden, nicht wundern.

Dabei muss darauf geachtet werden, den bisherigen InnovatorInnen und „BannerträgerInnen" weiterhin eine wichtige Rolle zu belassen bzw. zu geben, die sie aktiv an die Weiterentwicklung des Instrumentes bindet. Sonst neigen sie sehr leicht zur Ikonisierung des bereits Erreichten und tragen damit zur Dogmatisierung und Versteinerung der Instrumente bei, die wieder die praktischen Anwendung der Instrumente erschweren und ihr sogar entgegenstehen können. Andererseits würde die „Ablöse" der „Gründerväter- und mütter" zu Recht ein schlechtes Bild auf die moralisch-menschlichen Begleitaspekte der neuen Instrumente werfen, die ebenfalls ihrer Akzeptanz entgegen stünden. Es kommt also darauf an, den Kreis der „VerfechterInnen" fließend zu erweitern. Gleichzeitig ist es sehr wichtig, das Programm (und das „ganze

Rundherum") rasch von einem „apokryphen, hermetischen Elitetext" zu einem allgemein verständlichen Programm zu machen, das seinen AnwenderInnen bald praktischen Nutzen bringt.

Die „Aktion 8000" als erster Schritt in die Praxis

Genau das ist im Rahmen der experimentellen Arbeitsmarktpolitik, an erster Stelle ist hier an die „Aktion 8000" zu denken, gelungen. Es konnten damit Arbeitslose in Arbeit gebracht werden, die bis dahin – mit den klassischen Instrumenten der Arbeitsmarktpolitik – nicht vermittelt werden konnten. Damit hatte es die „Aktion 8000" sehr leicht, ihren praktischen Nutzen für die AMV-MitarbeiterInnen unter Beweis zu stellen – sie half ihnen, ihre Aufgabe besser zu erfüllen. Das hat viele mehr überzeugt als viele theoretische Abhandlungen. Es war auch nützlich, dass die AnwenderInnen nicht gezwungen wurden, einem neuen „Glaubenbekenntnis" beizutreten, sondern dass eine „pragmatische" Vorgangsweise gewählt wurde. Nützlich war auch, dass der Verwaltungsaufwand – nachdem es wegen haushaltsrechtlichen Sachzwängen nicht sofort gelang, ihn so klein zu halten, dass er für die AnwenderInnen keine Belastung dargestellt hat (obwohl er ohnehin gegenüber früheren AMV-Programmen stark vereinfacht wurde) – von den damaligen Landesarbeitsämtern und teilweise vom Ministerium getragen wurde (dort wieder zum größten Teil von Personen, die von diesen Ideen überzeugt waren). So hatten die „BasisanwenderInnen" in den Arbeitsämtern in den ersten Jahre nur den Nutzen, ohne die Arbeitslasten zu tragen. Das hat die positive Bewertung zB der „Aktion 8000" durch die „Basis" natürlich sehr begünstigt.

Kein starrer Umsetzungsplan, sondern Entwicklungen und Spielräume zulassen und nutzen

Der Grund warum dieser Weg so erfolgreich sein konnte, lag meines Erachtens nicht darin, dass von Anfang an eine klare langfristige Strategie zur Durch- und Umsetzung der experimentellen Arbeitsmarktpolitik vorlag (ein Masterplan, um es neudeutsch zu sagen), sondern dass einerseits genug Entwicklungs- und Handlungsspielraum – gewollt oder ungewollt – bestand bzw. gelassen wurde, dass aber andererseits Chancen zur Verbreitung und Realisierung der Idee konsequent aber relativ undogmatisch genutzt wurden. Ganz wesentlich war – und da bin ich wieder bei den persönlichen Verdiensten Alfred Dallingers – dass er als Sozialminister wie auch als GPA-Vorsitzender und Gewerkschaftsfunktionär auch in „schlechten Zeiten" zu diesen Modellen und Konzepten und den Leuten, die sie vertreten und umgesetzt haben, stand.

Eine „bunte Truppe" ermöglicht auf der Basis eines klaren Grundkonsenses Dynamik, Kontinuität und Flexibilität

Die gute Personalauswahl und die damit erreichte inhaltliche wie persönliche „Breite" hat dafür gesorgt, dass die experimentelle Arbeitsmarktpolitik sich beständig weiterentwickeln, stets flexibel reagieren und damit ihre Chancen nutzen konnte. Nach dem

Tode Alfred Dallingers hat sie gemeinsam mit der Dynamik seiner Ideen dafür gesorgt, dass die experimentelle Arbeitsmarktpolitik nicht zum Stilstand kam, dass sie über Alfred Dallinger hinaus Bestand hatte und ihren „Siegeszug in das System" antreten bzw. absichern konnte.

Manche der WegbegleiterInnen haben sich zwar ins „Archiv" zurückgezogen und hüten die reine Lehre (die Alfred Dallinger zwar nie gepredigt hat, die sich daher aber umso schöner und leichter nach dem eigenen Glauben gestalten und dann so kodifiziert als die seine ausgeben lässt), das Gros ist aber weitergegangen und hat die Dinge weiterentwickelt.

Die „Dallinger-Truppe" war bei einem minimalen ideologisch-fachlichen Grundkonsens ideologisch, fachlich aber auch menschlich so inhomogen und dadurch wieder offen und interessant, dass sie für sehr viele unterschiedliche Menschen attraktiv war. Diese produktive Mischung entsprang weniger einem höheren Plan als vielmehr den Persönlichkeiten der Akteure. Sie reichten von Alfred Dallinger über Gerfried Schultheis, Günther Steinbach, Stephan Potemesil, Rainer Klien und Sepp Lerchenmüller und vielen anderen bis hin zu den ArbeitsmarktbetreuerInnen (wie zB DI Bernhard Schneider, Dr. Eva Brantner oder Sepp Ginner, um nur einige zu nennen), ProjektleiterInnen, aber auch vielen AMV-MitarbeiterInnen.

Diese „Buntheit" – ohne aber ungeordnet-chaotisch zu sein – hat wieder eine Bereite des Denkens erzeugt, die unkonventionelle Lösungen innerhalb und außerhalb der bestehenden Regeln ermöglicht hat. Sie hat aber auch die Herausbildung eines „Dallinger-Typus" als Person und auch als System verhindert und damit wieder für Flexibilität und menschliche und fachliche Offenheit gesorgt, die ihre intellektuelle und menschliche Attraktivität ausgemacht hat. Es gab keine ideologische Beliebigkeit, aber auch kein einschränkendes Denkverbot.

Natürlich hat der Ruf der „Truppe" zu einer gewissen Selbstselektion ihrer neuen Mitglieder geführt (die klassisch Konservativen waren in dieser Gruppe eher nicht vertreten) und damit komplizierte Aufnahmekriterien und -rituale, „Gesinnungsüberprüfungen", ideologische Leitlinien und Verhaltensregeln überflüssig gemacht. Es gab aber auch keine massiven Ansätze zu solchen Elementen, was wiederum auf die Zusammensetzung der „Truppe" zurückzuführen ist. Einerseits neigte die Mehrzahl der Akteure nicht dazu, andererseits hätten die, die es probiert hätten, wenig Gefolgschaft gefunden.

Der Grundkonsens – Versuch der Rekonstruktion aus „befangener" Sicht

Vorhanden war ein gewisser Grundkonsens, der bestimmte Arbeitsmarktphänome – vor dem Hintergrund einer bestimmten Wertskala, die Menschen als Subjekte und nicht als Objekte sah (und die christlich ebenso wie sozialistisch getragen sein konnte) – als Fehlentwicklungen einstufte, gegen die etwas unternommen werden musste. Gemeinsam war ihnen auch, dass bei aller Anerkennung eigenständiger wirtschaftlicher Prozesse und Zusammenhänge wirtschaftliche Abläufe doch als durch Menschen

bestimmt verstanden wurden, die als durch Gesellschaft beeinflussbar angesehen wurden. Moralisch formuliert, als „Menschenwerk", als Produkt menschlicher Entscheidungen und Verhaltens, für das die Menschen und die Gesellschaft verantwortlich sind, die sich nicht durch den Verweis auf die „wirtschaftsimmanenten Regel- und Gesetzmäßigkeiten" aus ihrer Verantwortlichkeit befreien können.
Die Eingriffsmöglichkeiten und Notwendigkeiten wurden nicht im Sinne eines naiven Voluntarismus verstanden, sondern trugen den Einsichten in die sehr komplexen wirtschaftlichen Zusammenhänge und ihrer teilweisen Eigendynamik (ökonomische Gesetzmäßigkeiten) Rechnung, ohne allerdings zu vergessen, dass es auch in diesem Bereich vorangehender menschlicher Weichenstellungen bedarf und dass auch im Rahmen dieser Regeln Entscheidungen von Menschen getroffen werden. Zum Beispiel, ob rein betriebswirtschaftliche Rationalität für Politik und Einzelpersonen (als KäuferInnen, VerkäuferInnen oder WirtschaftspolitikerInnen) handlungsleitend wird, oder ob sie anderen Kriterien den Vorzug geben.
Kurz gesagt einte sie der fehlende Glaube an die Allmacht des Marktes und die Überzeugung, dass Wirtschafts- und Arbeitsmarktpolitik nicht nur den „blindwütigen" Gesetzen der Ökonomie überlassen werden dürfte, sondern durchaus kompensierende und „verbessernde" Eingriffe vertrüge. Die „Wirtschaftsferne" und „-nähe" in diesem Kreis mag unterschiedlich gewesen sein. Gemeinsam war ihnen die Ansicht, dass die Arbeitsmarktergebnisse, die der Markt erzeugt, durch Eingriffe von außen verbesserbar seien und dass dafür – wenn solche Eingriffe notwendig wären – Methoden und Möglichkeiten bereit gestellt werden müssten.
Ohne „Marktgesetzlichkeiten" prinzipiell zu leugnen und ohne den Versuch, sie fundamental außer Kraft zu setzen, sollten Markt und intervenierender Staat kooperieren, um Fehlentwicklungen des Marktes hintanzuhalten – Arbeitslosigkeit als ein Problem, das wirtschaftlich vielleicht, gesellschaftlich aber sicher nicht akzeptiert werden konnte. Das war – meinen Eindrücken nach – der kleinste gemeinsame Nenner dieser Gruppe, ihr *(minimal) common sense*, zuzüglich einer hohen Arbeitsmotivation, Einsatzbereitschaft und einer Arbeitsleistung, die oft im Widerspruch zu der von vielen verfochtenen 35-Stunde-Woche stand.

Denken nicht verboten – das liberale Klima schuf Anziehungskraft und erleichterte die Umsetzung

Darauf aufbauend wurden von unterschiedlichen Zugängen und Ansätzen mit unterschiedlichen Methoden Lösungen erarbeitet und diskutiert, ohne dass es „schulmäßige" Einschränkungen (bei den Zugangsweisen oder den technischen Lösungen) gab. Diese relative Freiheit, die wieder „freie Geister" anzog und so zu ihrer Verstärkung beitrug, speiste sich aus zwei Quellen: Einerseits aus „undogmatischen" Persönlichkeiten, andererseits lagen in diesen Bereichen nur wenig Erfahrungen vor, was wieder verhinderte, dass neue Lösungen mit den Hinweis auf „alte" Erfahrungen a priori verworfen werden konnten. Sie hatten so bessere Chancen sich zu bewähren, als auf „alten" Feldern, wo viele alte Erfahrungen die Durchsetzung neues Wissens erschweren.

Unter diesem Aspekt ist auch nicht verwunderlich, dass diese Truppe sehr viele Personen anzog, die neu in diesem Feld tätig waren. Sie bot die Gelegenheit, rasch, ohne die „alten" Regeln und das „alte" Wissen erlernen zu müssen, tätigt zu werden und mitreden zu können. Erst später wurden vielen die Notwendigkeit klar, auch das „alte System" zu kennen, um erstens nicht alle Lösungen neu „konstruieren" zu müssen, sondern Brauchbares modulartig übernehmen zu können und um zweitens das Neue besser in das Alte einzubetten (und das geht nur, wenn man das alte System kennt).
Ich halte jedenfalls diese Vielfalt der Meinungen, Zugänge und Arbeitsweisen, diese bewusst begonnene und durch die Selbstselektion der Mitglieder dieser „Truppe" sich verstärkende Liberalität für eine wesentliche Voraussetzung für den Erfolg der in diesem Rahmen entwickelten Ideen. Dieses „Klima" hat auch viele Menschen bewogen, dem Sozialministerium und der AMV näher zutreten, die die „Vor-Dallinger-AMV" oder das „Vor-Dallinger-Sozialressort" nicht als Arbeitsplatz gewählt hätten. Günther Steinbach gebührt ähnliches Verdienst, eine intellektuell anziehende Figur zu sein, dessen Persönlichkeit und Flair „guten Leuten" den Weg in die AMV gewiesen hat. Die AMV ist dadurch um einige kluge Köpfe mit pragmatischer Lösungskompetenz reicher geworden.

Die experimentelle Arbeitsmarktpolitik als „Schule" der AMV und „Wiege" des AMS

Fast wichtiger noch ist aber, dass dieses Modell der Dallinger-Truppe (mit etwas Verzögerung und vielleicht auch gegen den Willen mancher Zeitgenossen in der AMV) *stilbildend* gewirkt hat. Die Anforderungen und das Muster dieser Truppe bezüglich Intellektualität, prinzipieller Sichtweisen und das damit verbundene Modell einer gewissen intellektuellen und ideologischen Liberalität bei gleichzeitiger hoher „Arbeitsmoral" und einem gewissen Pragmatismus hat nicht nur interessante Menschen dazu bewogen, in das Sozialressort und die Sektion III (Arbeitsmarktpolitik) des BMA(G)S einzutreten. Sie ist auch als „kulturelles" Muster in das Ressort, besonders aber in die AMV diffundiert und hat dort zumindest auf der Ebene der Landesarbeitsämter (heute Landesgeschäftsstellen) mittelfristig positive Veränderungen bewirkt.
In vielen Landesgeschäftsstellen haben sich Mitglieder der mittleren Führungsebene von diesem Modell angesprochen gefühlt und sich, dadurch bestärkt, auch getraut, sich an diesen Elementen zu orientieren und diese Elemente in ihre „tägliche" Arbeit einfließen zu lassen. Das hat wieder auf ihre MitarbeiterInnen gewirkt und so das Klima und die Denk- und Herangehensweise ganzer Abteilungen und Gruppen (Zusammenfassung mehrerer Abteilungen) der Landesarbeitsarbeitsämter verändert. Das wieder hat diese Einheiten für „pragmatische Intellektuelle mit Grundsätzen" attraktiv gemacht und durch den Einritt solcher Menschen den Änderungsprozess verstärkt und beschleunigt und dadurch auch andere Einheiten mitgezogen (entweder durch die folgende personelle Durchmischung oder durch die Vorbildwirkung) und dadurch wieder die Attraktivität der AMV als Gesamtsystem (für solche Personen) erhöht.
Damit wurden wesentliche inhaltliche und persönliche Voraussetzungen für die basale Ausrichtungen, die das spätere AMS in positivem Sinn kennzeichnen sollten, geschaffen – eine nicht wertungslose Haltung, die Arbeitslosigkeit als Problem ansieht und nicht

die Arbeitslosen, ein moderater Pragmatismus, der ohne ideologische Scheuklappen Probleme zur Kenntnis nimmt und ihre Lösung ohne bornierte ideologische und/oder persönliche Einschränkungen in Angriff nimmt.
Ich halte es auch für keinen Zufall, dass sich diese Vielfalt und Liberalität gerade um Alfred Dallinger entwickelt hat und sich entwickeln konnte, dass sich diese Gruppe um ihn scharen konnte. Es spricht für die Person Alfred Dallingers, dass er sich keinen „Fan-Klub" gehalten, sondern seine Attraktivität eingesetzt hat, um eine Truppe kritischer Geister zu formieren. Damit hat er nicht nur innovative theoretische Lösungen ermöglicht, sondern auch die praktische Umsetzung unterstützt.

Der Praxisbezug der experimentellen Arbeitsmarktpolitik – ein Schlüssel zum Erfolg

Die meisten der Ideen und Konzepte wurden nicht in theoretischen Diskussionen vor dem Hintergrund einer Theorie erfunden, sondern als konkrete Lösungsversuche für konkrete Probleme entwickelt. Oft waren sie die Antwort auf einen „Einzelfall" und wurden dann erst im Lichte theoretischer Zusammenhänge verallgemeinert. Viele Einzelfallösungen haben dieses Stadium – über den konkreten Fall hinaus zu einem allgemeinen Instrument zu werden – nicht erreicht. Dieser Praxisbezug hat dann auch wesentlich zur Akzeptanz dieser Instrumente beigetragen. Auch die Notwendigkeit (und von manchen als bewusste Politik betrieben), neue Lösungen mit "alten" Abwicklungsmethoden und Regelungen zu verquicken, hat dazu beigetragen, das alte System in einigen Punkten „langsam und leise" zu erneuern und damit auch Voraussetzungen für spätere Reformen zu schaffen. Es hat aber auch erspart, „alte" Lösungen neu zu erfinden, nur weil – aus ideologischer Borniertheit – nicht geprüft worden wäre, ob das „Alte" nicht auch taugliche Lösungen für so manche neue Frage enthielte. So haben beide „Welten" – das gilt besonders für die AMV – von einander lernen können.
Manche Ideen haben sich nicht wirklich bewährt oder vielleicht nicht wirklich bewähren können, weil ihnen zu wenig Raum geboten wurde (wie zB selbstverwaltete Betriebe, bei denen ich aber glaube, dass die interessante und an sich gute Idee am Bedarf vorbeiging). Das Meiste aber wurde weiterentwickelt und ging als Standardinstrument in den Instrumentenkatalog der österreichischen Arbeitsmarktpolitik der AMV und dann des AMS ein. Die Instrumente der experimentellen Arbeitsmarktpolitik haben auch Eingang in das Denken der AMV-MitarbeiterInnen gefunden. Noch wichtiger war aber, dass die dahinter liegenden Modelle in das Denken dieser Institutionen, der Arbeitsmarktpolitik und der Politik dieses Landes überhaupt eingeflossen sind und dort Aufnahme und Verbereitung gefunden haben.
Ein kleines Beispiel soll zeigen, dass das nicht romantisches Wunschbild ist, sondern erlebbare Realität. Als vor einigen Jahren im Bereich des AMS-NÖ im Rahmen der Sanierung von Budgetproblemen diskutiert werden musste, auch die Mittel für Beschäftigungsprojekte (gemeinnützige Beschäftigungsprojekte und sozialökonomische Betriebe) und der gemeinnützigen bzw. betrieblichen Eingliederungsbeihilfe (das sind die aktuellen Namen der ehemaligen „Aktion 8000") zu kürzen, kam von den regio-

nalen Geschäftsstellen und ihren MitarbeiterInnen aller Hierachieebenen die sachlich begründete aber auch emotional getragene Anwort, dass sie sich ihre „guten Instrumente" gegen Langzeitarbeitslosigkeit und Ausgliederung von marginalisierten Arbeitslosen nicht „kaputt" machen lassen würde und eher bereit wären, bei anderen Instrumenten zu sparen.
Wenn man sich erinnert, wieviel Abneigung noch 15 oder 10 Jahre zuvor den ersten Ansätzen der experimentellen Arbeitsmarktpolitik in Form der „Aktion 8000" (als Einzelfallförderung und noch stärker als „Projekte") und den „Beratungsstellen" entgegen geschlagen hatte, muss man den Wandel, den Wechsel der Perspektive anerkennen und den KollegInnen Respekt dafür zollen, dass auch sie sich letztlich undogmatisch verhalten und viel gelernt haben. Dafür wieder die Ausgangsbedingungen geschaffen zu haben und den KollegInnen dieses Lernen ermöglicht und sie nicht "brutal" per Erlass oder Dienstanweisung indoktriniert zu haben, gebührt der Verdienst Alfred Dallinger.

Der Erfolg der experimentellen Arbeitsmarktpolitik – ihre Instrumente gehören heute zum Standardrepertoire des AMS

10 Jahre nach Alfred Dallingers Tod, nach einer Reihe anderer Sozialminister, die nicht alle seinen Zugang zur experimentellen Arbeitsmarktpolitik übernommen hatten (das ist keine Wertung, sondern eine Beschreibung), decken die in der Ära Dallinger entwickelten Instrumente noch immer einen beachtlichen Teil der Ziele ab, die dem AMS Jahr für Jahr gesetzt werden. Die experimentelle Arbeitsmarktpolitik stellt weiterhin die inhaltlich wie mengenmäßig zentralen AMS-Instrumente zur Erreichung des AMS-Zieles „Langzeitarbeitslose in Arbeit bringen" (es zielt auf die Reduktion von Langzeitarbeitslosigkeit, soll die Betroffenheit von Arbeitslosigkeit sozialverträglicher verteilen und der Segmentierung innerhalb der Arbeitslosen entgegenwirken) dar. Aber auch zur Erreichung des Zieles „Übertritte in die Langzeitarbeitslosigkeit verhindern" (Langzeitarbeitslosigkeit am Entstehen zu hindern, Segmentierung verhindern) werden Instrumente, die aus dem Konzept der experimentellen Arbeitsmarktpolitik entstammen, eingesetzt. In den Beschäftigungsprojekten findet das alte Konzept der experimentellen Arbeitsmarktpolitik von „Arbeiten und Lernen" – nunmehr auch unter EU-Auspizien – weiterhin Anwendung. Auch für *gender-mainstreaming* lassen sich die Instrumente der experimentellen Arbeitsmarktpolitik hervorragend einsetzen. Hier wird aber noch einiges zu tun sein, wie auch insgesamt die experimentelle Arbeitsmarktpolitik gute Bedingungen und Instrumente für die Chancengleichheit für Frauen bzw. für den heute aktuellen Begriff des gender-mainstreaming geboten hat (und noch bietet), die aber nicht ausreichend genutzt wurden.

Die experimentelle Arbeitsmarktpolitik – ein „Männerprogramm"?

Die experimentelle Arbeitsmarktpolitik – und das ist ein Wermutstropfen in ihrer „Erfolgstory" – hat ihre Potentiale für Chancengerechtigkeit für Frauen nicht genutzt.

Das ist kein Zufall, sondern hat ganz sicher mit dem hohen Männeranteil im engeren Umfeld der Geburtshelfer der experimentellen Arbeitsmarktpolitik zu tun. Es hat auch damit zu tun, dass bei der Umsetzung der experimentellen Arbeitsmarktpolitik, zum Beispiel im Rahmen der „Aktion 8000", zwar in vielen Fällen „Frauenquoten" vereinbart und größtenteils auch eingehalten wurden, dass aber dennoch sehr viele „praktisch-pragmatische" Kompromisse mit den Vorurteilen von gemeinnützigen DienstgeberInnen und umsetzenden AMV- bzw. AMS-MitarbeiterInnen gemacht wurden.
Sie haben dazu geführt, dass bis auf wenige Ausnahmen die bestehenden Geschlechterverhältnisse (in der Arbeitswelt und am Arbeitsmarkt) abgebildet bzw. reproduziert wurden. Erklärungen und Entschuldigungen dafür gibt es viele, einige sind plausibel. Zum Beispiel, dass es schon schwer genug war, ein neues Konzept „draußen" durch- und umzusetzen und dass es den Erfolg der Idee gefährdet hätte, *dazu* auch noch das Thema „Chancengleichheit für Frauen" mitzuziehen, oder dass die (unsere) Kraft ganz einfach nicht für beide Neuerungen gereicht hat. Egal was und egal wie, wenn wir uns (und das umfasst auch mich) die Erfolge dieses Konzeptes zugute halten, müssen wir auch zu diesem wenig erfreulichen Ergebnis stehen.
Wir haben über simple Frauen-Quoten in der „Aktion 8000" (und manchmal nicht einmal die) hinaus das inhaltliche und instrumentelle Potential, das die experimentelle Arbeitsmarktpolitik für gender-mainstreaming-Aktionen geboten hat bzw. hätte, nur punktuell und sporadisch, keinesfalls aber systematisch genutzt. Zu hoffen ist, dass der Erkenntnis auch die entsprechenden Aktionen folgen.

Die Wiederentdeckung der Arbeitsmarktpolitik Alfred Dallingers

Nicht nur der „Kampf" vieler AMS-MitarbeiterInnen, die vor 10 oder 15 Jahren noch skeptisch oder offene GegnerInnen dieser Ideen waren, um das Weiterbestehen der Instrumente der experimentellen Arbeitsmarktpolitik oder der Umstand, dass das AMS noch heute mit den Dallingerschen Instrumenten ihre (heutigen) Ziele zu erreichen versucht und auch erreicht, zeigt den Erfolg dieser Ideen. Ein weiteres posthumes Lob und eine späte Anerkennung für das Dallingersche Konzept von Arbeitsmarktpolitik und ganz besonders von experimenteller Arbeitsmarktpolitik und seinen persönlichen Einsatz dafür ist in der aktuellen Sprechweise der SPÖ zum Thema Arbeitsmarkt zu sehen.
Beschäftigung und Arbeitsplätze zu schaffen, ist wieder erlaubt. Der von der SPÖ gestellte Bundeskanzler Klima profiliert sich als „Beschäftigungskanzler", die sozialdemokratisch regierten Ländern Europas haben im Rahmen der EU Beschäftigungspolitik wieder „hof- bzw. diskussionsfähig" und dieses Thema mit den „Nationalen Beschäftigungsplänen" (kurz NAP genannt) zum Bestandteil konkreter Anstrengungen gemacht.
Dass es heute SPÖ-offiziell wieder heißt, dass es billiger, menschlicher und klüger sei, Arbeit statt Arbeitslosigkeit zu finanzieren, würde Alfred Dallinger viel Freude machen. Er wäre auch denen dankbar, die dieses Motto in den Jahren dazwischen nicht vergessen hatten – zum Beispiel Ernst Höger, der den niederösterreichischen Land-

tagswahlkampf 1998 darauf – wenn auch ohne Erfolg – ausgerichtet hat.
So wie politischer Misserfolg noch kein Kriterium für Qualität ist, so garantiert politischer Erfolg auch nicht die Güte der Gedanken, Ideen und Konzepte. Wenn aber Konzepte und Instrumente über Jahre von durchaus kritischen Menschen angewendet, weiterentwickelt und auch von ehemaligen GegnerInnen genutzt werden, wenn die dahinter liegenden Ideen und Modelle (wieder) politische Anerkennung in weiten Teilen Europas finden, dann darf doch einigermaßen mit Sicherheit gesagt werden, dass diese Ideen und Konzepte für eine bestimmte Gesellschaft und für bestimmte Problemlagen sinnvolle und gute Antworten bereithalten und dass sie sich die Anerkennung auch verdient haben.
In diesem Sinne schulden wir Alfred Dallinger großen Dank für seine inhaltlichen Anstöße zur experimentellen Arbeitsmarktpolitik und für seinen persönlichen Einsatz für dieses Konzept. Ohne seinen Beitrag wäre dieser Erfolg nicht möglich gewesen.

Der Dank an Alfred Dallinger: Die Zukunft denken und gestalten

Nicht nur weil Pathos, auch gut gemeintes, sehr rasch nach falschem Pathos klingt, möchte ich diesen Artikel nicht mit einem rückwärts gewandten Dank an Alfred Dallinger ausklingen lassen. Wir alle, die ihm – aus welchen Gründen auch immer, persönliche, ideologische etc. – danken wollen, sollten diesen Dank in der Weiterentwicklung der experimentellen Arbeitsmarktpolitik, aber auch in der Entwicklung grundsätzlich neuer Anworten im Bereich der Arbeitsmarktpolitik zum Ausdruck bringen.
Ohne den historischen Alfred Dallinger allzu sehr für die eigene Position zu vereinnahmen, glaube ich doch sagen zu dürfen, dass Alfred Dallinger gewiss gesagt hätte *„je ne suis pas Dallingerxist"*. Ihm wäre die Dogmatisierung und Ikonisierung seiner Politik und Konzepte falsch und unpassend erschienen. Er hätte versucht, mit Dallinger über Dallinger hinaus zu denken und neue Antworten auf neue Fragen zu geben. Ich bin überzeugt, dass er dabei seinen Grundgedanken treu geblieben wäre, dass er aber undogmatisch und sehr pragmatisch an die aktuellen Problemstellungen (die teilweise noch die alten sind, aber in vielen Punkten doch auch neue Aspekte beinhalten) herangegangen wäre.
Es wäre schön, wenn wir unseren Dank nicht nur in rückwärts gewandten Artikel – wie ich es hier getan habe – abstatteten, sondern Konzepte für die Zukunft entwickeln würden. Das entspräche – bei aller kurzfristigen Empfänglichkeit für solche Gesten wie „Gedenkartikel" – auch mehr seiner Persönlichkeit als lange historisierende Lobeshymnen.
Bewusst habe ich die Formulierung „in seinem Sinn Konzepte für die Zukunft entwikkeln" vermieden. Die Ideen Alfred Dallingers sind substantiell und klug genug, um auch ohne doktrinäre Bindung die „richtige Richtung" zu weisen. Die Person Alfred Dallingers ist stark genug, um es auszuhalten, dass über ihn hinausgedacht werden darf. Es geht nicht darum, im Banne Alfred Dallingers die Welt zu ordnen und ihm

ein ewig starres Denkmal zu setzen. Es geht auch nicht darum, sich auf Alfred Dallinger zu berufen und sich damit eigenes Denken zu ersparen oder Positionen zu immunisieren (so nach dem Motto *„ipse dixit"*). Es geht darum, seine Ideen und vor allem seine Herangehensweise zum Vorbild zu nehmen und nicht bei den Fragen „Was hätte er gedacht oder getan?" stehen zu bleiben, sondern originäre Analysen anzustellen, Anworten zu finden und in praktikable Lösungen umzusetzen.

Ausgangspunkt, und in dieser Frage kann es keine Beliebigkeit geben, ist die Sorge Alfred Dallingers um die Menschen, sein Versuch, ihnen strukturell aber auch persönlich zu helfen. Alles Weitere hat er uns überlassen, leider viel zu früh überlassen müssen. Treten wir in diese Aufgabe ein. Der zehnte Todestag, das Dallinger-Symposion war ein guter Anlass, sich seiner Leistungen zu erinnern, führen wir sie fort. Nicht unbedingt mit großen Entwürfen und mit großen Paukenschlägen, sondern auf Basis klarer und durchaus auch weit reichender Ideen, mit sachlicher Konsequenz und „persönlichem" Rückgrat, aber mit gemessen Schritten.

Die experimentelle Arbeitsmarktpolitik – Alfred Dallingers politisches Vermächtnis

Gerlinde Müller-Grohotolsky

Die experimentelle Arbeitsmarktpolitik – in der 9. Novelle des Arbeitsmarktförderungsgesetzes (AMFG) 1983 definiert-basiert auf dem Hintergrund gesellschaftlicher und politischer Umbrüche. Alfred Dallinger sah die Zielsetzungen „seiner" experimentellen Arbeitsmarktpolitik im Lichte der Folgen von Massenarbeitslosigkeit, die seiner Ansicht nach immer gleich geblieben sind und nie mehr aus den Augen verloren werden dürfen: „Endsolidarisierung, Stigmatisierung und Ausgrenzung von Menschen – sei es aufgrund ihrer ethnischen Herkunft, ihrer Religion, Hautfarbe oder ihrer sozialen Situation – darf es nicht mehr geben" (Dallinger 1988).

Die Bewältigung dieser sozialen und politischen Probleme

Die Integration der Betroffenen in Entscheidungsprozesse war für Dallinger eine Voraussetzung für die Bewältigung dieser sozialen und politischen Probleme. Wie aktuell und ungelöst diese Situation heute noch ist und welche Bedeutung Dallingers politische Visionen hatten und haben, darf in diesem Rahmen nicht fehlen.
Eine wesentliche Intention des AMFG war, die Folgen von Arbeitslosigkeit erst gar nicht entstehen zu lassen, sondern präventiv zu wirken durch Ausbildung, Arbeitsbeschaffungs- und ähnliche Maßnahmen. Alternative Tätigkeiten zB im Umweltschutz, in Dienstleistungen oder die Hinwendung zu gesellschaftlich nützlichen, nicht profitablen Bereichen waren für Alfred Dallinger Herausforderungen für die Zukunft.

> *„Wir müssen trachten, dass dort, wo es Schwierigkeiten im Betrieb gibt und wo im klassischen Sinne keine Unternehmer mehr zu finden sind, die Menschen animiert werden, die Arbeit und die Leistung von solchen Einrichtungen selbst in die Hand zu nehmen. Das wird natürlich nur eine marginale Größe sein. Aber es ist auch das eine Entwicklung, die wir in Österreich machen und die deutlich erkennbar ist" (Dallinger 1985).*

Für Dallinger war es sehr wesentlich, dass die Ansätze/Initiativen "von unten", von der Basis kamen.

> *„Hier wird nicht etwas aufgepfropft oder aufgezwungen, sondern hier ist es einmal umgekehrt: Hier ist zunächst einmal das Engagement, der Plan und die Initiative, und dann kommt die Arbeitsmarktverwaltung, dann kommen gesellschaftliche Kräfte, die in der Umsetzung behilflich sein können. Ich glaube, dass das der richtige Weg, oder der richtigere Weg ist" (Dallinger ebd.).*

Ausgehend von den Jugendlichen, die besonders von Arbeitslosigkeit betroffen waren, sollten Projekte für Langzeitarbeitslose, Frauen sowie Behinderte entstehen. Ob Beschäftigungs- oder Frauenprojekte im Rahmen der „Aktion 8000", Sozialprojekte, Kursmaßnahmen – sie alle waren „nicht allein Bestandteil der Arbeitsmarktpolitik, sondern der Sozialpolitik insgesamt" (Dallinger 1988). Sozialprojekte sollten sich an

Menschen richten, die von Ausgrenzung betroffen oder bedroht waren. „Andererseits versuchen sie die Erosion der sozialen Sicherungssysteme und der herkömmlichen Sozialeinrichtungen zu kompensieren" (Dallinger ebd.).
Der Mehrfachcharakter der experimentellen Arbeitsmarktpolitik wird durch Dallingers Aussagen besonders deutlich:

> *„Sozialprojekte sind in doppelter Hinsicht innovativ: Sowohl was die angewandten Methoden als auch was die erbrachten Dienstleistungen anbelangen. Sie sind sozial integrativ in Bezug auf die einzelnen Teilnehmer und durch die Rückkoppelung von Armutstatbeständen in der Gesellschaft. Sie können und sollen in diesem Sinn auch Anwaltsfunktionen für gesellschaftlich benachteiligte Gruppen gegenüber einer zunehmend ignoranten und zentrifugalen Gesellschaft bekommen" (Dallinger 1988).*

Die experimentelle Arbeitsmarktpolitik sollte nach Dallingers Intentionen Antwort auf die Frage sein, welche Beschäftigungsmodelle den Zugang zur Erwerbstätigkeit ermöglichen und wie der Gefahr der Ausgrenzungs- und Spaltungstendenzen in der Gesellschaft begegnet werden kann. Ebenso wesentlich war die Entwicklung innovativer Ansätze und gesellschaftlicher Selbstorganisation. Die Vielfalt der entstandenen Ideen und Initiativen erbringen dafür die Beweise.
Die Aufforderung Dallingers, dass InitatorInnen und AkteurInnen von Sozialprojekten als AntwältInnen gesellschaftlich benachteiligter Gruppen fungieren sollten, war politisch nicht nur einzigartig, sondern konfrontierte das traditionelle Verwaltungssystem der österreichischen AMV (Arbeitsmarktverwaltung) mit einer bisher nicht da gewesenen Konfliktkultur. Für das Verwaltungssystem war dies eine besondere Herausforderung und führte mancherorts zur Polarisierung und Spaltung in BefürworterInnen und GegnerInnen. Davon wird später noch die Rede sein.

Burg Schlaining wird zum historischen Ort der Diskussion

„Ohne die massive Unterstützung des Bundesministers für soziale Verwaltung wäre es nicht möglich gewesen in einer so kurzen Zeitspanne das alles hier fertig zu stellen. Dafür danke ich recht herzlich Bundesminister Dallinger", sagte Gerald Mader in seiner Begrüßungsrede anlässlich des Symposiums „Arbeitswelt – Arbeitslosenwelt" im April 1987. Die Burg Schlaining wurde dem österreichischen Institut für Friedensforschung und Friedenserziehung zur Heimat. Es ist heute weit über die Grenzen bekannt und als Friedensuniversität international renommiert.
Mit einer beispiellosen Restaurierungsaktion im Rahmen der „Aktion 8000" wurde der Aufbau des Institutes ermöglicht sowie historische Teile der Burg wiederhergestellt und für die Öffentlichkeit zugänglich gemacht. Die Burg Schlaining wurde somit nicht nur zu einem historischen Baudenkmal gemacht, sondern auch Ort der Begegnung und Diskussion zu aktuellen politischen Themen.
Die Restaurierung der Burg Schlaining wurde insbesondere von jungen Menschen, die über die „Aktion 8000" gefördert wurden, bewerkstelligt. „Die Arbeitsmarktverwaltung hat einen sehr namhaften Beitrag für die Errichtung und Umgestaltung zur Verfügung gestellt und auch die anderen Aktivitäten mitfinanziert, um hier ein Zentrum der Begegnung von Menschen, die sich der Erhaltung des Friedens widmen

und die damit auch jene Gebiete beeinflussen, die der Bundesminister für Arbeit und Soziales bei seiner Tätigkeit zu beobachten hat, nämlich Arbeit für alle als Grundrecht der Gesellschaft, aber im besonderen Arbeit für junge Menschen unseres Landes. (...) „Die ärgste Bedrohung, die eine Demokratie überhaupt erfahren kann, ist die Arbeitslosigkeit, Massenarbeitslosigkeit, Jugendarbeitslosigkeit", sagte Alfred Dallinger in seiner Eröffnungsrede zum Symposium „Arbeitswelt – Arbeitslosenwelt" in Schlaining.

Für ihn dokumentierte sich die Sinnhaftigkeit von Arbeit auch in den Arbeitsbeschaffungsmaßnahmen, durch die das Friedensinstitut errichtet wurde. Unterstützt und begleitet wurden die arbeitslosen Jugendlichen vom Arbeitsmarktbetreuer des Burgenlandes, Horst Horvath, der auch als Organisator der Schlaininger Symposien fungierte. Seine Aktivitäten brachten ihm auch eine Menge Schwierigkeiten ein, denn er konfrontierte Systeme wie die Arbeitsmarktverwaltung mit unkonventionellen Arbeitsmethoden und einem politischen Engagement bei der Bekämpfung von Arbeitslosigkeit.

So wurde anlässlich des Symposiums „Arbeitswelt – Arbeitslosenwelt" eine Resolution verabschiedet, in der von den TeilnehmerInnen die Verlängerung des Werkvertrages von Horst Horvath seitens der AMV (Landesarbeitsamt) gefordert wird. Nach Interventionen des Ministers wurde die Weiterarbeit der Arbeitsmarktbetreuung gesichert.

Exkurs 1: Zur Geschichte des Frauenprojektes „Frauenberatung Villach"

Die Frauenberatungsstelle Villach ist ein gemeinnütziger Verein mit privaten Mitgliedern und besteht seit 1986. Motivation, ein Frauenprojekt zu gründen, waren einerseits die Arbeitslosigkeit der InitiatiorInnen bzw. das Engagement zur Arbeitsbeschaffung, andererseits das Interesse an einer Tätigkeit, die sich mit frauenspezifischen Belangen auseinander setzt. Der Verein setzte sich das Ziel, Frauen psychologisch, juristisch, medizinisch zu beraten, Selbsterfahrungsgruppen und Selbsthilfegruppen zu initiieren und Öffentlichkeitsarbeit zu betreiben. Rückblickend stellen die Mitarbeiterinnen fest, dass dies ein Sprung ins kalte Wasser war: Die Ausgangsbedingungen waren schwierig.

Eine Schlüsselkraft (Psychologin) wurde über die „Aktion 8000" angestellt, ebenso eine Diplompädagogin und eine Erwachsenenbildnerin. Durch viel Engagement der Vorstandsmitglieder wurden die Räumlichkeiten eingerichtet. Mit ATS 20.000,- (1.453,46 €) Sachkostenbeitrag seitens des AMV und einigen Tausend Schilling an Mitgliedsbeiträgen waren drei bis vier Monatsmieten sichergestellt. Innerhalb dieses Zeitraumes kam die positive Mitteilung des Familien- und des Sozialministeriums auf Zuerkennung einer Subvention. Von der Stadt Villach wurde das Projekt mit äußerster Skepsis betrachtet. Das fand seinen Niederschlag in der äußerst dürftigen Jahressubvention von ATS 5.000,- (363,36 €). Ebenso verweigerte das Land Kärnten eine Subvention mit der Begründung, dass der Verein bestehende Subventionen konkurriere.

Wie unsinnig diese Ängste waren, zeigt sich darin, dass im 1. Jahr über 500 Frauen die Beratungsstelle in Anspruch nahmen. Abgesehen davon gab es im ganzen Oberkärntner Raum (allein der Bezirk Spittal ist so groß wie Vorarlberg) keine Gruppenangebote für Frauen.
Auch die Villacher Beratungsstelle hatte lange Zeit mit dem Vorwurf zu kämpfen, dass ihre Dienstleistungen nur der Selbstverwirklichung einiger privilegierter Frauen dienen. Neben dem Beratungsangebot nahm also die Schaffung politischer und gesellschaftlicher Akzeptanz einen großen Anteil der verfügbaren Zeit und Energie der Mitarbeiterinnen in Anspruch. Die Frauen in der Aktion hatten die unterschiedlichsten Aufgaben zu meistern:

- sich fachlich zu profilieren, da große Aufmerksamkeit auf ihre berufliche Eignung und Vorgangsweise gelegt wurde,
- für Frauen und Frauenprojekte generell mehr Akzeptanz schaffen,
- das Projekt und die Arbeitsplätze abzusichern,
- interne Schwierigkeiten und inhaltliche Diskussionen auszuhalten, sowie den verschiedenen Ansprüchen der MitgliederInnen gerecht zu werden.

Diese Vielfalt an Anforderungen sowie verschiedene Auffassungen feministischer Frauenarbeit führten dazu, dass die Psychologin vorzeitig aus der Aktion ausstieg. Nach einigen Monaten Arbeitslosigkeit fand sie jedoch eine Anstellung. Die Erwachsenenbildnerin stieg ebenfalls vorzeitig aus, da sie die Stelle der Arbeitsmarktbetreuerin angeboten bekam. Die Pädagogin war ein Jahr in Aktion, um dann beim BFI Kurse mit Langzeitarbeitslosen abzuhalten.
Die zwei Monate, die vom Verein zu tragen waren, wurden ebenfalls durch die Abhaltung von Kursen für langzeitarbeitslose Frauen aufgebracht. Durch das Auslaufen der Aktionen bzw. durch den vorzeitigen Ausstieg zweier Frauen drohte dem Verein der Konkurs, das Aus.
Die Einnahmen aus der Beratungstätigkeit, den verschiedenen Gruppen und Vorträgen fielen geringer aus als erwartet. So konnte eine Sekretärin nur auf Arbeitserprobung beschäftigt werden. Diese Mitarbeiterin hatte einen „Frauenkurs" besucht und fand auf diesem Weg die Möglichkeit zum Wiedereinstieg. Von ihr wurde die ganze administrative und organisatorische Arbeit erledigt. Die Beratungen und Gruppenangebote wurden ehrenamtlich geleistet, um den Weiterbestand der Beratungsstelle zu sichern. Diese Frau erwarb nach einigen Monaten wieder so viel Praxis und Selbstbewusstsein, dass sie es wagen konnte bei einem renommierten Betrieb vorzusprechen und in der Folge sogar als Chefsekretärin angestellt wurde. An ihre Stelle kam eine Mitarbeiterin, die den beruflichen Wiedereinstieg plante. Nach einem Jahr wurde sie beim pädagogisch-psychologischen Dienst weiterbeschäftigt. Inzwischen änderten sich auch die Inhalte der Arbeit zusehends in Richtung Beratung arbeitsloser Frauen, Berufsberatung, Sozialberatung.
Die Akzeptanz bei KommunalpolitikerInnen wurde größer. Auch wenn sie sich noch nicht zu Subventionen hinreißen ließen, stieg doch die Achtung der Arbeit der Frau-

en, gingen doch weitere wichtige Impulse von der Beratungsstelle aus.
Das Forschungsprojekt „Frauen erforschen Frauenarbeitslosigkeit in Kärnten" ermöglichte zwei erwerbslosen Akademikerinnen einerseits Forschungspraxis zu erlangen und andererseits den Einstieg in das Erwerbsleben. Zwei Frauen – über „Aktion 8000" beschäftigt – bauten die Ausländerinnenberatung auf. Ein Beschäftigungsprojekt wurde gestartet: „Design und textiles Werken" war konzipiert für arbeitslose Frauen, die Vorkenntnisse im Nähen hatten und nach den Richtlinien für „Arbeiten und Lernen" höherqualifziert werden sollten. Dieses Projekt wurde aus arbeitsmarktpolitischen Überlegungen nach zweijähriger Laufzeit seitens der AMV eingestellt – obwohl eine Vermittlungsquote von 90 % ausgewiesen werden konnte.
Da, wie schon erwähnt, sich die Inhalte der Beratungsstelle nun vorwiegend auf Beratung arbeitsloser Frauen und Mädchen ausgedehnt hatten, wurde eine Sozialarbeiterin über die „Aktion 8000" angestellt und ein Ansuchen an das BMAS um Förderung nach § 18a AMFG gestellt. Mit der positiven Erledigung dieses Subventionsansuchens war die Beratungsstelle erstmals seit Bestehen längerfristig abgesichert. In der Folge beteiligte sich auch die Stadt wesentlich und auch das Land war gesprächsbereit. Angestrebt wurde eine zusätzliche Beschäftigungsmöglichkeit für eine Therapeutin und die Zusicherung eines Transitarbeitsplatzes (Sekretärin) für die Organisation. 1989 arbeiteten im Organisationsbereich zwei Mitarbeiterinnen, ein behindertes Mädchen halbtags und eine Frau, die nach Berufsunterbrechung durch Kindererziehung diese Chance („Aktion 8000") nutzte.
10 Jahre später existierte die Frauenberatung noch immer.
Zentrale Arbeitsbereiche sind nunmehr

- psychologische Beratung,
- Arbeits- und Sozialberatung,
- juristische Beratung,
- ärztliche Beratung,

sowie seit einigen Jahren die zwei Schwerpunkte „Beratung und Begleitung von Frauen und Kindern mit Gewalterfahrungen" und „Armutsbekämpfung".
Seit 1. April 1999 können Frauen und Kinder in der Frauenberatung kostenlos Psychotherapie in Anspruch nehmen. Grundvoraussetzung für all diese Aktivitäten ist intensive Öffentlichkeitsarbeit und Vernetzung.
Das Jahresbudget beträgt ca. ATS 2,1 Millionen (152.613,- €), aufgebracht wird dieser Betrag durch Subventionen des Frauenministeriums, des Familienministeriums, des Landes Kärnten, des AMS (ESF), der Stadt Villach und der GKK.
Zur Zeit (Oktober 1999) sind insgesamt neun Mitarbeiterinnen beschäftigt, davon arbeiten fünf Frauen auf Teilzeit, drei mit Werkvertrag und eine Frau ist geringfügig beschäftigt. Das Team der Frauenberatung ist multiprofessionell und besteht aus zwei Psychologinnen und Therapeutinnen, einer Pädagogin, einer Lebens- und Sozial-

beraterin, zwei Juristinnen, einer Ärztin, einer Organisationskraft und einer Reinigungsfrau.

Experimentelle Arbeitsmarktpolitik fördert das Entstehen von Frauenprojekten und Fraueninitiativen

Starke Unterstützerinnen in diesem Prozess waren die damalige Frauenstaatssekretärin Johanna Dohnal und die ehemalige Leiterin der Frauengrundsatzabteilung im BMAS Inge Rohwani.
Angesiedelt waren/sind diese Initiativen in den Bereichen:

- Beratungs- und Bereuungseinrichtungen mit der Zielsetzung auf sozialpsychologische und juristische Beratung und Betreuung von Frauen, zB Frauenberatungsstellen. Einige haben vor allem Frauen zur Zielgruppe, die sich in gravierenden sozialen und persönlichen Notlagen befinden (Obdachlose, Haftentlassene, Drogenabhängige, etc.), zB Frauentreffpunkt Salzburg. Andere Beratungs- und Betreuungsstellen sind für Ausländerinnen (Migrantinnen) eingerichtet worden. Zusätzlich entstehen so genannte "Mischformen", das sind Sozialberatungs- und Betreuungseinrichtungen mit betreuten Wohnungen bzw. Häusern, im Speziellen auch Frauenhäuser für misshandelte Frauen und Kinder. Frauennotrufstellen für vergewaltigte Frauen werden vor allem in den Großstädten Wien und Graz gegründet.

- Arbeitsmarktpolitische Projekte und Initiativen. Gemeinsames Ziel all dieser Projekte war die Förderung von Beschäftigungsmöglichkeiten für Frauen mit einer größeren Anzahl von Arbeits- und Ausbildungsplätzen. Weiters gab es Frauenprojekte, deren Tätigkeit sich als "Schaffung von Grundbedingungen zur Ermöglichung weiblicher Erwerbstätigkeit" definierten lässt. Zu diesem Spektrum gehören unterstützende Fortbildungs-, Selbstbewusstseins- und Berufsfindungskurse für arbeitssuchende Frauen mit gleichzeitiger Kinderbetreuung. Die Errichtung von Kinderbetreuungsangeboten, zB Kindergruppen, Tagesmütter, etc. kann diesem Tätigkeitsfeld zugerechnet werden. Gleichzeitig schaffen sich die Projektmitarbeiterinnen in all diesen Projekten mit ihrer Betreuung-, Vermittlungs- und Kurstätigkeit ihre Arbeitsplätze selbst. Besonders erwähnenswert sind jene Frauenprojekte, die im nicht traditionellen Bereich entstehen wie zB Ausbildung für Tischlerinnen in OÖ und Wien.

Frauen- und Mädchenprojekte entwickeln mit viel Enthusiasmus Kursmaßnahmen für Mädchen in technischen Berufen, zB Kassandra in Mödling, Mafalda in Graz und vor allem

- Kulturprojekte für Frauen. Diese Frauenprojekte fassen ihren Kulturbegriff sehr weit und weisen ein breites Spektrum an Tätigkeiten auf. Die Schaffung von Kommunikationsräumen für Frauen, die Ermöglichung von Diskurs und Erfahrungsaustausch und die Herausbildung feministisch definierter Frauenkultur ist erklärtes Ziel dieser Projekte. Häufig sind den Kulturprojekten (Autonome Frauenkommunikationszentren) auch Frauencafés und Bibliotheken angeschlossen, Künstlerinnen finden ein Forum zur Vorstellung ihrer Werke.

Resümee

Diese Vielfalt der Frauenprojekte und Fraueninitiativen wurde durch das Zusammenwirken von feministischen Akteurinnen der Frauenbewegung, engagierten Politikerinnen und Politikern, Beamtinnen und dem AMV ermöglicht. Beginnende Ansätze von Vernetzung innerhalb des Frauenspektrums führten aber auch zu Diskussionen zwischen autonomen und institutionalisierten Frauen (Parteien, Gewerkschaft, etc.).

Exkurs 2: Meilensteine einer frauengerechten Arbeitsmarktpolitik

Die „Aufbruchstimmung" in den Frauenprojekten führte zu einer Entwicklung, die gleichzeitig mit Veränderungen in der sozialen Verwaltung einher ging. Die Bemühungen der Staatssekretärin im Sozialministerium Franziska Fast, die 1979 während der Alleinregierung Kreiskys ernannt worden war, erbrachten 1983 einen kleinen Budgetposten für „Frauenprojekte". Die anfänglichen Förderposten in der Höhe von ATS 250.000,- (18.168,21 €) wuchsen vor allem aus Mitteln der „Aktion 8000" auf mehrere Hundert Millionen Schilling an. 1983 nach der Regierungsumbildung wurde zwar die Staatssekretärin im Sozialministerium gestrichen, dafür wurde aber 1984 das Frauenreferat innerhalb der Grundsatzabteilung zur Weiterführung der Agenden bestellt.

Generelle Vorschläge für ein arbeitsmarktpolitisches Programm für Frauen wurden entwickelt. Es bedurfte immenser Anstrengungen, bis sich spürbare Erfolge – oft gegen den Widerstand männlicher Beamter - zeigten. Probleme bei der Durchsetzung des arbeitsmarktpolitischen Frauenprogramms ergaben sich durch mangelnde Sensibilisierung der Bediensteten für weibliche Lebenssituationen und der damit verbundenen Beschäftigungsprobleme.

Die Beharrlichkeit der Frauenverantwortlichen des Sozialministeriums führte zu nachhaltigen Erfolgen hinsichtlich der Durchführung geschlechtsneutraler Stellenausschreibungen bei den Arbeitsämtern, der Schaffung von Vorbereitungskursen in Hinblick auf geschlechtsneutrale Berufswahl von Mädchen, der Berücksichtigung der Lebensumstände von Arbeitnehmerinnen mit Familienpflichten bei der Kursorganisation, der Förderung der Einstellung von Frauen durch stärkere Einbeziehung in die neu entwickelten Modelle der experimentellen Arbeitsmarktpolitik (wie der Ausdehnung der „Aktion 8000" – Arbeitsbeschaffungsmaßnahmen auf neue soziale Dienste und im Bereich Kultur und Kunst, Umweltschutz, aber auch Kinderbetreuung).

In diesem Zusammenhang möchte ich – stellvertretend für alle engagierten Frauenverantwortlichen im BMAS und Mitarbeiterinnen im AMV – eine Frau, nämlich Inge Ennemoser, nennen, die durch ihren Einsatz und ihre Energie Meilensteine in der österreichischen Arbeitsmarktpolitik gesetzt hat. Sie konnte auch Sozialminister Dallinger von der Notwendigkeit gezielter Frauenförderung überzeugen. Fast alle der vorgeschlagenen Maßnahmen und Änderungen wurden bis in die Neunzigerjahre realisiert. Im Besonderen sei auch das „Gleichbehandlungspaket" erwähnt, das von Frauenministerin Johanna Dohnal 1992 ausgehandelt wurde.

"Aktionsmonat März 1989" – ein Programm mit Modellcharakter

Ein Bündel von Arbeitsmarktförderungen, die bundesweit den arbeitssuchenden Frauen zur Verfügung stehen sollten, wurde mittels Erlass der AMV als „Minimalprogramm für Frauen" im März 1989 gestartet und vom Sozialminister und den zuständigen Instanzen genehmigt. Das Minimalprogramm wurde von den Frauenreferentinnen ausgeweitet und zu einer bundesweiten „Aktion AMV für Frauen" erweitert.
Die Zusammenarbeit zwischen den Frauen der Grundsatzabteilung und den Frauenreferentinnen der Landesarbeitsämter wurde bei gemeinsamen Seminaren intensiv diskutiert und führte zu konstruktiven Auseinandersetzungen, die vom Bemühen um die Verbesserung der Situation von erwerbslosen Frauen getragen wurde. Zur Unterstützung in der Umsetzung des arbeitsmarktpolitischen Frauenprogrammes sollten in den einzelnen Regionen Arbeitsmarktbetreuerinnen eingesetzt werden, die sich vor allem Frauenprojekten widmen sollten.

Exkurs 3: Die experimentelle Arbeitsmarktpolitik wird zu einem wichtigen Bestandteil meiner Erwerbsbiographie

Meine Erwerbsbiographie ist – wie bei vielen Frauen – von Brüchen gekennzeichnet. Nach einer traditionellen pädagogischen Ausbildung (Volks- und Hauptschullehramt) und einer kurzen „Schulkarriere" zog es mich an die Universität Wien, wo mich speziell das Studium der Politikwissenschaft und sein politisches Umfeld faszinierte. Lehrende wie Emmerich Tálos beeinflussten mein Bewusstsein und schufen für mich neue Erkenntnisse. Eine kurze Phase der politischen Bildungsarbeit in Mattersburg, wo ich als wissenschaftliche Assistentin am Institut für Politische Bildung tätig war, dürfte den Boden für den späteren Wiedereinstieg in das Erwerbsleben aufbereitet haben.
So wurde ich nach einer längeren Kinderpause – in einem mir bis heute fast fremd gebliebenen Land Kärnten – zum Förderfall der „Aktion 8000" als Mitbegründerin und Mitarbeiterin der Frauenberatungsstelle Villach (1986). Über den von meiner Kollegin Marlene Diethart und mir gestalteten ersten „Frauenkurs" in Villach bekam ich Kontakt zum Landesarbeitsamt und dem späteren Leiter Josef Sibitz, der mich 1987 für die frei gewordene Stelle als Arbeitsmarktbetreuerin vorschlug.
So stieg ich im April 1987 – mittels Werkvertrag – in die Arbeitsmarktbetreuung ein, die für mich zu einer ganz wesentlichen und prägenden Phase meiner Erwerbstätigkeit wurde. Das Spannungsfeld zwischen institutionalisierter sozialer Verwaltung und Akteurinnen der „politisierten" Projektszene wurde zum aufregenden Lern- und Tätigkeitsfeld mit hohem Ressourceneinsatz.
Ich wurde zur glühenden Verfechterin der experimentellen Arbeitsmarktpolitik und nahm den Auftrag des Sozialministers, „Anwältin für sozial benachteiligte Menschen" zu werden, äußerst ernst und scheute keine Konfliktsituation mit der Verwaltung einerseits und der Ignoranz von politisch Verantwortlichen andererseits. Dies führte letztendlich nach dreijähriger Tätigkeit zum Ausstieg aus der Arbeitsmarktbetreuung.

Alfred Dallinger stützte und unterstützte die Frauenberatungsstelle Villach sowie die Arbeitsmarktbetreuung

Wie bereits in der Geschichte der Frauenberatungsstelle Villach war der „Überlebenskampf" des Frauenprojektes von großer Skepsis und teilweiser Ignoranz von politisch Verantwortlichen des Landes und der Kommune begleitet. Jegliche politische Unterstützung war willkommen. Da ich als Arbeitsmarktbetreuerin auch noch Vorsitzende des Vereines Frauenberatungsstelle war, gab es mit dem Sozialminister mehrere Berührungspunkte.

Im Juli 1988 besuchte der Minister zum ersten Mal die Frauenberatungsstelle. Er war auf Einladung der GPA in Kärnten und wurde von Landessekretär Alfred Wurzer begleitet. Dallinger wollte aber auch die engagierte Juristin der Frauenberatungsstelle kennenlernen, die ihm einen Brief über die schlechte und mangelhafte Altersversorgung von Frauen geschrieben hatte. Inhaltlich assistierte dem Minister Gerfried Schultheis, der für mich und alle Akteurinnen der Projektszene ein wichtiger „Angelpunkt" und Unterstützer im Ministerbüro war.

Für die Mitarbeiterinnen und Vorstandsfrauen der Frauenberatungsstelle stellte der Besuch Dallingers eine Anerkennung der Leistungen und ein politisches Signal für Villach und Kärnten dar.

Dallingers Auftrag an mich als Arbeitsmarktbetreuerin „Kümmern Sie sich um die Adidas-Frauen" (das Gewinn bringende Unternehmen Adidas stand vor der Schließung der Produktion in Klagenfurt) hatte nachhaltige Wirkungen auf das Kooperationsverhältnis mit der AMV. Das IFA-Kärnten wollte eine „echte" Arbeitsstiftung erreichen und entwickelte in Zusammenarbeit mit der Textilgewerkschaft einen umfassenden Plan zur Betriebsschließung mit Beteiligung der Firma zu einer Stiftungsmaßnahme. Diese Ideen wurden außerhalb der traditionellen Maßnahmen der AMV (Landesarbeitsamt, Arbeitsamt Klagenfurt) verfasst und stießen auf äußerst geringe Gegenliebe bei der Arbeitsmarktverwaltung.

Die Ansichten und die gewählten Vorgangsweisen lagen derart weit auseinander, wurden damit zum Gradmesser der Kooperationsfähigkeit, die Folge war ein fast unüberbrückbarer Konflikt zwischen Arbeitsmarktbetreuung und Landesarbeitsamt. Ohne die Details näher auszuführen – der Sozialminister musste intervenieren, mein Werkvertrag wurde nur mehr befristet verlängert.

Nachhaltige Verbesserungen für die Frauenberatungsstelle zeichneten sich im Jänner 1989 beim zweiten Besuch des Ministers ab, der bereits die neuen Räumlichkeiten besichtigen konnte. Er zeigte sich überaus beeindruckt von der Entwicklung der Frauenberatungsstelle und berichtete über seine Pläne in Bezug auf weitere Maßnahmen und die experimentelle Arbeitsmarktpolitik.

Arbeitsmarktbetreuung im Kampf gegen die Arbeitslosigkeit

Mit der 9. AMFG Novelle wurde 1983 eine Schnittstelle zwischen der sozialen Verwaltung, der AMV und den erwerbslosen Personengruppen bzw. AkteurInnen, InitiatorInnen zukünftiger Projekte geschaffen: die Arbeitsmarktbetreuung.

Zu Beginn waren es einige wenige Personen, die vorerst bei der ÖSB (Österreichische

Studien- und Beratungsgesellschaft) beschäftigt waren, wie Heinz Pichler und Bernhard Schneider. In weiterer Folge wurden die Institute für Arbeitsmarktbetreuung (IFA) gegründet, um den ArbeitsmarktbetreuerInnen die notwendige Infrastruktur zu geben. Die Werkverträge wurden über die Landesarbeitsämter mit dem BMAS abgeschlossen.
Der Auftrag lautete: Regionale und arbeitsmarktfördernde Entwicklungsarbeit zu leisten durch Beratung und Betreuung, das heißt Ideen sammeln, Kontakte knüpfen, Bedarfsfelder erschließen, Beschäftigungsnischen aufspüren, Projekte initiieren, Kurse anregen, an Konzepten mitwirken, Finanzierung sichern, Kooperationen suchen, Verhandlungen unterstützen – *Brücke und Schaltstelle sein.*
Vorgegeben waren die einzelnen Regionen, in denen ArbeitsmarktbetreuerInnen tätig sein sollten, wie zB Waldviertel, Weinviertel, Mühlviertel, Südburgenland, Obersteiermark, Oberkärnten usw. ArbeitsmarktbetreuerInnen hatten ganz unterschiedliche Ausbildungen und Berufserfahrungen, sie ergaben ein ähnlich buntes Bild wie die experimentelle Arbeitsmarktpolitik. Methoden und Arbeitsweisen entsprachen dem persönlichen Stil der einzelnen ArbeitsmarktbetreuerInnen. Ihre Beziehungen zur AMV waren kooperativ bis konfrontativ. Sie waren geprägt durch das Selbstverständnis der Personen, die sich als eher „neutrale" BeraterInnen, soziale BetreuerInnen, feministische KämpferInnen, engagierte AkteurInnen, AntwältInnen von Ausgegrenzten aber auch als sensible VermittlerInnen verstanden.
So manche Intervention wurde über das BMAS abgewickelt, in dem MitstreiterInnen wie Rainer Klien, Sepp Lerchenmüller, Micky (Renate) Schopf, Gerti Mayr-Flach, Inge Rowhani agierten und damit so mancher tollen Projektidee mittels konventionellen Mitteln der ministerialen Hierarchie, nämlich in Form von „Weisungen", zum Durchbruch verhalfen. Gerfried Schultheis im Ministerbüro Dallinger war öfters die letzte Instanz, wenn Sektionschef Steinbach meinte, dass „nichts mehr" gehe. Heiße Diskussionen und heftige Streitgespräche wurden mit Günther Steinbach und Stefan Potmisil geführt, aber auch unter den ArbeitsmarktbetreuerInnen waren die Meinungen, wie Arbeitsmarktbetreuung umgesetzt werden sollte, nicht immer einhellig.
Abgrenzungen wurden zur ÖSB gezogen, die ganz klar den Weg der Beratung und Organisationsentwicklung ging und somit ihre Funktion und ihre Aufgabe eindeutig definierte. Viele meiner KollegInnen wählten die Rollenvielfalt und wurden selbst zu InitiatorInnen kreativer Projekte, die eingebettet waren in regionale Entwicklungskonzepte. Die experimentelle Arbeitsmarktpolitik wäre um viele ihrer Experimente ärmer ohne Unterstützung und Begleitung engagierter ArbeitsmarktbetreuerInnen.
Der ständige Erfahrungsaustausch mit den KollegInnen sowie das Bereisen und Besichtigen von Projektideen war für mich eine großartige Bereicherung. Da ich längere Zeit die einzige Arbeitsmarktbetreuer*in* war, konnte ich beim Entstehen von Fraueninitiativen mitwirken, zB bei der Frauenberatungsstelle in Oberwart, beim ersten „Frauenkurs" der AMV in NÖ.
Eingeschult wurde ich von Bernhard Schneider im Waldviertel, der schon einige Zeit in der Region arbeitete und für die nachkommenden ArbeitsmarktbetreuerInnen Anregungen und Impulse für die entwicklungsfördernde Regionalarbeit gab.

Die AktivistInnen unter den ArbeitsmarktbetreuerInnen haben in der AMV eine Dynamik bewirkt, die zu mancher Verhaltensänderung in Bezug auf den Umgang mit erwerbslosen Menschen geführt hat. Ein ganz wesentlicher Schritt in der Arbeitsmarktbetreuung war der Einsatz von ArbeitsmarktbetreuerInnen mit feministischer Grundhaltung. Dadurch konnten in vielen Bundesländern Frauenprojekte entstehen, sowie Frauenvernetzungen initiiert, Kursmaßnahmen für Frauen unterstützt und mitentwickelt werden:

- In Kärnten gab es 1989 zehn Frauenprojekte. Vier Frauenberatungsstellen sind heute noch tätig.
- Ein Großteil der österreichischen Frauenprojekte entstand zwischen 1984 und 1990.

1989 wurde in Wien im Austria Center anlässlich des 5-jährigen Bestehens der österreichischen Arbeitsmarktbetreuung eine Großpräsentation von Projekten organisiert. „Arbeitsmarktbetreuung – Innovation im Kampf gegen Arbeitslosigkeit", so der Titel der Veranstaltung, sollte die Erfolge der experimentellen Arbeitsmarktpolitik und der Arbeitsmarktbetreuung bei der Schaffung von innovativen Arbeitsplätzen zeigen.
Alfred Dallinger konnte die Früchte seiner Politik nicht mehr ernten. Sein Tod war für viele AkteurInnen der Projektszene ein schwerer Verlust und getragen von der Vorahnung, dass experimentelle Arbeitsmarktpolitik verknüpft mit einer Sozialpolitik, die Armut und soziale Ausgrenzung verhindert, ein frühzeitiges Ende haben könnte.

Resümee

Die experimentelle Arbeitsmarktpolitik war eine politische Idee mit starker Folgewirkung. Für viele ihrer AkteurInnen ist sie zum Mythos und Markenzeichen einer „stürmischen" Periode österreichischer Sozialpolitik geworden.
In der experimentellen Arbeitsmarktpolitik verdichteten sich gesellschaftliche Problemstellungen, die als zentrale Herausforderung für die Politik Alfred Dallingers Geltung bekamen:

- der Kampf gegen die Arbeitslosigkeit,
- für die soziale Integration und
- sozial- und umweltpolitische Ziele.

Diese Art der Arbeitsmarktpolitik suchte eine Antwort auf die Frage, welche Beschäftigungsmodelle den Zugang zur Erwerbsarbeit ermöglichen und wie der Gefahr der Ausgrenzungs- und Spaltungstendenzen in der Gesellschaft begegnet werden kann.
Experimentelle Arbeitsmarktpolitik sollte als Feld für Entwicklung innovativer Ansätze und gesellschaftlicher Selbstorganisation dienen. Außerdem ermöglichte sie die Suche nach neuen Arbeits- und Betriebsformen. Die Förderung von Selbstverwirklichung sollte nicht nur helfen, andere Möglichkeiten der Demokratie und Mitbestimmung in das Erwerbsleben einzubinden, sondern Solidarität als zusätzliche Handlungsressource nutzbar zu machen, wenn es um das Überleben oder die zukünftige wirtschaftliche Sicherung von Betrieben geht.

Im Bereich einer alternativen Ökonomie haben sich neben genossenschaftlichen Betrieben eine Reihe von neuen Alternativbetrieben und -projekten entwickelt. Neben dem „Wie" stand auch das „Was" des Produzierens im Vordergrund, kurz: Die Suche nach einem anderen Kompromiss zwischen Eigen- und Gemeinnutz. Alle wesentlichen Entscheidungen, welche die Genossenschaft oder den Betrieb betrafen, wurden gemeinsam getroffen.

Die selbstverwalteten Betriebe und Genossenschaften hatten Probleme in der Durchsetzung und im Überleben sicherlich nicht aufgrund einer ideologischen Fiktion, sondern wegen mangelnder Kenntnisse in der Betriebsführung, der Produktgestaltung, dem Vertrieb usw. Viele der GründerInnen fühlten sich dadurch überfordert.

„Aktion 8000"-Projekte sind heute erfolgreiche soziale Unternehmen, ganz gleich ob es sich um sozialökonomische Betriebe, gemeinnützige Beschäftigungsprojekte, Beratungs- und Betreuungsprojekte, Träger von Kurs- und Ausbildungsmaßnahmen oder auch Kinderbetreuungseinrichtungen handelt. Sie schaffen neuen Integrationschancen für besonders benachteiligte Personen, ermöglichen Einkommen oder Wiedereinstieg und den ersten Schritt in die Existenzsicherung und an sozialer Teilhabe.

Seit 1984 wurden mehr als 45.000 Arbeitsplätze in gemeinnützigen und kommunalen Bereichen geschaffen. Diese finden sich in sozialen Diensten, im Kulturbereich, im Umweltschutz und der Umweltsanierung, im Recycling, in der Stadt- und Dorferneuerung, in der Kinderbetreuung und vielen anderen Bereichen. Die „Aktion 8000"_ entwickelte sich zu einer der erfolgreichsten Frauenförderung. Das beweist der weibliche Anteil von 60 bis 70 %. Sie spiegelt aber auch den segmentierten geschlechtsspezifischen Arbeitsmarkt wider.

Der Paradigmenwechsel in der Arbeitsmarktpolitik macht sich Anfang der Neunzigerjahre bemerkbar

Der Begriff der experimentellen Arbeitsmarktpolitik verschwindet und wird einer „aktiven Arbeitsmarktpolitik" subsumiert. Eine grundsätzliche Änderung wird durch Maßnahmen gegenüber ArbeitsmigrantInnen sowie AsylwerberInnen spürbar. Ab 1990 wird der Zuzug von ausländischen Arbeitskräften verringert. Ab 1991 erfolgte eine Rückkehr zur Philosophie der Arbeitsmarktverwaltung vor 1985: Der konkrete Vermittlungserfolg wurde zur ersten Priorität, Qualifizierungsmaßnahmen wurden diesem Schwerpunkt untergeordnet. Für schwer vermittelbare Personen sollten Berufsvorbereitung, Arbeitserprobung und Arbeitstraining ihre Vermittlungschancen erhöhen. Ab 1991/92 wurde durch verschärfte Anwendung der Zumutbarkeitsleistungen hinsichtlich vermittelter Arbeitsplätze der Kurs härter, Bezugskürzungen wurden vervielfacht. Die Anwartschaft junger erwerbsloser Personen wurde auf 26 Wochen verlängert.

In Sparzeiten gedeihen Missbrauchsbekämpfung und Disziplinierung

Erwerbslose Menschen geraten in Zeiten von Sparpaketen und Budgetkrisen recht schnell in den Verdacht, zu Unrecht öffentliche Mittel zu erhalten. 1987 war das Jahr der ersten Sparmaßnahmen – die „Aktion 8000" wird zum politischen Zankapfel. Mit dem Regierungswechsel von der„kleinen" zur „großen" Koalition zwischen SPÖ und ÖVP im Jahr 1987 kam es zu drastischen Budgetkürzungen, die von massiven Angriffen gegen die „Aktion 8000" und Trägervereinen („linke Chaoten") begleitet waren. Gleichzeitig lebte die Sozialschmarotzerdiskussion wieder auf.
Frauen waren davon besonders betroffen, die „Beihilfe zur Deckung des Lebensunterhaltes", Ausbildungsmaßnahmen und die „Aktion 8000" (die bereits einen hohen Frauenanteil hatte) erreichten nicht mehr das Niveau von 1986. Die aufgetretenen Kürzungen bedeuteten jeweils eine existentielle Bedrohung für die Projekte, aber auch für das Selbsthilfepotential von arbeitslosen Frauen.
Die Salzburger Nachrichten berichteten, dass der Sozialverein Frauentreffpunkt in Gefahr sei, weil zusehens Geld fehlt, um die Betreuerinnen zu bezahlen. Minister Dallinger nahm beim Symposium in Schlaining bezug und meinte: „Die zuständigen Politiker sollten wissen, dass wirksame Sozialhilfe nicht ausschließlich während der Amtsstunden stattfindet, gerade deswegen gibt es ja Vereine wie den Frauentreffpunkt. Es ist ratsam, ihnen ordentliche Rahmenbedingungen zu schaffen, anstatt publikumswirksam nach Sozialschmarotzern zu fahnden" (Dallinger 1987).
Die Reden von „Sozialschmarotzern" und „sozialen Hängematten" als auch das Ansinnen, Prämien und Kopfgeld für besonders attraktive Vermittlungszahlen zu kassieren, sind eindeutige Indikatoren für Druck und Zwang. „Österreich ist das europäische Land mit den höchsten verhängten Strafen", ließ Herbert Buchinger, Vorstandsvorsitzender des AMS wissen. Unter Verdacht geraten auch die BeraterInnen des AMS. Sie sollen vermitteln, wo es keine Jobs gibt. Sie sollen ihre KundInnen kontrollieren, durch Auszahlungssperren bestrafen und im Falle eines Missbrauchsverdachts vielleicht sogar anzeigen. Die Verschärfung des sozialen Klimas ist eigentlich durch nichts zu rechtfertigen. Eine Entkoppelung von Geld und Diensten, und zwar im AMFG und in der Sozialhilfe, würde einen menschenwürdigen Umgang ermöglichen und Verdächtigungen ausschließen.

Sozialpartnerschaftliche Unvereinbarkeit im Doppelpack

Die Ausgliederung des AMS aus dem Sozialministerium hat die Bundesgeschäftsstelle zu einem eigenständigen Unternehmen gemacht. Das höchste Entscheidungsgremium ist der Verwaltungsrat, in dem VertreterInnen des Sozialministeriums und der Sozialpartner sitzen. Das wäre noch kein so großes Problem, wenn nicht Sozialpartner gleichzeitig soziale Anbieter für arbeitsmarktpolitische Maßnahmen wären – dieser Umstand gilt auch auf Länderebene. Trotz mehrfacher Kritik der OECD – auch die EU-Kommission hat eine kritisches Auge auf eine mögliche Monopolisierung geworfen – wurde auch im Nationalen Aktionsplan für Beschäftigung (NAP)

sozialparntnerschaftliche Dominanz vorgesehen, nicht nur in der Konzeption, sondern auch in der Umsetzung.
Der NAP beinhaltet die Aufforderung an die Bundesländer, territoriale Beschäftigungspakte zu gründen, in deren Lenkungsgruppen die Sozialpartner wiederum Mitglieder sind und wesentliche Programme und Maßnahmen mitbestimmen. Die Erfahrung mit dem „Lehrlings-NAP" macht deutlich, dass WIFI und BFI als Trägerorganisationen von Angeboten „die Nase vorne haben". Kleinere, so genannte „autonome" Vereine und NPOs können mit dieser Form der Konkurrenz nicht mithalten und haben ganz klare Wettbewerbsnachteile. Der Trend zu billigeren und kurzfristigen Maßnahmen hält an. Die Erreichung von Zielgrößen war in letzter Zeit ein wichtiges Effizienzkriterium für das AMS. Vor allem langzeitarbeitslose Personen oder von Langzeitarbeitslosigkeit bedrohte Menschen belasten die Statistik.
Oberösterreich ist in der Bekämpfung von Langzeitarbeitslosigkeit einen „neuen" Weg gegangen und hat erfolgreichen „traditionsreichen" Projekten die Förderung zugunsten kurzfristiger Maßnahmen entzogen und somit einen Kahlschlag von Ausbildungs- und Kursmaßnahmen bei autonomen Vereinen vollzogen. Bezeichnenderweise erklärt der Landesgeschäftsführer des AMS OÖ ein AMS-Ziel 99 zur Halbierung der Langzeitarbeitslosigkeit als NEW DEAL (gute Zusammenarbeit mit Unternehmen, Job Clubs usw.).

Vorzeigeprojekt „Homeservice"

Mit den Argumenten „Schwarzarbeit zu verhindern oder den Wiedereinstieg für Frauen zu ermöglichen" wird eine neue Dienstleistungseinrichtung forciert, das Homeservice, in dem Frauen ihre bislang unbezahlten Tätigkeiten in bezahlte Erwerbstätigkeit wie Putzen, Bügeln, Einkaufen usw. umwandeln können. Wenn Frauen keine Anschlussperspektiven haben und somit in diesen vom AMS geförderten Maßnahmen verbleiben, werden sie in Zukunft der neuen Dienstbotenklasse angehören!
Die geschlechtsspezifische Segmentierung des Arbeitsmarktes wird durch das AMS verfestigt. Homeservice für Frauen, gemeinnützige Arbeitskräfteüberlassung von Facharbeitern - diese beiden Maßnahmen genießen allerorts hohes Ansehen und werden immer wieder als „Vorzeigeprojekte" genannt.

Ausblick

Eine aktivere Politik für die Integration von benachteiligten Menschen auf dem Arbeitsmarkt ist dringend erforderlich. Die Arbeitsmarktpolitik muss sich wieder an sozialpolitischen Kriterien orientieren, um Ausgrenzung zu verhindern und soziale Teilhabe zu ermöglichen.

- Zielgruppen mit überdurchschnittlicher Integrationsproblematik erfordern überdurchschnittliche Mittel.
- Der Präventionsgedanke muss angesichts der steigenden Arbeitslosigkeit bei älteren ArbeitnehmerInnen stärker beachtet werden.

- Der Forderung nach „mehr Arbeitsplätzen" mit zusätzlicher Qualität muss Nachdruck verliehen werden.
- Die Chancengleichheit von Frauen und Männern auf dem Arbeitsmarkt muss im Rahmen der aktiven Arbeitsmarktpolitik zu konkreten Vorgaben hinsichtlich der Förderung von Frauen gemäß ihrem Anteil an den erwerbslosen Personen führen, eine Verbesserung der Information ist erforderlich.
- Schlussendlich müssen mehr Mittel für eine aktive und experimentelle Arbeitsmarktpolitik zur Verfügung stehen.

Organisationen, die sich als Interessenvertretung von sozialen Unternehmen, Frauenprojekten, Kinderbetreuungseinrichtungen u. a. verstehen, müssen als Gesprächs- und Verhandlungsparterinnen nicht nur ernst genommen werden, sondern auch in Gremien vertreten sein, in denen die wichtigen arbeitsmarktpolitischen Entscheidungen getroffen werden.

Alfred Dallinger hat alle respektiert – auch die so genannten „Unangepassten":

> *„Wir müssen den Dialog, die Begegnung suchen. Ich fühle mich in dieser Regierung und Gesellschaft als Anwalt jener, die betroffen sind von Arbeitslosigkeit, vom gesellschaftlichen Ausgeschiedensein, als Anwalt derer, die an den Rand gedrängt werden. Ich nehme diese Anwaltschaft sehr ernst und ich vertrete sie auch dort, wo es Widerstand, Gegnerschaft und Ablehnung gibt." (Dallinger 1987)*

Literatur

Bundesministerium für Frauenangelegenheiten (Hrsg.) (1995). Bericht über die Situation der Frauen in Österreich, Frauenbericht 1995, Wien.

Dallinger, Alfred (1985): Hauptrede anlässlich des Symposiums „Goldene Zeiten" – Modelle für die Zukunft, Linz.

Dallinger, Alfred (1987): Hauptrede, in: Institut für Arbeitsmarktbetreuung (Hrsg.) (1987). Arbeitswelt – Arbeitslosenwelt, Symposium. Dokumentation, Oberwart.

Dallinger Alfred (1988): Vorwort, in: Institut für Arbeitsmarktbetreuung (Hrsg.) (1988). Neue Wege, Kärntner Beschäftigungsinitiativen, Klagenfurt.

Mader, Gerald (1987): Eröffnungsrede, in: Institut für Arbeitsmarktbetreuung (Hrsg.) (1987). Arbeitswelt – Arbeitslosenwelt. Symposium, Dokumentation, Oberwart.

V. Interessen formulieren

Die Zukunft erfordert starke Gewerkschaften

Hans Sallmutter

Die Gewerkschaften stehen von vielen Seiten unter Druck. Wir befinden uns gegenwärtig in einer wirtschaftlichen und gesellschaftlichen Umbruchsituation, in der auf die Gewerkschaften große Herausforderungen zukommen.

Die lange Phase wirtschaftlicher Stabilität prägte auch das soziale und gewerkschaftliche Leben und Denken. Ein Arbeitsplatz war für viele eine „langfristige Angelegenheit", zu der auch die betriebliche und überbetriebliche Interessenvertretung als Selbstverständlichkeit dazugehörte. Gewerkschaften und Unternehmer schlossen eine „Wachstumskoalition" mit ihren Vor- und Nachteilen. Mit der Sozialpartnerschaft wurde eine Politik des Wirtschaftswachstums sowie wirtschaftlicher und sozialer Stabilität umgesetzt. Der Lebensstandard der ArbeitnehmerInnen wurde dadurch erhöht, dass das gesamtgesellschaftliche Güter- und Leistungsvolumen vergrößert wurde und nicht durch Verteilungskämpfe um die Aufteilung des Volkseinkommens. Lange Zeit verfolgten Arbeitnehmer- und Arbeitgebervertreter trotz aller vorhandenen, in der Natur der Sache liegenden Differenzen auch gemeinsame wirtschaftspolitische Ziele: Wirtschaftswachstum, Preisstabilität, Verteilungsgerechtigkeit, steigende Realeinkommen, sozialer Friede.

Seit einigen Jahren ist dieser sozialpartnerschaftliche Konsens brüchiger geworden. Diese neue Periode wird durch neue Schlagworte und Losungen geprägt: Globalisierung, Sicherung des Wirtschaftsstandortes, Wettbewerbsstaat, Erosion des Normalarbeitsverhältnisses, Share-Holder-Value. Firmen orientieren sich nicht mehr an den oben angeführten wirtschaftspolitischen Maximen, sondern an einer kurzfristigen Maximierung der Aktiengewinne, zu deren Praxis es zählt, bei steigenden Gewinnen „Arbeitskräfte freizusetzen" (= Leuten die Existenzgrundlage zu entziehen), um ihren Börsenwert zu steigern.

Mit den Leitbildern hat sich auch die betriebliche Realität verändert. Nicht nur der Zeitgeist ist neoliberal, sondern auch die Praxis vieler Unternehmer. „Hire and fire", einst ein Begriff, mit dem Personalentscheidungen der US-Manager beschrieben wurden, wird heute auch in Österreich praktiziert. Ein Drittel bis 40 Prozent der gekündigten ArbeitnehmerInnen werden nach einer Arbeitslosigkeit wieder vom selben Arbeitgeber beschäftigt.

Die Änderungen im Arbeitsleben sind also dramatisch. Neue Managementstrategien wie Ausgliederungen, Vergabe von bisherigen Tätigkeiten an Subfirmen oder Zukauf früher selbst erbrachter Leistungen am Markt zersplittern früher zusammenhängende Belegschaften, die sich plötzlich in verschiedenen Kollektivverträgen und Firmen wieder finden.

Die Gewerkschaften sind von diesem Prozess negativ betroffen. Das äußert sich sowohl in einem sinkenden Organisationsgrad als auch in geringeren Einflussmöglichkeiten. Letzteres hat auch mit der Verlagerung von vielen Entscheidungen auf die europäische Ebene zu tun, auf der das politische Gewicht des Europäischen Gewerkschaftsbundes (EGB) oder der vielen nationalen Einzelgewerkschaften sehr gering ist.

Im Gegensatz zur Realität haben sich die gewerkschaftliche Strukturen kaum geändert. Der Kern unserer Organisationen waren und sind Menschen, die langfristige Vollzeitbeschäftigungsverhältnisse aufweisen. Das ist an und für sich nichts überraschendes, denn diese können am besten organisiert werden. Außerdem haben sie in möglichen Arbeitskonflikten am ehesten eine Machtposition inne, da sie nicht leicht ersetzbare Tätigkeiten ausführen. Aber andererseits machen sie eben nur einen Teil der Lohnabhängigen aus, die Zunahme der Beschäftigung entfällt großteils auf „atypische Beschäftigungsverhältnisse". Um dem gewerkschaftlichen Anspruch gerecht zu werden, all jene zu vertreten, die zur Sicherung ihres Lebensunterhalts auf Lohnarbeit angewiesen sind, müssen wir neue Organisationsmodelle und -methoden entwikkeln. Unsere heutigen Gewerkschaftsstrukturen passen im Wesentlichen auf die ArbeitnehmerInnen, die in einem mehr oder weniger fixen Dienstverhältnis stehen. Die gesellschaftliche Realität der Arbeitswelt wird aber vielfältiger. Das muss künftig auch die Gewerkschaft hinsichtlich ihrer Methoden und Möglichkeiten der Beteiligung werden.

Definition der Gewerkschaft

Bevor ich mich den Problemen der Gewerkschaften widme, möchte ich die grundsätzliche Frage stellen, warum die ArbeitnehmerInnen begonnen haben, sich zusammenzuschließen, sich gewerkschaftlich zu organisieren.

Eine Gewerkschaft ist eine Solidargemeinschaft, die die gemeinsamen Interessen der Lohnabhängigen dadurch durchsetzen soll, dass sie einen Verdrängungswettbewerb innerhalb der ArbeitnehmerInnen zu verhindern versucht. Die Gewerkschaften haben also die Funktion, die Konkurrenz der Lohnabhängigen durch ihren organisierten Zusammenschluss aufzuheben. Solidarität ist daher hier kein moralisches Prinzip, sondern für die Gewerkschaften ein Strukturprinzip. Die Gewerkschaften müssen die Interessenorganisation all jener sein, die vom Verkauf ihrer Arbeitskraft ihre Existenz bestreiten. Um diese Funktion zu erfüllen, setzen Gewerkschaften zB branchenweise Mindestlöhne durch, die jedem/r ArbeitnehmerIn zustehen.

Die Notwendigkeit der Gewerkschaften ergibt sich aus den Eigenschaften des Arbeitsmarktes. Gewerkschaften verhandeln für die Beschäftigten bzw. ihre Mitglieder Kollektivverträge und Betriebsvereinbarungen aus. (Markt)Liberalen Vorstellungen entspricht hingegen die individuelle Vertragsvereinbarung. Da Verträge immer nur abgeschlossen werden, wenn beide Seiten damit einverstanden sind, wird von dieser Sichtweise die Notwendigkeit von kollektiven Verträgen in Abrede gestellt.

Der Arbeitsmarkt ist aber durch ein strukturelles Machtungleichgewicht zwischen ArbeitnehmerInnen und Arbeitgebern gekennzeichnet. Welche Marktmacht bzw. Verhandlungsgewicht hat ein einzelner Arbeitnehmer, wenn er sich bei einem großen Unternehmen bewirbt? Wer gibt da die Vertragskonditionen, also etwa Bezahlung, Ausmaß der Arbeitszeiten etc. vor? Nicht von ungefähr gibt es für den Begriff „Arbeitnehmer" auch die wenig schmeichelhaften Bezeichnungen „Abhängig Beschäftigter" oder „Lohnabhängiger".

Nur wenn sich die ArbeitnehmerInnen zusammenschließen, haben sie ein entsprechendes Verhandlungsgewicht, um für alle Beschäftigten die Arbeitsbedingungen, Arbeitszeiten und die Bezahlung positiv beeinflussen zu können. Das wissen auch die Unternehmer, die sich bereits relativ früh in Handelskammern und ähnlichen Organisationen zusammengeschlossen haben, um den großen Monopolen am Markt ein Gegengewicht von monopolähnlicher Bedeutung entgegenzusetzen, wenn es gilt, für Klein- und Mittelbetriebe wichtige Regelungen, etwa die Gewerbeordnung, durchzusetzen.

Selbstverständlich gibt es auch manche ArbeitnehmerInnen die über eine sehr gute Ausbildung, nachgefragte Fähigkeiten und Verhandlungsgeschick verfügen, um mit einem potentiellen Arbeitgeber ein für sie zufrieden stellendes Arbeitsverhältnis auszuverhandeln, aber diese sind nicht die Regel. Viele ArbeitnehmerInnen führen auch Tätigkeiten aus, in denen der Einzelne ohne größeren Aufwand ersetzbar ist, oder für die es viele andere mit den gleichen Qualifikationen gibt. Diese würden auf sich allein gestellt auch „ungute" Vertragsbedingungen des Arbeitgebers zu akzeptieren haben. Für einen Arbeitnehmer, der sich ein Haus gebaut hat, für das er sich verschuldet hat, ist ein allfälliger Arbeitsplatzwechsel, der mit räumlicher Mobilität verbunden ist, mit sehr hohen Kosten verbunden, er wird daher aus seiner Lage heraus dazu gezwungen sein, Verschlechterungen in einem großen Ausmaß hinzunehmen, wenn er auf sich alleine gestellt ist. Der Gewerkschaft kommt hier die Aufgabe zu, die Einhaltung der Verträge durch die Arbeitgeber zu kontrollieren und durchzusetzen.

Gewerkschaften haben also eine *Schutz-* und *Gegenmachtfunktion.* Ich habe diese grundsätzlichen Überlegungen an den Beginn meiner Ausführungen gestellt, weil sie zeigen, warum Gewerkschaften notwendig sind, auch wenn „zeitgeistig" immer wieder das Gegenteil behauptet wird[1].

Repräsentanz der Gewerkschaften

Die Gewerkschaften können ihre Aufgaben als Interessenvertretung der ArbeitnehmerInnen umso besser wahrnehmen, je höher der gewerkschaftliche Organisationsgrad ist und je repräsentativer die Zusammensetzung ihrer Mitgliedschaft die Gesamtheit der Beschäftigten widerspiegelt. Wenn in den Gewerkschaften in erster Linie ein bestimmten Typus von ArbeitnehmerInnen organisiert ist, dann wird sich das auch in ihrer Politik widerspiegeln.

---

[1] So meinte beispielsweise Eric Frey im Standard vom 6. 9. 1999, dass immer mehr Betriebe keinen Betriebsrat haben, weil die Belegschaft daran nicht interessiert sei. „Der Chef kann es sich gar nicht leisten, seine Angestellten zu verärgern, weil deren Motivation sein wichtigstes Kapital ist." Ich meine, dass diese Aussage etwas realitätsfremd ist. Der Chef kann sich das schon alleine deswegen leisten, weil die stärkste Motivation vieler (vor allem älterer) ArbeitnehmerInnen die ist, ihren Arbeitsplatz zu behalten.

Werfen wir daher einen Blick auf die Struktur der Gewerkschaftsmitgliedschaft und die Gesamtheit der Beschäftigten:
Am 31. 12. 1998 hatte der ÖGB insgesamt 1.480.016 Mitglieder, was gegenüber dem Vorjahr ein Minus von 17.568 bedeutet. Damit weist der ÖGB im europäischen Vergleich einerseits einen hohen Organisationsgrad auf, andererseits sinkt dieser im langfristigen Trend.
Der Organisationsgrad ist bei ArbeiterInnen, Angestellten und öffentlich Bediensteten deutlich unterschiedlich. Von den 1.242.365 ArbeiterInnen waren 1998 46 % organisiert. Von den 1.438.952 Angestellten waren 314.246 Gewerkschaftsmitglied, das sind vergleichsweise geringe 21,8 %, die 362.597 Beamten sind mehr oder weniger flächendeckend organisiert. Es gibt also im tendenziell expandierenden und vielfältigen Bereich der Angestellten einen *unterdurchschnittlichen* Organisationsgrad, etwa im Einzelhandel, wo weniger als 10 % der Beschäftigten gewerkschaftlich organisiert sind.
Auch die Geschlechter sind am Arbeitsmarkt und in der Gewerkschaft ungleich vertreten. Von den Gewerkschaftsmitgliedern waren 68,2 % Männer und nur 31,8 % Frauen. Demgegenüber waren aber 1998 43,3 % der unselbständig Beschäftigten weiblich. Das heißt, dass Frauen einen geringeren Organisationsgrad aufweisen. Das mag zum Teil damit zusammenhängen, dass Frauen überproportional in „atypischen", generell schlechter organisierbaren Beschäftigungsverhältnissen arbeiten, was ihre Benachteiligung am Arbeitsmarkt ausdrückt. Aber es ist auch darauf zurückzuführen, dass den Frauen weiterhin der Hauptteil der Familienarbeit obliegt und so für Gewerkschaft keine Zeit bleibt.
Die Gewerkschaftmitgliedschaft teilt sich in 39 % ArbeiterInnen (davon sind 79 % Männer), 21,2 % Angestellte (57 % Männer) und 39,7 % öffentlich Bedienstete (62,9 % Männer). Die Geschlechterparität wird also am ehesten bei den Angestellten erreicht. Der Anteil jugendlicher Mitglieder ist erfreulicherweise von 1997 auf 1998 um 4,2 % gestiegen und erreicht bei den ArbeiterInnen 5,5 % (davon 88,6 % Männer), bei den Angestellten 4 % (46 % Männer) und den öffentlich Bediensteten 1,2 % (41,2 % Männer).
Die Gewerkschaftsmitgliedschaft ist also hinsichtlich der Tätigkeiten, des Alters und des Geschlechts nicht für die ArbeitnehmerInnenschaft als Ganzes repräsentativ. Wie sieht das nun auf der Funktionärsebene aus?
1996 waren drei Viertel der Betriebsräte männlich (Sepp Wall-Strasser 1997, S. 119) 83,2 % der Betriebsratsvorsitzenden waren Männer. Wir haben also bei einer Frauenbeschäftigungsquote von 59,5 % 1997 einen Organisationsgrad von 32 % und eine unterproportionale Vertretung in Führungspositionen.
Die Vorenthaltung des passiven Betriebsratswahlrechts für 257.689 AusländerInnen aus Nicht-EU-Ländern, die angesichts von 19.754 EU-Bürgern die Mehrzahl der in Österreich lebenden AusländerInnen bilden, erschwert die gewerkschaftliche Organisierung der ImmigrantInnen besonders. In der BRD wurde die Gleichbehandlung der ImmigrantInnen schon 1972 durch die IG Metall durchgesetzt. Nicht ohne Erfolg für die Gewerkschaften: 34 % der ausländischen Beschäftigten sind organisiert (Wiener Zeitung 3. 9. 1999).

Die gewerkschaftliche Organisierung weist Defizite auf, was die Frauen, die ImmigrantInnen, die jungen ArbeitnehmerInnen und die atypischen Beschäftigten betrifft. Das ist als Feststellung und Herausforderung zu verstehen und nicht als Schuldzuweisung. Denn dies ist sowohl auf objektive wie auch auf subjektive Faktoren zurückzuführen. Es liegt beispielsweise in der Natur der Sache, dass man Menschen, die kurzfristigen atypischen Beschäftigungsverhältnissen nachgehen, nicht so leicht organisieren kann, wie FacharbeiterInnen in einem Großbetrieb mit einer langen Tradition gewerkschaftlicher Organisierung. Aber daraus ergibt sich das Problem, dass jene, die am Arbeitsmarkt benachteiligt sind, nicht organisiert sind und über keine kollektive Interessenvertretung verfügen und dadurch die Benachteiligung schwerer bekämpft werden kann – zugegebenermaßen ein Teufelskreis.

Differenzierung der Beschäftigungsverhältnisse

Die Möglichkeit, nicht die Notwendigkeit der gewerkschaftlichen Organisierung hängt entscheidend von der Situation am Arbeitsmarkt und den Eigenschaften der Beschäftigungsverhältnisse ab. Grundsätzlich steigt die Organisierungsbereitschaft sicherlich mit der Dauer und damit der Sicherheit eines Beschäftigungsverhältnisses. Denn wenn eine Beschäftigung als lediglich vorübergehend betrachtet wird, werden die ArbeitnehmerInnen weniger Bereitschaft zeigen, sich zu organisieren, um gemeinsam mit ihren KollegInnen ihre Interessen wahrzunehmen.

Als Gewerkschafter müssen wir uns aber auch die Frage stellen, ob die bestehenden Strukturen mit ihren Zeithorizonten und der Ausrichtung an stabilen Beschäftigungsverhältnissen den Gegebenheiten am Arbeitsmarkt entsprechen.

Diesen kann man in zwei Sektoren einteilen, die sich wesentlich voneinander unterscheiden. Der marktorientierte Sektor besteht aus jenen Betrieben mit insgesamt 2,2 Mio. Beschäftigten, die ihre Personalstandsdispositionen primär vom Marktgeschehen abhängig machen und der nichtmarktorientierte Sektor (öffentlicher Dienst, Gebietskörperschaften, Interessenvertretungen) umfasst rund 1 Mio. Beschäftigte mit geringem Arbeitsplatzrisiko.

Im marktorientierten Segment des Arbeitsmarktes, in dem rund 2,2 Mio. Menschen tätig sind, waren 1998 720.000 Personen arbeitslos. Das heißt jede/r Dritte, der/die arbeitslos werden kann, war es auch. 1993 konstatierte Michael Wagner, dass die durchschnittliche „Umschlagshäufigkeit" eines Beschäftigungsverhältnisses im öffentlichen Bereich etwa 20 Jahre, im marktorientierten Bereich dagegen drei Jahre beträgt. Allein aus diesem krassen Unterschied zeigt sich, wie sich das Zurückdrängen des Staates auf die Stabilität von Beschäftigungen auswirkt.

Diese hohe Dynamik am Arbeitsmarkt zeigt auch der vom AMS herausgegebene Bericht „Die Dynamik der Erwerbstätigkeit 1997". Eine langfristige Untersuchung der 4.764.100 Personen, die zwischen 1988 und 1997 standardbeschäftigt gewesen sind, zeigt: Drei Viertel waren zumindest 2,5 Jahre beschäftigt, die Hälfte zumindest fünf Jahre und nur ein Fünftel durchgängig beschäftigt.

1997 wurden 1.521.200 Standardbeschäftigungsverhältnisse aufgenommen und 1.355.000 beendet. Die Beschäftigungsverhältnisse, die 1997 beendet wurden, dauer-

ten im Durchschnitt ein Jahr und sieben Monate. Bei den Jungen (19 bis 24-Jährigen) lag die Dauer aber nur bei knapp elf Monaten.
Von den ArbeiterInnen waren 1997 64,9 % durchgängig beschäftigt, von den Angestellten 81,85 % und von den Beamten 96,3 % (insgesamt 68,3 %). Nur jedes zehnte beendete Beschäftigungsverhältnis hat fünf Jahre oder länger gedauert. Personen im Haupterwerbsalter weisen die stabilsten Karrieren auf, aber das ändert nichts am Trend: Beschäftigungsverhältnisse werden immer kürzer.
Die Interessenvertretung steht daher zB vor dem Problem, dass die Tägigkeitsperiode eines Betriebsrates im marktorientierten Bereich die durchschnittliche Dauer eines Beschäftigungsverhältnisses übersteigt. Die sich aus der kürzeren Dauer eines Dienstverhältnisses und durch die Verbreitung atypischer Beschäftigungsverhältnisse ergebende losere Einbindung der Beschäftigten in die Unternehmen bewirkt auch eine schwächere Beziehung zu den Gewerkschaften.
Davon sind auch die BetriebsrätInnen betroffen - wir merken das an einer geringer werdenden Betriebsratsdichte.

Präsenz in den Betrieben

Die Präsenz der Gewerkschaften in den Betrieben ist in mehrfacher Hinsicht für ihren Fortbestand wichtig. Zum einen läuft die Werbung bzw. Neuaufnahme von Mitgliedern zur Gewerkschaft überwiegend über den Betrieb. Dieser Zusammenhang zeigt sich aber leider auch umgekehrt: Viele geben mit dem Verlust des Arbeitsplatzes auch die Gewerkschaftsmitgliedschaft auf.
BetriebsrätInnen und Gewerkschaft sind traditionellerweise vor allem in Großbetrieben vorhanden. Es kann aber ab 5 Beschäftigten pro Arbeitgeber einen Betriebsrat geben. 1998 hatten österreichweit von 253.313 Betrieben 76.971 einen Anspruch auf einen Betriebsrat, das heißt sie hatten zumindest fünf Beschäftigte. Aber nur in ca. 15.000 gab es auch wirklich BetriebsrätInnen. Diese finden sich vor allem in den Großbetrieben: 99 % der 50 größten heimischen Unternehmen haben BetriebsrätInnen. In mehr als zwei Drittel der Unternehmen mit mehr als 50 ArbeitnehmerInnen gibt es BetriebsrätInnen. In der Mehrheit der Betriebe sind also grundlegende Voraussetzungen für die Interessenvertretung nicht gegeben. Die entscheidendere Frage für die Interessenvertretung ist aber, wie sich die Beschäftigten auf die Betriebe aufteilen. 54 % der Beschäftigten arbeiten in Unternehmen mit weniger als 100 MitarbeiterInnen. Diese setzen sich so zusammen: 17,1 % in Kleinstbetrieben mit 2 bis 9 MitarbeiterInnen, weitere 33 % in solchen mit 10 bis 99 MitarbeiterInnen. Hier ist gewerkschaftliche Organisierung sicherlich am schwierigsten. 22,8 % arbeiten in Firmen mit 100 bis 499, 7,7 % in solchen mit 500 bis 999 und 15,5 % in Betrieben mit mehr als 1.000 MitarbeiterInnen.
Diese Dominanz kleiner Betriebe wird durch die Aufspaltung vieler Betriebe in kleine und rechtlich selbständige Einheiten verstärkt. Aber auch durch organisatorische Veränderungen und Ausgliederungen wird die Einheit der betrieblichen Interessenvertretung zerschlagen und die gewerkschaftliche Arbeit erschwert. Denn zum einen müssen sich neue Betriebratskörperschaften gründen, zum anderen gibt es statt einer

Betriebsratskörperschaft nun viele Einzelkörperschaften.
Dort wo früher große (meist verstaatlichte) Betriebe mit zentralen Vertretungskörperschaften und fast vollständiger gewerkschaftlicher Organisierung waren, befinden sich heute eine Vielzahl von Betrieben, die insgesamt aber *weniger* MitarbeiterInnen beschäftigen. Alleine auf dem Gelände der ehemaligen Chemie Linz gibt es heute um die 50 Betriebe. Zweifellos traf die Neustrukturierung in diesen Industriebereichen, die früher das Rückgrat der Gewerkschaften waren, die Gewerkschaften dort, wo sie am stärksten waren. Auch im Handel ist mit dem Konsum der bestorganisierte Betrieb verloren gegangen. Die gesunkenen Organisationsgrade und Mitgliederzahlen sind vor allem auf diese strukturellen Änderungen zurückzuführen. Neues aufzubauen, in neuen Betriebe oder Branchen Fuß zu fassen ist eine mühsame, harte aber notwendige Arbeit. Allerdings befindet sich die Gewerkschaft im Dilemma, dass der Verlust alter Domänen schneller passiert als der Aufbau neuer Strukturen möglich ist.
Besonders problematisch ist die Situation in den vielen Kleinbetrieben, in denen es keine BetriebsrätInnen gibt. Für diese böten sich etwa betriebsübergreifende Branchenstrukturen an, die öffentlichkeitswirksame Kampagnen und Aktionen durchführen und arbeitsrechtliches Service anbieten. Das heißt Beratung und aktuelle Informationen durch eigene Medien. Wichtig erscheint mir aber die Verbindung von Service mit politischen Kampagnen, da ersteres auch die Arbeiterkammer anbietet.
Ein positives Beispiel für das „Wie" überbetrieblicher Interessenvertretung stellt die von ÖGB, Einzelgewerkschaften und der AK organisierte Betriebsrätekonferenz des steirischen Automobilclusters dar, in dem viele ArbeitnehmerInnen in rechtlich unabhängigen Betrieben derselben Branche arbeiten[2].

Der Fall Stronach – eine Warnung

In diesem Zusammenhang erhält auch die Auseinandersetzung zwischen dem ÖGB und Magna-Chef Frank Stronach eine besondere Bedeutung, die über die eines Aufsehen erregenden Einzelfalls hinausgeht. Stronach hat die Schwäche der Gewerkschaft, deren Gründe ich oben angeführt habe, dazu ausgenutzt, die im ArbVG verbrieften Rechte der ArbeitnehmerInnen, aus ihrer Mitte BetriebsrätInnen zu wählen, in Frage zu stellen.
Es gelang in einer in den Medien sehr verzerrten und irreführenden Art und Weise der öffentlichen Diskussion ein falsches Bild zu vermitteln. Stronach behauptete, in seinen Werken seien Betriebsräte und Gewerkschaften nicht notwendig, weil es das in der *Magnacharta* verankerte Vertrauenspersonensystem gäbe. Vertrauenspersonen sind von der Belegschaft gewählte VertreterInnen, die aber im Gegensatz zu den BetriebsrätInnen weder Kündigungsschutz noch Zeitfreistellung haben. Wiederholt wurde suggeriert, die Vertrauenspersonen würden die Interessen der Beschäftigen vertreten, während BetriebsrätInnen von außen gesteuerte FunktionärInnen darstellen, die nicht mit den Problemen der MitarbeiterInnen beschäftigt sind, sondern mit politischen Vorgaben,

---

[2] Diese fand am 28. 11. 1998 statt und behandelte die Frage eines zu errichteten Clusterbetriebsrates und die Situation in den einzelnen Betrieben. In manchen der Firmen ist gewerkschaftliche Tätigkeit nicht möglich, weil sie vom Betrieb verhindert wird.

die sie von der Gewerkschaft erhalten.
Nur: BetriebsrätInnen werden nicht von der Gewerkschaft bestimmt, sondern von der Belegschaft gewählt. Es gibt eine große und steigende Anzahl von BetriebsrätInnen, die keine Gewerkschaftsmitglieder sind und ihre Politik nur auf den Betrieb beschränken. Das ist für die Gewerkschaften alles andere als eine erfreuliche Entwicklung, weil sie die branchenweise Solidarität unter den ArbeitnehmerInnen erschwert und eine „betriebsegoistische" Handlungslogik fördert, aber es ist eine feststellbare Tatsache. Bezeichnend ist die Tatsache, dass die Schwäche der freiwilligen Interessenvertretung zu einem Angriff auf gesetzlich zustehende Rechte verwendet wurde. Das Mitbestimmungs- und Vertretungsmodell der BetriebsrätInnen ist aber nicht eines von vielen möglichen, sondern das gesetzlich vorgesehene. Entgegen manchen Kommentaren ist es nicht so, dass sich jedes Unternehmen sein eigenes Mitarbeitervertretungsmodell zurechtlegen kann, in dem den VertreterInnen die einen oder anderen BetriebsrätInnen zugeschriebenen Rechte gewährt oder verwehrt werden.

Teilung des Arbeitsmarktes: Stamm- versus Randbelegschaften

Am Arbeitsmarkt zeichnet sich international eine Teilung in StammarbeitnehmerInnen und Randbelegschaften ab. Erstere arbeiten innerhalb von Großbetrieben unter kollektivvertraglich gesicherten Beschäftigungsverhältnissen. Periphere ArbeitnehmerInnen gehen in Subkontraktunternehmen und im Dienstleistungssektor prekären, schlecht qualifizierten und bezahlten Beschäftigungen nach, mit je nach konjunkturellen Nachfrageschwankungen wechselnden flexiblen Stundenplänen.

Prekarisierung – Ende des „Normalarbeitsverhältnisses"

Unter Normalarbeitsverhältnis wird jener Typ von Beschäftigungsverhältnis verstanden, der durch „abhängige, vollzeitige und dauerhafte Beschäftigung mit geregelter Normalarbeitszeit, mit kontinuierlichem Entgelt und Bestandsschutzgarantien gekennzeichnet ist und im Wesentlichen auf männliche Erwerbsbiographien zutraf und noch immer zutrifft" (Tálos 1999, S. 7). Prekarisierung ist ein Begriff für die Tendenz zu nichtstandardisierten Arbeitsverhältnissen, die mit der „Erosion des Normalarbeitszeitverhältnisses" einhergeht (siehe auch T. Schmid in diesem Band). Die Auseinandersetzung um die Prekarisierung ist letztlich eine um eine allgemeine Neudefinition dessen, was überhaupt als normale Arbeit gilt. Prekarisierung ist der Angriff auf und der Kampf um die Norm der Arbeitsverhältnisse. Die Gefahr, die sich aus der Entwicklung ergibt besteht darin, dass „Normalarbeitsverhältnisse" für eine wachsende Gruppe am Arbeitsmarkt unerreichbar werden. Damit werden sie von der „Norm", auf der auch der Sozialstaat aufbaut, zusehends zu einem Privileg. So kann aus einem Recht ein Privileg werden, wenn seine Allgemeingültigkeit in Frage gestellt wird.

In dieser Situation der stehen die Gewerkschaften vor folgendem Dilemma:

Manche Beschäftigtengruppen in gehobenen Positionen sind in der Lage, ihre Interessen autonom durchzusetzen. Das birgt die Gefahr, gewerkschaftlichen Einfluss auf autonome, berufsständisch-egoistische Gruppen zu verlieren. Versteht sich die Gewerkschaft aber vor allem als die Vertretung dieser Beschäftigten, dann läuft auch sie Gefahr, zu einem Versicherungsverein für eine relativ kleine, privilegierte Stammarbeiterschaft zu werden. Um nicht eine Art ständische Interessenorganisation einiger privilegierter ArbeitnehmerInnenschichten zu werden, ist mutige Politik der *Arbeitszeitverkürzung* Gebot der Stunde.

Diese kann, muss aber nicht die Form einer Reduktion der täglichen oder wöchentlichen Arbeitszeit annehmen. Erweiterte Möglichkeiten der individuellen und kollektiven Zeitsouveränität sind in der Arbeitsgestaltung durchsetzen, wenn die einzelnen Arbeitsplätze voneinander unabhängig sind. Der Flexibilisierung in ausschließlichem Unternehmerinteresse ist die Selbstbestimmung der Arbeitszeit durch die ArbeitnehmerInnen selbst entgegenzustellen.

Die Gewerkschaft muss sowohl diejenigen vertreten, die in gesicherten Normalarbeitsverhältnissen arbeiten als auch jene, die prekären, unsicheren Arbeitsverhältnissen ausgesetzt sind. Dazu sind neue Vertretungs- und Betreuungsformen zu entwickeln. Mobilisierungen für eine Arbeitszeitverkürzung ohne Einkommensverlust könnten eine Einheit von Beschäftigten, Prekarisierten und Erwerbslosen ermöglichen. Denn für Lohneinbußen werden die Beschäftigten, vor allem die niedrig Verdienenden nicht mobilisierbar sein. In manchen Bereichen, in neuen Tätigkeitsfeldern ist es sicherlich so, dass die „Norm" ein „atypisches" Beschäftigungsverhältnis ist und vielen Menschen stehen am Arbeitsmarkt nur solche Arbeitsverhältnisse offen.

Ein besonderer Dorn ist für die Gewerkschaft die „abhängige Selbständigkeit". So genannte „Freie Dienstnehmer" sind nicht arbeitslosenversichert und haben bei Betriebsratswahlen kein Stimmrecht. Eine Untersuchung der AK Salzburg über die als Wachstumsbranche und Beschäftigungswunder bezeichneten „Callcenters" ergab folgendes Bild: 78 % der dort Arbeitenden waren über „freie Dienstverträge" beschäftigt. Die *Fluktuation* ist enorm. Die durchschnittliche Dauer eines freien Dienstverhältnisses in einem externen Callcenter beträgt 3,2 Monate.

Daraus kann die Schlussfolgerung gezogen werden: Solche Beschäftigung in Callcenters können den Menschen nur als *zusätzlicher* Verdienst neben einem Studium oder der Abendschule dienen. Solche Jobs können keinen Weg darstellen, Beschäftigung für die Menschen zu schaffen, die sich damit ein dauerhaft existenzsicherndes Einkommen verdienen müssen. Wenn man diese Wachstumsbranche aber aus einer beschäftigungspolitischen Perspektive betrachtet, dann werden sich die Gewerkschaften dafür einsetzen, das den dort Arbeitenden Mitbestimmungmöglichkeiten und eine soziale Absicherung zukommen.

Die „Atypischen" zu erreichen, zu organisieren und mobilisieren ist eine der Schlüsselaufgaben der Zukunft. Ich glaube, wir haben uns in der Vergangenheit zu wenig auf diese Herausforderung „herangewagt".

Wie spricht man als Gewerkschaft die „Flexibilisierten", oder die Teilzeitbeschäftigten an? Wie organisiert man Menschen, deren Erwerbsbiographien nur einen Teil ihres Lebens ausmacht? Wie bringen wir sie dazu, Gemeinsamkeiten zu erkennen und solidarisch aktiv zu werden? Meine These lautet: Das kann uns nur gelingen, wenn auch wir uns selber ändern.

Offensichtlich müssen wir neue „Angebote" der Mitarbeit und neue Organisationsformen entwickeln, die der Realität dieser großen Anzahl von Beschäftigten gerecht werden. Es geht darum, Mobilisierungen so zu gestalten, dass sie die Lebensinteressen der Menschen treffen.
Die französische Erwerbslosenbewegung, an der sich auch viele „Prekarisierte" beteiligten und die auch mit Teilen der Gewerkschaft kooperiert, verdient hier Augenmerk. Entgegen vielen Erwartungen sind diese Menschen nicht generell sozial isoliert und daher unmobilisierbar. Sie sind zu kollektiven Aktionen bereit und entwickeln in diesen auch ein hohes Engagement. Aber sie haben in ihren Kampagnen einen anderen Zeithorizont, ihre „Gremien" sind aktionsorientierter und es reicht nicht, wenn ihnen einfach die Mitgliedschaft angeboten wird. In den gewerkschaftlichen Strukturen, über die wir jetzt verfügen, werden sie sich daher nicht wieder finden. Notwendig ist somit zumindest eine Erweiterung unserer „Angebote" an verschiedene Gruppen von abhängig Beschäftigten. Die neuen Gegebenheiten am Arbeitsmarkt müssen sich auch in den Gewerkschaften widerspiegeln.
Festigen wir nicht die Benachteiligungen, denen diejenigen ausgeliefert sind, die keine Vollzeiterwerbsbiographie aufweisen, wenn wir auf sie nicht eingehen? Sollten wir ihnen nicht Türen öffnen und Chancen geben, die ihnen bislang von der Gesellschaft verwehrt blieben?
Menschen brauchen Perspektiven. Perspektivlosigkeit ist der Nähboden des Rechtspopulismus und der Suche nach Sündenböcken. Auch das ist ein Blickwinkel, unter dem ich diese Aufgabenstellung betrachte. Wenn die Gewerkschaften „Prekarisierte" organisieren, können sie von einem Objekt der Entwicklung auch zu einem Subjekt der Veränderung werden. Mit diesem emanzipatorischen Anspruch sollten wir uns der Zukunft stellen. Denn: Nur eine Interessenvertretung für alle ArbeitnehmerInnen kann für eine soziale Zukunft kämpfen.
Es gibt als Antwort auf all diese Probleme nicht DIE Lösung, es gilt, an verschiedenen Ebenen anzusetzen. Verschiedene Modelle müssen in der Praxis „probiert" werden. Seit 1995 können Arbeitslose ÖGB-weit zumindest Gewerkschaftsmitglieder sein. Diese müssen sich aber als solche auch von der Gewerkschaft weiterhin vertreten fühlen, sonst werden sie auf das Angebot Mitglied zu bleiben, nicht zurückkommen. Eine gewerkschaftliche Organisierung Arbeitsloser in eigenen Gruppen könnte einen Ansatz darstellen, Menschen mit nicht zusammenhängenden Erwerbsbiographien, also wechselnden Beschäftigungsverhältnissen, die durch Perioden von Erwerbslosigkeit unterbrochen sind, eine Interessenvertretung zu geben und den Rückgang des Organisationsgrades zu bremsen.
In diesem Zusammenhang sehe ich Möglichkeiten durch die neuen Strukturen der „GPA – Neu". Mit der Einrichtung von Themenplattformen und Interessengemeinschaften werden konkrete Angebote zur Beteiligung von Mitgliedern, aber auch für noch nicht Beigetretene geschaffen, die auch im Bundesvorstand und Bundesforum VertreterInnen haben werden.

Flexible Arbeitszeiten

Auch der Trend zur Flexibilisierung der Arbeitszeiten birgt, wenn er nicht mit einer deutlichen Reduktion der Arbeitszeit verbunden ist, Gefahren in sich. Statt Beschäftigung zu schaffen, wie vielerorts behauptet, *verhindert* die Flexibilisierung Neueinstellungen. Ich sehe überdies einen inneren Zusammenhang zwischen der Entwicklung von Arbeitszeitflexibilisierung und dem Druck auf niedrige Löhne. Denn zuerst werden durch eine Politik der Arbeitszeitflexibilisierung die Überstunden verbilligt, wodurch die unternehmerische Politik der „dünnen Personaldecke" begünstigt wird. Das hat aber zur Folge, dass die klassische gewerkschaftliche Politik, über die Verteuerung der Mehrarbeit Druck auf Einstellungen zu machen, wirkungslos wird. Als beschäftigungsfördernde Gegenmaßnahme wird dann öffentlich der Druck auf die Forderung erhöht, Neueinstellungen unter dem Kollektivvertrag vornehmen zu können. Diese beiden Phänomene sind im Zusammenhang zu sehen und gehen zu Lasten des Einkommens der heutigen und künftigen Beschäftigten. Im Endeffekt werden sowohl die Überstunden für die momentan Beschäftigten als auch die Löhne der Neueingestellten gesenkt.

Aufteilung der Arbeit

Die Frage, die sich hier stellt, lautet nicht *„Arbeitszeitverkürzung Ja oder Nein"*, sondern Arbeitszeitverkürzung unter *welchen* Bedingungen. Die Arbeitszeitverkürzung setzt sich am Markt mehr oder weniger chaotisch durch Arbeitslosigkeit, Unterbeschäftigung durch unfreiwillige Teilzeit und geringfügige Beschäftigung durch.
Die Arbeitszeitverkürzung ist nicht nur eine Frage der Verteilung von Produktivitätsgewinnen, sondern auch von Lebenszeit und Lebensqualität. Wir wissen aus der Realität, dass die Arbeitszeitverkürzung auch zu einer Lohnkürzung und Arbeitsverdichtung führen kann. Das nennt man *Kurzarbeit.*
Zu dem immer wieder gepriesenen „VW-Modell", das eine Reduktion der Arbeitszeit auf 32 Stunden mit Flexibilisierung und einem 20-prozentigen Lohnrückgang verbunden hat, gibt es mittlerweile auch schon kritische Einschätzungen. So meinte etwa die deutsche Soziologin Littig: „Es war ernüchternd. Einschränkungen im Konsum bedeuten eine Art Verarmung. Der dort ansässige Mittelstand hat Angst, durch die Einkommensverluste sozial abzusacken. Das dort reich blühende Vereinsleben, der informelle Sektor, wurde stark in Mitleidenschaft gezogen. Aufgrund der 120 verschiedenen Arbeitszeitmodelle haben Menschen weniger Möglichkeiten, sich zu treffen. Es gibt genügend Familien, die sich aus diesem Grund kaum mehr sehen." (Standard 28. 4. 1999)
Eine nur auf unqualifizierte Arbeitsplätze beschränkte Arbeitszeitverkürzung würde die Gesellschaftsspaltung und -segmentierung fördern. Auf der einen Seite gäbe es die regulär und abgesichert Beschäftigten in Macht- und Verantwortungpositionen, auf der anderen Seite die Masse, die bloß ausführende Tätigkeiten durchführt. Deswegen beobachte ich die generelle Einführung der 35-Stundenwoche in Frankreich mit Sympathie und Interesse. Wenn ein Land der EU die Arbeitszeit mit Lohnausgleich verkürzt, sollten die anderen Länder möglichst bald folgen und *nicht* längere Arbeitszei-

ten als willkommenen Wettbewerbsvorteil auffassen. Dies war zB die Reaktion Schröders, dem dazu Folgendes einfiel: „Die 35-Stunden-Woche von Jospin, welche Chance für die deutsche Wirtschaft!"

Lean Production und Share-Holder-Value-Kapitalismus

Für viele ArbeitnehmerInnen hat sich die Arbeit intensiviert und der Arbeitsdruck erhöht. Sie sind betroffen von der Restrukturierung betrieblicher Unternehmens- und Arbeitsorganisation unter der „Peitsche des Weltmarktes". Es erfolgte im Produktionsbereich eine Orientierung an der japanischen Arbeitsorganisation: Lean production, Verringerung der Lagerhaltung, Kaizen (kontinuierliche Verbesserung und Qualitätssicherung) sind diese übernommenen Managementmethoden.
Dem möchte ich hinzufügen, dass die spezifisch japanische Arbeitsorganisation sich nur auf der Grundlage der Zerschlagung der Nachkriegsgewerkschaften mit betriebsübergreifenden Ansprüchen sozialer Regulierung durchsetzen konnte.
Die „schlanke Produktion" bedeutet Rationalisierungsangriffe auf die Beschäftigten, Arbeitsintensivierung und Arbeitsplatzabbau. Gemeinsam mit der Konzentration der Unternehmen auf ihre Kernaufgaben, der Auslagerung (*outsourcing*) aller anderen Aktivitäten und der just-in-time-Produktion, wurde durch diese Managementkonzepte die Produktivität der Betriebe dramatisch gesteigert. Damit stieg auch der Arbeitsdruck und Stress derer, die ihre Beschäftigungsverhältnisse behalten haben.
Aber für die Gewerkschaften gilt es, neben diesen brutalen Folgen für die ArbeitnehmerInnen auch neue Kampfmöglichkeiten zu entdecken. Just-in-time-Production bedeutet den Abbau von Lagerbeständen, die als unnötige, ineffiziente Kostenfaktoren gelten. Dies macht die Unternehmen bei Arbeitsniederlegungen verwundbarer. Verluste durch Lieferengpässe können nicht immer so ohne Weiteres durchtaucht werden, sondern stellen sich sehr bald ein. Daher sind selbst eng begrenzte Warnstreiks wegen der engen logistischen Vernetzung einzelner Produktionsstandorte und –abläufe von den Arbeitgebern gefürchtet. Das just-in-time-Prinzip gilt sowohl inner- wie überbetrieblich und macht Streiks weiterhin wirksam.

Die Standortlogik oder: Zum Verzichten braucht man keine Gewerkschaft

Tony Blair definiert die Rolle der Gewerkschaften damit, „in Partnerschaft mit den Arbeitgebern und der Wirtschaft den Kreuzzug für die Wettbewerbsfähigkeit zu gewinnen." Wie soll das aussehen? Die Unternehmer legen vor, um wieviel ihnen die Löhne und der Personalstand zu hoch sind und die Gewerkschaften machen eine Ausschreibung, in der festgestellt wird, wie hoch die Bereitschaft zu Lohnverzicht seitens der einzelnen MitarbeiterInnen ist und entscheiden dann ganz „transparent", wer sich künftig noch zur Belegschaft zählen darf.
Ich meine, dass das kein zukunftsfähiges und verallgemeinerbares Konzept darstellt. Denn wenn die Gewerkschaften ihre zukünftige Rolle darauf beschränken, gemeinsam mit den jeweiligen Unternehmern eine Partnerschaft zur Standortsicherung zu bilden, hat das Kapital ein leichtes Spiel. Denn dann heben die Gewerkschaften zwar

die Ellbogenmentalität innerhalb ihrer Mitglieder auf, praktizieren aber die Konkurrenz unter den ArbeitnehmerInnen auf dem Weltmarkt bzw. zwischen verschiedenen konkurrierenden Standorten, zB beim Buhlen um arbeitsplatzschaffende bzw. -sichernde Investitionen. Der gewerkschaftliche Gestaltungsspielraum reduziert sich, wenn die Gewerkschaft dieser Standortlogik folgt, auf das Mitgestalten der Verbesserung der Wettbewerbssituation der Unternehmer, also auf die Sicherung der Gewinne.

Ein solcherart praktizierter Nationalismus bindet die Lage der Beschäftigten an die Sicherung einheimischer Unternehmerprofite auf dem Weltmarkt. Die einzige Chance darin zu sehen, in diesem Konkurrenzkrieg mitzukämpfen, heißt andere Lohnabhängige auf die Verliererseite zu bringen. Wir sehen konkret immer wieder, wie zB Konzernleitungen, leider auch erfolgreich, versuchen, die Belegschaften verschiedener Standorte gegeneinander auszuspielen bzw. zu erpressen. So wird gedroht, falls die Kosten nicht um einen bestimmten Prozentsatz gesenkt werden, wird die Produktion ins Ausland verlagert. Oder die Belegschaften werden in einen permanenten Alarmzustand versetzt, wie beim Multi Conti, der immer wieder meint, eines seiner europäischen Werke schließen zu müssen und die Entscheidung vom Beitrag der jeweiligen Belegschaften zur Standortverbesserung, das heißt Kostensenkung, abhängig zu machen. Solche konzerninterne Konkurrenzsituationen werden von den Konzernzentralen immer wieder als strategische Werkzeuge eingesetzt. Deswegen hat die GPA im Leitantrag des 14. Gewerkschaftstages 1998 festgehalten:

> *„Gewerkschaften dürfen sich nicht vom ‚Nationalen Bazillus' anstecken lassen, um bei Standortentscheidungen unter Verleugnung internationaler Solidarität kurzfristige Vorteile zu erheischen. (...) Grenzüberschreitende Absprachen und Vorgangsweisen sind notwendig und für die betroffenen ArbeitnehmerInnen langfristig wesentlich günstiger."*

Wenn es nicht gelingt, diese Logik durch eine verstärkte Kooperation der Belegschaften und Gewerkschaften zu bekämpfen, sieht es für die Gewerkschaften in einem globalisierten Kapitalismus schlecht aus.

Daher ist eine internationale Kooperation der Gewerkschaften eine Überlebensfrage geworden. Nur sie kann es ermöglichen, dass die Gewerkschaften unter den Bedingungen internationaler Produktion überhaupt imstande sein können, ihre ureigensten Aufgaben wahrzunehmen. Dafür müssen wir aber auch die materiellen Grundlagen zur Verfügung stellen. Ich meine damit zB eine Aufstockung der personellen und finanziellen Ressourcen des Europäischen Gewerkschaftsbundes. Es bedarf darüber hinaus aber vor allem einer *Vernetzung* der Aktionen, damit sich die europäischen Gewerkschaften als ein zentraler politischer Akteur wahrnehmen und nicht nur als Summe der nationalen Gewerkschaftsverbände.

Transparente politische Präsentation

Die Durchsetzung gewerkschaftlicher Politik wird sich künftig auch in Österreich einem anderen politischen Umfeld anpassen müssen. Zum einen gibt es heute weniger Gewerkschafter im Parlament, zum anderen sind die sozialpartnerschaftlich orientierten Parteien aus den letzten Wahlen nicht gestärkt hervorgegangen. Die Durchsetzung der Interessen wird daher unmittelbarer zu erfolgen haben.

Zur effektiven Durchsetzung unserer Forderungen und zur Erhöhung der Wahrnehmung der Gewerkschaften müssen wir unsere Kampagnenfähigkeit verbessern. Dabei gilt es auch, Themen offensiv zu lancieren. Vielfach befinden sich die Gewerkschaften in einer defensiven Situation, in die sie nicht zuletzt durch die fatale „Standortlogik" gedrängt wurden. Diese stellt den Grundsatz jeglicher gewerkschaftlicher Tätigkeit, nämlich die Konkurrenz unter den ArbeitnehmerInnen durch den solidarischen Zusammenschluss aufzuheben, in Frage.

Wir können uns dieser Situation dann stellen und gesellschaftliche Hegemonie wieder erreichen, wenn wir um Themen, die die Menschen betreffen, mit denen sie sich identifizieren, gezielt und offensiv Kampagnen organisieren. So war Anfang der Neunzigerjahre der Schwerpunkt, einen Mindestlohn von ATS 10.000,- (726,73 €) einzuführen, ein Anliegen, das auf breite gesellschaftliche Akzeptanz gestoßen ist. Auch die "Aktion Fairness" sehe ich in diesem Zusammenhang.

Gewerkschaften sollen in der Wahrnehmung der Menschen nicht nur diejenigen sein, die die Kollektivverträge verhandeln, sondern sie sollen darüber hinausgehend mit Kampagnen als die Anwälte der sozial Schwachen auftreten. Es bieten sich genügend Themen an, die dafür in Frage kommen: Die Frage der Sonntagsarbeit, das Auseinanderentwickeln der Einkommen der Frauen und der Männer oder anlassbezogen Mobilisierungen gegen allfällige Sparpakete zukünftiger Regierungen.

Die Gewerkschaften können dadurch erreichen, dass sich die Lohnabhängigen mit diesen Anliegen und auch verstärkt mit ihrer Interessenvertretung identifizieren. Dem langfristigen Trend des Rückganges der Mitgliedschaft ist offensiv entgegenzutreten. Organisationen, die mit möglichst konkreten und unterstützenswerten Zielen verbunden werden, fällt es leichter, zu wachsen.

Literatur

AK & ÖGB Steiermark, Betriebsräte im Automobilcluster. Zusammenfassung der Betriebsrätetagung vom 28. 11. 1998.

AMS, Die Dynamik der Erwerbstätigkeit 1997. Analysen zu den Erwerbskarrieren am österreichischen Arbeitsmarkt, Wien 1998.

Böhm Renate, Buchinger Birgit, Gödl Doris, Gschwandtner Ulrike, Callcenters in Salzburg. Telefonieren bis die Ohren glühen, hrsg. von der AK Salzburg, Salzburg 1999.

GPA, Konzepte zur Zukunft der Arbeit, Leitantrag des 14. Gewerkschaftstages, Wien 1998.

Löffler Roland, Wagner Michael, Trennlinien. Neue sozialpolitische Konturen des Arbeitslosigkeitsrisikos in Österreich. In: Die Gesellschaft und ihre soziale Verpflichtung für das 21. Jahrhundert, Wien 1995.

ÖGB, Bericht über die Mitgliedsentwicklung 1998.

Röttger Bernd, Neoliberale Globalisierung und eurokapitalistische Regulation. Die politische Konstitution des Marktes, Münster 1997.

Tálos Emmerich, Atypische Beschäftigung. Internationale Trends und sozialstaatliche Regelungen, Wien 1999.

Wall-Strasser Sepp, Die offene Organisation - Ideen zu einer Beteiligungsreform des ÖGB und der Gewerkschaften, in Greif et. al. „Denn sie wissen nicht, was wir tun", Wien 1997.

Walther Herbert, Schafft Arbeitszeit-Flexibilisierung Arbeitsplätze?, GPA-Symposion: Gute Zeiten, Schlechte Zeiten, Wien 1997.

Die Zukunft der Sozialpolitik aus Sicht der Arbeiterkammer

Herbert Tumpel

Wohlstand, sozialer Friede, Wirtschaftswachstum, starkes Umweltbewusstsein – die Menschen, die in Österreich leben, hätten eigentlich viele Gründe, mit dem Staat, in dem sie leben, zufrieden zu sein. Wir haben in Österreich ein Niveau an wirtschaftlichem und sozialem Wohlstand erreicht, das in Jahrzehnten harter Arbeit aufgebaut, kontinuierlich verbessert und weiterentwickelt wurde. Das System der Sozialpartnerschaft ist seit Jahrzehnten ein Garant für diesen sozialen Frieden und wirtschaftlichen Wohlstand. Es ist eine wichtige Aufgabe, diesen Frieden und Wohlstand, an dem breite Schichten der ArbeitnehmerInnen teilhaben, auch in Zukunft zu erhalten und weiter zu erhöhen.

Es geht aber nicht nur um das Bewahren, um die Verteidigung und Absicherung mühsam erworbener Rechte und Vorteile, sondern um die Gestaltung einer Zukunft, die möglichst allen Menschen in Österreich den jeweiligen individuellen Bedürfnissen gemäß gleiche Chancen und Entwicklungsmöglichkeiten bietet. Die Träger der Sozialpartnerschaft, ÖGB und Arbeiterkammer auf der einen, Wirtschafts-, Landwirtschaftskammer auf der anderen Seite, sind daher aufgerufen, ihr Zusammenwirken untereinander und ihr Handeln nach außen hin von der Sozial- zu einer *Zukunftspartnerschaft* weiterzuentwickeln. Dies umso mehr, als es in den Neunzigerjahren immer schicker und modischer geworden ist, die Sozialpartnerschaft als „verstaubt" und „veraltet", ihre Trägerinstitutionen als „Bremser" und „Verhinderer" darzustellen.

Aber was ist denn nun wirklich „fortschrittlicher" und „moderner"? Das Schaffen einer großen Zahl von (Modernisierungs)Verlierern, die es bei der Umsetzung neoliberalistischer Konzepte immer gibt, oder das Schaffen möglichst vieler Gewinner? Die Arbeitnehmerinteressenvertretungen AK und ÖGB wollen eindeutig das letztere, nämlich „Gewinner", insbesondere in Gestalt der Arbeitnehmerschaft. Gerade in Zeiten des wirtschaftlichen und gesellschaftlichen Umbruchs brauchen wir eine Wirtschafts- und Gesellschaftsordnung, die sich an Solidarität, Partnerschaft und Chancengleichheit, an Massenkaufkraft und damit auch an sozialer und wirtschaftlicher Stabilität orientiert.

Deshalb bekennen sich die Arbeiterkammern auch in Zukunft völlig uneingeschränkt zum „Österreichischen Weg" der Konfliktlösung, zum System einer aktiven Sozialpartnerschaft im Interesse der ArbeitnehmerInnen! Die Arbeiterkammern stehen auch in Zukunft für eine Wirtschaftspolitik, die das Ziel eines nachhaltigen und qualitativen Wirtschaftswachstums einschließlich dem Ziel der Vollbeschäftigung verfolgt.

Nachhaltiges und qualitatives Wirtschaftswachstum ist Voraussetzung für breiten Wohlstand und dafür, den sozial- und wirtschaftspolitischen Herausforderungen des beginnenden 21. Jahrhunderts erfolgreich zu begegnen: Der demographischen Alterung der österreichischen Gesellschaft, dem Entstehen eines gesamteuropäischen, einheitlichen Wirtschafts- und Währungsraumes mit steigendem Wettbewerbsdruck auch

auf das System der sozialen Sicherheit, der zunehmenden Globalisierung der Wirtschaft mit den daraus resultierenden steigenden Flexibilitätsanforderungen.
Weitere Gründe, warum eine Politik des Wirtschaftswachstums auch in Zukunft ein zentraler Aspekt der Interessenpolitik von Arbeiterkammern und Gewerkschaften bleiben muss, liegen auf der Hand:

- Stärkeres Wirtschaftswachstum hilft bei der Verbesserung der Beschäftigungssituation.
- Es sichert die soziale Absicherung insbesondere in der Pensionsversicherung.
- Es erleichtert die Bereitstellung von Ressourcen für ein umweltgerechtes Wirtschaften.
- Eine Verkürzung der Arbeitszeit ist ohne Senkung des Realeinkommens nur möglich, wenn die Produktivität steigt und die Wirtschaft wächst.
- Letztlich sind – als Umkehrschluss – bei einem stagnierenden oder rückläufigen Wirtschaftswachstum nicht nur die negativen wirtschaftlichen Konsequenzen zu beachten, sondern auch die Gefahr einer möglichen politischen Destabilisierungswirkung.

Für die Arbeitnehmervertretungen ist jedenfalls klar: Der erzielte Zuwachs muss über die Einkommen auch gerecht verteilt werden.
Neben wirtschaftlicher Wachstumspolitik bedarf es insbesondere einer *aktiven Sozialpolitik*. Sie ist ein positiv wirkender Wettbewerbsfaktor für die österreichische Wirtschaft. Die soziale Absicherung zentraler Lebensrisken und die Vermeidung gesellschaftlicher Polarisierung sind Voraussetzungen für eine stabile gesellschaftliche Entwicklung unter dynamischen Veränderungen der wirtschaftlichen Rahmenbedingungen. Soziale Stabilität und sozialer Friede wiederum sind wichtige Voraussetzungen für wirtschaftlichen Erfolg.
Die Sozialpolitik wird auch im 21. Jahrhundert im Wesentlichen die gleichen Aufgaben zu erfüllen haben wie heute: Es geht um die bestmögliche Absicherung gegen zentrale Risken wie Krankheit, Unfall, Erwerbslosigkeit aus welchen Gründen auch immer (zB Arbeitslosigkeit oder Altersgründe), es geht um die Vermeidung von Armut, um gesellschaftlichen Zusammenhalt und Solidarität zwischen den Alters- und Einkommensgruppen sowie zwischen den Geschlechtern.
Wenn auch im Kern die Aufgabenstellungen für die Sozialpolitik unverändert bleiben, so verändern sich doch die Anforderungen an unser sozialpolitisches Handeln.
Die Sozialpolitik steht dabei vor zwei grundlegenden Anforderungen:
Zum Einen gilt es, der sich wandelnden Risken- und Bedürfnislage der Menschen zu entsprechen.

- Die demographische Entwicklung beispielsweise führt zum Entstehen des so genannten „vierten Lebensalters", das heißt, es gibt immer mehr Menschen, die ein sehr hohes Alter erreichen. Ein hohes Alter stellt in der Regel hohe Anforderungen an die Leistungen unseres Gesundheitssystems.

- Gleichzeitig steigen auch die zeitlichen Anforderungen an die Aus- und Weiterbildung der Menschen. Ich denke dabei an das „lebensbegleitende Lernen", mit dem auch die Frage der Kosten der laufenden Anpassung der Qualifikation an den technischen Fortschritt verbunden ist. Ich denke aber auch an „Informationsgesellschaft", mit der die Frage der umfassenden Teilhabe aller gesellschaftlichen Gruppen an den Möglichkeiten und Chancen moderner Informations- und Kommunikationstechnologie verbunden ist.

Grundlegende Anforderungen an die Sozialpolitik

- Eine weitere zentrale Herausforderung resultiert aus der Veränderung der traditionellen Rollen von Frauen und Männern im gesellschaftlichen Reproduktionsprozess. Bereits heute sind rund ein Fünftel aller Familien „Ein-Eltern-Kind"-Familien, davon über 90 % Mutter-Kind-Familien, mit steigender Tendenz.
- Die Arbeitsmärkte in „Euroland" werden immer flexibler. Damit verbunden sind zunehmend von Wechseln und Übertritten geprägte Berufsverläufe, das derzeit nach wie vor gängigste Normalarbeitsverhältnis mit langdauernder Beschäftigung in ein- und demselben Betrieb verliert zusehends an praktischer Bedeutung. In Österreich beispielsweise werden am Arbeitsmarkt jährlich rund 1,7 Millionen Arbeitsverhältnisse „umgesetzt", rund 750.000 ArbeitnehmerInnen (das entspricht ca. einem Viertel aller Erwerbstätigen in Österreich) werden pro Jahr zumindest einmal arbeitslos. Zudem steigt die Zahl der ArbeitnehmerInnen in Teilzeitarbeitsverhältnissen jährlich um rund 5 % an.
- Trotz der Tatsache, dass Österreich zu den 15 reichsten Staaten der Welt gehört, muss rund eine Million Menschen in unserem Land mit einem Einkommen leben, das weniger als die Hälfte des Durchschnittseinkommens beträgt. Vor allem Mehrgenerationen-Familien, AlleinerzieherInnen-Haushalte und kinderreiche Familien sind akut armutsgefährdet, das heißt, sie leiden unter schlechten, gefährdeten Wohnbedingungen, haben nur sehr eingeschränkte Möglichkeiten, Konsumgüter zu erwerben oder Geld für Freizeit- und Kulturaktivitäten auszugeben. Besonders alarmierend ist dabei, dass Einkommen aus Arbeit nicht immer vor Armut schützt, im Gegenteil: 48 % der als „arm" eingestuften Haushalte haben einen unselbständig erwerbstätigen Haushaltsvorstand, 9 % einen selbständig Erwerbstätigen.
- Parallel zur Globalisierung der Wirtschaft geht es auch um eine Internationalisierung der Sozialpolitik. Wir müssen grundlegenden ArbeitnehmerInnenrechten künftig viel stärker als in der Vergangenheit zum Durchbruch verhelfen.

Zum Anderen geht mit diesen sich wandelnden und ständig steigenden Anforderungen an die moderne Sozialpolitik eine drohende Erosion der Finanzierungsbasis für sozialpolitische Interventionen einher; der Anteil jener Personen an der Gesamtbevölkerung, die aufgrund ihrer Erwerbstätigkeit volle Sozialbeiträge leisten, wird tendenziell immer geringer:

- In Österreich beispielsweise steigt die Zahl der geringfügigen Beschäftigungsverhältnisse Jahr für Jahr weiter an. Derzeit halten wir bei über 180.000. Jährlich werden rund 750.000 Personen arbeitslos und können nicht im vollen Umfang ihren Beitrag zur sozialen Sicherheit leisten. Die Dauer der Erstausbildung wird länger, immer mehr Personen nehmen die Möglichkeit zu einer längeren schulischen Ausbildung in Anspruch. Der Ausstieg aus dem Erwerbsleben erfolgt in Österreich mit rund 57 Jahren, wobei immer mehr ältere ArbeitnehmerInnen vor dem Pensionsantritt in die Arbeitslosigkeit gedrängt werden (die Altersarbeitslosigkeit stieg allein von 1997 auf 1998 um 12 %).
- Aus der oben angesprochenen zunehmenden Flexibilisierung der Arbeitsmärkte resultiert eine weitere Gefahr für die Finanzierungsbasis sozialer Leistungen. Berufliche Laufbahnen sind zusehends durch wechselnde Ausmaße der Arbeitszeit, durch häufige Unterbrechungen infolge Arbeitslosigkeit und/oder Ausbildungszeiten sowie durch den Wechsel zwischen unselbständiger, scheinselbständiger und selbständiger Erwerbstätigkeit gekennzeichnet und gefährden damit die Finanzierung sozialer Leistungen.
- Während die Einkommen aus Besitz und Vermögen ständig ansteigen, setzt die Finanzierung sozialer Leistungen hingegen immer noch am Faktor „menschliche Arbeit" an.

Ergänzen, nicht ersetzen

Die künftige inhaltliche Entwicklung der Sozialpolitik sollte aus Sicht der Arbeiterkammern nach dem Motto: „Ergänzen, nicht ersetzen" erfolgen.
Am Beispiel der Altersversorgung kann das nur heißen: Beibehaltung des derzeitigen Systems des Umlageverfahrens; seine Stärke ist nämlich eine erstaunliche Fähigkeit zur Finanzierung von Altersversorgungsleistungen angesichts der demographischen Veränderungen (1980 waren 1,44 Millionen Menschen in Österreich über 60 Jahre alt, 1998 bereits mehr als 1,6 Millionen); und insbesondere die Wahrung des Solidaritätsprinzips. Dieses kann durch betriebliche oder individuell gestaltete Formen der Absicherung für das Alter (zB Pensionskassen, Lebensversicherungen etc.) ergänzt werden. Das muss allerdings behutsam erfolgen und darf die Entwicklung und insbesondere die Finanzierung des Umlageverfahrens nicht gefährden.
Zentrale Felder, in denen der soziale Wohlfahrtsstaat Österreich weiter verbessert werden sollte, sind

- der qualitative und quantitative Ausbau von Kinderbetreuungseinrichtungen für berufstätige Eltern. Beruf und Familie müssen besser vereinbar sein. Eltern wollen Zeit für ihre Familie; sie wollen aber auch am öffentlichen Leben teilhaben. Zudem setzt der Ausbau von Kinderbetreuungseinrichtungen auch nachweislich beschäftigungswirksame Impulse,
- die sozialen Dienstleistungen für kranke, pflegebedürftige und alte Menschen sowie

- ausreichende berufliche Qualifizierungsmöglichkeiten während des Erwerbslebens.

Das Motto „Ergänzen, nicht ersetzen" gilt aber auch dafür, dass sich die Sozialpolitik von einer stark am Fürsorgeprinzip zu einer stärker am Prinzip des Chancen-Gebens orientierten Sozialpolitik weiterentwickelt. Die „Hilfe zur Selbsthilfe" muss derart umgesetzt werden, dass sie zur Verbesserung der sozialen Lage in Österreich und nicht zur Demontage des Sozialstaates führt.

Am Beispiel der Arbeitsmarktpolitik bedeutet das zunächst die Notwendigkeit, die aktiven arbeitsmarktpolitischen Maßnahmen weiter zu verstärken: Arbeitslosen Menschen muss rasch die Möglichkeit zur Verbesserung ihrer beruflichen Qualifikation gegeben werden, wenn kein Arbeitsplatz für sie verfügbar ist. Die „Aktivierung passiver Leistungen" darf allerdings nicht dazu führen, dass die Sicherung der Existenz bei Arbeitslosigkeit noch weiter abgebaut wird, als das in Österreich beispielsweise schon durch die Verschärfung der Zumutbarkeitsbestimmungen oder durch die Tatsache, dass die Nettoersatzrate von Arbeitslosengeld zu vorherigem Einkommen mit rund 54 % eine der schlechtesten innerhalb der gesamten Europäischen Union ist, geschehen ist.

Eine weitere zukünftige Herausforderung sehen die Arbeiterkammern darin, dass bei der inhaltlichen Ergänzung des Sozialstaates, aber auch bei der Gestaltung der Finanzierung von Sozialleistungen eine stärkere Besinnung auf die *Verteilungswirkungen* notwendig ist.

Die Sozialleistungen so zu gestalten, dass alle von ihnen profitieren können, wie das beispielsweise beim Karenzgeld von bestimmten politischen Kräften gefordert wird, das wäre in verteilungspolitischer Hinsicht ein Fehler.

Die Befunde des Wirtschaftsforschungsinstitutes über die Verteilungswirkungen des österreichischen Sozialstaates aus dem Jahr 1996 stimmen ohnedies bedenklich: So erhält zB das untere Einkommensdrittel der österreichischen Bevölkerung einen Betrag von ATS 2.541,- (184,66 €) pro Kopf und Monat an staatlichen Transferleistungen (erfasste Transfers: Arbeitslosengeld, Notstandshilfe, Karenzurlaubsgeld, familienpolitische Leistungen, Bildungskonsum, Gesundheitsleistungen), das mittlere Drittel ATS 3.029,- (220,13 €) und das obere Drittel ATS 2.882,- (209,44 €).

Das Durchschnittseinkommen des unteren Einkommensdrittels von ATS 20.500,- (1.489,79 €) brutto ist mit ATS 7.514,- (546,06 €) an Abgaben belastet (36,6 %), das des mittleren Drittels von ATS 35.900,- (2.608,95 €) mit ATS 13.555,- (985,08 €) (37,7 %) und jenes des oberen Drittels von ATS 64.200,- (4.665,60 €) mit ATS 24.225,- (1.760,50 €) (37,7 %). Diese Zahlen verdeutlichen, dass die Verteilungswirkung unseres Sozialstaates aus dem Lot geraten ist.

Bei der Finanzierung der sozialen Leistungen müssen deshalb in Zukunft neue Wege beschritten werden. Dabei ist neben der Ergiebigkeit und der Nachhaltigkeit der Finanzierung insbesondere die gerechte Verteilung der Finanzierungslasten zu beachten. Die einseitige Forderung Alfred Dallingers, die Wertschöpfung des Produktionsfaktors „Kapital" in die Finanzierung des Sozialstaates einzubeziehen, hat für die Interessenvertretungen der ArbeitnehmerInnen unveränderte Aktualität.

Es wird aber auch darum gehen, die über Jahrzehnte hinweg angesammelten, höchst ungleich verteilten Vermögenswerte für die Finanzierung sozialer Leistungen zu nutzen. Die Arbeitnehmerinteressenvertretungen vertreten in diesem Zusammenhang vor allem die Forderung nach Erhöhung der Erbschaftssteuer vehement. Schließlich kann auch eine erhöhte Abgabenbelastung des Ressourcenverbrauches (Energiesteuer) zur Absicherung der Finanzierung der Sozialpolitik in Österreich beitragen.

Der Prozess der Gestaltung der österreichischen Sozialpolitik muss sich entlang der ökonomischen und politischen Integration Österreichs in Europa verändern, denn mit dem Beitritt zur Europäischen Union hat sich auch der Rahmen für sozialpolitische Intervention verändert. Mit anderen Worten heißt das: Wer österreichische Sozialpolitik machen will, der muss auch europäische Sozialpolitik machen. Wer europäische Sozialpolitik macht, macht gleichzeitig auch österreichische.

Am stärksten sichtbar wird diese Verflechtung zurzeit in der Arbeitsmarktpolitik. Die Koordinierung der Arbeitsmarktpolitiken der EU-Mitgliedsstaaten durch europaweite arbeitsmarktpolitische Leitlinien beeinflusst die arbeitsmarktpolitischen Interventionen in Österreich maßgeblich – der Nationale Aktionsplan für Beschäftigung ist das beste Beispiel und zugleich Symbol dafür.

Neben der europäischen Ebene, auf der der Umgang mit und die Bedeutung der sozialen Grundrechte intensiviert werden sollte, wird sich der sozialpolitische Gestaltungsprozess auch auf nationaler Ebene weiter öffnen müssen. Neben den traditionellen Akteuren wie zB den Sozialpartnerinstitutionen werden zunehmend Nicht-Regierungs-Organisationen wie zB Fraueninitiativen, Behindertenverbände etc. in die sozialpolitische Diskussion zu integrieren sein. Wie weit und wie erfolgreich eine solche Ausweitung der sozialpolitischen Diskussion gehen bzw. sein wird, wird maßgeblich von der Fähigkeit und Bereitschaft dieser Akteure abhängen, die von ihnen vertretenen Teilinteressen in eine am Allgemeinwohl orientierte Politikgestaltung einzubringen.

Die Sozialpolitik der Zukunft wird dann scheitern, wenn sie sich an öffentlich und politisch durchsetzungskräftigen Lobbys einzelner Gruppen von Betroffenen orientieren muss, ohne einer zufrieden stellenden Entwicklung für alle Menschen in Österreich die entsprechende Aufmerksamkeit zu widmen. Aber sie wird dann erfolgreich sein, wenn es ihr gelingt, berechtigte Interessen und Forderungen einzelner Bevölkerungsgruppen in eine gesamtorientierte, kontinuierliche Politikgestaltung einzubringen.

Eines steht für die Arbeiterkammer jedenfalls fest: Eine Sozialpolitik, die die Zukunft erfolgreich bewältigen soll, braucht eine in sich und nach außen hin gefestigte Sozialpartnerschaft mit starken Sozialpartnern. Dies umso mehr, als die Herausforderungen, die in sozialer und wirtschaftlicher Hinsicht vor uns liegen, enorm sind, wie eben die zunehmende Flexibilisierung des Arbeitslebens, die ökologische Frage oder die Gestaltung des „neuen, gemeinsamen Europa" einschließlich der Frage der EU-Osterweiterung. Gerade dieser letzte Punkt, die Erweiterung der Europäischen Union, ist für den österreichischen Arbeitsmarkt wie auch für unser gesamtes Sozialgefüge von größter Bedeutung; geht es doch dabei um den Schutz des österreichischen Arbeits-

markts vor einer unkontrollierten Zuwanderung von Arbeitskräften aus den Beitrittswerberländern; geht es darum, dass die Mittel- und Osteuropäischen Länder (MOEL) unsere sozialen, arbeitsrechtlichen, gewerkschaftlichen und Umweltstandards erreichen, bevor sie Aufnahme in die Europäische Union finden können.
Besonderes Augenmerk müssen die Arbeiterkammern und Gewerkschaften darauf legen, dass die Chancengleichheit endlich aktiv gelebt wird. Es geht um faire und gleiche Chancen für Frauen und Männer, um die bessere Vereinbarkeit von Beruf und Familie, um gleiche Rechte für Arbeiter und Angestellte, um eine Modernisierung des Abfertigungsrechtes und um die Eindämmung der organisierten illegalen Beschäftigung, die unserem Sozialsystem Jahr für Jahr enormen finanziellen Schaden zufügt. Die sozialen Rechte der ArbeitnehmerInnen müssen aktiv durchgesetzt werden. Die Arbeitnehmervertretungen kämpfen daher für mehr betriebliche Mitbestimmung, und zwar für die BetriebsrätInnen, für die PersonalvertreterInnen, für die ArbeitnehmerInnen.
Es geht aber auch darum, dass einerseits ältere ArbeitnehmerInnen – und dazu zählen mittlerweile schon Menschen über 45 Jahre – unabhängig von ihrer Leistungsfähigkeit aus dem Erwerbsleben gedrängt werden, nur weil die Unternehmer dem Vorurteil unterliegen, dass ältere Arbeitskräfte dem Betrieb teurer kommen als jüngere. Gerade in dieser Frage müssen wir einen Bewusstseinswandel herbeiführen, der mit solchen haltlosen Vorurteilen aufräumt! Andererseits haben es junge Menschen immer schwerer, eine Lehrausbildung zu bekommen. Die Unternehmen der Wirtschaft geben ihnen damit nicht einmal die Chance, ins Berufsleben einzusteigen. Gerade diese jungen Menschen sind aber unsere Zukunft, die Zukunft unseres Wirtschaftsstandortes Österreich und unserer Arbeitswelt; gerade sie müssen dem Generationenvertrag folgend unsere künftigen Pensionen absichern.

Zusammenfassend

Die Sozialpolitik der Zukunft wird von den kommenden Generationen daran gemessen werden, wie gut es ihr gelingt, die sozial Schwachen, vor allem die Lohnabhängigen, zu schützen und mehr Chancengleichheit herbeizuführen. Sie sollte von Solidarität geprägt sein, das Verantwortungsbewusstsein in der Gesellschaft stärken und neoliberalen Tendenzen entschlossen entgegentreten.
Durch die Verringerung bzw. Lösung der Probleme in unserer Arbeitswelt und die verstärkte Absicherung gegen soziale Risken sollte sie den Spielraum der individuellen Freiheit erweitern, die Gefährdung durch Armut eindämmen und die Einkommen vergrößern. Sie muss in der Frage unserer ausländischen Mitmenschen die Familienzusammenführung bzw. die Integration der bereits bei uns ansässigen Wohn- und Arbeitsbevölkerung voranstellen.
Sozialpolitik muss für Sicherheit in der Gesellschaft stehen: Für soziale, politische und wirtschaftliche Sicherheit.

- Für soziale Sicherheit durch die Absicherung gegenüber sozialen Risken wie Krankheit, Unfall, Invalidität, Arbeitslosigkeit, Alter und Verarmung.

- Für politische Sicherheit, indem sie durch den Abbau sozialer Spannungen zum sozialen Frieden führt.
- Für wirtschaftliche Sicherheit, indem sie Kaufkraft und Nachfrage stärkt.

Die Arbeiterkammern in Österreich stehen auch in Zukunft für die Unterstützung einer Sozialpolitik, die sich an den oben genannten Grundsätzen orientiert.

Dienstgebervertretung in der Sozialversicherung: "Hemmschuh" oder sinnvolle Einbindung?

Franz Schrank

Vorbemerkungen zur Einbindung der Dienstgeber in die Selbstverwaltung

Ein traditionelles, wenn auch in den letzten Jahren teils politisch in Frage gestelltes Wesensmerkmal der österreichischen Sozialversicherung besteht darin, dass der Staat die gesamte Pflichtversicherung einschließlich zugehöriger freiwilliger Versicherungen in der Kranken-, Unfall- und Pensionsversicherung nicht selbst administriert, sondern die Durchführung gesetzlich errichteten Sozialversicherungsträgern in Selbstverwaltung übertragen hat und sich in diesem Bereich auf die bloße Aufsicht beschränkt. Dieser sozialen Selbstverwaltung liegt der Gedanke zugrunde, dass die von der Sozialversicherung Betroffenen die Durchführung der Sozialversicherung im Rahmen der gesetzlichen Regelungen, also des Gesetzesvollzuges, im Wege öffentlich-rechtlicher Körperschaften, deren Organe aus ehrenamtlichen Versicherungsvertretern bestehen, selbst in die Hand nehmen. Für die Dienstnehmer-Sozialversicherung geht das Gesetz davon aus, dass auch die Dienstgeber als jene, die die Sozialversicherung überwiegend gemeinsam mit den Dienstnehmern und teils auch alleine finanzieren, von ihr auf eine Weise betroffen sind, welche die Entsendung und Mitwirkung auch von Dienstgeberversicherungsvertretern sachlich notwendig macht oder zumindest rechtfertigt.

Mit Ausnahme der paritätisch beschickten Unfallversicherung sind die Dienstgeber freilich in den geschäftsführenden und satzungsgebenden Organen in einer deutlichen Minderheit, abweichend von ihrer Finanzierungsbeteiligung. Sie stellen in der Krankenversicherung nur ein Fünftel der Versicherungsvertreter, in der Pensionsversicherung nur ein Drittel (§ 426 Abs. 1 ASVG). Ein gewisser Ausgleich erfolgt über die Kontrollversammlungen (§ 426 Abs. 2 ASVG wo in den genannten Trägern die Dienstgeber in der Mehrheit sind). Berücksichtigt man freilich deren begrenzte Befugnisse, wird erkennbar, dass den Dienstgebern keine auch nur annähernd gleichberechtigte Mitgestaltung eingeräumt ist, sondern sie im Wesentlichen auf die teils begleitende, teils erst nachträgliche Kontrolle beschränkt sind.

Insofern kann man sich des Eindrucks einer „halbherzigen" Lösung nicht erwehren. Wenn die Teilnahme an der Finanzierung der Grund für die Integration auch von Dienstgebervertretern in die Dienstnehmer-Sozialversicherung ist, was nicht zuletzt deshalb nahe liegt, weil der Dienstnehmer- und Versichertenkreis ja nicht ident ist und Versicherte, die nicht mehr Dienstnehmer sind, im Umlagesystem nicht gleichwertig in die Selbstverwaltung eingebunden sind (die seit der letzten Reform eingerichteten Beiräte sind kein gleichwertiger Ersatz), müsste die Integration der Dienstgebervertreter rechtlich wesentlich stärker sein als nach geltendem Recht.

Möglicherweise hat diese Disparität ihre Ursache in politischem Misstrauen gegenüber der Arbeitgeberseite, etwa im Sinne der Befürchtung, eine zu starke Dienst-

gebervertretung in der Selbstverwaltung könne sich als Hemmschuh für die Sozialversicherung erweisen, spreche doch manches dafür, dass die Dienstgeber die Sozialversicherung als„ungeliebtes Kind" stiefmütterlich restriktiv behandeln könnten.
Gerade wegen dieses wohl immer noch latenten Misstrauens ist es an der Schwelle in ein neues Jahrtausend angebracht, inne zu halten und sich einmal rational die Interessen anzusehen, welche auch Dienstgeber an der Durchführung der Sozialversicherung haben, hängt es doch letztlich davon ab, ob ihre Einbindung aus Dienstnehmersicht suspekt oder gar gefährlich ist und ob Dienstgebervertreter in der Umsetzung und Entwicklung der Sozialversicherung eher einen Hemmschuh darstellen oder möglicherweise ein sogar beachtlicher „Mitmotor" sind. Die im Folgenden anzustellende Analyse wird zeigen, dass die Dienstgeber so beachtliche Interessen an einer funktionierenden Sozialversicherung haben, dass ihre Einbindung in die Selbstverwaltung „unter dem Strich" nicht nur deutlich positive Effekte zeigt, sondern zugleich ihre Interessenlage auch das System der Selbstverwaltung insgesamt in einem Maße stützt, das der Abschaffung der Selbstverwaltung deutlich entgegensteht und für eine sinnvolle Weiterentwicklung der Selbstverwaltung spricht. Vorausgesetzt, dass die handelnden Personen (Entsender wie Entsandte) im Sinne des Zwecks der Selbstverwaltung agieren und keine gravierenden Fehler machen, wird die soziale Selbstverwaltung auch über die Schwelle ins nächste Jahrtausend ihre Berechtigung haben und die bessere Alternative zur Staatsverwaltung ebenso wie zur gänzlichen Privatisierung darstellen. Versteht man Sozialpolitik nicht nur im engeren Sinne des Schaffens gesetzlicher Regelungen, sondern richtigerweise auch in der adäquaten Sorge für ihre effiziente Umsetzung, werden die Selbstverwaltung als solche ebenso wie die verantwortliche Einbindung der Dienstgeber damit auch zukünftig ihren beachtlichen Stellenwert in der Sozialpolitik haben.

Dienstgebervertretung in der Selbstverwaltung: Interessen, Leistungen, Auswirkungen

1. Interessen der Dienstgeber an der Sozialversicherung, insbesondere an ihrer praktischen Umsetzung

Dienstgeber haben vielfältige und beachtliche Interessen an der Sozialversicherung ihrer Dienstnehmer. Hervorzuheben sind:

a) Beitragsbeschränkung auf das Notwendige

Die Dienstgeber sind in die Beitragsfinanzierung der Dienstnehmer-Sozialversicherung in mehrfacher Hinsicht so stark eingebunden, dass sie ein massiv legitimes Interesse sowohl an den Einbringungsmodalitäten als auch an der Mittelverwendung haben, wirkt sich doch beides direkt oder mittelfristig auf ihre Belastung aus. Die Pflichtbeiträge in der Krankenversicherung bestehen zu 50 % aus entgeltbezogenen Dienstgeberbeiträgen. In der Pensionsversicherung liegen sie seit geraumer Zeit bereits bei 55 % der Gesamtbeiträge. Die Unfallversicherung kennt ausschließlich Dienstgeberbeiträge, wird also hinsichtlich der Dienstnehmer zu 100 % von den Dienstgebern finanziert, obwohl sich das Leistungswesen keineswegs auf typische Dienstgeberrisken beschränkt, sondern zu einem ganz wesentlichen Teil auch Risken abdeckt, für welche eine Arbeitgeberhaftung von vornherein ausscheiden würde, wie zB bei den Wegunfällen im Sinne des § 175 Abs. 2 Z. 1, 2 und 7 bis 10 ASVG.

Bezogen auf die Bruttoentgelte machen die aus Dienstgeberbeiträgen zur Sozialversicherung resultierenden Lohnnebenkosten allein aus der klassischen Sozialversicherung 17,35 % bzw. 17,9 % aus. Sie sind also bereits als solche ein beachtlicher Kostenfaktor, der in einer dem Wettbewerb ausgesetzten und daher auch kostenempfindlichen Wirtschaft selbstverständlich wesentlichen Einfluss auf die Möglichkeiten der Arbeitgeber hat, Entgelte zu bezahlen. Zu beachten ist freilich, dass letztlich auch die von den Entgelten abziehbaren Dienstnehmerbeiträge für die Dienstgeber nicht wirklich neutral sind, beeinflussen doch auch die Dienstnehmerbeiträge die direkt verfügbaren Einkommen der Mitarbeiter. Berücksichtigt man das weit verbreitete Nettodenken der Mitarbeiter, wird deutlich, dass auch Arbeitnehmerbeiträge mit steigender Höhe den Lohndruck auf die Arbeitgeberseite bzw. die einzelnen Arbeitgeber erhöhen.

Die Dienstgeber haben daher unmittelbar und mittelbar ein hohes Interesse daran, alle Beiträge auf das Notwendige zu beschränken. Dass die Ausgaben und damit letztlich der Beitragsbedarf materiell nicht allein durch den Gesetzgeber bestimmt werden, sondern in jedenfalls nicht zu vernachlässigendem Ausmaß auch vom Gesetzesvollzug durch die Sozialversicherungsträger abhängen, liegt auf der Hand. Die Dienstgeber bzw. ihre Interessenvertretungen haben daher auch am Gesetzesvollzug der Sozialversicherung ein beachtliches legitimes Interesse. Dieses beitragsbedingte Interesse darf man freilich nicht mit Kleinlichkeit und unsozialer Restriktion verwechseln. Sachlich geht es in diesem Kontext vielmehr um die Effizienz des Leistungswesens in dem Sinn, dass die gesetzlich gebotenen notwendigen Leistungen den Leistungsberechtigten möglichst ohne „Streuverluste" und dergleichen zukommen und dass möglichst wenig Beitragsmittel für die Beitrags- und Leistungsadministration verwendet werden.

b) Effizienz des Leistungswesens

Diese Überlegungen haben uns bereits mitten in ein anderes wesentliches Interesse der Dienstgeber an einer funktionierenden Sozialversicherung geführt, nämlich an möglichster Ökonomie des Leistungswesens. Die vielfältigen gesetzlich festgelegten Leistungen der verschiedenen Zweige der Sozialversicherung sind in ihrer Umsetzung alles andere als einfach, sei es wegen komplexer Gesetze (insbesondere in der Pensions- und Unfallversicherung), sei es wegen des grundsätzlichen Sachleistungsprinzips, das in der sozialen Krankenversicherung für die Krankenbehandlung sowie für die Rehabilitationsleistungen der Unfall- und Pensionsversicherung gilt und einer Vertragspartnerstruktur mit zahllosen Vertragsverhandlungen bzw. der Schaffung und Aufrechterhaltung eigener Einrichtungen bedarf. Hier sind innerhalb des gesetzlichen Rahmens die Umsetzungs- bzw. Gestaltungsspielräume so beachtlich, dass auch das Leistungswesen in seinen verschiedenen Facetten mehr oder weniger ineffizient und kostspielig oder effizient und sparsam gestaltet und administriert werden kann.

Dass hierbei die Dienstgeber bzw. Dienstgebervertreter an der Vermeidung von Missbräuchen oder auch bloß fahrlässigen Verschwendungen im Leistungswesen allgemein ein hohes Interesse haben, ergibt sich schon aus ihrer starken Einbindung in die Finanzierung. Wer die Leistungen des jeweiligen Versicherungszweiges wirklich braucht, soll sie effizient bekommen. Wer nicht, darf sich nicht auf Kosten aller bedienen können. Schon aus dem Finanzierungsinteresse ergibt sich, dass Dienstgeber darüber hinaus ein hohes Interesse an der Vermeidung unnötigen Verwaltungsaufwandes bei der Leistungserbringung haben, personell ebenso wie sachaufwandsmäßig. Dazu kommt ihr legitimes Interesse, dass ihre Dienstnehmer bei der Leistungsinanspruchnahme bzw. bei den dazu nötigen Schritten möglichst wenig Arbeitszeit verlieren, nicht nur wegen der Kosten der Arbeitszeit, sondern in noch höherem Maße wegen der bei immer knapperen Personalständen immer stärker ins Gewicht fallenden Störungen der Arbeits- und Organisationsabläufe. An dies auch bei der Umsetzung des Leistungswesen zu denken, liegt Dienstgebern und Dienstgebervertretern zumindest typischerweise näher als anderen Akteuren, seien es Dienstnehmervertreter, sei es das hauptberufliche Büro mit seinen Mitarbeitern, sei es der Staat selbst.

c) Servicefreundliche Administration

Dass das vorhin angesprochene Postulat eines effizient funktionierenden Leistungswesens auch in hohem Maße von Verwaltungsabläufen selbst abhängt, wurde bereits in diesem Zusammenhang deutlich, ist jedoch für die Dienstgeber auch im Zusammenhang mit den ihnen direkt auferlegten Dienstgeberpflichten in besonderem Maße gegeben. Da das gesamte Pflichtversicherungs- und Beitragswesen gesetzlich hinsichtlich der Erfassungsinitiative und Beitragsabfuhr einschließlich aller wesentlichen Vorfragen den Dienstgebern auferlegt und damit an diese gewissermaßen ausgelagert ist (insofern leisten sie auch in der Krankenversicherung mehr als 50 % der Finanzierung), haben die Dienstgeber ein berechtigtes Interesse an möglichster Servicefreundlichkeit und Effizienz der Administration des Melde-, Versicherungs- und Beitragswesens. Es ist für sie einfach nicht egal, wann, in welcher Häufigkeit, mit welchen Inhalten und auf welchen Wegen die diversen Meldungen zu erstatten sind. Ebenso wenig kann ihnen, weil es auch hier um Kosten und „Störungen" des eigenen Betriebsablaufs geht, egal sein, wenn von ihnen überflüssige oder umständliche Informationen oder Auskünfte verlangt werden. Der Grundsatz möglichster Servicefreundlichkeit sollte aber, soweit es die Natur von Überprüfungen zulässt, auch auf die Versicherungs- und Beitragsprüfungen bzw. die damit verbundenen Abläufe durchschlagen. Neben dem schon angesprochenen mittelbaren Finanzierungsinteresse an möglichst geringem Verwaltungsaufwand der Sozialversicherungsträger geht es vor allem darum, die Eigenkosten der Dienstgeber möglichst gering zu halten, aber auch darum, nicht durch nicht oder kaum einhaltbare Regelungen Zusatzkosten und Probleme durch Sanktionen zu bekommen, also nicht allzu leicht oder gar unsinnig mit Beitragszuschlägen und Verwaltungsstrafen belastet zu werden.
Servicefreundliche Effizienz können sich die Dienstgeber aber auch bei der Erbringung von Sozialversicherungsleistungen an aktive Versicherte erwarten. Man denke

etwa an das teils auch emotional heikle Krankenstandswesen, das eine Administration erfordert, die Sicherheit ebenso gibt wie sie Missverständnisse (mit all den unnötigen heiklen Folgen) vermeidet, auch die Dauer der Krankenstände sachgerecht im Griff hat, unnötige Wege mit vergeudetem Zeitaufwand vermeidet und dennoch, im Interesse aller, der Versichertengemeinschaft ebenso wie der Dienstgeber, einer effizienten Kontrolle unterliegt. Berücksichtigt man die unterschiedlichen Entgeltfortzahlungsbestimmungen, können Dienstgeber aber auch von der Unfallversicherung rasche und sichere Entscheidungen erwarten, wo für sie selbst nicht klar erkennbar ist, ob ein Krankenstand auf einem Arbeitsunfall oder einer Berufskrankheit beruht. Im Kontext der berechtigten Erwartung einer effizienten servicefreundlichen Administration geht es dienstnehmer- und dienstgeberseitig auch um die Pensionierungen aus Anlass der diversen Versicherungsfälle wegen geminderter Arbeitsfähigkeit. Rasche und dennoch möglichst richtige Entscheidungen der Pensionsversicherungsträger in Sachen Invaliditäts- bzw. Berufsunfähigkeitspensionen oder bei den vorzeitigen Alterspensionen wegen geminderter Arbeitsfähigkeit sind in einer Vielzahl von Fällen auch für die Dienstgeber von Bedeutung, haben doch sie letztlich die Gratwanderung zwischen möglichster Vermeidung unsozialer Kündigungen einerseits und unwirtschaftlichem Personalaufwand andererseits zu bewältigen. Je rascher und sicherer (im Sinne von höherer Richtigkeitsgewähr) die Pensionsversicherungsträger ihre Pensionsentscheidungen treffen, desto leichter lassen sich für die betroffenen Dienstgeber diese divergierenden Interessen unter einen Hut bringen.
Berücksichtigt man, dass all diese Belange im Gesetz verständlicherweise im Wesentlichen nur im Wege eher elastischer Rahmenregelungen festgelegt sind, die sowohl dem generellen als auch dem individuellen Vollzug einen beachtlichen Spielraum lassen, kommt es also in hohem Grad auf die konkrete Gesetzesumsetzung durch die Sozialversicherungsträger an. Daraus wird das hohe Interesse der Dienstgeber an einer effizient-servicefreundlichen Administration in all diesen Belangen ebenso deutlich, wie die Erkenntnis, dass eine Mitsprache und Mitgestaltung im Rahmen der Selbstverwaltung diesem Anliegen eher Rechnung trägt als bloß externe und nachträgliche Kritik.

d) Funktionierendes Gesundheitswesen

Last but not least haben Dienstgeber jedenfalls auch ein eminentes Interesse an einem funktionierenden Gesundheitswesen als solchem, das einerseits durch effiziente Prävention Krankheiten ihrer Mitarbeiter möglichst vermeidet und andererseits bei Krankheiten oder Unfällen die Genesung bzw. Gesundung effizient, das heißt Kosten sparend sowie möglichst rasch und dauerhaft, fördert. Abgesehen von menschlichen Erwägungen (die auch dienstgeberseitig vor allem angesichts der überwiegenden Kleinbetriebsstruktur nicht zu unterschätzen sind) resultiert das diesbezügliche Dienstgeberinteresse selbstverständlich daraus, dass die Dienstgeber von ihren Dienstnehmern Arbeitsleistungen vertraglich erwarten dürfen und die Arbeits- und Organisationsabläufe verständlicherweise möglichst wenig gestört haben wollen. Nicht zuletzt unter arbeitsrechtlichen Aspekten (Stichwort Pflegefreistellung für nahe Angehörige) er-

streckt sich dieses berechtigte Interesse auch auf zumindest die nahen Angehörigen ihrer Dienstnehmer. Ein effizientes Gesundheitswesen führt aber auch zu einem Rückgang der krankheitsbedingten Frühpensionierungen, also zu längerem Erhalten der beruflichen Leistungsfähigkeit. Ausbildungsinvestitionen werden durch die längere Beschäftigungsdauer rentabler, auch der längere Erfahrungsfundus schlägt sich ökonomisch sinnvoll zu Buche.
Berücksichtigt man wiederum, dass das Gesetz selbst gerade in Fragen der medizinischen Behandlung und der Prävention nur sehr allgemeine Vorgaben enthält, die erst durch entsprechend steuernde Leistungskataloge und die konkrete Förderung sinnvoller Präventionsmaßnahmen zum Leben erweckbar sind, wird deutlich, dass die Dienstgeber auch unter dem Aspekt der Notwendigkeit eines effizient funktionierenden Gesundheitswesens Interesse an der Selbstverwaltung der Dienstnehmer-Sozialversicherung haben, da sich dieses Interesse nur im Wege einer entsprechenden Mitgestaltung der Umsetzungsfeinabstimmungen verwirklichen lässt.

2. Leistungen, welche Dienstgebervertreter in die Selbstverwaltung in besonderem Maße einbringen können

Interessen an der Sozialversicherung allein legitimieren zwar demokratisch die Einbindung in die Selbstverwaltung, lassen jedoch für sich allein noch keine abschließende Beurteilung der Sinnhaftigkeit der Einbindung zu, ein Aspekt, der an sich für die gesamte soziale Selbstverwaltung gilt und die entsendenden Institutionen bei der Auswahl der Versicherungsvertreter besonders herausfordert. Daher empfiehlt sich auch ein Blick auf das, was Dienstgeber(vertreter) sachlich in den von der Selbstverwaltung zu steuernden Gesetzesvollzug einbringen können: Als Personen, die Betriebe und den Einsatz von Mitarbeitern in ihrer Eigenschaft als Inhaber oder Manager organisieren und sich dem Wettbewerb sowie sich ständig wechselnden Umfeldbedingungen laufend anpassen müssen, können Dienstgeber bzw. Manager (Bevollmächtigte von Dienstgebern) ohne Zweifel viel an organisatorischem und wirtschaftlichem Sachverstand in die Selbstverwaltung eines Sozialversicherungsträgers einbringen, in seine konkrete Organisation ebenso wie in die von ihm zu erbringenden Umsetzungsaufgaben. Zwar bringen Dienstgeber im Regelfall keine besonderen Detailkenntnisse im Sozialversicherungsrecht und im Gesundheitswesen als solchem mit, doch bedarf es dessen auf der Ebene der Selbstverwaltung wegen des Einsatzes eines professionellen Büros nicht unbedingt. Viel wichtiger erscheinen der „ökonomische Hausverstand", der durch entsprechende Ausbildung und laufende Erfahrung geschärft ist, und der Umstand, dass Dienstgeber gewissermaßen die andere Seite der Sozialversicherungsadministration einbringen, nämlich die oben ausgeführte Seite der von ihr in besonderem Maße Betroffenen, sei es im Melde- und Beitragswesen, sei es in der Ablaufsbetroffenheit bei der Inanspruchnahme von Sozialversicherungsleistungen.
Die potentielle Vielfalt des in die Selbstverwaltung einzubringenden Sachverstandes wird im Übrigen auch dadurch gestärkt, dass nach dem Gesetz nicht nur Dienstgeber als Versicherungsvertreter der Dienstgeberseite entsandt werden können, sondern auch Angestellte beruflicher Interessenvertretungen der Dienstgeber. Dies ermöglicht es

den gesetzlichen Interessenvertretungen, auch spezifischen Sachverstand für die Dienstgebervertretung in der Selbstverwaltung nutzen zu können, etwa besonderen Sachverstand im Bereich des Arbeits- und Sozialversicherungsrechts, ein Aspekt, der auch in der Praxis erkannt und genutzt wird.
Unter Sachverstandsaspekten spricht auch die fehlende „Betriebsblindheit" für die externen und im Wesentlichen nur ehrenamtlich in einem Sozialversicherungsträger tätigen Versicherungsvertreter. Ihre begrenzte Amtsperiode sorgt trotz Wiederbestellungsmöglichkeit in Verbindung mit Veränderungen bei den entsendenden Stellen ebenso wie bei den Versicherungsvertretern selbst im Regelfall dafür, dass die Funktionen in der Selbstverwaltung im praktischen Ergebnis meist erheblich kürzer dauern als hauptberufliche Karrieren in der Sozialversicherung, ein Aspekt, der auch mithilft, die Gesetzesumsetzung und die Organisationsabläufe in Bewegung zu halten.
Gerade bei Dienstgebern darf man auch das Element einer gewissen „Eitelkeit" als Triebfeder nicht übersehen. Gleich wie in den Betrieben, die sie möglichst gut und erfolgreich führen wollen, führt auch die Betreuung mit einer Funktion in der Selbstverwaltung typischerweise dazu, gute Erfahrungen und Wissen auch in die Organisation und Organisationsabläufe des Sozialversicherungsträgers einzubringen, mit der vielleicht nicht immer angenehmen aber positiven Folge, dass Dienstgebervertreter typischerweise eher Motor der Weiterentwicklung sind und sich keinesfalls in der Rolle eines „Bremsers" gefallen, abgesehen von Fällen, in denen „Bremsen" zur Erreichung rationeller und servicefreundlicher Abläufe oder zur Vermeidung ungerechtfertigter oder ineffizienter Ausgaben sachlich nötig ist.

3. Sonstige Auswirkungen der mitverantwortlichen Einbindung

a) Was bewirkt die Mitverantwortung als solche?

Schon bei der Frage, was Dienstgebervertreter in die Selbstverwaltung einbringen können, hat sich gezeigt, dass typischerweise bereits die Einbindung in die Selbstverwaltung als solche positive Effekte hat. Das führt uns ganz allgemein zum Phänomen, dass die Übernahme von Verantwortung typischerweise und damit im Regelfall im jeweiligen Verantwortungsträger die positiven Kräfte mobilisiert. Wer in einem Unternehmen Verantwortung trägt, hat Interesse an seinem guten Funktionieren ebenso wie an seinem positiven Image. Nichts anderes gilt für die Mitverantwortung in den „Unternehmen" der Sozialversicherung. Wer als Versicherungsvertreter in einem Verwaltungskörper Verantwortung oder Mitverantwortung trägt, wird mit der Institution identifiziert und hat daher schon aus purem Eigennutz Interesse an einem guten Funktionieren und Image dieser Institution. Beides führt erfahrungsgemäß selbst bei kritischen Versicherungsvertretern dazu, dass sie sich – ohne ihre Herkunft und Aufgabenstellung zu vergessen – auch persönlich mit der Institution, ihren Aufgaben und ihrem Funktionieren identifizieren, mit der Folge entsprechenden Engagements nach innen und nach außen. All dies ist dem Grunde nach sicher unabhängig vom beruflichen oder interessenmäßigen Hintergrund des einzelnen Versicherungsvertreters ebenso wie von der Frage, ob sich seine Gruppe in einer Mehrheits- oder

Minderheitenposition befindet.
Dass der Grad der Identifikation und die Intensität des Engagements mit der Höhe der Funktion steigt und wohl auch bei einer Mehrheitsposition stärker ausgeprägt ist, liegt auf der Hand, ändert jedoch nichts an den positiven Effekten selbst einer Einbindung in Minderheitenpositionierungen. Die Einbindung von Dienstgebervertretern in die Selbstverwaltung ist schon allein unter dem Einbindungsaspekt für das Gesamtfunktionieren der Selbstverwaltung – auch aus Dienstnehmersicht – sicher besser als ihr Ausschluss. Zugleich ergibt sich daraus aber die Überlegung, darüber nachzudenken, ob es in Hinblick auf die dargestellten intensiven Interessen der Dienstgeber an der Sozialversicherung nicht zweckmäßiger wäre, die rechtlichen Disparitäten in Richtung Stärkung der Mitverantwortung der Dienstgeberseite zu verändern.

b) Auswirkungen auf die Sozialpartnerschaft

Für eine positive Gesamtsicht der Einbindung auch der Dienstgeberseite in die Selbstverwaltung spricht schließlich der Aspekt, dass die soziale Selbstverwaltung eine wesentliche Plattform der überbetrieblichen Sozialpartnerschaft darstellt und die gesetzlichen beruflichen Interessenvertretungen meist auch wichtige Exponenten ihrer Seite in die Selbstverwaltung entsenden. Die Selbstverwaltung ist in ihrer Arbeit gekennzeichnet von gemeinsamem Ringen um effiziente, für beide Seiten tragbare Lösungen, im Vollzugsalltag (zB in Leistungsausschüssen) ebenso wie bei den immer wieder anzupassenden generellen Vollzugsregelungen und Vertragspartnerkonditionen. All dies bietet die Chance effizienten Gedankenaustauschs mit per Saldo wohl Vorteilen für beide Seiten.
Dass sich die Exponenten der Sozialpartner im Rahmen der Selbstverwaltung der Sozialversicherung zugleich außerhalb der sonstigen Konfliktfelder kennen und oft wohl auch persönlich schätzen lernen, ohne durch das Beisein der Öffentlichkeit in stereotype Rituale verfallen zu müssen, schafft die für das Gesamtfunktionieren der Sozialpartnerschaft wichtige Chance, einander besser zu verstehen und damit auch leichter zu wissen, was für die andere Seite wesentlich oder ihr zumutbar ist. So gesehen kommt die Einbindung der Dienstgeberseite in die Selbstverwaltung auch in sozialversicherungsfernen Berührungsfeldern der Sozialpartnerschaft insgesamt zugute, in besonderem Maße aber selbstverständlich auch in der vom Gesetzgeber zu verantwortenden Sozialversicherungspolitik insgesamt. Dass Exponenten der Sozialpartnerschaft, die in der Selbstverwaltung der Sozialversicherung verankert sind, auch in Begutachtungsverfahren und Initiativen ihre Erfahrungen aus dem Umfeld der Selbstverwaltung einbringen, liegt nahe. Sicher aber sind auch in vorbereitenden Verhandlungen durch das Mitwirken solcher Repräsentanten leichter Lösungen erzielbar, die in den Erfahrungen der Praxis wurzeln, beiden Seiten zumutbar und so auch parlamentarisch leichter durchbringbar sind.

4. Zusammenfassung

Es lässt sich daher festhalten, dass die hohen Interessen auch der Dienstgeber an der Dienstnehmersozialversicherung ebenso wie die von Dienstgebern und Dienstgebervertretern typischerweise erbringbaren Leistungen und die grundsätzlich positiven Auswirkungen der Einbindung der Dienstgeberseite in die Selbstverwaltung nicht nur belegen, dass etwaiges Misstrauen in ihre Rolle sachlich unbegründet ist, sondern die Einbindung der Dienstgeber in die Selbstverwaltung sowohl für die soziale Selbstverwaltung selbst als auch für die Sozialpartnerschaft insgesamt erhebliche Vorteile bringt. Das Grundkonzept der Einbindung auch der Dienstgeberseite in die Selbstverwaltung der Dienstnehmersozialversicherung ist nicht nur richtig, sondern hat sich ohne Zweifel auch in der Praxis grundsätzlich bewährt. Aber auch für das Rechtsinstitut Selbstverwaltung als solche ist die Einbindung der Dienstgeberseite zweifellos günstiger als ihre Ausschaltung, würde letztere doch mit beachtlicher Wahrscheinlichkeit dazu führen, dass die Selbstverwaltung als solche wesentlich umstrittener und stärker als bisher in Frage gestellt wäre.

Trotz dieses positiven Gesamtbefundes kann man aber an der Schwelle zu einem neuen Jahrtausend Anpassungs- bzw. Reformbedarf nicht übersehen, einen Aspekt, dem ich mich in der Folge kurz zuwenden möchte.

Zur Zukunft der Selbstverwaltung: Anpassungs- und Reformbedarf aus Dienstgebersicht

1. Was nicht geschehen sollte

Aus den bisherigen Überlegungen, insbesondere jenen, die die Interessen der Dienstgeber hinsichtlich der Umsetzung des Sozialversicherungsrechts betreffen, ergibt sich zunächst, dass aus Dienstgebersicht eine gut funktionierende Selbstverwaltung infolge ihrer größeren Nähe zu den Betroffenen jeder Form unmittelbarer Staatsverwaltung jedenfalls deutlich vorzuziehen ist.

Unter der Prämisse einer gesetzlichen, die Dienstgeber administrativ und beitragsmäßig weiterhin in die Pflicht nehmenden Pflichtversicherung der Dienstnehmer scheint aber auch die völlige Ausgliederung des Gesetzesvollzugs in privatrechtliche Gesellschaftsformen mit allein hauptberuflichem Management selbst bei Einbindung der Betroffenen im Wege von Aufsichtsrat und Generalversammlung keine wünschenswerte Alternative. Dies vor allem aus rechtlichen Gründen, lässt sich doch schwer vorstellen, dass das Pflichtversicherungssystem ohne die Mittel eines öffentlich-rechtlichen Imperiums auskommt, so dass im Falle dieser Alternative wohl nur die verschiedenen Formen der Leistungserbringung ausgelagert werden könnten. Berücksichtigt man, dass überall dort, wo das Gesetz im Leistungsbereich entsprechende Umsetzungsflexibilität enthält, diese auch von der Selbstverwaltung erfolgreich wahrgenommen werden kann, macht es wenig Sinn, die Sozialversicherung nur hinsichtlich des Pflichtversicherungs- und Beitragswesens öffentlich-rechtlich in Selbstverwaltung zu organisieren und hinsichtlich der Umsetzung des Leistungswesens neue privatrechtliche Organisationsstrukturen zu erfinden. Der diesbezügliche Handlungsspielraum der Selbstverwaltung unter Staatsaufsicht ist groß genug, auch hinsichtlich des Leistungswesens eine effiziente, sparsame und dennoch betroffenenfreundliche Umsetzung zu gewährleisten. Ob die praktische Umsetzung durch hauptberufliche privatrechtliche Bedienstete eines öffentlich-rechtlichen Sozialversicherungsträgers oder durch privatrechtliche Arbeitnehmer einer Gesellschaft erfolgt, ist für sich genommen qualitätsneutral, hängt doch ihr Ausbildungs- und Qualitätsniveau ebenso wie ihr Engagement und ihr Dienstrecht nicht von der rechtlichen Einordnung ihres Dienstgebers ab, sondern vor allem von den handelnden Personen, insbesondere der Führungsebene. Aber auch dem Einbringen kreativer Vorschläge oder Initiativen seitens der hauptberuflichen Mitarbeiter ist durch die öffentlich-rechtliche Selbstverwaltungsstruktur kein besonderes Hindernis entgegengesetzt. Gute Vorschläge können sich beim leitenden Angestellten bzw. gegebenenfalls den Spitzenfunktionären tendenziell genauso durchsetzen wie beim Vorstand einer Aktiengesellschaft. Hier wie dort ist durch entsprechendes Verhalten und entsprechende Qualität der Personen dafür Sorge zu tragen, dass sich gute Ideen und gute Arbeit durchsetzen und insgesamt das Optimum in der Gesetzesumsetzung erreicht wird.

Gegen eine völlige Auslagerung der Leistungserbringungen in die Privatwirtschaft spricht im Übrigen der Umstand, dass auch im Leistungsbereich die Grobsteuerung im Wege von Gesetzen erfolgt, also schon formal eine *politische* Sache ist und damit in weiten Bereichen auch das Vollzugshandeln stark einengt. Wo aber das Gesetz dem Vollzug einen entsprechenden Umsetzungsspielraum belässt, ist auch die umsetzende „Feinsteuerung" nicht bloß wertneutrale Administration, sondern auch Sache einer sozialpolitischen bzw. sachpolitischen Ordnung und damit von politischer Verantwortung nicht entkoppelbar. Diese entscheidungsmäßigen Feinsteuerungen und die damit verbundene politische Verantwortung können aber von interessenpolitischen Organisationen entsandten Vertretern der Betroffenen – und zwar auch dienstgeberseitige – besser geleistet werden als von reinen Organisations- oder Sachprofis, weil sie infolge ihrer Verankerung in den entsendenden Berufsorganisationen typischerweise über die nötige politische Rückkoppelung und Repräsentativität verfügen. Da es in der Krankenversicherung ebenso wie in anderen Sozialversicherungszweigen auch im Leistungsbereich notwendigerweise einen wesentlichen Zwischenbereich zwischen reiner Administration von Gesetzen und politischen Feinsteuerungsentscheidungen gibt, eignet sich daher das Modell der Selbstverwaltung in besonderem Maße für diese Aufgabe.

Dieses deutliche persönliche Bekenntnis zur Selbstverwaltung in der Sozialversicherung bedeutet freilich nicht, dass mir alles gefällt und ich die Augen vor Mängeln verschließe. Ich meine aber, dass die Selbstverwaltung als solche keinen gravierenden Systemfehler hat, der ihre Abschaffung oder ihren Ersatz nahe legen oder rechtfertigen könnte. Worauf es ankommt, ist zunächst, dass die entsendenden Institutionen bei der Auswahl der Versicherungsvertreter besonderes Gewicht auf die Qualität und Eignung der Personen legen und dass die so entsandten und in Funktionen Gewählten sich im Alltag der Selbstverwaltung der wesentlichen legitimen Interessen der von der Sozialversicherung Betroffenen immer wieder erinnern und ihr Handeln danach orientieren.

Dass sich das Selbstverwaltungsmodell strukturell in besonderem Maße für eine sachadäquate, betroffenenfreundliche, effiziente und von sozialpolitischer Akzeptanz

getragene Umsetzung der Sozialversicherung eignet, besagt über die Personenfrage hinaus selbstverständlich noch nicht, dass die gesetzliche Ausgestaltung der Selbstverwaltung und das Zusammenspiel mit den hauptberuflich Bediensteten keiner Anpassungen oder Reformen bedürfte. Wie jede Organisation ist auch die Organisationsform der Selbstverwaltung nicht so gut, als dass sie sich nicht geänderten Umständen anpassen muss und in ihrer Effizienz nicht noch besser werden könnte.
Im Bemühen um die Verbesserung des Rechtsrahmens der Selbstverwaltung gilt es allerdings, nicht das „Kind mit dem Bade auszuschütten". Für mich bedeutet dies eine klare Absage an eine reine Aufsichtsratsrolle der Selbstverwaltung. Dass ein Rückzug auf bloße Aufsichtsratsfunktionen für sich genommen die Effizienz der Sozialversicherung steigen würde, lässt sich aus dem Funktionieren des Aufsichtsratsmodells in der Privatwirtschaft zumindest nicht besonders untermauern, wie nicht wenige veröffentlichte Fälle anschaulich belegen. Wer demnach eine Änderung in Richtung Aufsichtsratsmodell für notwendig hält, meint entweder anderes (eine stärkere Ingerenz), muss sich also insofern so etwas wie „Etikettenschwindel" vorhalten lassen, oder er tritt wirklich für den damit verbundenen Rückzug der Betroffenen bzw. ihrer beruflichen Interessenvertretungen aus der Sozialversicherung ein. Ein solcher Rückzug auf eine mehr oder weniger reine Kontrollfunktion könnte aber den bei der Konkretisierung des Leistungswesens angesprochenen, einer Feinabstimmung bedürfenden Zwischenbereich nicht effizient abdecken, mit der Folge, dass der Leistungsbereich noch wesentlich engmaschiger durch Gesetz zu regeln wäre, mit all der Schwerfälligkeit, die sich daraus bei Anpassungen ergeben würde. Er wäre eine Abschaffung der Selbstverwaltung „durch die Hintertür."
Zu warnen ist meines Erachtens auch vor der immer wieder ventilierten Zusammenlegung selbst großer Versicherungsträger. Würde man selbst große Träger oder gar alle zusammenlegen, entstünde ein letztlich unüberschaubarer, nahezu unkontrollierbarer und wohl ineffizienter Organisations„moloch", vor dem zumindest mir nicht nur graut, sondern der wohl auch keine dauerhaften Vorteile, Einsparungen, Effizienzsteigerungen etc. brächte, sondern eher das Gegenteil. Während man in der Wirtschaft aus guten Gründen – Überschaubarkeit, Verantwortlichkeit, Beweglichkeit – eher kleinere Einheiten als Rechtsrahmen wählt, soll in der Sozialversicherung organisatorisch alles anders sein und Glück, Effizienz, Sparsamkeit, Betroffenenfreundlichkeit und dergleichen über die Versicherten und ihre Dienstgeber hereinbrechen, wenn man endlich nur mehr einen Sozialversicherungsträger hat?
Mehrere überschaubare, untereinander koordinierte, aber letztlich selbstverantwortlich im Rahmen der Gesetze agierende Einheiten garantieren tendenziell eine höhere Identifikation und auch den für eine gute Entwicklung so notwendigen Wettbewerb untereinander. Nun wird in diesem Zusammenhang sicherlich eingewendet werden, dass gesetzliche Sozialversicherungsträger mit einem Pflichtversicherungssystem und Pflichtklientel untereinander ohnedies keinen Wettbewerb hätten, weil sie auch keinen bräuchten. Zuzugeben ist, dass die Sozialversicherungsträger heute weder formal noch materiell hinsichtlich ihres Klientels in Wettbewerb stehen. Allerdings spielt sich der Wettbewerb untereinander in viel subtileren aber nicht minder heilsamen

Formen ab. Abgesehen davon, dass auch die jeweiligen Selbstverwaltungsspitzen an einer guten Presse interessiert sind und schon deshalb trachten, ihr Haus jeweils möglichst zu gut führen, sorgen die Einschauen des Sozialministeriums als Aufsichtsbehörde und die Kontrollen den Rechnungshofes für zahlreiche einheitliche Kennzahlen, die Vergleiche zwischen den verschiedenen Versicherungsträgern zulassen. Nun ist wohl unmittelbar einsichtig, dass weder verantwortliche leitende Angestellte noch die Selbstverwaltung eines Trägers daran interessiert sind, bei diesen Vergleichen in wichtigen Positionen oder gar ständig negativ abzuschneiden. Aus solchen Vergleichen resultieren – dies kann ich aus eigener Erfahrung als Versicherungsvertreter bestätigen – immer wieder nachhaltige Bemühungen, durch interne Organisationsreformen, Ablaufsänderungen, Einsatz moderner Technik und richtige Personalentscheidungen Verbesserungen zu bewirken, vom Änderungsdruck durch die Aufsichtsbehörde oder die Öffentlichkeit gar nicht zu reden. Derartige änderungsdynamische Vergleichbarkeiten gäbe es bei einem einheitlichen Träger„moloch" nicht mehr. Eine einheitliche Trägerschaft würde aber auch regionale oder sonstige Differenzierungen in der Organisation, im Vertragspartnerwesen oder im sonstigen Leistungsbereich wohl im Keim ersticken, mit den entsprechend negativen Folgen für erprobbares und letztlich auf andere Träger übertragbares Reformpotential. Regionale oder sonstige Unterschiede mögen manchmal, insbesondere auch für österreichweit agierende Dienstgeber zwar Schwierigkeiten auslösen, doch sind sie einem unbeweglichen „Einheitsbrei" jedenfalls vorzuziehen.

Gerade an der Schwelle zu einem neuen Jahrtausend sollte man sich daher meines Erachtens hüten, in einer formalen Zusammenlegung von Sozialversicherungsträgern einen echten Fortschritt zu sehen. Eine in sich bewegliche Vielfalt ist einer völlig konkurrenzlosen Großeinheit letztlich sicherlich auch verwaltungskostenmäßig nicht unterlegen, berücksichtigt man die dargestellten mittelbaren Effekte und den Umstand, dass auch ein Einheitsträger intern in verschiedene Organisationsbereiche und Führungsebenen zu gliedern wären, mit einer erheblichen Wahrscheinlichkeit, dass aufwendige Zwischenebenen entstünden. Geboten ist zweifellos in vielen Sachbereichen eine auch real größere Koordination der Sozialversicherungsträger untereinander bzw. im Wege über den Hauptverband, doch darf diese Koordination nicht als Deckmantel bzw. Etikettenschwindel für eine rigide Zentralisierung im Wege zahlreicher Hauptverbandsrichtlinien geschehen, die den Trägern keinen Entscheidungsspielraum mehr lassen. Auch eine solche mittelbare Vereinheitlichung tut der Sozialversicherung keinen guten Dienst, ein Aspekt, der auf die Selbstverwaltung in besonderem Maße zutrifft, liegt doch keine echte Selbstverwaltung mehr vor, wenn sich die gesammelten Kreativkräfte der an ihr Beteiligten nicht entfalten können.

2. Gesetzliche Reformen, die geschehen sollten

Belebend für die Selbstverwaltung wäre es, wenn die Mehrheits- bzw. Entscheidungsverhältnisse in Richtung einer quantitativen Stärkung der bisherigen Minderheitenpositionen gesetzlich geändert würden. Der daraus entstehende Druck, möglichst viele Versicherungsvertreter unterschiedlicher Herkunft und Interessenlage überzeugen zu müssen, sich also nicht auf eine einfach in Gang zu setzende Abstimmungsmaschinerie verlassen zu können, würde nicht nur die einzelnen Versicherungsvertreter aller Kurien aufwerten, sondern auch stärker als bisher zum Zuhören und Eingehen auf gute Argumente zwingen, mit dem Insgesamt-Vorteil, dass letztlich jeweils die besseren Ideen zum Zuge kämen, aber auch mit dem mittelbaren Vorteil, dass die entsendenden Institutionen in besonderem Maße an der Qualität der Entsandten Interesse haben müssten.

Wer sich in diesem Zusammenhang vor Entscheidungsblockaden fürchtet, dem sei entgegnet, dass gerade die diversen Leistungsausschüsse in der Sozialversicherung, soweit dort Einstimmigkeit vonnöten ist, seit langem erfolgreich bewiesen haben, dass sie ausreichend rasch zu sinnvollen gemeinsamen Lösungen kommen. Unter dem Druck der rechtlichen Verantwortung werden sich auch bei einer Änderung der Mehrheits-Minderheits-Relationen die Versicherungsvertreter im Übrigen hüten, gleichsam in eine Art Blockade-Politik zu verfallen. Mit einer Aufwertung der bisherigen Minderheitenkurien würde nicht nur die Vielfalt des Sachverstandes in den Entscheidungsgremien steigen, sondern ebenso die positive Identifikation auch der Versicherungsvertreter der Minderheit mit der Institution, ein Aspekt, der gerade in Zeiten, in denen die Selbstverwaltung an sich umstritten ist, wichtig für die Selbstverwaltung wäre.

Wer die geltenden Gesetze hinsichtlich der Dienstnehmer-Sozialversicherung kennt, den wird es nicht überraschen, dass von einer solchen Veränderung der Mehrheitsrelationen die Dienstgeberseite profitieren würde. Berücksichtigt man die ausführlich dargelegten besonderen Interessen auch der Dienstgeber an der Dienstnehmer-Sozialversicherung, wird allerdings deutlich, dass es sich auch sachpolitisch um ein legitimes Anliegen handelt. Meines Erachtens wäre die Dienstnehmerseite gut beraten, in dieser Frage nicht zu „mauern", sondern an den Gesamtvorteil für die Sozialversicherung der Dienstnehmer zu denken, der politisch aus einer faireren und damit stärkeren Verankerung der Dienstgebervertretung in der Selbstverwaltung entstünde. In dieser Frage gibt es jedenfalls meines Erachtens einen akuten Handlungsbedarf, vor allem in der Krankenversicherung, wo die Relation 4/5:1/5 in den geschäftsführenden und satzungsgebenden Organen für die Dienstgeberseite eigentlich eine Zumutung darstellt, die zu Frustrationen und deshalb letztlich auch zum „geistigen" bzw. identifikationsmäßigen Rückzug der Dienstgeberseite führen kann, sollte dieser abwertende Ist-Zustand zu lange andauern.

Bei allem Bekenntnis zur Selbstverwaltung und Notwendigkeit ihrer Stärkung gilt es überdies zu beachten, dass sich angesichts der modernen Herausforderungen eine solche Stärkung nur erreichen lässt, wenn sich die Selbstverwaltung auf das Wesentliche konzentriert und dem „Büro", also dem leitenden Angestellten und den Bediensteten, größeren Freiraum in der Eigenentscheidung und entsprechende Eigenverantwortung in allen Angelegenheiten einräumt, die nicht infolge ihres Gewichtes, ihrer Reichweite oder ihres sozialpolitischen Gestaltungscharakters einer Positionierung und Entscheidung durch die Selbstverwaltung bedürfen. Derartiges geht aber nur im Wege einer inhaltlichen und damit quantitativen „Abschlankung" der dem Vorstand zuge-

ordneten Angelegenheiten. Ohne dass hiermit eine inhaltliche konkrete Analogie zur Kontrollversammlung gemeint ist, bietet sich technisch das Modell einer gesetzlichen Aufzählung jener Angelegenheiten an, die vom Vorstand zu entscheiden sind. So stellen sich beispielsweise die Fragen: Ab welcher Ebene bedürfen Personalernennungen (Funktionszuerkennungen) wirklich einer Vorstands- bzw. Verwaltungsausschussentscheidung? Bis zu welcher Größenordnung können im Rahmen eines vorgegebenen Detailbudgets Ankaufs- und sonstige Sachaufwandsentscheidungen allein durch das Büro in dessen Eigenverantwortung getroffen werden?
Die diesbezüglich gebotene Trennung von Zuständigkeiten und Verantwortlichkeiten wäre nicht zu kleinlich zugunsten des Büros vorzunehmen, um Sinn zu machen, und müsste durch Gesetz erfolgen, um eine generelle Abgrenzungslinie zu bekommen und auch die Verantwortung entsprechend dieser Linie zu teilen. Das bestehende System bloß interner Delegationen ändert nämlich an der rechtlichen Verantwortlichkeit des Vorstandes nichts und führt in der Praxis zu äußerst restriktiven Delegationen, damit zu einer quantitativen Überforderung der Selbstverwaltung und einer Unterforderung des Büros, bisweilen wohl aber auch dazu, dass man sich in der gewissermaßen doppelten Verantwortlichkeit aufeinander ausredet, also die Eigenabsicherung gewissermaßen den Vorrang vor guten Sachentscheidungen und entsprechender Eigenverantwortung hat. Je mehr eigene Entscheidungsbefugnis das Büro hat, desto weniger Zeitaufwand wird auch für Sitzungen benötigt, die immerhin auch die Arbeitskraft des leitenden Angestellten und der führenden Mitarbeiter zu einem wesentlichen Teil ausfüllen. Weniger Zeit für Sitzungen würde mehr Zeit zur Wahrnehmung der Führungsfunktionen schaffen. Deren effiziente Wahrnehmung ist mit Sicherheit Voraussetzung für eine erfolgreiche Bewältigung der Herausforderungen der Sozialversicherung im aktuellen Umfeld, gerade auch nach der Jahrtausendwende, will die Sozialversicherung bzw. ihre Organisation aus dem politischen Tagesstreit herauskommen oder diesen zumindest gut überleben.

Verzeichnis der AutorInnen

Univ.Prof. Dr. Nikolaus **Dimmel** ist Universitätsprofessor in Salzburg

Mag. Karl **Fakler** ist stellvertretender Leiter des Arbeitsmarktservice Niederösterreich

Dr. Walter **Geppert** ist Generaldirektor des Hauptverbandes der österreichischen Sozialversicherungsträger

Eleonore **Hostasch** war Bundesministerin für Arbeit, Gesundheit und Soziales

Dr. Helmut **Ivansits** ist Leiter der Abteilung für Sozialpolitik in der Kammer für Arbeiter und Angestellte in Wien

Dr. Volker **Kier** ist Unternehmensberater in Wien

Dir. Franz **Küberl** ist Präsident der Caritas Österreich

Mag. David **Mum** ist Sekretär im Büro des Vorsitzenden der GPA

Dr. Gerlinde **Müller-Grohotolsky** ist Vorsitzende des Bundesdachverbandes der Sozialprojekte Österreichs

Mag. Ingrid **Reischl** ist Leiterin des Büros des Vorsitzenden der GPA

Hans **Sallmutter** ist Vorsitzender der Gewerkschaft für Privatangestellte und Präsident des Hauptverbandes der österreichischen Sozialversicherungsträger

Mag. Gabriele **Schmid** ist Sekretär in der Kammer für Arbeiter und Angestellte in Wien

DSA Heinrich **Schmid** ist Rehabilitations-Ombudsmann der Österreichischen Arbeitsgemeinschaft für Rehabilitation (ÖAR)

Dr. Tom **Schmid** ist Geschäftsführer der Sozialökonomischen Forschungsstelle (SFS) Wien

Univ.Prof. Dr. Franz **Schrank** ist Leiter der sozialpolitischen Abteilung der Wirtschaftskammer Steiermark

Mag. Agnes **Streissler** ist Sekretär in der Kammer für Arbeiter und Angestellte in Wien

Dr. Günter **Stummvoll** ist Generalsekretär der Wirtschaftskammer Österreich

Christoph **Sykora** ist Sekretär im Büro des Vorsitzenden der GPA

Univ.Prof. Dr. Emmerich **Tálos** ist Universitätsprofessor in Wien

Mag. Herbert **Tumpel** ist Präsident der Kammer für Arbeiter und Angestellte in Wien und der Bundesarbeitskammer

Mag. Erik **Türk** ist wissenschaftlicher Mitarbeiter im Hauptverbandes der österreichischen Sozialversicherungsträger

Mag. Karl **Wörister** ist Sekretär in der Kammer für Arbeiter und Angestellte in Wien